民俗读本 经典藏书

北京民俗文化考

荟萃民俗精华
传承民俗文化

【李金龙◎主编】

上

北京邮电大学出版社
www.buptpress.com

图书在版编目(CIP)数据

北京民俗文化考. 上 / 李金龙主编. -- 北京：北京邮电大学出版社，2017.12
ISBN 978-7-5635-5072-2

Ⅰ. ①北… Ⅱ. ①李… Ⅲ. ①风俗习惯–介绍–北京 Ⅳ. ①K892.41

中国版本图书馆 CIP 数据核字(2017)第 085244 号

书　　　名：北京民俗文化考（上）
著作责任者：李金龙　主编
责 任 编 辑：徐振华　朱旭红
出 版 发 行：北京邮电大学出版社
社　　　址：北京市海淀区西土城路 10 号（邮编：100876）
发　行　部：电话：010-62282185　　传真：010-62283578
E-mail：publish@bupt.edu.cn
经　　　销：各地新华书店
印　　　刷：北京玺诚印务有限公司
开　　　本：787 mm ×1092 mm　1/16
印　　　张：45
字　　　数：901 千字
版　　　次：2017 年 12 月第 1 版　2017 年 12 月第 1 次印刷

ISBN 978-7-5635-5072-2　　　　　　　　　　　　　　　定价：188.00 元

· 如有印装质量问题，请与北京邮电大学出版社发行部联系 ·

编 委 会

总 顾 问：刘铁梁　许立仁

总 策 划：孙劲松

总 审 校：林凤兰

特约审校：何贤景

主　　编：李金龙

副 主 编：林凤兰

特约编辑：袁　越

摄　　影：贺春立　孙　程　王乃刚

编辑人员：吴　还　王　莹　彭　辉
　　　　　孙　程　王丽业　冯江萍

装帧设计：赵　玥

序　言

《北京民俗文化考》即将付梓,这是一件大事,这不仅是西城区第二图书馆一个重大课题成果的完成,更是经历了千百年来的民俗文化在新的历史时期一个短暂时间里高度的定格与考据。

北京民俗由来已久,是我们的祖先在古燕大地上顺乎自然、征服自然、发展自己的社会活动中自发形成的;是在固有的客观环境、生活状况以及人们赖以生存的重要物质生产生活中逐步形成的。

从生活层面看,北京民俗是一种生活相,一种活事态的生活相,表现为生活的技艺和生活的习惯。

从文化层面看,北京民俗是一种文化的模式,一种智慧和营养,一种精神的食粮,特点突出。

从哲学层面看,北京民俗是北京人特有思想文化的起点和思考的原型——北京思想文化的源头。

《北京民俗文化考》以科学的态度,对北京人千百年来的生活习惯、众多的民俗事项,特别是年节礼俗(如春节、清明、端午、中秋及四时节气)等进行了较为详细的考据,参考古籍文献四十多种,采访各界人士三百多人,前后经历一千二百多天,课题小组自始至终备受各界专家的支持鼓舞,也付出了极多的辛苦,破解了一个又一个的难点、疑点。特别在北京民俗与异地民俗比较方面做了许多实际的工作,并且沿着运河流域访问了通州、沧州、德州、聊城、徐州、扬州、镇江、苏州等多处民俗文化底蕴深厚的城市和地区,受益良多。

北京有三千多年的建城史,有八百六十多年的建都史,北京民俗可以概括为社会生活生产中的风尚习俗,具有传承性、广泛性、稳定性。西城区第二图书馆课题研究小组将北京民俗与实际生活相结合,通过细致的策划,将查阅古籍、考据史料与民俗传承共享的生活习俗从文化的视角进行严格甄别、逐一考据,将民俗文化所形成的传统文化现象以新的视角、新的形式、新的成果展示给读者。大量的民俗文化文献史料与数千幅图片,分成岁时节令篇(上册)和杂缀篇(下册)两大部分，真实、客观、全面地将北京民俗文化呈现在读者面前。

我们深知，按照现代民俗学的理念，民俗不仅仅是一般的民间风俗习惯，也是中华民族固有的传承性的生活化的总和，民俗文化本身就是传统文化，是长期流传于百姓大众的文化，展现了民众的群体文化精神的走向，代表了人民大众的群体精神意愿和立场观点。在人类社会中，人最突出的特点是文化属性，人创造了文化，文化也成就了人。按照民俗学的说法，人类文化有最基本的两个层面：一是表层文化，二是基层文化。表层文化被视为上层文化、精英文化，基层文化则是真正接地气的与民众生活息息相关的民俗文化，民俗孕育了精神文明。走在北京的大街小巷，所浏览到的每一扇大门、每一个院落，都能传达出一种信息、一段美丽的故事。所触摸到的一砖一瓦都有着几百年的历史，都蕴涵着深厚的民俗文化，都是值得我们保护的宝贵资源，承载着民俗文化历史与文化财富的智慧结晶。

《北京民俗文化考》是通过一次探索，让人们了解北京的民俗文化的历史渊源及其发展历程，让更多的读者知道北京民俗文化的来龙去脉，从而树立文化自信。

党的十九大报告指出："文化自信是一个国家、一个民族发展中更基本、更深沉、更持久的力量。"文化自信是我们对于自身思想文化、价值体系的深切认同和肯定。在当今世界文明的交流碰撞中，树立坚定的文化自信，是实现中华民族伟大复兴的重要基石。

纵览北京民俗文化，可以看到优秀传统文化层次丰富、内涵宽广，既是培植文化自信的沃土，也是发展中国特色社会主义文化的活水源泉。在大力传承和弘扬中华优秀传统文化的今天，对于社会主义文化事业的建设有重要的启示意义。

是为序。

2017年12月5日

目 录

岁时节令

【全年】 ………………………………………………………………… (3)

【春】 …………………………………………………………………… (22)

正月 ……………………………………………………………………… (25)

 正月初一 ……………………………………………………………… (50)

 正月初二 ……………………………………………………………… (130)

 正月初三 ……………………………………………………………… (137)

 正月初四 ……………………………………………………………… (138)

 立春 …………………………………………………………………… (140)

 正月初五 ……………………………………………………………… (162)

 正月初六 ……………………………………………………………… (171)

 正月初七 ……………………………………………………………… (173)

 正月初八 ……………………………………………………………… (183)

 正月初九 ……………………………………………………………… (187)

 正月十三 ……………………………………………………………… (188)

 正月十四 ……………………………………………………………… (191)

 正月十五 ……………………………………………………………… (193)

 正月十六 ……………………………………………………………… (248)

 正月十七 ……………………………………………………………… (251)

正月十八 ……………………………………………………… (252)
　　雨水 …………………………………………………………… (253)
　　正月十九 ……………………………………………………… (254)
　　正月廿三 ……………………………………………………… (265)
　　正月廿五 ……………………………………………………… (268)
　二月 …………………………………………………………………… (271)
　　二月初一 ……………………………………………………… (276)
　　二月初二 ……………………………………………………… (279)
　　二月初三 ……………………………………………………… (285)
　　二月初五 ……………………………………………………… (288)
　　二月初八 ……………………………………………………… (289)
　　二月十二 ……………………………………………………… (290)
　　惊蛰 …………………………………………………………… (291)
　　二月十五 ……………………………………………………… (292)
　　二月十九 ……………………………………………………… (294)
　　二月廿五 ……………………………………………………… (295)
　　春分 …………………………………………………………… (296)
　三月 …………………………………………………………………… (300)
　　三月初一 ……………………………………………………… (305)
　　三月初三 ……………………………………………………… (307)
　　清明 …………………………………………………………… (316)
　　三月十五 ……………………………………………………… (338)
　　三月十八 ……………………………………………………… (339)
　　三月二十 ……………………………………………………… (340)
　　三月廿八 ……………………………………………………… (341)

【夏】 ………………………………………………………………………… (343)
　四月 …………………………………………………………………… (345)
　　四月初一 ……………………………………………………… (350)
　　四月初四 ……………………………………………………… (357)

四月初八 ……………………………………………………… (358)

四月初十 ……………………………………………………… (366)

四月十三 ……………………………………………………… (367)

立夏 …………………………………………………………… (370)

四月十八 ……………………………………………………… (373)

四月二十 ……………………………………………………… (374)

四月廿二 ……………………………………………………… (375)

四月廿八 ……………………………………………………… (376)

五月 ……………………………………………………………… (377)

五月初一 ……………………………………………………… (384)

五月初五 ……………………………………………………… (391)

五月十一 ……………………………………………………… (426)

五月十三 ……………………………………………………… (427)

夏至 …………………………………………………………… (429)

五月廿三 ……………………………………………………… (435)

六月 ……………………………………………………………… (436)

六月初一 ……………………………………………………… (443)

六月初六 ……………………………………………………… (445)

暑伏 …………………………………………………………… (453)

六月廿二 ……………………………………………………… (460)

六月廿三 ……………………………………………………… (461)

六月廿四 ……………………………………………………… (463)

六月廿五 ……………………………………………………… (464)

【秋】…………………………………………………………… (465)

七月 ……………………………………………………………… (468)

立秋 …………………………………………………………… (475)

七月初七 ……………………………………………………… (479)

七月十三 ……………………………………………………… (501)

七月十四 ································· (502)
　　七月十五 ································· (503)
　　七月十六 ································· (520)
　　七月三十 ································· (521)
　八月 ······································· (522)
　　八月初一 ································· (525)
　　八月初三 ································· (526)
　　八月十三 ································· (527)
　　八月十五 ································· (528)
　　秋分 ····································· (551)
　　八月廿七 ································· (552)
　九月 ······································· (553)
　　九月初九 ································· (557)
　　九月初十 ································· (580)
　　九月十五 ································· (581)
　　九月十七 ································· (582)
　　霜降 ····································· (583)

【冬】 ·· (585)
　十月 ······································· (587)
　　十月初一 ································· (594)
　　十月初四 ································· (598)
　　十月十五 ································· (599)
　　十月廿五 ································· (602)
　十一月 ····································· (603)
　　十一月初一 ······························· (609)
　　立冬 ····································· (610)
　　十一月十五 ······························· (613)
　　冬至 ····································· (614)

十二月 ·· (632)

  十二月初八 ·· (649)
  十二月初十 ·· (660)
  十二月十五 ·· (661)
  十二月十六 ·· (663)
  十二月十九 ·· (664)
  十二月二十 ·· (665)
  十二月廿三 ·· (667)
  十二月廿四 ·· (677)
  十二月廿五 ·· (680)
  十二月廿七 ·· (681)
  十二月廿九 ·· (682)
  十二月三十 ·· (683)

岁时节令

全年

【文献资料】

正月初一日正旦节。自年前腊月二十四日祭灶之后，宫眷内臣，即穿葫芦景补子及蟒衣。各家皆蒸点心，储生肉，将为一二十日之费。三十日，岁暮，即互相拜祝，名曰"辞旧岁"。大饮大嚼，鼓乐喧阗，为庆贺焉。门傍植桃符板、将军炭，贴门神。室内悬挂福神、鬼判、钟馗等画。床上悬挂金银八宝、西番经轮，或编结黄钱如龙。檐楹插芝麻秸，院中焚柏枝柴，名曰"熰岁"。正月初一日五更起，焚香放纸炮，将门闩或木杠于院地上抛掷三度，名曰"跌千金"。饮椒柏酒，吃水点心。即"扁食"也。或暗包银钱一二于内，得之者以卜一岁之吉。是日亦互相拜祝，名曰"贺新年"。所食之物，如曰"百事大吉盒儿"者，柿饼、荔枝、圆眼、栗子、熟枣共装盛之。又驴头肉，亦以小盒盛之，名曰"嚼鬼"，以俗称驴为鬼也。立春之前一日，顺天府于东直门外"迎春"，凡勋戚、内臣、达官、武士，赴春场跑马，以较优劣。至次日立春之时，无贵贱皆嚼萝卜，名曰"咬春"。互相请宴，吃春饼和菜。以绵塞耳，取其聪也。自岁暮正旦，咸头戴闹蛾，乃乌金纸裁成，画颜色装就者；亦有用草虫蝴蝶者。咸簪于首，以应节景。仍有真正小葫芦如豌豆大者，名曰"草里金"，二枚可值二三十两不等，皆贵尚焉。初七日"人日"，吃春饼和菜。自初九日之后，即有耍灯市买灯。吃元宵，其制法用糯米细面，内用核桃仁、白糖、玫瑰为馅，洒水滚成，如核桃大，即江南所称汤圆也。十五日曰"上元"，亦曰"元宵"，内臣宫眷，皆穿灯景补子蟒衣。灯市至十六日更盛，天下繁华，咸萃于此。勋戚内眷，登楼玩看，了不畏人。斯时所尚珍味，则冬笋、银鱼、鸽蛋、麻辣活兔，塞外之黄鼠，半翅鹖鸡，江南之蜜柑、凤尾橘、漳州橘、橄榄、小金橘、风菱、脆藕，西山之苹果、软子石榴之属，冰下活虾之类，不可胜计。本地则烧鹅鸡鸭、烧猪肉、冷片羊尾、爆炒羊肚、猪灌肠、大小套肠、带油腰子、羊双肠、猪脊肉、黄颡管耳、脆团子、烧笋鹅鸡、䤅腌鹅鸡、炸鱼、柳蒸煎燂鱼、炸铁脚雀、卤煮鹌鹑、鸡醢汤、米烂汤、八宝攒汤、羊肉猪肉包、枣泥卷、糊油蒸饼、乳饼、奶皮、烩羊头、糟腌猪蹄尾耳舌、鹅肫掌。素蔬则滇南之鸡㙡，五台之天花羊肚菜、鸡腿银盘等蘑菇，东海之石花海白菜、龙须、海带、鹿角、紫菜，江南蒿笋、糟笋、香菌，辽东之松子，蓟北之黄花、金针，都中之山药、土豆,南都之苔菜,武当之莺嘴笋、黄精、黑精,北山之榛、栗、梨、枣、核桃、黄连茶、木兰芽、蕨菜、蔓青,不可胜计也。茶则六安松萝、天池,绍兴芥茶,径山茶,虎丘茶也。凡遇雪,则暖室赏梅,吃炙羊肉、羊肉包、浑酒、牛乳、乳皮、乳窝卷蒸用之。先帝最喜欢用炙蛤蜊、炒鲜虾、田鸡腿及笋鸡脯,又海参、鳆鱼、鲨鱼筋、肥鸡、猪蹄筋共烩一处,名曰"三事",恒喜用焉。十九日,名"燕九"。是日也,都城之西有白云观者,云是胜国时邱真人成道处,此日僧道辐辏,凡圣混杂,勋戚内臣,凡好黄白之术者,咸游此访丹诀焉。自十七日至十九日,御前安设各样灯,尽撤之也。二十五日曰"填仓",亦醉饱酒肉之期也。

二月初二日,各宫门撤出所安彩妆。各家用黍面枣糕,以油煎之;或以面和稀,摊为煎饼,名曰"薰虫"。是月也,分菊花、牡丹。凡花木之窖藏者,开隙放风。清明之前,收藏貂鼠、帽套、风领、狐狸等皮衣,加辟虫香樟脑,收于大磁坛内,或大木箱内,糊严,以防混损。是时食河豚,饮芦芽汤以解其热。各家煮过夏之酒。此时吃鲟,名曰"桃花鲟"也。

三月初四日,宫眷内臣换穿罗衣。清明,则"秋千节"也,戴柳枝于鬓。坤宁宫后及各宫,皆安秋千一架。凡各宫之沟渠,俱于此时疏浚之。竹篾排棚大木桶及天沟水管,俱于此时油捻之。并铜缸亦刷换,以新汲水也。凡内臣院宇大者,即制芦箔为凉棚,以绳收放,取阴也。圣驾幸回龙观等处,赏海棠。窖中花树尽出,园圃、亭榭、药栏等项,咸此月修饰。富贵人家,咸赏牡丹花,修凉棚。二十八日,东岳庙进香,吃烧笋鹅、吃凉糕、糯米面蒸熟加糖碎芝麻,即糍粑也。吃雄鸭腰子,大者一对可值五六分,传云食之补虚损也。

四月初四日,宫眷内臣换穿纱衣。钦赐京官扇柄。牡丹盛后,即设席赏芍药花也。初八日,进"不落夹",用苇叶方包糯米,长可三四寸,阔一寸,味与粽同也。是月也,尝樱桃,以为此岁诸果新味之始。吃笋鸡,吃白煮猪肉,以为"冬不白煮,夏不燉"也。又以各样精肥肉、姜、葱、蒜剉如豆大,拌饭,以萵苣大叶裹食之,名曰"包儿饭"。辽东人俗亦尚此。造甜酱豆豉。初旬以至下旬,耍西山、香山、碧云等寺,耍西直门外之高粱桥,涿州娘娘、马驹桥娘娘、西顶娘娘进香。二十八日,药王庙进香。吃白酒、冰水酪,取新麦穗煮熟,剥去芒壳,磨成细条食之,名曰"稔转",以尝此岁五谷新味之始也。司礼监有一种扇,以墨竹为骨,色笺纸面,两面楷写《论语》内六字一句成语。极易脆裂。不知费多少工价,成此一把。似此损耗无益,宜裁省可也。

五月初一日起,至十三日止,宫眷内臣穿五毒艾虎补子蟒衣。门两傍安菖蒲、艾盆。门上悬挂吊屏,上画天师或仙子、仙女执剑"降五毒"故事,如年节之门神焉,悬一月方撤也。初五日午时,饮硃砂、雄黄、菖蒲酒,吃粽子,吃加蒜过水温淘面。赏石榴花,佩艾叶,合诸药,画治病符。圣驾幸西苑,斗龙舟,划船,或幸万岁山前插柳,看御马监勇士跑马走解。夏至伏日,戴蓖麻子叶。吃"长命菜",即马齿苋也。

六月初六日，皇史宬古今通集库、銮驾库晒晾。吃过水面。外象赴宣武门外洗。初伏、中伏、末伏日，亦吃过水面。吃"银苗菜"，即藕之新嫩秧也。初伏日造曲，惟以白面用绿豆黄加料和成晒之。立秋日，戴楸叶，吃莲蓬、藕，晒伏姜，赏茉莉、栀子兰、芙蓉等花。先帝爱鲜莲子汤，又好用鲜西瓜种微加盐焙用之。

七月初七日"七夕节"，宫眷内臣穿鹊桥补子。宫中设乞巧山子，兵仗局伺候乞巧针。十五日"中元"，甜食房进供佛波罗蜜；西苑做法事，放河灯；京都寺院咸做盂兰盆追荐道场，亦放河灯于临河去处也。是月也，吃鲥鱼，为盛会赏荷花。斗促织，善斗者一枚可值十余两不等，各有名色，以赌博求胜也。秉笔唐太监之徵、郑太监之惠，最识促织，好蓄斗为乐。

八月宫中赏秋海棠、玉簪花。自初一日起，即有卖月饼者。加以西瓜、藕，互相馈送。西苑踢藕。至十五日，家家供月饼瓜果，候月上焚香后，即大肆饮啖，多竟夜始散席者。如有剩月饼，仍整收于干燥风凉之处，至岁暮合家分用之，曰"团圆饼"也。始造新酒，蟹始肥。凡宫眷内臣吃蟹，活洗净，用蒲包蒸熟，五六成群，攒坐共食，嬉嬉笑笑。自揭脐盖，细细用指甲挑剔，蘸醋蒜以佐酒。或剔蟹胸骨，八路完整如蝴蝶式者，以示巧焉。食毕，饮苏叶汤，用苏叶等件洗手，为盛会也。凡内臣多好花木，于院宇之中，摆设多盆。并养金鱼于缸，罗列小盆细草，以示侈富。有红白软子大石榴，是时各剪离枝。甘甜大玛瑙葡萄，亦于此月剪下。瓷缸内先着少许水，将葡萄枝悬封之，可留至正月，尚鲜甜可爱焉。

九月御前进安菊花。自初一日起，吃花糕。宫眷内臣自初四日换穿罗重阳景菊花补子蟒衣。九日"重阳节"，驾幸万岁山或兔儿山、旋磨台登高。吃迎霜麻辣兔、菊花酒。是月也，糟瓜茄，糊房窗，制诸菜蔬，抖晒皮衣，制衣御寒。

十月初一日颁历。初四日，宫眷内臣换穿纻丝。吃羊肉、爆炒羊肚、麻辣兔、虎眼等各样细糖。凡平时所摆玩石榴等花树，俱连盆入窖。吃牛乳、乳饼、奶皮、奶窝、酥糕、鲍螺，直至春二月方止。是月也，始调鹰畋猎，斗鸡。内臣读书安贫者少，贪婪成俗者多，是以性好赌博。骨牌、骰子、纸牌、双陆，以至开斗鸡场。既赖鸡求胜，则必费重价购好健斗之鸡，雇善养者，昼则调训，夜则加食，名曰"贴鸡"，须燃灯观看，以计所啄之数，有三四百口者更妙也。是时夜已渐长，内臣始烧地炕。饱食逸居，无所事事，多寝寐不甘。又须三五成群，饮酒、掷骰、看纸牌、耍骨牌、下棋、打双陆，至二三更始散，方睡得着也。又有独自吃酒肉不下者，亦如前约聚，轮流办东，帮凑饮啖。所谈笑者，皆鄙俚不堪之事。多有醉后争忿，小则骂小僮以迁怒，大则变脸挥拳，将祖宗父母互相唤骂，为求胜之资。然亦易得和解，磕过几个头，流下几点泪，即欢畅如初也。凡攒聚饮食之际，其放饭流歠，共食求饱，咤食啮骨，或膝上以哺弄儿，或弃肉以饲猫犬，真可笑也。如有吃素之人，修善念佛，亦必罗列果品，饮茶久坐，或至求精争胜，多不以箪食瓢饮为美，亦可笑也。间亦有一二好看书习字者，乐圣贤之道，杜门篝灯，草衣粝食，不苟取，不滥予，差足愉快,奈寥寥不多见耳。大抵天启年间,内臣更奢侈争胜,凡生前之桌椅、床柜、轿乘、马鞍,以至日用盘盒器具,及身后之棺椁,皆不惮工费,务求美丽。甚至坟寺、庄园、第宅,更殚竭财力,以图宏壮。且叠立名目,科敛各衙门属僚,今日曰某老太太庆七十、八十,某太爷、太太祭吊;明日曰某宅上梁庆贺,某寿地兴工立碑。即攘夺府怨,总所不恤;糜费工本,心所甘也。万历、天启年间所兴之床,极其蠢重,十余人方能移,皆听匠人杜撰极俗样式,为耗骗之资;不三四年,又复目为老样子不新奇也。内臣又最好吃牛驴不典之物,曰"挽口"者,则牝具也;曰"挽手"者,则牡具也;又"羊白腰"者,则外肾卵也。至于白牡马之卵,尤为珍奇贵重不易得之味,曰"龙卵"焉。

十一月是月也,百官传戴暖耳。冬至节,宫眷内臣皆穿阳生补子蟒衣。室中多挂绵羊太子画贴。司礼监刷印"九九消寒"诗图,每九诗四句,自"一九初寒才是冬"起,至"日月星辰不住忙"止,皆瞽词俚语之类,非词臣应制所作,又非御制,不知缘何相传,年久遵而不改。近年多易以新式诗句之图二三种,传尚未广。此月糟腌猪蹄尾、鹅肫掌。吃炙羊肉、羊肉包、扁食馄饨,以为阳生之义。冬笋到,不惜重价买之。每日清晨吃爆汤,吃生炒肉、浑酒以御寒。

十二月初一日起,便家家买猪腌肉。吃灌肠,吃油渣卤煮猪头、烩羊头、爆炒羊肚、炸铁脚小雀加鸡子、清蒸牛乳白、酒糟蚶、糟蟹、炸银鱼等鱼、醋溜鲜鲫鱼鲤鱼。钦赏腊八杂果粥米。是月也,进暖洞熏开之牡丹等花。初八日,吃"腊八粥"。先期数日,将红枣捶破泡汤,至初八早,加粳米、白果、核桃仁、栗子、菱米煮粥,供佛圣前;户牖、园树、井灶之上,各分布之。举家皆吃;或亦互相馈送,夸精美也。二十四日"祭灶"。蒸点心办年,竞买时新绸缎制衣,以示侈美豪富。三十日,岁暮"守岁"。乾清宫丹墀内,自二十四日起,至次年正月十七日止,每日昼间放花炮,遇大风暂止半日、一日。安鳌山灯、扎烟火。凡圣驾升座,伺候花炮;圣驾回宫,亦放大花炮。前导皆内官监职掌。其前导摆对之滚灯,则御用监灯作所备者也。凡宫眷所用饮食,皆本人所关赏赐置买,雇倩(请)贫穷官人,在内炊爨烹饪。其手段高者,每月工食可须数两,而零星赏赐不与焉。凡煮饭之米,必拣簸整洁;而香油、甜酱、豆豉、酱油、醋,一应杂料,俱不惜重价自外置办入也。凡宫眷内臣所用,皆炙煿煎炸厚味。遇有病服药,多自己任意胡乱调治,不肯忌口。总之,宫眷所重者,善烹调之内官;而各衙门内官所最喜者,又手段高之厨役也。

——《明宫史》

闰:余分之月。五岁再闰也。戴先生原象曰。日循黄道右旋。邪络乎赤道而南北。凡三百六十五日。小余不满四分日之一。日发敛一终。月道邪交乎黄道。凡二十七日。小余过日之半。月逡其道一终。日月之会。凡二十九日。小余过日之半以起朔。十二朔凡三百五十四日有奇分而近。岁终积其差数置闰月。然后时序之从乎日行发敛者以正。故《尧典》曰。期三百有六旬有六日。以闰月正四时成岁。言六日者举成数。玉裁按。五岁再闰而无余日。告朔之礼。天子居宗庙。闰月居门中。从王在门中。周礼闰月王居门中终月也。此说字形也。周礼大史。闰月诏王居门终月。注谓路寝门也。郑司农云。月令十二月分在青阳、明堂、总章、玄堂左右之位。惟闰月无所居。居于门。故于文,王在门谓之闰。玉藻。天子玄端而朝日于东门之外。听朔于南门之外。闰月则阖门左扉。立于其中。

——《说文解字注》

时:四时也。本春秋冬夏之称。引申之为凡岁月日刻之用。释诂曰。时,是也。此时之本义。

——《说文解字注》

昧:昧爽,且明也。各本且作旦。今正。且明者,将明未全明也。《牧誓》。时甲子昧爽。王朝至于商郊牧野。言昧爽起行。朝旦至牧野。《左传》。晏子述逸鼎之铭曰。昧旦丕显。伪《尚书》演其辞曰。昧爽丕显。坐以待旦。《郊祀志》。十一月辛巳朔旦冬至昒爽。《封禅书》昒作昧。既言旦又言昧爽者。以辛巳朔旦冬至合前文黄帝己酉朔旦冬至为言。明冬至均在朔之旦也。继云昧爽天子始郊拜泰一。明未旦时即郊拜泰一也。《内则》。成人皆鸡初鸣适父母舅姑之所。未冠笄者。昧爽而朝。后成人也。昧与昒古多通用。而许分别之。直以昧连爽为词。昧者,未明也。爽者,明也。合为将旦之称。

——《说文解字注》

晦:月尽也。朔者,月一日始苏。望者,月满与日相望似朝君。字皆从月。月尽之字独从日者,明月尽而日如故也。日如故则月尽而不尽也。

——《说文解字注》

朔:月一日始苏也。晦者,月尽也。尽而苏矣。《乐记》注曰。更息曰苏。息,止也。生也。止而生矣。引申为凡始之称。北方曰朔方。亦始之义也。朔方始万物者也。

——《说文解字注》

北人打围,一岁间各有处所:正月钓鱼海上,于水底钓大鱼,二月、三月放鹘号海东青打雁,四月、五月打麋鹿,六月、七月于凉淀坐夏,八月、九月打虎豹之类,自此至于岁终,如南人趁时耕种也。(《使辽录》)

岁除,檐楹插芝麻秸,院中焚柏木柴,名曰"煟岁。"元旦起,掷门闩于地者三,曰"跌金钱"。以小榼盛驴肉,食之,曰"嚼鬼"。立春日,无贵贱食萝卜,曰"咬春"。二月二日,用黍面枣糕,以油煎之,曰"熏虫"。三月食鲊,曰"桃花鲊"。四月八日,进不落夹,用苇叶方包糯米,长可四寸,阔一寸,味与粽同。六月六日,食银苗菜,即藕苗也。九月食迎霜兔。腊月八日,赐餐百果粥。(《芫史》)

京师正月朔日后,游白塔寺,望西苑,旃檀寺看跳喇嘛,打莽式,打秋千。元宵节,前门灯市,琉璃厂灯市,正阳门摸钉,五龙亭看烟火,唱央(秧)歌,跳鲍老,买粉团。十六夜,女子出游,谓之"走百病"。烧金鳌玉蝀石狮牙,以疗牙疾。十九日,集邱长春庙,谓之"燕九"。廿五日,谓之"填仓日",大小之家,俱治具饱食。二、三月,高梁桥踏青,万柳堂听莺,弄箜篌,涿州庙进香,迎驾。四月,西山看李花,海棠院看海棠,丰台看芍药,煮豆子结缘,送春,赛会。五月,游金鱼池,中顶进香,药王庙进香。六月,宣武门看洗象,西湖赏荷。七月中元夜,街市放焰口,点蒿子香,燃荷叶灯。八月中秋夜,踏月,买兔儿王。九月,登高,花儿市访菊,城墙下观八旗操演,妇女簪挂金灯,九日归宁。十月,上坟烧纸,弄叫由子。十一月,跳神。十二月,卖像生花供佛,打太平鼓。(《京师偶记》)

至于节令,如人日,二月二日,三月三日,寒食,八月一日,今亦不复为节。而今人中秋,唐人亦无之也。(《天咫偶闻》)

——《北平风俗类征》

一年三节:指一年中的端午、中秋、春节。《海上花列传》第九回:"耐搭我一年三节生意包仔下来。"

——《汉语大词典·1》

二十四时:①即二十四节气。《淮南子·天文训》:"十五日为一节,以生二十四时之变。"②指一日的时数。古以地支分一日为十二时,每时又分"初"、"正"(如子初、子正)。

——《汉语大词典·1》

二十四节气:亦称"二十四节"、"二十四气"。我国古代历法,根据太阳在黄道上的位置,将一年划分为二十四节气。其名称为:立春、雨水、惊蛰、春分、清明、谷雨、立夏、小满、芒种、夏至、小暑、大暑、立秋、处暑、白露、秋分、寒露、霜降、立冬、小雪、大雪、冬至、小寒、大寒。每段开始的一日为节名。二十四节气表明气候变化和农事季节,在农业生产上有重要的意义,是我国夏历的特点。《史记·太史公自序》:"夫阴阳四时、八位、十二度、二十四节各有教令。"清赵翼《陔余丛考·二十四节气名》:"二十四节气名,其全见于《淮南子·天文》篇及《汉书·历志》。三代以上,《尧典》但有二分二至,其余多不经见,惟《汲冢周书·时训解》,始有二十四节名。其序云:'周公辨二十四气之应,以顺天时,作《时训解》。'则其名盖定于周公。

——《汉语大词典·1》

二分:春分和秋分。《左传·昭公二十一年》:"二至、二分,日有食之,不为灾。"杜预注:"二至,冬至、夏至;二分,春分、秋分。"《文选·左思〈魏都赋〉》:"阐钩绳之筌绪,承二分之正要。"李善注:"二分,春、秋之中者也。"《元史·世祖纪三》:"敕二分、二至及圣诞节日,祭星于司天台。"

——《汉语大词典·1》

二分之祭:古代帝王祭日、月的典礼。《资治通鉴·齐东昏侯永元元年》:"天地五郊、宗庙二分之祭,未尝不身亲其礼。"胡三省注引郑玄曰:"古者,天子春分朝日,秋分夕月,故曰二分之祭。魏则朝日以朔,夕月以胐,犹仍古谓之二分之祭。"

——《汉语大词典·1》

二至:指冬至和夏至。《左传·昭公二十一年》:"二至、二分,日有食之,不为灾。"杜预注:"二至,冬至、夏至。"晋葛洪《抱朴子·博喻》:"威施之艳,粉黛无以加;二至之气,吹嘘不能增。"清朱大韶《驳万氏分至不系时说》:"周兼用六代之礼乐,鲁用四代,其祭天之月,亦宜损于周,故二至之日不祭天地也。"

——《汉语大词典·1》

七十二候:古代以五日为一候,一月六候,三候为一节气。一年二十四个节气,共七十二候。它是根据动物、植物或其他自然现象变化的征候,说明节气变化,作为农事活动的依据。《儿女英雄传》第三七回:"七十二候纵说万类不齐,那礼家记事者,何以就敢毅然断为'爵入大水为蛤'哉?此格物之所以难也。"按,七十二候之说,最初见于《逸周书》、《吕氏春秋》十二纪,汉儒列于《礼记·月令》,又见于《淮南子·时则训》,《魏书》始入《律历志》。但各书所举月令物候互有出入,即唐王冰注《素问》所引《吕氏春秋》七十二候,亦与今本《吕氏春秋》及历中所载不同。

——《汉语大词典·1》

三大节:三个主要节日。①宋指冬至、元旦、寒食。宋金盈之《醉翁谈录·京城风俗记·十一月》:"都城以寒食、冬至、元旦为三大节。自寒食至冬至,久无节序,故民间多相问遗。"②清代指元旦、冬至、万寿圣节。《清史稿·礼志七》:"顺治八年,定元旦、冬至、万寿圣节为三大节。"③今俗指元旦、端午、中秋。

——《汉语大词典·1》

三元:①农历正月初一。是日为年、月、日之始,故谓之三元。南朝齐王俭《谅暗亲奉烝尝议》:"公卿大夫,则负扆亲临。三元告始,则朝会万国。"南朝梁宗懔《荆楚岁时记》:

"正月一日是三元之日也。"唐潘孟阳《元日和布泽》诗:"流辉沾万物,布泽在三元。"清钱谦益《元日杂题长句》诗之一:"青阳玉律应三元,是日朝正会禁门。"②旧称农历正月、七月、十月的十五日为上元、中元、下元,合称三元。唐卢拱《中元日观法事》诗:"四孟逢秋序,三元得气中。"宋宋敏求《春明退朝录》卷中:"本朝太宗时,三元不禁夜,上元御乾元门,中元、下元御东华门,后罢中元、下元二节。"清赵翼《陔余丛考·天地水三官》:"其以正月、七月、十月之望为三元日,则自元魏始。"

——《汉语大词典·1》

三五夜:农历十五日夜晚。南朝梁沈约《昭君辞》:"唯有三五夜,明月暂经过。"唐温庭筠《南歌子》词:"月明三五夜,对芳颜。"清大健《鹤来庄赠孝隐》诗:"中林三五夜,常把筚门开。"

——《汉语大词典·1》

三五蟾光:农历十五夜的月光。清王士禛《池北偶谈·谈艺五·敬一主人诗》:"碧天如水夜初凉,三五蟾光满帝乡。"

——《汉语大词典·1》

下九:农历每月十九日。《古诗选·古诗〈为焦仲卿妻作〉》:"初七及下九,嬉戏莫相忘。"闻人倓笺注引《琅嬛记》:"九为阳数。古人以二十九日为上九,初九日为中九,十九日为下九。每月下九,置酒为妇女之欢,名曰阳会。"

——《汉语大词典·1》

五时:谓春、夏、季夏、秋、冬五个时令。泛指一年四季。《吕氏春秋·任地》:"五时见生而树生,见死而获死。"高诱注:"五时,五行生杀之时也。"陈奇猷校释:"五时者,春、夏、秋、冬、季夏也。本书《十二纪》,春属木,夏属火,秋属金,冬属水,而于《季夏》之末别出中央土一节,是以木、火、金、水、土五行配属春、夏、秋、冬四季,即所谓五时也。"《隋书·王劭传》:"伏愿远遵先圣,于五时取五木以变火,用功甚少,救益方大。"

——《汉语大词典·1》

廿四风:"二十四番花信风"的简称。古人把从小寒到谷雨八个节气中的每一节气分为三个候,共二十四候,每候五日,应以一花,始于梅花,终于楝花,共二十四个花期。风应花期而来,称"花信风"。《二十年目睹之怪现状》第二五回:"楼东乙字初三月,亭北丁当廿四风。"又:一年十二个月,每月两番花信,故亦称"二十四番花信风"。

——《汉语大词典·1》

入气日：旧历分二十四节气，时辰交合节气之日称"入气日"。《隋书·律历志中》："以入气日算乘损益率，如十五得一，余八已上从一。"

——《汉语大词典·1》

八节：古代以立春、立夏、立秋、立冬、春分、夏至、秋分、冬至为八节。《周髀算经》卷下："凡为八节二十四气。"赵爽注："二至者，寒暑之极；二分者，阴阳之和；四立者，生长收藏之始；是为八节。"唐寒山《诗》之二七一："四时周变易，八节急如流。"《四游记·华光来千田国显灵》："有四时不谢之花，八节长春之景。"

——《汉语大词典·2》

冰盏：旧时卖冷食、冷饮或其他食品者所击的铜盏。明刘侗、于奕正《帝京景物略·春场》："立夏日，启冰，赐文武大臣，编氓得卖买，手二铜盏叠之，其声磕磕，曰冰盏。"清潘荣陛《帝京岁时纪胜·元旦》："除夕之次，夜子初交，门外宝炬争辉，玉珂竞响……更间有下庙之博浪鼓声，卖瓜子解闷声，卖江米白酒击冰盏声，卖桂花头油摇唤娇娘声，卖合菜细粉声，与爆竹之声，相为上下，良可听也。"曹禺《北京人》第一幕："远远在墙外卖凉货的小贩敲着'冰盏'——那是一对小酒盅似的黄晶晶的铜器，迭在掌中，可互击作响——叮泠有声。"

——《汉语大词典·2》

分至：指春分、秋分，冬至、夏至。《左传·僖公五年》："凡分至启闭，必书云物。"杜预注："分，春、秋分也。至，冬、夏至也。"《汉书·律历志上》："时所以记启闭也，月所以纪分至也。启闭者，节也。分至者，中也。"唐杨炯《浑天赋》："分至启闭，圣人于是乎范围。"

——《汉语大词典·2》

大月：①农历称三十天的月份。《书·洪范》："一曰岁，二曰月。"唐孔颖达疏："从朔至晦，大月三十日，小月二十九日，所以纪一月也。"今亦称阳历有三十一天的月份。②指农历十月。《吕氏春秋·任地》："草諯大月。"陈奇猷集释："高诱注：'大月，孟冬月也。'梁玉绳曰：'孟冬称大月者，六阴俱升，大阴之月也。'"

——《汉语大词典·2》

夏历：我国古代历法之一。相传创始于夏代，因而得名。又称阴历、农历、旧历。实际是一种阴阳合历。它以寅月为岁首，以月亮绕地球一周为一月，以十二或十三月为一年。月分大尽小尽，大尽每月三十天，小尽每月二十九天。其置闰法是：三年一闰，五年二闰,十九年七闰。《后汉书·律历志中》:"永元十四年,待诏太史霍融上言:'官漏刻率九日增减一刻,不与天相应。或时差至二刻半,不如夏历密。'"《宋书·律历志下》:"夏历七曜西行,特违众法,刘向以为后人所造,此可疑之据二也。"

——《汉语大词典·3》

几望:称农历月之十四日。几,近;望,农历每月的十五日。《易·小畜》:"上九,既雨既处,尚德载,妇贞厉,月几望,君子征凶。"虞翻注:"几,近也。"又《中孚》:"六四,月几望,马匹亡,无咎。"孔颖达疏:"充乎阴德之盛,如月之近望,故曰'月几望'也。"《水浒传》第一零六回:"此时正是八月中旬望前天气,那轮几望的明月,照耀的如白昼一般。"

——《汉语大词典·4》

既朔:朔日的第二天。即农历初二。明何景明《进舟赋》:"惟孟冬之既朔兮,霜凛凛而下威。"

——《汉语大词典·4》

既望:周历以每月十五、十六日至廿二、廿三日为既望。后称农历十五日为望,十六日为既望。《书·召诰》:"惟二月既望。越六日乙未,王朝步自周,则至丰。"孔颖达疏:"周公摄政七年二月十六日,其日为庚寅,既日月相望矣。于已望后六日乙未,为二月二十一日。"《释名·释天》:"望,月满之名也。月大十六日,小十五日,日在东,月在西,遥相望也。"南朝梁沈约《为文惠太子解讲疏》:"暨七月既望,乃敬舍宝躯,爰及舆冕,自缨已降,凡九十九物。"唐刘禹锡《奉和中书崔舍人八月十五日夜玩月二十韵》:"暮景中秋爽,阴云既望圆。"王国维《观堂集林·生霸死霸考》:"既望,谓十五六日以后至二十二三日。"

——《汉语大词典·4》

岁时:一年,四季。《周礼·春官·占梦》:"掌其岁时,观天地之会,辨阴阳之气。"郑玄注:"其岁时,今岁四时也。"南朝梁沈约《齐故安陆昭王碑》:"烽鼓相望,岁时不息。"清唐甄《潜书·居心》:"假居于人之室,近则月日,久则岁时。"

——《汉语大词典·5》

【竹枝词】

燕台口号一百首　　佚名

彼此登门贺岁朝,官衔大小认封条。墙头一例惊神鬼,墨字朱圈处处标。

柏叶芝麻烧夜香,葫芦贴罢供阡张。乌金纸剪飞蝴蝶,嚷嚷婴孩插闹妆。(元旦作葫芦、人物、花卉杂贴门户,镂白纸供祖先,号"阡张"。小儿头插闹妆,亦曰"闹嚷嚷"。)

三日厨房断酒荤,黎明端肃上前门。伏魔香火千年盛,留得灵签事后论。

风入新正倦绣床,岁前针线日添长。制成紫绢殷勤卜,高供家家马粪娘。(正月例停女工,腊月先以绢制紫姑神,号"马粪娘",谓可卜新年休咎。)

飞甍瓦盖碧琉璃,厂设门楹东复西。认取新番书画谱,卷中都借旧人题。

内外拖枪佛顶珠,一身环绕两人俱。开场足送双丸石,蹴鞠遗风合问渠。(琉璃厂有踢毽子者,两人互接不堕。又琢石为丸,以足蹴之,先后交击者为胜。)

烧就琉璃色紫蓝,鱼瓶檐马市中担。气还倒掖通呼吸,记取诗人马上谈。(烧琉璃为响葫芦,俗名"倒掖气"。刘比部公戏尝买一枚,于马上弄之,事见宋牧仲《筠廊偶笔》。)

大街明月小车回,灯市人从菜市来。最是唐花偏烂漫,却烘地窖借春开。(花匠于冬月烘开春花,每得善价,即所谓唐花也。)

弛禁金吾一夜安,上元灯局合城看。庙门挂起高幡处,簇簇人围火判官。

团拜同年兴便增,传单分子乐应承。长安会馆知多少,处处歌筵占绍兴。

白云观里闹无端,走马何曾缚锦鞍。见说游仙来往熟,有谁拾得返魂丹?(正月十九日,白云观有走解之戏,俗谓之"燕九节",亦曰"宴丘",相传是日,吕真人必过此。)

执事排来异样新,一番赛鼓拜迎神。请看热闹城隍会,都是梨园馆里人。

杏黄招子贴墙间,约日烧香丫髻山。前导绣旗亭结彩,高梁桥畔接神还。(二月进香丫髻山碧霞元君庙,结彩亭坐神像,从高梁桥归。见《北京岁华记》。)

深沟难得水流通,马足常年踏软红。得意与人游二闸,春风荡漾小舟中。

污泥流到下洼头,积秽初通气上浮。逐臭不须掩鼻过,寻常三月便开沟。

磕磕晶晶响盏并,清明出卖担头冰。往来触热人如许,一晌心凉恐未能。(卖冰人以两铜盏合而击之,名"响盏"。)

燕子来时笋味甘,竹林寻遍径三三。那知一寸芦芽嫩,也作禅家玉版参。(北地无笋,以芦芽入馔。）

　　见说园林逸兴赊，南新门外问王家。清和时节开诸顶，忙煞街头荡子车。（南西诸顶，俱庙会名。）

　　几处分传吊客单，悯忠寺里借经坛。老僧亦爱繁华者，帝幕周遮护牡丹。

　　扬州芍药逊丰台，白白红红遍地栽。及早出门携伴去，卖花担已上街来。

　　蓆子连翩任卷舒，迎风蔽日引绳余。教猱升木看篷匠，信口腔成曲不如。

　　剪裁冷布费工夫，六扇窗宜劈纸糊。那许青蝇来往便，惺松响竹抵追呼。（驱蝇帚，名"响竹"。）

　　"咬春"过了又填仓，到得"熏虫"柏子香。插柳天坛逢午节，耍青同上打球场。（立春日食萝卜，曰"咬春"。正月二十五日食填仓肉。二月二日以油煎糕，曰"熏虫"。重五踏青天坛，曰"耍青"。）

　　打鼓从奴鼻起雷，输钱便使住房开。年年初伏车增价，多少人看洗象来。（象奴令象以鼻拄地，其声如雷，曰"打鼓"。旧例六月六日洗象，今以初伏日。）

　　据钱小聚足盘桓，消暑还须点食单。水果不嫌南产贵，藕丝菱片拌冰盘。

　　药王庙里担花忙，茉莉花开贵价偿。最是黄昏新罢浴，晚香玉助美人妆。

　　九品莲生太液池，湾环一水绿差差。朝来玉蝀桥头过，想到西湖放艇时。

　　来学端宜趁爽秋，童蒙求我我先求。执经不用通名字，暮四朝三听去留。（塾师门贴"秋爽来学"四字，童子游学者每日挟钱以往，去来听其自便。）

　　澹澹银河一水澄，五生盆结彩层层。满街秋月群儿闹，长柄擎来荷叶灯。（七夕供牵牛星像，于盘堆以瓜果，名"五生盆"。中元夜，儿童以荷叶点灯为戏。）

　　细娘装束晚登车，欲向中秋斗月华。忽见红旗争引导，拜迎金面兔儿爷。（貌美者俗称"细娘"。中秋夜张灯作乐，迎兔儿爷，有飞金面者。）

　　庆赏中秋结彩棚，饼如圆影得佳名。蟾宫月窟翻新样，也有白衣人夜行。（中秋月饼铺搭篷点彩，作蟾宫月窟诸象。）

　　登高大半上窑台，便到陶然亭畔来。四面轩窗开洞远，西山一角望崔巍。

　　吉祥字帖卖糕人，薏酒添来菊叶新。休说塞禽惟有雁，袋瓶开处斗鹌鹑。（卖重阳糕者，上贴"吉祥"二字，是日天坛中以斗鹌鹑为戏。）

　　黄菊枝枝接野蒿，花儿匠又试新刀。人生不识仙源路，只合多栽夹竹桃。（北地以蒿接菊，不欲留美种也。夹竹桃价贱而经久，人多购之。）

　　葡萄马乳手中搓，滴水收干作脯多。一到秋来消渴易，相思果又劈苹婆。（佛说苹婆华，言相思也。）

　　酸涩微嫌虎嗽宾，沙梨沙果认难真。但从苦味知甜味，巴旦名传杏子仁。

　　及时菜把送园丁，瓣瓣交花不取青。比似薹心味较美，那嫌求益拾零星。（黄矮叶亦名"交花"。)

何来铁鹊小筐提,记得诗翁此命题。下酒不寻安乐馆,当筵辣阚烂羊蹄。

堆盘栗子炒深黄,客到长谈索酒尝。寒火三更登半灺,门前高唤灌香糖。

约略甜酸辨味知,便充药裹亦相宜。穿来不合牟尼数,却挂当胸红果儿。

砧杵声停客未归,手中针线认依稀。当街耐冷缝穷妇,但为他人补旧衣。(女工补客衣者为"缝穷妇"。)

凿断山根煤块多,抛砖黑子手摩挲。柳条筐压峰高处,阔步摇铃摆骆驼。

嵇康锻灶事堪师,土炕烧来暖可知。睡觉也须防炙背,积薪抱火始燃时。

黄泥和水造煤炉,砖块徐添好治厨。活火借烹茶亦便,买来铫子是沙壶。

家家高挂却寒帘,织草编芦也未嫌。巧绝风门随启闭,活车宛转引绳添。(贫家以芦草为门帘,又糊纸作风门,旁用铁圈作枢,引以绳,号"活车"。)

击柝鸣锣一手并,摆摇步步间铃声。夜巡毕竟同儿戏,但向初冬打二更。(有铃卒手击柝鸣锣,身后挂铃,步摇响应,每十月朔日为始,二更乃出。)

寒衣好向孟冬烧,门外飞灰到远郊。一串纸钱分送处,九原倘可认封包。(十月朔烧纸于门外,曰"烧寒衣"。纸钱银锭作大封套,上写其祖先某某收拆。)

几曾生女奉晨昏,到得归宁孝养存。薄浣勿忘冬节事,心知未足报娘恩。(女子出嫁者,于十一月归宁,为母洗衣,曰"报娘恩"。)

乞儿终日向寒啼,羽翼徒怜养未齐。三个青蚨眠一夜,鸡毛房里似鸡栖。

油里煎糕信手抬,调来米粉粥浆甜。点心兼可挡寒气,蚤出门人打小尖。(点心曰"打小尖"。)

窟中狡兔死犹骄,便欲称名借野猫。获鹿也知风作脯,掰将生食不须烧。(俗称兔为"野猫"。鹿肉每风干生食。)

一尾银丝色可怜,三津人到送冰鲜。尚嫌不及关东货,斗大鱼头几串钱。

河头冻合坐冰床,偷得舟行陆地方。更有抛球人夺彩,一双飞舄欲生芒。(冬月冰坚,以平板作床状,下用二足裹以铁,一人引绳,名"冰床",亦曰"拖床"。又尝于冰上弄球掷彩,为冰嬉。)

轮跳白索闹城闉,元夕烧香柏作薪。络索连环声响应,太平鼓打送年人。(元夕儿童作跳白索之戏,又以高丽纸厚糊作羯鼓,柄挂数铜圈,随击随摇,名"太平鼓",亦曰"送年"。)

漫说南人辨北音,瞽儿词调未分明。张来布幔藏身处,板凳安排听象声。

偷得工夫上戏楼,写来长票不持筹。忽然喝采人无数,未解根由也点头。(戏馆内看全本者给一票,又尝论剧给筹。)

梨园南北两争奇,得法儿骄施四儿。招子但寻茶馆去,花钱人又占便宜。

广和楼畔几来游,掌柜人还识面否?只合常常侬过此,分明悬匾是查楼。(广和戏楼为余族人旧宅,门前"查楼"二字匾额尚悬。)

连厢儿曲唱更阑,铁拨琵琶错杂弹。笑博众中时一顾,受他指骂更颜欢。(歌童唱北音小曲,号"连厢儿",亦曰"凳子"。)

西城市罢向东城,庙会何年刻日成。一霎打包人散尽,壶公伎俩欠分明。(西城护国寺庙期,每逢七、八。东城隆福寺,则以九、十为期。又土地庙斜街每逢三日亦会。)乍听鸡鸣小市齐,暗中交易眼昏迷。插标人去贪廉贱,一笑归看假货低。

街前镇日乱邀呼,四季衣裳遍地铺。还价问渠可着恼,大家拉倒莫含糊。

随处搜罗货独奇,到门交易想便宜。小鬟拾得零星物,高叫街头打鼓儿。

骡马牵连入市沽,倩他经纪较锱铢。可怜长尾刀刀剪,指鹿论钱得价无(骡马无用者,剪其尾,每充鹿肉烧卖。)

买水终须辨苦甜,辘轳汲井石槽添。投钱饮马还余半,抛得槟榔取亦廉。(当街设水槽,马过饮之,投一钱,辄给槟榔少许,盖取半文直也。)

镇日皇皇西复东,少年捷足串胡同。红笺二寸书名姓,曾许怀间半刺通。

轱辘声中客到门,只凭拉手叙寒温。便从北礼分南礼,布席端推左炕尊。(北礼以炕为尊,今南人亦然。)

进内城来少土沙,双沟轮转路欹斜。扬鞭独许行中道,前放官鞍后档车。

浮土何曾踏软泥,辟鹿犀角恰相宜。出城车子邀呼急,一路人家泼水时。

虎坊桥畔引车来,想像当年傍水隈。乡味称名也止渴,樱桃一路接杨梅。(地名有樱桃斜街、杨梅竹斜街,北地实无此二物。)

堆子当街小马奔,胡同随处俨司阍。夜深半上葳蕤锁,会饮人归叫栅门。

邻舍东西等异方,民房一半杂官房。陆梁人怕飞檐过,屋角玲珑筑响墙。(屋上起花墙尺许,名"响墙",用以防盗。)

衙门公处宅私迁,吉屋租来不论年。一月房金先入手,更收半月算茶钱。

避尘兼欲避风寒,虚室周遮生白难。薄叠玻璃糊作纸,隔窗人似镜中看。

陋室徒怜仰屋人,磨砖缩板亦无因。芦柴打叠方平架,顶棚糊来簇簇新。

秀才鼓吹拥银鞍,中道居然占达官。到得进春供执事,笑他只作牧童看。(新秀才入学后,乘马游街,当道舆从每让之。例于迎春日,进土牛,至官门外。)

压轿童男礼数稠,满天星似衮珠球。到门还要添脂粉,偏许新郎看上头。(花轿名"满天星",迎娶时以童男压轿,妇到门先添脂粉,然后行加笄礼。)

金钿定喜向人夸,来往从今拜亲家。卧室不嫌排闼入,寻呼内嫂亦虚花。(姑以钗插妇鬓,曰"定喜",媳未过门,两亲家往还直入内室,内嫂外妯多不避。)

难教燕玉点燕脂,贫女央人典质时。胡弄毡包身价重,拿殃儿更诧新奇。(买妾以美者出拜,临娶以丑者易之,曰"戳包"。过门后,盗其主之物而去者曰"拿殃儿"。)

女工不治懒庖厨,甑石何尝计有无。脱却鹑衣披锦绣,笑他称体赁衫襦。

当官旧建育婴堂,京兆番番点簿忙。哺乳有娘师是父,渡人陆地得慈航。(育婴堂每城有车收养弃儿,车名"陆地慈航"。)

珍重医方买药煎,刻期包揽病依然。怪他茧足沿门惯,偏要从人索马钱。

黑豆喂来料未匀,兽医治病药方新。平安两字当槽贴,烧买烧刀献马神。(煤市街有大小马神庙。)

挨出城门及早开,素车得得送丧来。朱红大杠台(抬)扶众,三日还看暖墓回。(出丧每用大杠数十人举之,葬后三日设祭,名"暖墓"。)

寒棺火化土亲肤,客死谁将旅榇扶。夕照寺旁堆义塚,拾来枯骨半模(模)糊。

香会逢春设戏筵,分尝豆子结良缘。唪经时节拈冬季,锻磨斋坛记岁前。(寺僧于四月八日煮豆分人,曰"结缘"。庙门外各贴"冬季唪经祝国裕民"八字。又于除夕作锻磨斋。)

和尚尼姑约略同,老爷浑不辨雌雄。称呼贵与京官等,反叹人家手内空。(僧尼俱称"老爷"。)

借债商量折扣间,新番转票旧当删。凭他随任山西老,成例犹遵三不还。(放京债者山西人居多,折扣最甚,然旧例未到任丁艰者不还,革职不还,身故不还。)

拉纤人来债主怜,两头牵合费周旋。等闲生活无多利,逐日抽还印子钱。

长班一道也须钻,远向卢沟接外官。探得人家行庆吊,满城包揽送传单。

长随短雇不论年,按月偿劳价五钱。打点荐资谋善地,躲将雨过便飘然。(长随在京官门下,名曰"躲雨",言其不久即去也。)

部办班分未入流,绍兴善为一身谋。得钱卖缺居奇货,门下还将贴写收。

谱仿湘兰异博徒,偷闲朋类一招呼。青钱八个门前跌,独恕当官四轿夫。

滚来堆子本无因,打架何从认假真。怕事旁观都袖手,任他泥腿惯讹人。(攘臂曰"打架",或不分胜负,则相抱滚至堆子,受鞭呼痛为负。无赖曰"泥腿"。诈曰"讹"。)北地蚕桑异昔时,但看榆柳一枝枝。最怜游手无生产,不怕人呼闲的儿。(游手不自给者,呼"闲的儿"。)

毡帘垂处买春醅,老铺糕元又饼魁。鼓吹当门三日闹,走堂人到店新开。(每开新店铺,门首鼓乐三日。)

幌子高低店铺排,蒲包三两作招牌。更寻纸架当门立,小匾茅房挂大街。(当铺及油店,俱悬锡球于门首,名"幌子"。卖槟榔者点蒲包,又当街挂"茅房在内"一小匾并设草纸架。)

阔布围腰贯索缠,柜头打价使京钱。北人惯混南人账,五百青蚨喝一千。

——《清代北京竹枝词》(十三种)

燕京岁时杂咏

奉节　张朝墉

土牛彩仗迓燕郊,京兆诸生昇入朝。此日百官齐赐饼,早春恩眷出宫椒。(《帝京景物略》:京尹迎春,自春场入府,是日塑小春牛芒神,以府县生员昇之,入朝进上。《燕都游览志》:凡立春日,于午门赐百官饼。)

灯市新词范景文,烛龙如雨气盘云。而今踏破琉璃厂,碧眼虬髯闹夜分。(明范景文有《燕京灯市》词四首。今灯市不在东四牌楼、地安门、工部、兵部,统归厂甸矣。元宵以前,中西人毕集,珠玉书画,堆积如山,一大观也。)

灵观争开燕九筵,丛坛无复遇神仙。平沙十里松千尺,怒马雕鞍几少年。(《帝京景物略》:正月十九日,都人集白云观,游冶纷踏,走马蒲博,谓之燕九节。相传是日真人必来,或化冠绅,或化士女,或化乞丐,于是羽士十百杂坐松下,冀一遇之。今观外平沙,成跑马场也。)

祭饼熏床虫子收,青龙今日定抬头。剪金贴额邀神眷,还约拈香到涿州。(《帝京景物略》:龙抬头日,煎元旦祭余饼,熏床炕,曰熏虫儿。《北京岁华记》:二月都人进香涿州碧霞元君庙,不论贵贱,男女额贴金字,以迓神庥。)

绣帔弓鞋去踏青,北城士女到南城。无风一上秋千架,小妹身材比燕轻。(《析津志》:二月,北城官民妇女,多游南城,风日清美,踏青斗草,若海子上,车马杂沓,绣毂金鞍,珠玉璀璨,人乐升平之治。上自内苑,中至宰执,下至士庶,俱立秋千架,日以嬉游为乐。)

出窖棠梨自浅深,卖冰偶触卖花心。贡茶何事忙如许,官价由来五十金。(京师唐花,于上巳日出窖。《北京岁华记》:上巳日土谷祠,清明日始卖冰,后三日,新茶从马上至,至之日,官价五十金,外价三二十金,不一二日,即二三金矣。)

香囊绣带拂轻丝,宫女如花下玉墀。近侍词臣传笔砚,上皇寒食有新诗。(《析津志》:清明寒食,宫殿于是日最为富丽,金绣衣襦,香囊结带,蹴踏舞秋千,杂进珍馔,甲于常筵,中贵之家,其乐不减于宫闱。)

四月榆钱满路飞,紫樱桃熟麦苗肥。簪鬟野花君莫笑,妙峰山里进香归。

结缘舍豆荷神慈,赶得秋坡好布施。念佛一声唼一豆,此中因果几人知。(《陕志》:京师僧俗,念佛号者,辄以豆识其数,至四月八日,佛诞生之辰,煮豆微撒以盐,邀人于野共食,以为结缘云。《宛署杂记》:碧云、香山附近,有地名秋坡,四月八日,都中士女,竞往游逐,俗云赶秋坡。)

香粽凉糕安石榴,射堂西畔绿阴稠。联镳飞鞚城南去,拂袖天坛看打球。(《北京岁华记》:端午日,天坛击毯决射,盖古来射柳遗意。)

莫从海上问三农，虾蟆蟾酥取次供。蛇蝎不须逞狂毒，有人刺臂作双龙。(《间史撷遗》：午日，太医院官具旗物鼓吹，赴南海子，饬农人捉虾蟆蟾酥。《北京岁时记》：无赖子弟，是日刺臂作字，或木石鸟兽形，以制狂毒。)

宣武城壕濛有潴，年年洗象水平铺。大吹觱篥敲铜鼓，抛掷金钱富象奴。

红衣腻粉集琼仙，翠柳摇丝袅暮烟。虾菜亭前堪饱食，西瓜斗大藕如船。(虾菜亭在净业湖，积水潭之西。)

当筵瓜果女儿心，九引台穿九孔针。输巧何关牛女事，几人含恨坐花阴。(元《掖庭记》：九引台，七夕乞巧之所，宫女登台，以五彩丝穿九孔针，先完者，为得巧，迟完者，曰输巧。)

水陆盂兰作道场，山荆北地梦黄粱。斋僧颇忆长椿寺，经卷木鱼夜未央。(《北京岁华记》：中元节前，上冢如清明各寺设盂兰会，以长椿寺为最。)

水镜遥开脂粉册，冰帘时透管弦声。而今净业湖边路，小李将军画不成。

屠狗行营鹘脱鞲，围场移帐听鸣驺。乍看御帽簪红叶，今日方知是立秋。(《辽史·礼志》：八月八日，辽俗屠白狗于寝帐前七步瘗之，露其喙，后七日，中央移寝帐于其上。《析津志》：立秋日张乐，大谯，名压节序，上簪红叶于帽。)

蟾宫桂殿净无尘，剪纸团如月满轮。别有无知小儿女，烧香罗拜兔儿神。(《北京岁华记》：中秋夜人家各置月宫符像，符上兔如人立，陈瓜果于庭，饼面绘月中蟾兔，市中以黄土团成，曰兔儿爷，着花袍，高有二三尺者。魏之琇有《兔儿爷》诗。)

微雪天山要打围，抓鹰射虎马如飞。兔肝鹿舌争相食，输却重阳一宴归。(《燕北杂记》：辽俗九月九日打围，赌射虎，少者为负，输重九一筵席，射罢于地高处卓帐，饮菊花酒，出兔肝鹿舌，生切，以酱拌食之。)

惨淡黄花照酒卮，茶垆食榼去何之。百官已赐花糕宴，宴罢登高不算迟。(《燕都游览志》：重九日，敕赐百官花糕宴。)

莫听瑶间野哭声，新寒剪纸作衣襟。豆泥骨朵烧桦烛，愁绝仁人孝子心。(《帝京景物略》：十月朔日，纸坊剪五色纸，作男女衣，长尺有咫，曰寒衣，取而焚于门曰送寒衣。《北京岁华记》：十月朔上冢，如中元，祭用豆泥骨朵。)

卖靴人归宿雾开，风筝一线上瑶台。霜菘雪韭冰芦菔，都上煤炉暖炕来。(《宛署杂记》：燕市卖靴人，以十月一日为靴生日，供具祭之，以其阴晴，卜三冬之寒燠焉。)

凤脸龙须一例收，家家种菊宴深秋。僧衣破碎梳妆懒，异种翻从日本求。(青凤脸、苍龙须、破僧衣、嫩梳妆，皆菊花名。)

奎翰冰嬉绝妙词，溜冰佳趣几人知。趋朝不畏风霜烈，御赏拖床太液池。(冰上拖床，十刹海、护城河、二闸皆有之，王大臣之有恩命者，亦准于西苑门内赏坐拖床。)冬至郊天礼数隆，鸾旗象辂出深宫。侍臣宠锡天恩大，鹿脯羊膏岁岁同。(《大清会典》：皇上每于冬至郊天。明《典故纪闻》：冬至后，殿前将军甲士赐黄羊、野雉、野猪、内鹿脯，赐酒曰头脑酒。）

寺钟腊鼓响郎当，香积厨中笋蕨香。内史传宣颁果粥，深宫一样礼空王。（《析津志》：十二月八日，禅家谓之腊八日，煮红糟粥供佛。《燕都游览志》：十二月八日，赐百官果粥。）

纸幡甲马列厨东，司命巡行薄醉中。天上去来才七日，凡人无此大神通。（《月令广义》：燕俗，图灶神以纸印之，曰灶马，腊月二十四日焚之，谓送灶。具黑豆、寸草，为秣马具，次年元旦，乃迎灶归。）

亲知邀酌团年酒，儿女同争压岁钱。爆竹千家声未息，天衢车马闹如烟。

——《北京风俗杂咏》

【对　联】

化雨润尧天，溯年年秋实累累，要结仙桃先播种；
东风吹大地，喜树树新机勃勃，但看杨柳便如春。

——《奇联妙对故事》

【四季货声】

卖果子干儿挑子：清代行商小贩挑担卖果子干儿及其他小食品，带汤儿的用细瓷具盛装，白漆圆笼，周身铜什件带环儿，前设方盘，中置小笼安锅。手敲二铜冰盏，口吆喝：

"带汤儿的，热豌——豆噢！"

以黑豌豆加碱，煮后加糖，二月中撤。果子干，以柿饼、杏干做，带汤，加藕片或梨片，端午撤。玫瑰枣儿，糖饯生老虎眼。带汤酸枣儿。乌豆，以大力丸咸煮晾干。茶豆，带汤。小麻子湿咸花生。交二月中添桃脯、奶子糕、玻璃粉、拨鱼儿。立夏添冰桶酸梅汤，近年添汽水瓶。民国年间多为推两轮木车卖小食品商贩敲铜盏，吆喝：

"果子干儿嘞，玫瑰枣儿喽！"

玫瑰枣儿，也叫木樨枣儿。买时盛小碗儿用竹签儿扎着吃，也有用小匙吃的，北京人也叫"木樨枣儿"，有吆喝：

"玫瑰多，木樨多，玫瑰枣儿给得多！"

这种食品还卖捣碎煮熟加糖的"糊子糕",用乌梅煮加冰糖、桂花,冰镇的酸梅汤,吆喝:

"又解渴,又带凉,又加玫瑰又加糖,不信您就闹碗尝一尝!——酸梅的汤儿来另一个味儿来!"

"冰嘞,酸了梅的嘞,多加点子桂花嘞,酸酸凉凉的好喝嘞,凉嘞啊!"

"糊子糕来酸梅汤!"

"瓜子儿,咸落花生,冰糖籽儿!"

卖奶酪:奶酪,北京人叫"干碗儿酪"。清至民国年间,北京街头通年有商贩挑着两个大木桶内放一层层的碗儿酪,夏天桶内用冰镇之,吆喝:

"伊哟噢,酪——喂!"

"干碗儿,嘞哎嗨哎酪 哎 哟!"

《都门纪略》赞美说:"闲向街头啖一瓯,琼浆满饮润枯喉,觉来下咽如脂滑,寒沁心脾爽似秋。"

——《吆喝与招幌》

春:推也。《尚书大传》曰:春,出也。万物之所出也。

——《说文解字注》

离:离黄,仓庚也。《豳风毛传》曰。仓庚,离黄也。《月令》注云。仓庚,骊黄也。释鸟曰。仓庚,鸧黄也。又曰。鸧黄,楚雀。又曰。仓庚,商庚。然则离黄一物四名。按《说文》离䕰不类厕。则不谓一物。又按《毛传》黄鸟,抟黍也。不云即仓庚。仓庚下亦不云即黄鸟。然则黄鸟非仓庚。焦氏循云:郑笺称黄鸟宜食粟。又云绵蛮,小鸟儿。显非仓庚。玉裁谓。盖今之黄雀也。《方言》云鹂黄或谓之黄鸟。此方俗语言之偶同耳。陆机乃误以仓庚释黄鸟。鸣则蚕生。《月令》。仲春仓庚鸣。内宰职曰。仲春。诏后帅外内命妇始蚕于北郊。

——《说文解字注》

霆:雷余声铃铃。所以挺出万物。铃与挺皆以叠韵为训。雷所以生物。而其用在余声铃铃然者。《礼记》曰。地载神气。神气风霆。风霆流形。庶物露生。

——《说文解字注》

一年之计在于春:古谚。一年的计划要在春季考虑安排。意谓凡事要抓紧时间,早作打算。明无名氏《白兔记·牧牛》:"一年之计在于春,一生之计在于勤,一日之计在于寅。春若不耕,秋无所望;寅若不起,日无所办;少若不勤,老无所归。"

——《汉语大词典·1》

三春:①春季三个月;农历正月称孟春,二月称仲春,三月称季春。汉班固《终南山赋》:"三春之季,孟夏之初,天气肃清,周览八隅。"唐李白《别毡帐火炉》诗:"离恨属三春,佳期在十月。"元宋方壶《斗鹌鹑·踏春》套曲:"娇滴滴三春佳景,翠巍巍一带青山。"刘大白《春尽了》诗:"算三春尽了,总应该留得春痕多少。"②指春季的第三个月,暮春。唐岑参《临洮龙兴寺玄上人院同咏青木香丛》诗:"六月花新吐,三春叶已长。"清姚鼐《乙未春出都留别同馆诸君》诗:"三春红药熏衣上,两度槐黄落砚前。"

——《汉语大词典·1》

三推:古代帝王亲耕之礼。天子于每年正月亲临藉田,扶耒耜往还三度,以示劝农,称三推。后历代皆有亲耕三推仪式,成为例行公事。《礼记·月令》:"(孟春之月)乃择元辰,天子亲载耒耜……帅三公、九卿、诸侯、大夫,躬耕帝藉,天子三推,三公五推,卿诸侯九推。"汉张衡《东京赋》:"躬三推于天田,修帝藉之千亩。"南朝梁武帝《藉田》诗:"一人惭百王,三推先亿兆。"宋黄庭坚《次韵曾子开舍人游藉田载荷花归》:"三推劝根本,百谷收阜坚。"

——《汉语大词典·1》

大春:方言。①指春季。沙汀《青㭎坡》七:"争取小春丰收,同时为准备大春播种,安排肥料籽种。"②指春天播种的作物,如水稻、玉米等。沙汀《堰沟边》:"因为这几天各队都在搬运黄沙,为今年的大春增产创造更多有利条件。"

——《汉语大词典·2》

天端:春。《公羊传·隐公元年》"春者何?岁之始也。王者孰谓?谓文王也。"汉何休注:"故上系天端。"徐彦疏:"天端,即春也。"陈立义疏:"春为天之始,系王于春,故为上系天端。"

——《汉语大词典·2》

年春:新春。唐曹松《客中立春》诗:"土牛呈岁稔,采燕表年春。"

——《汉语大词典·1》

九春:指春天。《文选·阮籍〈咏怀诗〉之四》:"夭夭桃李花,灼灼有辉光。悦怿若九春,磐折似秋霜。"张铣注:"春,阳也;阳数九,故云九春。"南朝梁元帝《金楼子·志怪篇》："其花似杏,而绿蕊碧须,九春之时,万顷竞发,如鸾凤翼。"明唐寅《金粉福地赋》："瑶池疏润,演丽于九春;析木分辉,流光于千里。"

——《汉语大词典·1》

古春：指春天。春自古而然,故称。唐李贺《兰香神女庙三月中作》诗："古春年年在,闲绿摇霞云。"金元好问《缑山置酒》诗："灵宫肃清晓,细柏含古春。"明高启《圣姑庙》诗："花落间祠谢古春,蕙帱瑶席掩香尘。"

——《汉语大词典·3》

杏花天：杏花开放时节。指春天。唐李商隐《评事翁寄赐饧粥走笔为答》诗："粥香饧白杏花天,省对流莺坐绮筵。"《全元散曲·水仙子过折桂令·行乐》曲："来寻陌上花钿,正是那玉楼人醉杏花天。"《清平山堂话本·西湖三塔记》："金勒马嘶芳草地,玉楼人醉杏花天。"《白雪遗音·南词·义侠英雄》："绣衣郎走进闲观看,千红万紫杏花天。"

——《汉语大词典·4》

春季：一年第一季。即从立春至立夏的三个月时间。习惯上亦指农历正、二、三三个月。《宋史·选举志三》："每春季,太学、辟雍生悉公试,同院混取。"丁玲《一九三〇年春上海(之一)》："一些漂亮的王孙小姐,都换了春季的美服。"沈从文《从文自传·我读一本小书同时又读一本大书》："本地蟋蟀原分春秋二季,春季的多在田间泥草里,秋季的多在人家附近石罅里瓦砾中。"

——《汉语大词典·5》

正 月

【正月】

【文献资料】

是月(正月)也,女妇闲,手五丸,且掷且拾且承,曰抓子儿。丸用象木银砾为之,竞以轻捷。

——《帝京景物略·卷二》

京师小儿语:"杨柳青,放空钟。杨柳活,抽陀罗(螺)。杨柳发,打柰柰。杨柳死,踢毽子。"

——《帝京岁时纪胜·正月》

烟火花炮之制,京师极尽工巧。有锦盒一具内装成数出故事者,人物像生,翎毛花草,曲尽妆颜之妙。其爆竹有双响震天雷、升高三级浪等名色。其不响不起盘旋地上者曰地老鼠,水中者曰水老鼠。又有霸王鞭、竹节花、泥筒花、金盆捞月、叠落金钱。种类纷繁,难以悉举。至于小儿顽戏者,曰小黄烟。其街头车推担负者,当面放、大梨花、千丈菊。又曰:"滴滴金,梨花香,买到家中哄姑娘。"统之曰烟火。勋戚富有之家,于元夕集百巧为一架,次第传爇,通宵为乐。

——《帝京岁时纪胜·正月》

喌:呼鸡重言之。当云喌喌,呼鸡重言之也。正月鸡桴粥。粥也者,相粥之时也。案相粥之时也,一本作相粥粥呼也。粥喌古今字。鸡声喌喌。故人效其声评之。《风俗通》曰。呼鸡朱朱。俗说鸡本朱公化而为之。今呼鸡曰朱朱也。

——《说文解字注》

雊:雄雉鸣也。言雄雉鸣者,别于鸚之为雌雉鸣也。《小雅》:雉之朝雊。尚求其雌。《邶风》有鹭雉鸣。下云。雉鸣求其牡。按郑注《月令》云。雊,雊鸣也。是雊不必系雄。鸚则毛公系诸雌。亦望文立训耳。若潘安仁赋。雉鹭鹭而朝雊。此则所谓浑言不别也。颜延年,颜之推皆云潘误用。未孰于训诂之理。雷始动。雉乃鸣而句其颈。乃字依《尚书正义》补。句各本误雏。依《小弁正义》正。《夏小正》。正月雷震雉雊。雊也者,鸣鼓其翼也。正月必雷。雷不必闻。唯雉必闻之。何以谓之雷震。则雉雊相识以雷。小正古本依《太平御览》,《艺文类聚》订当如是。《初学记》所引乃徐坚妄改也。言雷于雁雉鱼之间。故知雷雉一事也。释雊为鸣鼓其翼者。读雊为叩。叩,击也。动也。鸡鸣必鼓其翼。知雉鸣亦必鼓其翼也。许云句其颈。与大戴异。鼓其翼,句其颈皆状其鸣也。《洪范·五行传》曰。正月雷微动而雉雊。雷通气也。易通卦验。雉雊,鸡乳在立春节。立春在十二月。《月令》。季冬雉雊。皆谓雷鸣地中时也。

——《说文解字注》

儿童之读书者,于封印之后塾师解馆,谓之放年学。

——《燕京岁时记》

京师孟春,小儿女多剪彩为花或草虫,以插首曰:闹嚷嚷。盖即宋柳永词之所谓闹蛾儿也。

蜻蜓蝴蝶钗头飐,花气薰人露珠闪。新妆唤作闹穰穰(嚷嚷),静女也随习尚染。西女好簪白鹭毛,翩翩帽影增风标。灵蛇百叠绾高髻,丫头花面遮红绡,雕鞍横跨同麀麇。

——《王凤笺题》

是月(正月)也,富贵妇女,以掷骰拈牌,及食瓜子糖品为乐;而风筝、口琴、琉璃喇叭,更为应时玩物。风筝之大者,上缚弓弦锣鼓,风激之则声响齐发,真疑为天上奏乐也,商店于元旦闭户,初六始开,间有迟至元宵者;此半月以内,非贺年游玩,即于肆中敲锣击鼓以为乐。

——《北平岁时志·正月》

新年送礼,近则比前五十年不同,如稻香村所卖苏州年糕,板鸭,火腿,复有罐头食物,洋酒、纸卷烟、吕宋烟、各种洋点心、洋糖、果子酱、山货有鹿肉、山鸡、石鸡、沙鸡、野兔、野猪、黄羊、松花江之白鱼、鲟黄鱼,此数种则从前亦有也。

——《北平岁时志·正月》

近六十年来,丰台花匠,以暖室薰黄瓜,扁豆,茄子,冬瓜,香椿,水红莱菔;铁路交通既便南方之冬笋,橙柑,香蕉,柚子,椰子,皆能输入。至轮船入口,则有黄花鱼,海蛎蚶子,青蛤,山东福山之苹果,香梨,天津之银鱼,子蟹。点缀年景,唐花中则牡

丹、腊梅、山茶、海棠、木笔、榆叶梅、红梅、白梅、粉梅、小松树、小竹子、天竺豆、春兰。民国以来，花厂筑有玻璃温室，东西洋花木，亦可种植，如四季海棠、文竹、电线草，则早年所无也。

——《北平岁时志·正月》

烟火之盛，莫如京城，而最盛莫如慈禧太后垂帘时代。盖彼时正值嵩申师曾立山始为总管内务府大臣，逢迎上意，令造办处花炮局，向江西招工来京督造，自此遂有南式花盒。又在交民巷德商祁罗福订购外洋花炮。每年灯节，在中海冰上然（燃）放；是日王大臣及蒙古王公，皆有蒙恩赐宴，及赏看烟火，入座观戏者。

——《北平岁时志·正月》

元旦，贵戚家悬神荼、郁垒。民间插芝梗、柏叶于户。小儿女剪乌金纸作蝴蝶戴之，名曰"闹嚷嚷"。初八、九日，陈设灯市，至十八而罢。人家用粉糁寒具馈送，遍市鬻之，五花帚为号。宴席间尚王瓜、豆荚，一瓜之值三金，豆一金。点茶用椿芽、蒲笋，发之冰下。牡丹、芍药、蔷薇俱有花，较春时薄小，一瓶值数千钱。贵戚倡家插茉莉花。官（宫）里放灯假五日，夜行不禁。（《北京岁华记》）

——《北平风俗类征》

《燕台新月令·正月云》："是月也，厂店（甸）开，瓜子解闷，喇嘛打鬼，秧歌闹于市，自鸣乐奏，闯将入夜化为妓，烟九访仙，和菜填仓，冰始伐。"（《水曹清暇录》）

——《北平风俗类征》

北平俗曲《十二景》云："正月里家家庆贺新年，元宵佳节把灯观，月正圆，庵观寺院，抖了抖衣裳，花盒子处处瞅，炮竹阵阵喧，惹的人大街小巷都游串，夜半归回转家园，弹唱又歌舞，掷骰子又摇摊，天呀儿哟！会神仙逛一行白云观。"（百本张钞本《牌子曲》）

——《北平风俗类征》

北平俗尚，谓元旦为"大年初一"，居民于子初后，焚香接神，供水饺，放鞭爆，通宵达旦，市巷皆然。事毕，饮椒柏酒，食水饺，饺中暗藏以制钱，以卜顺利，家人得食者则终岁大吉，并备干鲜果品，肴馔杂伴以助酒，谓之"食团圆饭"，并食年糕（糯米面为之），取年年高升之意，佛前亦供之。饭毕，先至东岳庙拈香，归而祀祖，供品用水饺，祀毕焚纸锞，阖家互拜。卑幼拜尊长，则与之钱，名曰"压岁钱"。家礼毕，乃出贺戚友，亲者登堂，疏者投刺，途中相遇，则互以作揖请安为礼，更以"新禧"、"发财"、"顺当"、"一顺百顺"、"吉祥如意"等语相祝。街市则车水马龙，极呈太平景象。家家肴馔，大率为素，皆于除夕做成，盖俗以是日禁刀剪裁割、扫除倾水等事故也。二日晨，居民商肆，均祭财神，焚香放炮，供以雄鸡、鲤鱼、猪头、羊肉等品。同时燃酒杯中酒尽，持财神马(神马者，即纸绘之神像也)置于庭中之松柏枝、芝麻秸上，与黄钱阡张元宝等并焚之。亦有赴财神庙焚香借元宝者，谓借之则财旺，次年加倍还之。初五日谓之"破五"，破五之内，不得以生米为炊，妇女自元旦至是日不出门，虽同院合居亦然，谓之"忌门"。初六日始贺戚友，新嫁女子亦于是日归宁，最忌损坏什物，及煎烤食品。初七日谓之"人日"，盖俗以是日天气清明者，则人生繁衍。初八日黄昏后祭星神，以棉纸拈成花形，蘸以油，共一百零八盏，焚香祀之，谓之"顺星"。十三日至十六日，由堂奥以至大门，燃灯而照之，谓之"散灯花"，又曰"散小人"，亦避除不祥之意也。是月如遇立春，妇女多买萝卜而食之，曰"咬春"，谓可以解春困也。富家食春饼，备酱熏及炉烧盐腌各肉，并各色炒菜，如菠菜、韭菜、豆芽菜、干粉、鸡蛋等，而以面粉烙薄饼卷而食之，故又名薄饼。自十三以至十七，均谓之"灯节"，十五日谓之"正灯节"，商店庙宇多悬花灯，上绘古人故事及山水花卉等图，或以冰冻成山石人物楼阁瓜果等，燃灯于中空处，曰"冰灯"。又有以麦苗和棉絮扎成人物鱼龙，上置灯烛者，曰"麦灯"，华而不侈，朴而不俗，殊可观也。近年商肆多以彩色电灯缀成种种物事，以炫耀人之耳目，亦广招来之一道也。此五日中，每薄暮，游人杂沓，谓之"逛灯"。十五日为元宵正节，居民咸以元宵供佛，并燃放烟火，以庆佳节。十九为筵九，西便门外白云观走马博赛，游人最盛，间有留宿观中者，曰"会神仙"。谚以是夕有神仙下降，度化凡人，迷信者冀得一遇也。二十五日，粮商米贩致祭仓神，居民不尽致祭，然亦均烹调盛馔，以劳家人，谓"打大填仓"，乃别于二十三日之"小填仓"也。是月也，居民商肆，多以掷骰打牌为戏，儿童以风筝、口琴、琉璃喇叭、空竹为应时之玩物。商肆率于元旦闭户，初六始开，谓之"开市"。清晨燃放鞭爆，恭祀关公，亦有迟至元宵节始开市者。盖因终岁劳动，藉此佳节而实行休息之意也。此半月以内，非贺年游玩，即于肆中敲锣击鼓以为乐。填仓后，居民有所谓"送供尖"者，即以供佛前供品相馈送，如蜜供月饼等是也。(《民社北平指南》)

——《北平风俗类征》

北平的确是神秘的，在旧历的新年，更有许多婆婆妈妈的事情，就是近于迷信的禁忌。初八日要喝腊八粥，不喝将来会穷得连粥都没有喝的。廿三日是灶王升天的日子，供些黏性的糖瓜，把灶王的嘴粘住，省得说家里的坏话。供完就将灶王像焚化，放鞭炮，给他送行，这些事不许女人做的。除夕以前，须把用剩的浆糊扔掉，男子要洗澡整容，女子也要修饰。除夕这天，有许多贫苦的小孩，到你家门口"送财神"，几个铜元可以买进一张财神像，除夕子夜，送祖宗，接财神，要焚化黄钱纸锭，叫做"发神纸"，是不许女人动手的。在未焚纸锭以前，要放五个二踢子(双响)，一挂鞭，最后放三个二踢子。元旦拂晓，迎财神，向财神方行百余步。这一天不许花钱，说是花了钱一世会受穷。早餐吃饺子,包饺子的时候,把一个小制钱包在饺子里面,谁要吃着,将来就有福气。元旦日妇女不许出门拜年,俗语叫做"忌门"。孩子不许哭,不许说不吉利的话。初一要是打碎家俱,便是破产的预兆。无论有什么病,不许接医生。初一到初四,不可动刀(主凶杀)、针(主长针眼)、剪(主口舌),及扫地(主扫穷)。这四天之内,只吃早蒸好的馒头和年菜。初五以后,铺户开张,要放鞭炮,谓之"崩鬼祟"。开张之后,第一位主顾是男子,便认为兴盛的预兆;如是女人,便认为冲了财神,一年会不顺利的。(《大公报》)

——《北平风俗类征》

一岁货声:"大小的金鱼儿来。"注云:"矮廓鱼挑,贮水,盖覆,正月初间便卖,取'吉庆有鱼'意。"

——《北平风俗类征》

新年童谣云:"新年来到,糖瓜祭灶,姑娘要花,小子要炮,老头子要戴新呢帽,老婆子要吃大花糕。"

——《北京市志稿·礼俗志》

拜年儿歌云:"一入新年,小孩拜年。跪下磕头,起来要钱。要钱没有,转脸就走。"

——《北京市志稿·礼俗志》

三之日:夏历正月。《诗·豳风·七月》:"三之日于耜,四之日举趾。"孔传:"三之日,夏正月也。"

——《汉语大词典·1》

上春:孟春。指农历正月。《周礼·春官·天府》:"上春,衅宝镇及宝器。"郑玄注:"上春,孟春也。"唐杨师道《奉和正日临朝应诏》诗:"九重丽天邑,千门临上春。"清曹寅《谷日西轩燕集》诗:"上春八日喜春晴,屋角梅枝照夜明。"鲁迅《集外集拾遗·〈无题〉诗》:"故乡黯黯锁玄云,遥夜迢迢隔上春。"

——《汉语大词典·1》

年始:一年之始,岁首。《史记·秦始皇本纪》:"始皇推终始五德之传,以为周得火德,秦代周德,从所不胜。方今水德之始,改年始,朝贺皆自十月朔。"张守节正义:"周以建子之月为正,秦以建亥之月为正,故其年始用十月而朝贺。"

——《汉语大词典·1》

年酒：指为祝贺新年邀请亲友吃的酒席。《儒林外史》第二回："我议完了事，还要到县门口黄老爹家吃年酒去哩。"《红楼梦》第五三回："你去问问你那边二婶娘，正月里请吃年酒的日子拟了没有？"

——《汉语大词典·1》

年菜：旧俗过年时所备的菜肴。《儿女英雄传》第二四回："舅太太便同张太太带了丫鬟仆妇哄他抹骨牌、掷揽胜图、抢状元筹；再加上包煮饽饽作年菜，也不曾得个消闲。"震钧《天咫偶闻·琐记》："京师旧俗，元旦至上元，各店例闭户半月，小肆亦闭五日，此五日中，人家无从市物，故必于岁底烹饪，足此五日之用，谓之年菜。"

——《汉语大词典·1》

年纸：指旧俗过年所用的黄钱、挂钱、神马等纸做之物。《中国歌谣资料·都中旧谣》："丈夫听说心欢喜，快快起来烧年纸。但愿下年年岁好，夫妻享福过日子。"

——《汉语大词典·1》

年画：我国特有的一种绘画体裁。供人们在过年时张贴，故名。宋代已有关于年画的记载。传统的年画，多为木刻水印，线条单纯，色彩鲜明，画面热闹；题材主要有五谷丰登、春牛、婴儿、风景、花鸟，以及封建迷信等。建国以来的新年画，在传统基础上推陈出新，丰富多彩，为人民所喜爱。阿英《年画的叫卖》："年画棚就是专卖年画和其他花纸的。"萧红《马伯乐》："仆人室里的圣像，一年要给他们换上一张，好像中国过年贴的年画一样。"王汶石《大木匠》："她有一个女儿，名叫桃叶，今年已满十八岁，出俏得象年画上的人物一般。"

——《汉语大词典·1》

年开：谓新年开始。唐太宗《除夜》诗："冬尽今宵促，年开明日长。"

——《汉语大词典·1》

年对：春联。阴历新年用红纸写成贴在门上的联语。明袁宏道《己亥元日晨起》诗："官卑心亦暇，骑马看年对。"

——《汉语大词典·1》

年糕：用黏性较大的米粉蒸熟制成的糕，是农历过年时应节的食品。明刘侗、于奕正《帝京景物略·春场》："正月元旦……夙兴盥漱，啖黍糕，曰年年糕。"李家瑞《北平风俗类征》引《民社北平指南》："北平俗尚，谓元旦为'大年初一'……并食年糕（糯米面为之)取年年高升之意。"

——《汉语大词典·1》

年禧：新年幸福。祝贺新年的习惯用语。如："敬贺年禧。"

——《汉语大词典·1》

年面：指过年时做糕团、饺子之类用的面粉、米粉等。段荃法《凌红蝶》："男人家买年货，女人家磨年面，孩子扎灯笼。"

——《汉语大词典·1》

十三月：①指农历正月。《诗·豳风·七月》："一之日觱发。"唐孔颖达疏："《春秋元命包》曰：'周人以十一月为正，殷人以十二月为正，夏人以十三月为正。'"《后汉书·陈宠传》："十三月阳气已至，天地已交，万物皆出，蛰虫始振，人以为正，夏以为春。"李贤注："十三月，今正月也。"宋洪迈《容斋续笔·三易之名》："夏以十三月为正……所谓十三月者，承十二月而言，即正月耳。"②指殷商所置闰月。因其都放在岁末，故称。《史记·历书》："十二无大余。"唐司马贞索隐："岁有十二月，有闰则云十三月。"按，"十三月"殷墟卜辞中常见。

——《汉语大词典·1》

元月：正月。一年的第一个月。

——《汉语大词典·2》

初春：春季的第一个月。又称孟春。晋傅玄《又答程晓》诗："嘉庆形三朝，美德扬初春。"《红楼梦》第七十回："如今正是初春时节，万物更新。"鲁迅《彷徨·伤逝》："初春的夜，还是那么长。"

——《汉语大词典·2》

夏正：夏历正月的省称。代指夏历。夏以正月为岁首，商以夏历十二月、周以夏历十一月为岁首。见《史记·历书》。秦及汉初曾一度以夏历十月为正月。自汉武帝改用夏正后，历代沿用。《书·咸有一德》："爰革夏正。"蔡沈集传："改夏建寅之正而为建丑正也。"《汉书·谷永传》："汉家行夏正。"颜师古注引张晏曰："夏以建寅为正。"唐刘知几《史通·模拟》："春秋诸国，皆用夏正。"清顾炎武《日知录·正月之吉》："(《诗·豳风·七月》)一篇之中，凡言月者皆夏正，凡言日者皆周正。"

——《汉语大词典·3》

寅月：即农历正月。古人把十二支和十二个月相配，以通常冬至所在的农历十一月配子，称为建子之月。由此顺推，十二月为建丑之月，正月为建寅之月，简称寅月。

——《汉语大词典·3》

寅正：农历正月。清夏炘《学礼管释·释周礼时月》："四时命官，悉从寅正。"

——《汉语大词典·3》

孟春：春季的第一个月，农历正月。《书·胤征》："每岁孟春，遒人以木铎徇于路。"南朝宋鲍照《代堂上歌行》："阳春孟春月，朝光散流霞。"《京本通俗小说·碾玉观音》："这首《鹧鸪天》说孟春景致。"清采蘅子《虫鸣漫录》卷一："孟春之月，昏参中，旦尾中，而他月则不同。"鲁迅《集外集拾遗补编·破恶声论》："内曜者，破黮暗者也；心声者，离伪诈者也。人群有是，乃如雷霆发于孟春，而百卉为之萌动，曙色东作，深夜逝矣。"

——《汉语大词典·4》

孟阳：农历正月。《初学记》卷三引南朝梁元帝《纂要》："正月孟春亦曰孟阳。"

——《汉语大词典·4》

献春：孟春；新春。指农历正月。晋王浚《从幸洛水饯王公》诗："群僚荷恩泽，朱颜感献春。"《魏书·乐志》："自献春被旨，赐令博采经传，更制金石。"《初学记》卷三引南朝梁元帝《纂要》："正月孟春，亦曰……献春。"

——《汉语大词典·5》

献岁：进入新的一年；岁首正月。《楚辞·招魂》："献岁发春兮，汩吾南征。"王逸注："献，进；征，行也。言岁始来进，春气奋扬，万物皆感气而生。"《初学记》卷三引南朝梁元帝《纂要》："正月孟春，亦曰……献岁。"宋司马光《和宋子才致仕后岁旦见赠》："闲官逢献岁，拜揖亦纷然。"清刘献廷《彬州元旦》诗之三："新知指可屈，献岁亦劳劳。"

——《汉语大词典·5》

正：正月。农历一年的第一个月。《书·舜典》："月正元日，舜格于文祖。"孔传："月正，正月。"《东观汉记·光武帝纪》："自汉草创德运，正朔服色，未有所定，高祖以十月为正。"《平山冷燕》第九回："因岁暮，就在家过了年，新正方起身上任。"亦用以代称历法。宋孙奕《履斋示儿编·经说·〈七月〉兼夏周正》："周公作《七月》，备陈一岁之事，而正则迭用夏周何也？意其夏正建寅，顺四时之序，便于农事，乃以月言；周正建子，明一阳之生,以改正朔,乃以日言。"

——《汉语大词典·5》

正月:原指中国古历(夏历、殷历、周历)一年的第一个月。夏历以建寅之月为正月,殷历以建丑之月为正月,周历以建子之月为正月。汉以后仅指夏历一年的第一个月。《春秋·隐公元年》:"元年,春,王正月。"杜预注:"隐公之始年,周王之正月也。凡人君即位,欲其体元以居正,故不言一年一月也。"唐韩愈《梨花下赠刘师命》诗:"今日相逢漳海头,共惊烂漫开正月。"《红楼梦》第二十回:"彼时正月内,学房中放年学。"老舍《离婚》第十一:"从正月到二月初,胜利完全是李太太的。"

——《汉语大词典·5》

正首:农历一年的第一个月。汉荀悦《汉纪·武帝纪五》:"正律历,以寅月为正首。"

——《汉语大词典·5》

正岁:指古历夏历正月。亦泛指农历正月。《周礼·天官·小宰》:"正岁,帅治官之属而观治象之法。"郑玄注:"正岁,谓夏之正月,得四时之正。"孙诒让正义:"全经凡言正岁者,并为夏正建寅之月,别于凡言正月者为周正建子之月也。"《尔雅·释天》云:"夏曰岁,商曰祀,周曰年……"王引之云:"《尔雅》曰:'正,长也。'建寅之月为一岁十二月之长,故谓之正岁。"南朝梁沈约《上建阙表》:"使观风而至,复闻正岁之典。"

——《汉语大词典·5》

岁:一年之始,新年。唐韩愈《春雪映早梅》诗:"先期迎献岁,更伴占兹辰。"王统照《鬼影》:"他们到了这一年的尽头,好容易费尽手脚,赚了一点血汗钱,正想趁了火轮,赶回家去度岁。"

——《汉语大词典·5》

岁首:一年开始的时候。一般指第一个月。《逸周书·周月》:"周正岁首,数起于一,而成于十,次一为首,其义则然。"《史记·孝武本纪》:"夏,汉改历,以正月为岁首。"《晋书·律历志下》:"暨于秦汉,乃复以孟冬为岁首。"唐李颀《欲之新乡答崔颢綦毋潜》诗:"明朝东路把君手,腊日辞君期岁首。"宋程大昌《考古编·正朔五》:"汉祖入关也以十月,又会五星聚见东井,遂仍秦故十月为岁首。"亦指一年的第一天。《东观汉记·吴良传》:"今日岁首,请上雅寿。"《新唐书·李德裕传》:"岁首,日月少光,咎在臣等。"

——《汉语大词典·5》

春王：指正月。按《春秋》体例，鲁十二公之元年均应书"春王正月公即位"，有些地方因故不书"正月"二字，后遂以"春王"指代正月。《春秋·定公元年》："元年春王。"杜预注："公之始年不书正月，公即位在六月故。"汉班固《东都赋》："春王三朝，会同汉京。"《旧唐书·文苑传下·刘蕡》："鲁定公元年春王不言正月者，《春秋》以其先君不得正其终，则后君不得正其始，故曰定无正也。"清蒋士铨《临川梦·宦成》："我想春王伊始，猛虎横行，咎归令尹。"

——《汉语大词典·5》

春正：正月。语出《春秋·桓公三年》："春正月。"汉李尤《平乐观赋》："四表交会，抱珍远并，杂沓归谊，集于春正。"晋张骏《东门行》："勾芒御春正，衡纪运玉琼。"徐念慈《〈小说林〉缘起》："《小说林》之成立，既二年有五月，同志议于春正发刊《小说林月刊社报》。"

——《汉语大词典·5》

新正：农历新年正月。唐白居易《岁假内命酒赠周判官萧协律》诗："共知欲老流年急，且喜新正假日频。"明沈德符《野获编补遗·畿辅·元夕放灯》："每年终，礼部援引前例请旨，许来年新正，民间放灯，凡十昼夜。"清王士禛《池北偶谈·谈艺三·御画牛》："戊申新正五日，过宋牧仲慈仁寺僧舍，恭睹世祖皇帝画渡水牛。"鲁迅《彷徨·祝福》："新正将尽，卫老婆子来拜年了，已经喝得醉醺醺的，自说因为回了一趟卫家山的娘家，住下几天，所以来得迟了。"

——《汉语大词典·6》

新年新岁：农历春节期间。《〈何典〉序》："新年新岁，过路人题于罨头轩。"

——《汉语大词典·6》

新春：初春。指农历元旦以后的一、二十天。北周王褒《别陆子云》诗："细柳发新春，沧波不可望。"宋苏轼《次韵孙职方苍梧山》："闻道新春恣游览，羡君平地作飞仙。"《书影》卷八引清葛一龙《客中立春》诗："四日新年一日春，新春还是旧年人。"冰心《寄小读者》二二："等到年终时节，我拟请他到中国一行，代我贺我母亲新春之喜。"

——《汉语大词典·6》

月正：正月。《书·舜典》："月正元日，舜格于文祖。"孔传："月正，正月。"孔颖达疏："正训长也，月正言月之最长，正月长于诸月，月正还是正月也。"

——《汉语大词典·6》

端月：农历正月。《史记·秦楚之际月表》："(二世二年)端月。"司马贞索隐："二世二年正月也。秦讳'正'，故云端月也。"前蜀杜光庭《普康诸公主为皇帝修金箓斋词》："今以时当端月，节遇正阳。"宋孔平仲《孔氏谈苑·端月》："仁宗朝，王珪上言，请以正月为端月，为与上名音近也。"

——《汉语大词典·8》

躬耕：古代帝王亲自率领大臣在籍田举行耕种仪式以劝农。《礼记·月令》："(孟春之月)天子亲载耒耜……帅三公、九卿、诸侯、大夫躬耕帝籍。天子三推，三公五推，卿、诸侯九推。"《汉书·食货志上》："于是上感谊言，始开籍田，躬耕以劝百姓。"《资治通鉴·唐玄宗开元十九年》："上躬耕于兴庆宫侧，尽三百步。"

——《汉语大词典·10》

陬月：农历正月的别称。清厉荃《事物异名录·岁时·正月》："《山堂肆考》：正月曰孟阳、孟陬；又曰陬月。"

——《汉语大词典·11》

开正：指正月初。唐丁仙芝《京中守岁》诗："开正献岁酒，千里间庭闱。"宋陆游《初春》诗："开正父老频占候，已决今年百稼登。"

——《汉语大词典·12》

开岁：新的一年开始。汉冯衍《显志赋》："开岁发春兮，百卉含英。"晋陶潜《游斜川》诗："开岁倏五十，吾生行归休。"宋陆游《幽居杂题》诗之一："开岁频风雨，清明气始和。"特指正月。《初学记》卷三引南朝梁元帝《纂要》："正月孟春，亦曰孟阳、孟陬……首岁、初岁、开岁。"

——《汉语大词典·12》

首春：指农历正月。南朝梁元帝《纂要》："正月孟春，亦曰孟阳、孟陬、上春、初春、开春、发春、献春、首春、首岁、初岁、开岁、献岁、肇岁、芳岁、华岁。"

——《汉语大词典·12》

首岁：谓正月。《汉书·萧望之传》："三公非其人，则三光为之不明，今首岁日月少光，咎在臣等。"颜师古注："首岁，岁之初。首谓正月也。"《左传·桓公元年》："王正月，公即位。"晋杜预注："诸侯每首岁必有礼于庙。"

——《汉语大词典·12》

【竹枝词】

都门竹枝词　　　　杨米人

晴云旭日拥城闉,对面交言听不真。谁向正阳门上坐？数清来去几多人。
挂门钱纸飏春风,福字门神处处同。香墨春联都代写,依然十里杏花红。
门庭洗刷过新年,宋字封条壁上鲜。禁止喧哗毋作践,斗方四块用红圈。
恪遵功令告条悬,御史新正不拜年。戬谷凝禧糊照壁,国恩家庆是春联。
雪亮玻璃窗洞圆,香花爆竹霸王鞭。太平鼓打咚咚响,红线穿成压岁钱。
金鳌玉栋画图开,猎猎风声卷地回。冻合琉璃明似镜,万人围看跑冰来。
灯市元宵百样灯,烧来火判焰腾腾。黄鹂紫燕全无影,三月街头早卖冰。
芍药当春色倍娇,佳人头上斗妖娆。丰台一片青青叶,十字街头整担挑。
风鸢放出万人看,千丈麻绳系竹竿。天下太平新样巧,一行飞上碧云端。
软红香土滑如油,胡同千条逐处游。听戏踏青还上庙,只愁三月要开沟。
罗帷欲挂费安排,冷坑当窗一榻开。挥罢小旗摇响竹,苍蝇才去白蛉来。
冰盏丁东响满街,玫瑰香露浸酸梅。门前又卖烟儿炮,一阵呵呵拍手来。
天棚高搭院中间,到地帘垂绿竹斑。冷布糊窗纱作幞,堆盆真个有冰山。
卖酪人来冷透牙,沿街大块叫西瓜。晚凉一盏冰梅水,胜似卢同七碗茶。
团圆果共枕头瓜,香爇庭前敬月华。月饼高堆尖宝塔,家家都供兔儿爷。
煤炉别样号花盆,老米充肠火易温。一片黄沙吹不尽,家家门上有风门。
花局寻芳客似麻,朱梅出窖映朝霞。门前乱落鹅毛雪,屋内方开富贵花。
银号银炉坐小官,跟班小使小雕鞍。时新拜帖都兴小,三寸长来二寸宽。
三针洋表最时兴,手里牛皮臂系鹰。拉手呵腰齐道好,相逢你老是通称。
哥儿两个好相于,拉手同来二两居。抽子解开齐会账,不知腰内有钱无。
半膘无事撞街头,三五成群逐队游。天乐馆中瞧杂耍,明朝又上广和楼。
零星货物满天街,黑市才收小市开。茶馆门前收古董,又邀隆福寺中来。
宣武门前看象房,慈云寺外坐冰床。逛来二闸无多日,丫髻山头又进香。
琳宫梵宇碧崚嶒,宝塔高高最上层。冬季唪经门外贴,相逢多少喇嘛僧。
学字如瓜贴满街,诗文俱授讲堂开。任他童冠经蒙附,秋爽重教上学来。
吕祖祠中好梦留,白云观里访仙游。灵签第一推关庙,更去前门洞里求。
衣冠楚楚上前街,背后无声小绺来。扇子荷包都剪去,先生犹自卖痴呆。
拜客惟愁要进城,路南路北找堂名。不须更问东西口,只说胡同记不清。
凤帔珠冠天上人,红毡拖地映箍轮。衣香人影匆匆过,四面玻璃望不真。

能白能红锦绣丛,佩环车内响丁东。侍儿斜跨车沿坐,粉气熏人在上风。
一条白绢颈边围,整朵鲜花钿上垂。粉底花鞋高八寸,门前来往走如飞。
两脚奔波黑汗流,敝车羸马满街头。飞沿后档骡车里,中坐梨园小部头。
雪片如飞扑面吹,遍身寒栗起鸡皮。酸风刺骨前门口,贴写先生到部时。
航海梯山客似云,朝鲜贡使秀而文。书坊闲步风流甚,白练腰围百褶裙。
举子纷纷想折腰,何时释褐便登朝。夜来新买乌须药,准备明朝赴大挑。
完得场来出大言,三篇文字要抢元。举人收在荷包里,争刹新头下戏园。
车从热闹道中行,斜坐观书不出声。眼镜戴来装近视,学他名士老先生。
夏葛冬裘称体鲜,轿车滚滚列门前。扯篷拉纤攒门子,把式输他打得圆。
真假由来一例收,子昂画马戴嵩牛。对联条幅沿街挂,单款无非纱帽头。
围坐团团密复疏,开场午正到申初。风高万丈红尘里,偏有闲人听说书。
挷挷手内抱三弦,草纸遮头日照偏。更有一般堪笑处,新闻编出太平年。
二哥不叫叫三哥,处处相逢把式多。忽地怀中轻作响,葫芦里面叫蝈蝈。
胡不拉儿架手头,镶鞋薄底发如油。闲来无事茶棚坐,逢着人儿唤呀丢。
帽顶万万累菊花,杭披头扛戴三加。新翻花样三台菊,个个黄袍是葛纱。
帽沿貂尾拉三水,最爱羊皮骨种奇。新样鞋名蝴蝶梦,缎靴高底转螺蛳。
雨缨铁杆不招风,纬帽都兴一口钟。三直缎靴须带铳,簇新袍样小围龙。
顶好烟壶水上飘,子儿挥指玉情高。时兴打子拉金锁,回子荷包系锦绦。
披枷带锁上刀山,耍罢中幡又一班。坛子顽完看夜色,装成抬阁九连环。
东四牌楼一带哗,提衣高唱乱如麻。二千四百三千八,者件衣儿该卖他。
出殡先牵坐马来,魂幡一个百人抬。家家爱闹虚胡叹,芦席牌楼搭过街。
琉璃厂上好风光,旱地行船小作场。莫认桃仁同杏核,防他马粪作槟榔。
赶车终日不知愁,堆子吃喝往下浏。晚饭吃完生意少,跨沿闲唱望江楼。
车底麻绳坠巨萝,驰驰哨哨又呵呵。十三太保骡车傲,饮水投钱到处多。
灰布房檐盖顶平,招租多少吉房精。阶前不见青青草,半向人家屋上生。
斋名启盛与长安,顶戴朝靴一例看。货物不殊加倍贵,人间原是出名难。
新样招牌笑不休,狗皮膏药祖传留。王家针铺驰名久,三代如何是铁牛?
孙枝发店有标题,刘必通家用最宜。买得金章铜作帽,笔头那更有干时。
朝阳取耳有标题,彩画描金铺面齐。裱褙家家糊顶隔,金牌小字挂成衣。
煤鬼颜如灶底锅,西山来往送煤多。细绳穿鼻铃悬颈,缓步栏街怕骆驼。
马勃牛溲与竹头,从无弃物委渠沟。提筐在背沿街走,更有人来拾厕筹。
同乐轩中乐最长,开来轴子未斜阳。打完八角连环鼓,明庆新班又出场。
滚楼一出最多情,花鼓连相又打更。谁品燕兰成小谱?耻居王后魏长生。

打来皮磕怪尖酸,踹出跷来更受看。怪得满园齐道好,今朝烤火是银官。
保和宜庆旧人非,又出名班三庆徽。双凤遐龄新脚色,一双俊眼满园飞。
林丑矮张逗笑频,贴来满座抖精神。亮台新戏今朝准,寡妇征西十二人。
小旦亲来为执壶,两边官座碧纱厨。日斜戏散归何处?宴乐居同六合居。
三大钱儿卖好花,切糕鬼腿闹喳喳。清晨一碗甜浆粥,才吃茶汤又面茶。
凉果煻糕聒耳多,吊炉烧饼艾窝窝。叉子火烧刚买得,又听硬面叫饽饽。
稍(烧)麦馄饨列满盘,新添挂粉好汤团。宋公腐乳名空好,马粪熏黄豆腐干。
果馅饽饽要澄沙,鲜鱼最贵是黄花。甘香入口甜如蜜,索勒葡萄哈密瓜。
瓦鸭填鸡长脖鹅,小葱盖韭好调和。苦麻根共茼蒿菜,野味登盘脆劲多。
两绍三烧要满壶,挂炉鸭子与烧猪。铁勺敲得连声响,糊辣原来是脚鱼。
爆肚油肝香贯肠,木樨黄菜片儿汤。母鸡馆里醺醺醉,明日相逢大酒缸。
紫盖银丝炸肉丸,三鲜大面要汤宽。干烧不热锅中爆,小碗烧肠叫兔肝。
韩达韩与韩达力,哈尔巴同打辣酥。牛奶葡萄叭哒杏,起名都闹雁儿孤。
羊角新葱拌蜇皮,生开变蛋有松枝。锦华苏式新开馆,野味输他铁雀儿。
去风柳杖案头排,一个槟榔两劈开。满地酒壶空报账,那知飞自别筵来。
不是西湖五柳居,漫将酸醋溜鲜鱼。粉牌豆腐名南炒,能似家园味也无?
锡暖锅儿三百三,高汤添满好加餐。馆中叫个描金盒,不比人家清客难。
秋凉茭笋拌芝麻,春暖酸浆煮豆芽。凉菜夏天扣子好,冬天又有炒烙碴。
酒肉昏昏万事休,居楼园馆镇常游。可怜贫到无锥处,百物都归打鼓收。
论对樱桃上市鲜,一丛更要百文钱。缘何万事开虚口,五百铜钱算一千。
家住江南烟水浔,鱼虾蚶蟹遍胡阴。北来要作尝鲜客,一段鳗鱼一段金。
酒渴诗狂倚竹屏,睡魔愁思几时醒?龙团雀舌空相忆,甜水无香啜苦丁。
凤丝奇品味甘和,欲买其如路远何。锭子毛头同大叶,不如杂拌省钱多。
绍酒真同甘露浓,座无客至为瓶空。长宵坐对寒灯永,一盏消愁史国公。
纷纷为利与为名,卧听车轮半夜行。鞭响一声天未白,街头又有水车声。
马蹄过处黑灰吹,鼻孔填平闭眼皮。堆子日斜争泼水,红尘也有暂停时。
传来日下旧闻多,市语方言费揣摩。人海人山图画好,挑灯闲写竹枝歌。

——《清代北京竹枝词》(十三种)

草珠一串　　　得硕亭

琉璃厂甸(正月五日至元宵节,十日庙场)又新开,异宝奇珍到处排。妇女摩肩车塞路,都言看象早回来(每逢得辛、过象之日,车马尤多,故云尔)。

曹公观(在西直门大街,自元旦起十日庙场)起自新正,奇巧花灯认不明。堪笑儿童无见识,偏于此地放风筝(纸鸢之俗名)。

火树银花绕禁城,太平锣鼓九衢行。今年又许开灯戏,贵戚传柑到四更。

才过元宵未数天,白云观里会神仙(正月十九日,俗言神仙必降白云观)。沿途多少真人降,个个真人只要钱。

京城番寺极巍峨,佛事新奇喇嘛多(黄衣僧)。黑寺(在德胜门外,正月佛事,名曰打鬼)也曾瞧打鬼,未沾白土又如何(打鬼但以白土打人,中者为晦气)?

西山香罢又东山(天台山与妙峰山),桥上(宏仁桥俗名马驹桥,桥头有娘娘庙,俗呼为桥上)娘娘也一般。道个虔诚即问好,人人知是进香还。

都言戏子会(三月十八日大会)当看,抬阁中幡也壮观(京城大会,必有中幡,名曰幡鼓齐动)。恶少花娘齐乱挤,不兴讼狱看来难。

西城五月城隍庙,滥溅纱罗满地堆(庙外卖估衣者极多)。乡里婆娘多中暑,为穿新买估衣回。

但开南顶(五月初一日起,十八日止)极喧哗(纨绔少年多于此地生事),近水河棚数十家。纨绔子弟归更晚,天桥南面跑新车。

伏头洗象(銮仪卫官员带领象奴旌旗鼓乐,引象于此)护城河,宣武门西妇女多。堪笑有情京兆笔,为他今日画双蛾(是日看象,命妇尤多,故云)。

御河桥畔看河灯,法鼓金铙施食能。烧过法船无剩鬼,月明人静水澄澄。

十月城隍又出巡(清明、十月一日,两次出巡),旌旗蔽日少风尘。可怜多少如花女,爱作披枷带锁人。

一番风雪一番凉,徒步行人渐履霜。诗思不须驴子背,沿河处处有冰床。

西单东四(东四牌楼、西单牌楼皆极热闹,故俗呼西单、东四)画棚全(腊月十五日搭画棚,至封印前后始开全),处处张罗写对联。手折灯笼齐讨账,大家收拾过新年。

——《清代北京竹枝词》(十三种)

长安杂兴效竹枝体　　　任丘　庞垲

灵佑宫前骑似麻,春灯簇簇斗繁华。涂红抹绿浑闲事,时样偏宜出米家。

白云观与禁城连,燕九人多曲巷填。看尽乔妆诸道士,不知若个是真仙。

草色如烟柳似丝,他乡寒食不胜悲。儿童竞放飞鸢起,仔细风高断线时。

四月清和芍药开,千红万紫簇丰台。相逢俱是看花客,日暮笙歌夹道回。

一粒丹砂九节蒲,金鱼池上酒重沽。天坛道士酬佳节,亲送真人五毒图。

团团赤日射河濆,夹岸人看密似云。 骑象蛮奴冲浪立,晴天喷落雨纷纷。
万树凉生露气清,中元月上九衢明。 小儿竞把青荷叶,万点银华散火城。
九十秋光惊已半,客心向晚羡归鸦。 长安儿女不愁思,并坐楼头待月华。

——《北京风俗杂咏》

都门杂咏　　金华　方元鹍

京雒繁华咏不成,漫凭丝管写承平。 儿童手鼓铮铮响,此是新年第一声。
香车宝马日阗阗,百戏棚开瓦厂前。 一棒鼓声和笑语,无风人聚看场圆。
郁李夭桃倚担夸,买归红紫已家家。 春风总在花师手,不费唐宫羯鼓挝。
宝炬华灯照夜阑,十分月色正团团。 不须看尽梨筒戏,尚有神祠火判官。
暂出西郊十里游,白云庵畔小勾留。 年年燕九神仙会,知有真仙来降不。
假面泥孩不值钱,儿嬉又过试灯天。 归家整理黄麻线,尽日风头放纸鸢。
清明看社试春衣,陌上轮蹄去似飞。 待得迎神箫鼓散,香舆争插纸蛾归。
昆调秦腔换羽商,百钱随意坐伶场。 闲来也趁街头鼓,冷眼看他傀儡忙。
笼铜百面鼓如雷,乐部清音缓缓催。 到处歌台停一日,梨园庙下赛神来。
舞盘弄钵各分曹,科诨登场又一遭。 谁识参军打苍鹘,座中喝采忽声高。
闲坊了却一春游,又见黄埃卷马头。 触秽从今休上市,街衢前月已开沟。
都下名花盛海棠,同时作伴有丁香。 官舆络绎城西寺,镇费僧寮半月忙。
婪尾春开巷陌晴,红腔听过一声声。 丰宜门外丰台路,花担平明尽入城。
绿槐荫院柳绵空,官宅民房约略同。 尽揭疏棂糊冷布,更围高屋搭凉篷。
五月藏冰窖已开,天炎喜不见蚊雷。 桃笙蒲簟浑闲事,先买驱蝇响竹来。
歌场饮肆苦喧哗,那得凉轩坐日斜。 都道陶然亭子好,刺檐两树紫藤花。
六街车响似雷奔,日午齐来宣武门。 钲鼓一声催洗象,玉河桥下水初浑。
笋屐柴车出郭来,茶棚处处荫疏槐。 不游中顶游南顶,贪看荷花六月开。
炎交三伏气如蒸,喝饮人消水数升。 忽听门前铜盏响,家家唤买担头冰。
茶园车马似鸡栖,箫鼓场中假笑啼。 输与街头佣贩药,盲词听到日平西。
佛寺孟兰荐九幽,银山衣库积成邱。 儿童也爱中元夜,一柄荷灯绿盖头。
草根石缝费搜罗,斗蟀金盆值几何。 不及小龙笼露下,买来聒聒最声多。
估衣唱卖旧兼新,骨董摊排赝与真。 护国寺先隆福后,两边忙杀趁墟人。
中秋月色净无瑕,洒扫庭前列果瓜。 儿女先时争礼拜,担边买得兔儿爷。
原野霜清木叶摧,城南选胜指窑台。 一堆土阜三楹屋,都道登高载酒来。
雪纸新糊斗室宽,映窗云母月团栾。 地炉土炕重修葺,从此家家准备寒。

堆子场坊设逻兵,齐呼夜栅止人行。寒天最苦摇铃卒,尻脚支吾乱打更。
辘轳双轮簸不休,天街地冻滑于油。爱他数里冰床坐,稳似春江一叶舟。
泽腹严冬到底凝,招邀童伴兴飞腾。儿嬉不道凭河险,滑汰青鞋好溜冰。
顿觉年光巷陌殊,前门万户换桃符。佣书忙杀村夫子,鄙俚春联到处糊。

——《北京风俗杂咏》

燕台杂咏　　平湖　蒋沄

广场百戏上元齐,灯影辉煌月色低。知道金吾不禁夜,星桥火树厂门西。
人海喧阗午市声,茶寮酒社斗鲜明。十番软舞鱼龙戏,一串清歌傀儡棚。
万货云屯价不资,进城刚趁亮钟时。西边护国东隆福,又是逢三庙市期。
宣武门南广路开,鸣钲小队簇红埃。雕鞍宝毂如流水,争看城濠浴象来。
裙屐风流楔饮觞,冶春时节百花香。携柑沽酒听莺去,韦社城南尺五庄。
碧草离离暖日烘,帝城花信几番风。樊川漫说扬州梦,春老丰台芍药红。
窄袖长衣窄地轻,梵王殿宇丽人行。青鹪白雀知多少,亲手开笼看放生。(四月八日旗人妇女咸至悯忠寺为放生会)
金鱼池畔绣帘斜,青厂新移碧玉家。日晚倚门无个事,自调弦索弄琵琶。

——《北京风俗杂咏》

燕京岁时杂咏　　常熟　孙雄

瞳瞳朝旭照千门,缭绕香烟绛蜡痕。蟒服貂裘今不见,轻投素刺向司阍。
雅集何人约咬春,重农典已废芒神。画眉京兆萧闲甚,奏事元辰未稍陈。
百年能得几元宵,处处鸾笙又凤箫。游女不知朝市换,看灯犹说正阳桥。
气焰熏天火判官,登场非复汉衣冠。炎炎者绝隆隆灭,象齿焚身觉悟难。
华严钟勒法华经,八万余斤孰举莛。士女如云游十日,孟春初吉萃鸾轿。
白云观里会神仙,万古长春额尚悬。三五黄冠廊下坐,私期鹤驭降乔佺。
刺绣防将龙目伤,龙抬头日绣针藏。神龙见首不见尾,到眼旗斿五色扬。
生计艰难鬼亦贫,纸灰无处觅金银。清明寒食都过了,古墓何人为荐新。
相谑何妨赠芍兰,公园祓禊水无澜。通词巧借微波达,不待良媒也接欢。
太平宫倚护城河,王母蟠桃结实多。随喜更来东岳庙,替人疗疾拜铜骡。
潭柘寺前帝王树,至今车盖尚童童。千年王气消沈尽,香火空繁三月中。
四月清和佛生日,舍将缘豆结来生。吁嗟萁豆相煎急,鹬蚌同根苦忿争。

妙峰山势似螺旋,古柏阴森黛接天。佞佛蚩氓齐膜拜,净山飞雨洒年年。
彩丝系虎能驱鬼,倒挂壶卢亦辟邪。安得再生钟进士,尽烹魑魅与龟蛇。
高跷秧歌夸捷足,群儿联臂欲升天。可怜立脚无根据,踽踽终朝傀儡牵。
永定桥边凉水河,碧霞君庙郁嵯峨。例逢五月开南顶,解愠薰风惠泽多。
稚子衣垂茉莉囊,天蓬高覆午生凉。分龙雨复磨刀雨,袯襫农夫喜欲狂。
驯象能为觱篥声,城河洗髓一身轻。太平有象思全盛,列队趋朝解送迎。
松雪观荷万柳堂,有花解语玉生香。莲花泡子游骢歇,金碧楼台七宝装。
酒旗花外自飘飏,风物翛然似水乡。月照斜街归路晚,暮鸦终古绕宫墙。
佳期灵鹊惯填桥,儿女穿针度此宵。妇织夫耕天所佑,盈盈一水路非遥。
莫笑嫦娥爱卯君,蟾宫金粟散缤纷。月圆人寿花长好,一院櫐香证我闻。
年来秋色斗清华,菊艳兰芳几辈夸。怪底宋朝人护惜,满城齐拜兔儿爷。
鳞作之而本无树,虎头题句最清新。插萸眺远饶佳趣,槐市蓂筴迹已陈。
江亭风景剧宜秋,载酒题糕洗客愁。更有钓鱼台绝胜,凭栏望海峙高楼。
剪纸为裳片片飞,孟冬朔日送寒衣。九泉一滴何曾到,游子伤心老未归。
颁历沿街售宪书,夏时先载上冰鱼。而今晦朔都移易,纪闰尧蓂瑞应虚。
太平鼓韵铁铮铮,儿戏喁于互送迎。画角乌乌声断续,响葫芦与纸风筝。
素梅一瓣染成朱,画出消寒图九九。过客光阴如箭激,拐戈回日费工夫。
家家腊八煮双弓,榛子桃仁染色红。我喜娇儿逢览揆,长叨佛佑荫无穷。

——《北京风俗杂咏》

都门竹枝词　　合肥　李孚青

人日初过作上元,携朋灯市小留连。冷官欲买花灯看,二月才当领俸钱。
五层盒子架青霄,宝塔珠帘一霎焦。肘足相挨都不觉,布衣尘污贵人貂。
女伴金箍燕尾肥,手提长袖走桥迟。前门钉子争来摸,今岁宜男定是谁。
白云观里致浆回,白云观外起飞埃。戴竿跳索般般有,不为真人也合来。
芍药丁香夹道排,梅桃杏李一齐开。剪裁不费春工力,又胜三郎羯鼓催。
清明佳节柳条拖,放学儿郎手折多。早送爷娘上坟去,好寻闲处打陀罗。
棚底层冰一百车,端阳已过少榴花。葛衣纱褶新兴样,穿往河边看象牙。
昨掏促织水关头,铁口铜钳赛饿彪。卖得粉侯千百贯,青煤老米不须愁。
刻饼分瓜几案陈,团团同拜月光神。归宁阿姊夫家接,目送那知小妹嗔。
马上雄儿结束豪,匆匆街市每相遭。绝无一事朝还暮,只自看他意气高。

——《北京风俗杂咏》

燕京杂兴　　　南海　程可则

金鱼池屡到,胜地有名园。柳色春常锁,菱歌晚更喧。香车临水驻,仙袂逐风翻。借得声华盛,来招旅客魂。

京国无朝暮,三衢乐事多。绿杨人系马,紫陌夜鸣珂。铜盏敲冰卖,银镫载酒过。西河好颜色,乘兴一听歌。

——《北京风俗杂咏》

燕京杂咏　　　余杭　褚维垲

槐榆舒绿柳含青,阵阵东风拂面生。最是儿童行乐事,置身檐瓦放风筝。(都中风大,屋瓦杂泥沙固之,春时小儿放风筝俱立其上。)

满街车马似游龙,避道人刚阻下风。忽听扬鞭呼攫攫,旁穿驴凳出胡同。(来往俱乘骡车,其驾驴者名为驴凳,驴闻呼攫攫则行速。)

闲来款步走长涂,拦道车车叫仆夫。口与论钱头莫转,只须半价给京蚨。(街市稠密处,车停甚伙,徒步者群要之,索价则给以半。)

官居流寓仕京朝,门示头衔壁上标。待得春秋亲校士,红笺添亚两封条。(官宅禁示闲人,其乡会主试分校者,红条书某年某省主试,顺天乡试同考官,贴大门以示荣。)汾浍曾无恶可流,粪除尘秽满街头。年年二月春风路,人逐鲍鱼过臭沟。(都城沟道不通,二三月间满城开沟,将积年污秽戽街左,触鼻欲呕几不能出行一步。)

谁家少女七香车,迎面垂帘侧护纱。盘跨前辕老仆妇,鬓边簪朵象生花。

佳丽从来燕赵闻,髯髻高髻绾乌云。教人一面莲钩见,不待风吹簌蝶裙。

乌金尺八口横吹,磨镜人来女伴知。携得青铜旧尘镜,门前立待几多时。(磨镜者,吹以喇叭。)

海岱门前傍两衢,布棚连接小行庐。游人到此围环坐,听唱盲词说大书。(海岱门最多。)

戏场三面敞园庭,豪竹哀丝一曲听。欲识黄金挥洒客,但看上座几雏伶。

北人风味笑加餐,酒馆衔杯兴未阑。为检佳肴呼掌座,频将双箸击空盘。(饮于酒馆者,欲呼店主,以箸击盘,则自应。)

驴车转水自城南,买向街头价熟谙。还为持家参汲井,三分味苦七分甘。(甜水从城外转运,价甚昂,省俭者,苦水参半焉。)

戍兵堆子满城关,夜夜巡更几换班。排列戈矛齐插架,苔花铁绣上刀环。(巡城防卫,多设兵役,布帐驻扎,名为堆子兵。)

凉棚高爽出檐端,庭院深深暑欲阑。换得亮窗糊冷布,添层卷纸避风寒。(北人避暑,凉棚极高,糊窗者多以冷布,内用卷纸一层,以便启闭。)

燕市箫声乞食来,琵琶檀板共追陪。夜深月色明如昼,调奏沿街一剪梅。(乞人惯用丝弦,夏夜月明,则沿街遍唱。)

一枝筇竹托行踪,应是周庭旧瞽宗。世路崎岖全不识,太平小鼓击咚咚。(盲者击小鼓,名为太平鼓。)

琉璃厂畔逐闲人,古玩般般列肆陈。汉玉唐碑宋元画,居然历劫见风尘。

沙土疏松木易栽,灌园多半作生涯。鸦儿梨子苹婆果,风物燕京此最佳。(食物惟果最佳,鸦梨、苹果,价廉而味美。)

月月逢三赛社前,横陈小市闹喧阗。趁墟人自摩肩至,归路斜阳散晚天。(每月之三日,各庙中席地为集,都人士聚会于此。)

谁言嗜味本相同,饽饽炉头熨火红。赢(嬴)得如兰好气息,卷和伏酱裹春葱。(饼饵名为饽饽,无他馅,以葱酱裹而食之。)

安排衾枕卧无床,土炕家家砌曲房。移置砖炉深夜靠,惯熏煤气当焚香。(房寓不设床帐,砌一土炕,可卧五六人,天气寒,则从炕下熏煤暖之。)

引河一道冻成根,寒玉能坚澈底痕。唤坐冰床载人去,顺成门外到前门。(城河冰冻,俱设冰床,由顺成门拉至正阳门,约三四里价以三四钱。)

——《北京风俗杂咏》

【四季货声】

卖爱窝窝、蜂糕:从前,春节期间小贩敲小木梆走街串巷推车或挎长方盘卖。吆喝:

"蜂糕来哎唠爱窝窝噢江米年糕来糖窝窝哦!"

"蜂糕来哎,爱窝窝!"

"爱窝窝好馅儿嘞,桂花果馅儿爱窝窝!"

爱窝窝,也写作"艾窝窝"。清道光年间李光庭《乡言解颐》"开门七事"说那时是小茶馆卖,"以糯米粉之,状如元宵粉荔,中有糖馅,蒸熟,外糁薄粉,上作一凹,故名窝窝。""相传明世中宫有嗜之者,因名御爱窝窝,今但曰爱而已。"现多为清真回民小吃,以春节买食者最多。

卖爱窝窝、江米凉糕:串街小贩卖爱窝窝、江米凉糕,吆喝,也敲小木梆,发出"哪哪起哪哪"之声。

卖茶果儿：清末北京农历正月有卖茶果的，吆喝：

"吃得香，嚼得脆，茶果！"

卖灯支碗儿：灯支碗儿，是用泥土烧制而成的，形如高脚的小酒杯；是专门为正月初八日"顺星"日祭星和正月十五灯节散灯花儿之用的。住家户儿买它，正月初八晚上，在每一个灯支碗儿内放一个用彩色灯花儿纸剪捻成为五个瓣儿的平底之小蜡钎儿，计四十九个或一百零八个，尖端蘸上香油放回灯支碗儿内点燃，焚香向天上"星君"及"本命星"祭拜。在明代，正月十三日以"小盏一百八枚，夜灯之，遍散井灶、门户、砧石，曰散灯也"（《帝京景物略·春场》）。在清代灯节之日（有的从正月十三到正月十六日四天）"由堂奥以至大门，燃灯而照之，谓之散灯花，又谓之散小人"，以辟除不祥也（《燕京岁时记·顺星》）。民国年间尚有馀绪。吆喝：

"数灯支碗儿来！"

卖黄历：黄历，也写作"皇历"。多是小贩肩背两端各呈袋形的褡裢内装黄历，于春节前、立春时节串街叫卖。有大小两种。小者又叫《春牛图》，木板水印，当中为牧童打春牛图，周围列有十二个月日历，卖时吆喝：

"牛儿芒儿，过年的小黄历！"

大黄历装订成册，除印有日历、二十四节气外，还印有六十四卦图、黄道吉日等迷信内容，卖时吆喝：

"卖大本儿黄历！"

卖门神、挂千儿：北京人住的房屋，屋门为对扇的门，春节前要买门神像贴在左右门扇上，画的是唐代人物秦琼和尉迟敬德，说是可以把邪恶挡之门外。挂千儿，也写作"挂钱儿"，一般用红纸或彩纸剪成，为长方形，上有"五谷丰登""吉庆有馀"之类吉语，底部为"流苏"式。春节贴于屋外门窗之上。另外还有一种供佛用的八仙挂千儿和市肆用的小挂千儿。"挂千者，用吉祥语镌于红纸之上，长尺有咫，粘之门前，与桃符相辉映。其上有八仙人物者，乃佛前所悬也。是物民户多用之，……其黄纸长三寸，红纸长寸余者，曰小挂千，乃市肆所用也。"（《燕京岁时记》）售卖者吆喝：

"门神咧挂钱儿来！"

"揭门神，请灶王，挂钱儿闹几张！"

"百分儿来，挂钱儿来，门神、灶王来！"

——《吆喝与招幌》

【图片资料】

元代蹴鞠比赛

打台球

小谣儿

象棋图

投壶

捏面人

吹糖人

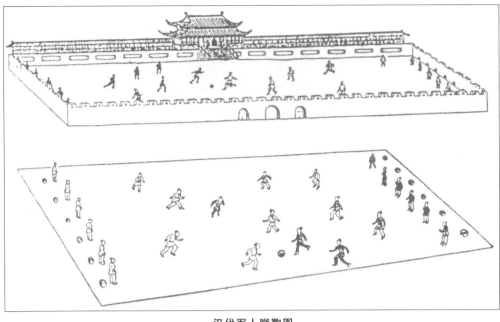

汉代军人蹴鞠图

大糖葫芦

正月初一

【文献资料】

正月一日,是三元之日也,谓之端月。鸡鸣而起。先于庭前爆竹,以辟山臊恶鬼。

——《荆楚岁时记》

其节序,元日则拜日相庆,重午则射柳祭天。

——《大金国志·女真传》

正月一日,国主以糯米饭、白羊髓相和为团,如拳大,于逐帐内各散四十九个。候五更三点,国主等各于本帐内窗中掷米团在帐外,如得双数,当夜动番乐,饮宴;如得只数,更不作乐,便令师巫十二人,外边绕帐撼铃执箭唱叫,于帐内诸火炉内爆盐,并烧地拍鼠,谓之"惊鬼"。本帐人第七日方出。乃穰度之法。

——《契丹国志·卷二七·岁时杂记》

正旦,国俗以糯饭和白羊髓为饼,丸之若拳,每帐赐四十九枚。戊夜,各于帐内窗中掷丸于外。数偶,动乐、饮宴。数奇,令巫十有二人鸣铃,执剑,绕帐歌呼,帐内爆盐垆中,烧地拍鼠,谓之惊鬼,居七日乃出。

——《辽史·卷五三》

正月一日,百官待漏于崇天门下。二日后,内外百辟朝贺饮宴。后随时说选。丁酉年正月一日,内八府宰相领礼部中书省相国,以外国大象进上,并说纳粟补官选。自此后常于斡耳朵聚,涓日入中书署事,设大燕,成典也,六部如之。京官虽已聚会公府,仍以岁时庆贺之礼,相尚往还迎送,以酒醴为先,若肴馔,俱以排办于案卓矣。如是者数日。车马纷纭于街衢、茶坊、酒肆、杂沓交易至十三日。人家以黄米为糍糕,馈遗亲戚,岁如常。市利经纪之人,每于诸市角头,以芦苇编夹成屋,铺挂山水、翎毛等画,发卖糖糕、黄米枣糕之类及辣汤、小米团。又于草屋外悬挂琉璃蒲葡灯、奇巧纸灯、谐谑灯与烟火爆杖之属。自朝起鼓方静,如是者至十五、十六日方止。宫中有世皇所穿珍珠垂结灯,殿上有七宝漏灯。三宫灯夕,自有常制,非中外可详。世皇建都之时,问于刘太保秉忠定大内方向。秉忠以今丽正门外第三桥南一树为向以对,上制可,遂封为独树将军,赐以金牌。每元会圣节及元宵三夕,于树身悬挂诸色花灯于上,高低照耀,远望若火龙下降。树旁诸市人数,发卖诸般米甜食、饼馒、枣面糕之属,酒肉茶汤无不精备,游人至此忘返。此景莫盛于武宗、仁宗之朝。近年枯瘁,都人复栽一小者培植其旁,随年而长。十六日名烧灯节,市人以柳条挂焦槌于上叫卖之。至十九日,都城人谓之燕九节,倾城士女曳竹杖,俱往南城长春宫、白云观,宫观葳扬法事烧香,纵情宴玩以为盛节,犹有昔日风纪。

——《析津志辑佚·岁纪》

岁时元旦拜年,晨起当家者,率妻孥,罗拜天地,拜祖祢,作匾食,奉长上为寿。烧阡张,各家祖先,俱用三牲熟食,货草纸细剪者为阡张,供其前,俟三日后焚而彻之。惟佛前则供用果面,阡张至元宵罢,乃焚。道上叩头,元旦出游,道逢亲友,即于街上叩头。戴闹嚷嚷以乌金纸为飞鹅、蝴蝶、蚂蚱之形,大如掌,小如钱,呼曰:闹嚷嚷。大小男女,各戴一枝于首中,贵人有插满头者。《荆楚岁时记》云:人日镂金箔为人,以贴屏风,亦以戴之头鬓,即此意也。

——《宛署杂记·民风一》

正月元旦,五鼓时,不卧而嚏,嚏则急起,或不及衣,曰卧嚏者病也。不卧而语言,或户外呼,则不应,曰呼者,鬼也。夙兴盥漱,啖黍糕,曰年年糕。家长少毕拜,姻友投笺互拜,曰拜年也。烧香东岳庙,赛放炮杖,纸且寸。东之琉璃厂店,西之白塔寺,卖琉璃瓶,盛朱鱼,转侧其影,小大俄忽。别有衔而嘘吸者,大声唝唝,小声唪唪,曰倒掖气。旦至三日,男女于白塔寺绕塔。旦至晦日,家家竿标楼阁,松柏枝荫之,夜灯之,曰天灯。是月也,女妇闲,手五丸,且掷且拾且承,曰抓子儿。丸用象木银砾为之,竞以轻捷。

——《帝京景物略·卷二》

正月初一日正旦节。自年前腊月廿四日祭灶之后,宫眷内臣即穿葫芦景补子及蟒衣。各家皆蒸点心,储肉,将为一二十日之费。三十日岁暮,即互相拜祝,名曰辞旧岁也。大饮大嚼,鼓乐喧阗为庆贺焉。门旁植桃符板,将军炭,贴门神。室内悬挂福神、鬼判、钟馗等画,床上悬挂金银八宝、西番经轮,或编结黄钱如龙。檐楹插芝麻秸,院中焚柏枝柴,名曰熰岁。正月初一五更起,焚香放纸炮,将门闩或木杠于院地上抛掷三度,名曰跌千金。饮椒柏酒,吃水点心,即扁食也。或暗包银钱一二于内,得之者以卜一年之吉。是日亦互相拜祝,名曰贺新年也。所食之物,如曰百事大吉盒儿者,柿饼、荔枝、圆眼、栗子、熟枣共装盛之。又驴头肉,亦以小盒盛之,名曰嚼鬼,以俗称驴为鬼也。

——《酌中志·卷二十》

京师岁时纪丽,自元旦至十二月除夕,燕娱不甚分殊。独崇祯戊寅边患荐臻,而岁时之礼稍废。岁除之夜,街火无光,守警环卫不去。明年元旦之日,旲日在东,圣主不鸣钟受贺,惟休沐诸黄门。给假无事时,绣衣红蟒相庆,往来长安街,门庑萧萧,空中闻鹰隼声,乘风高唳。三日之后,始见董侍郎羽宸,朱衣乘轿而归。其余卿寺诸曹素衣角带,不改常日之容华也。

——《旧京遗事》

　　正月元旦五鼓时,百官入朝,行庆贺礼。民间亦盛服焚香礼天地、祀祖考、拜尊长及姻友,投刺互答,曰拜年。比户放爆竹彻昼夜。竿标灯楼揭以松柏枝,夜燃之,曰点天灯。市井男女以鬃穿乌纸画彩,为闹蛾儿簪之。

——《康熙宛平县志·卷一》

　　正月:元旦,百官入朝庆贺,民间亦焚香礼天地,祀祖考。拜尊长及姻友,投刺互答,曰拜年。放爆竹,点天灯,簪彩胜。立春前一日,迎春于东郊。次晨鞭土牛,遵古送寒气之意也,具小芒神、土牛,官升异献,曰进春。八日至十七日,商贾于市集灯花百货,珠石罗绮,古今异物,贵贱杂沓贸易,曰灯市。元宵前后,赏灯夜饮,金吾禁驰。民间击太平鼓,跳百索。妇女结伴游行过津梁,曰走百病。以诗词隐语粘于屋壁,曰商灯谜。夜以小盏点灯,遍散井灶门户,曰散灯。十九集白云观,弹射走马,曰耍燕九。二十五日,大啖饼饵,曰填仓。

——《大兴县志·卷一·风俗考》

　　除夕之次,夜子初交,门外宝炬争辉,玉珂竞响。肩舆簇簇,车马辚辚。百官趋朝,贺元旦也。闻爆竹声如击浪轰雷,遍乎朝野,彻夜无停。更间有下庙之博浪鼓声,卖瓜子解闷声,卖江米白酒击冰盏声,卖桂花头油摇唤娇娘声,卖合菜细粉声,与爆竹之声,相为上下,良可听也。士民之家,新衣冠,肃珮带,祀神祀祖;焚楮帛毕,昧爽阖家团拜,献椒盘,斟柏酒,饫蒸糕,呷粉羹。出门迎喜,参药庙,谒影堂,具柬贺节。路遇亲友,则降舆长揖,而祝之曰新禧纳福。至于酬酢之具,则镂花绘果为茶,十锦火锅供馔。汤点则鹅油方补,猪肉馒首,江米糕,黄黍饦;酒肴则腌鸡腊肉,糟鹜风鱼,野鸡爪,鹿兔脯;果品则松榛莲庆,桃杏瓜仁,栗枣枝圆,楂糕耿饼,青枝葡萄,白子岗榴,秋波梨,苹婆果,狮柑凤橘,橙片杨梅。杂以海错山珍,家肴市点。纵非亲厚,亦必奉节酒三杯。若至戚忘情,何妨烂醉!俗说谓新正拜节,走千家不如坐一家。而车马喧阗,追欢竟日,可谓极一时之胜也矣。

——《帝京岁时纪胜·正月》

元旦不食米饭，惟用蒸食米糕汤点，谓一年平顺，无口角之扰。不洒扫庭除，不撮弃渣土，名曰聚财。

——《帝京岁时纪胜·正月》

琉璃厂在正阳门外之西。厂制东三门，西一门，街长里许，中有石桥。桥西北为公廨。东北楼门上为瞻云阁，即窑厂之正门也。厂内官署、作房、神祠之外，地基宏敞，树林茂密，浓阴万态，烟水一泓。度石梁而西，有土阜高数十仞，可以登临眺远。门外隙地，博戏聚焉。每于新正元旦至十六日，百货云集，灯屏琉璃，万盏棚悬，玉轴牙签，千门联络，图书充栋，宝玩填街。更有秦楼楚馆遍笙歌，宝马香车游士女。此外游览之地，如内城驯象所看象舞，自鸣钟听韶乐，曹公观演教势，白塔寺打秋千者，不一而足。至若皇城内，兔儿山大光明殿，刘元塑元都圣境，金鳌玉𬟽桥头，南望万善殿，北望五龙亭，承光殿下，昭景门东，睹宫阙之巍峨，见楼台之隐约，如登海外三山矣。

——《帝京岁时纪胜·正月》

正月荐新品物，除椒盘、柏酒、春饼、元宵之外，则青韭卤馅包、油煎肉三角、开河鱼、看灯鸡、海青螺、雏野鸯、春橘金豆、斗酒双柑。至于梅萼争妍，草木萌动，迎春、探春、水仙、月季，百花接次争艳矣。

——《帝京岁时纪胜·正月》

京师风俗每正旦，主人皆出贺，惟置白纸簿并笔砚于几，贺客至，书其名，无迎送。

——《日下旧闻考·卷一四七·风俗》

铎针者，内官钉帽中央，金银珠翠珊瑚皆可制。元旦则大吉葫芦，元夕则灯笼，端午则天师，中秋则月光，重阳则菊花，冬至则绵羊。太子颁历日则宝历万年，其制八宝荔枝、卍字鲇鱼也。万寿节则万寿洪福齐天，其制于齐天字两旁各红蝙蝠一枚，又有枝个，其制减小，偏向成对。又桃枝则不垂。

——《日下旧闻考·卷一四七·风俗》

京师元旦贺岁，奔忙可笑，然礼设已久，台垣虽门贴"概不贺节"公约，而不能止也。阮裴园学浩戏作云："争门投刺乱如烟，辀辘冲风亦可怜。触眼但逢骑马客，纵怀须待听莺天。久知屏户饶清福，颇爱烧香作静缘。砚席尘封炉火冷，谁教疲绝短檠边。"

——《藤阴杂记·卷五》

琉璃厂,正月游人杂沓,名曰逛厂。鲍西冈鉁《春游词》云:"车驻雕轮马驻鞭,手拈瓜子步差肩。排门尽启君平肆,趁赚痴儿问福钱。""丛脞书多卷帙残,几人著眼笑酸寒。南沙画片香泉字,幅幅装池骨董摊。""料丝羊角灿成行,簇帛堆纱锦绣装。岁岁灯棚变新式,鳌山结撰到西洋。""像生花草捻泥人,鼓板笙箫小店陈。风景不殊吴语杂,勾人情绪武邱春。"

——《藤阴杂记·卷十》

男女以次拜家长毕,主者率卑幼出谒邻族戚友,或止遣子弟代贺,谓之"拜年"。至有终岁不相接者,此时亦互相往拜于门。门首设籍,书姓氏,号为"门簿"。鲜衣炫路,飞轿生风,静巷幽坊,动成哄市。薄暮至人家者,谓之"拜夜节"。初十日外,谓之"拜灯节"。故俗有"有心拜节,寒食未迟"之谑。琳宫梵宇,亦交相贺岁。或粘红纸袋于门以接帖,署曰"接福",或曰"代僮"。范来宗《拜年》诗云:"走贺纷阗岁龠更,素非识面也关情。添丁夸列怀中刺,过午飞留簿上名。羽士禅师同逐逐,东家西舍尽盈盈。春明旧梦还能记,驰遍轮蹄内外城。"

案:《艮斋杂记》:"拜年,无论识与不识,望门投帖,宾主不相见,登簿而已。"然长、元志皆载:"俗尚拜年,有从未识面互相投帖以多为荣者。此风不行于守礼清门。"

——《清嘉录》

岁朝开门,放爆仗三声,云辟疫疠,谓之"开门爆仗"。

——《清嘉录》

黍粉和糖为糕,曰"年糕"。有黄白之别。大径尺而形方,俗称"方头糕",为元宝式者,曰"糕元宝"。黄白磊砢,俱以备年夜祀神、岁朝供先,及馈贻亲朋之需。其赏赉仆婢者,则形狭而长,俗称"条头糕"。稍阔者,曰"条半糕"。富家或雇糕工至家磨粉自蒸,若就简之家,皆买诸市。春前一二十日,糕肆门市如云。

——《清嘉录》

插冬青、柏枝、芝麻萁于檐端,名曰"节节高"。

案:刘若愚《芜史》:"燕俗岁除,檐楹插芝麻秸。"陆启浤《北京岁华记》:"元旦,民间插芝梗、柏叶于户。"盖此风辇下亦传。

——《清嘉录》

元旦为岁朝，比户悬神轴于堂中，陈设几案，具香蜡以祈一岁之安。俗忌扫地、乞火、汲水并针剪。又禁倾秽、溲粪。讳啜粥及汤茶淘饭。天明未起，戒促唤。男子出门，必迎喜神方位而行。妇女簪松虎、彩胜。男女必曳新衣洁履。相见则举百果相授受，各道吉利语，谓之"开口果子。"

案：《尚书大传》："正旦，为岁之朝，月之朝，日之朝，谓之三朝。"《岁时通考》："元旦，不扫地、不汲水、不乞火。"《昆新合志》："是日，禁扫地、乞火、汲水及针剪。"汪上湖《守岁》诗："俗扫隔年地。"

——《清嘉录》

元旦宫廷内外朝仪：五鼓，驾亲祭堂子，各官俱朝服，于午门外送，黎明，驾回宫，先至奉先殿，继至宁寿宫行礼毕，然后乘辇出，御太和殿，受外廷朝贺。辰刻，复回乾清宫，庭前乐作，上升宝座，垂帘。乐再奏，宫嫔于上前行礼毕。乐三奏，帘捲，东宫诸王以次，在殿庭行三跪九叩头礼。乐四奏，公主郡主于宫中行礼。乐五奏，上御西暖阁，内外诸臣俱集午门内，望毓庆宫行两跪六叩头礼，礼毕，始散班。

——《人海记》

贵戚家悬神荼、郁垒，民间插芝梗、柏叶于户，小儿女剪乌金纸作蝴蝶戴之，名曰闹嚷嚷。《北京岁华记》按：《余氏辨林》：今京师凡孟春之月，儿女多剪采为花，或草虫之类插首，曰闹嚷嚷，即古所谓闹装也。嚷与装音相近，故讹也。欧阳元功《圭斋集》渔家傲词：正月都城寒料峭，除非上苑春光到。元日班行相见了，朝回早阙前，褫帕欢相抱。　汉女姝娥金搭脑，国人姬侍金貂帽。绣彀雕鞍来往闹。间驰骤，拜年直到烧灯后。

——《光绪顺天府志·京师志·风俗》

京都正月初一日，子时后，家家长幼先诣神佛前焚香叩拜，谓之接神。次设奠于先人祠堂。礼毕，家长登堂，众人依序相率拜贺，老幼互作庆祝语。妇女设酒菜，家中长幼咸聚饭相庆。亦有食素不御荤酒者。自接神后，凡刀剪、箕帚之类皆忌用。不吉之言、不善之事，口皆不道。而粪土、污水俱不得轻弃，或以为不祥耗财之意。亦有如常而不戒忌者。黎明，人易新服，以待宾客。市中铺肆，无论大小皆陆续接神，施放鞭爆。联络之声，至昼不断。或有贫者，俟爆竹声毕，向铺高声作喜庆之歌，词韵可听，得钱数百始去。其铺肆即闭门罢市五日。士商往来拜谒，或登门投刺，谓之拜年。近日此礼亦懈，往往多遣人代拜，而不亲往。自此，少年游冶，演习歌吹；儿童鸣锣击鼓、蹴球舞棒，以及竹马风筝，不论昼夜，随意所之。至十八日谓之残灯末庙，然后市井如常。工人返肆，商贾各执其业。至开印之期,则学子攻书,官兵执差如平日。

——《京都风俗志》

京师谓元旦为大年初一。每届初一,于子初后焚香接神,燃爆竹以致敬,连霄达巷,络绎不休。接神之后,自王公以及百官,均应入朝朝贺。朝贺已毕,走谒亲友,谓之道新喜。亲者登堂,疏者投刺而已。貂裘蟒服,道路纷驰,真有车如流水马如游龙之盛,诚太平之景象也。是日,无论贫富贵贱,皆以白面作角而食之,谓之煮饽饽,举国皆然,无不同也。富贵之家,暗以金银小锞及宝石等藏之饽饽中,以卜顺利。家人食得者,则终岁大吉。

按《荆楚岁时记》:正月一日,先于庭前燃爆竹以避山臊恶鬼。又《玉烛宝典》:正月一日为元日,亦云三元,岁之元、时之元、月之元。

——《燕京岁时记》

每至元旦,凡内廷行走之王公大臣,以及御前侍卫等,均赏八宝荷包,悬于胸前,部院大臣不预此例。

——《燕京岁时记》

厂甸在正阳门外二里许,古曰海王村,即今工部之琉璃厂也。街长二里许,廛肆林立,南北皆同。所售之物以古玩、字画、纸张、书帖为正宗,乃文人鉴赏之所也。惟至正月,自初一日起,列市半月。儿童玩好在厂甸。红货在火神庙,珠宝晶莹,鼎彝罗列,豪富之辈,日事搜求,冀得异宝。而红货之内以翡翠石为最尊,一搬指翎管,有价至万金者。翡翠之外并重料壶,然必须官窑古月轩者方为上品,新料不足道也。盖玩好之物,风尚不同,乾隆间重珊瑚,贱碧霞玺。后又重碧霞玺。近更重翡翠石及料壶。风雅之士亦间有重旧玉者。笛头剑隔,古色盎然,而真伪殊不易辨。故予尝曰:"物而能言,免去许多聚讼。"盖指此也,至于旧磁一类,甚属寥寥,已多为外洋买去矣。

——《燕京岁时记》

小药王庙在东直门内路北,北药王庙在旧鼓楼大街。自正月起,每朔日、望日有庙市,市皆妇女零用之物,无甚可观。

——《燕京岁时记》

大钟寺本觉生寺,以大钟得名,盖岁时求雨处也。每至正月,自初一日起,开庙十日。十日之内,游人坌集,士女如云。长安少年多驰骤车马以为乐,超尘逐电,劳瘁不辞。一骑之费,有贵至数百金者。岂犹有金台市骏之遗风欤!

谨按《日下旧闻考》:华严钟铸于前明永乐时,高一丈五尺,径一丈四尺,纽高七尺,厚七寸,重八万七千斤。内外勒楷字法华经一部,字大五分,密如比栉,乃学士沈度书。嘉靖间悬于万寿寺。后言者谓京城白虎方,不宜有金声,乃彻楼卧钟于地。国朝乾隆八年,移置于觉生寺,即所谓大钟寺也。在德胜门外七里,土城西北曾家庄。雍正十一年建钟楼,高五丈,下方上圆,四面皆窗,后有旋梯,左升右降。钟悬于中,竟体纯铜,端正细腻,诚至宝也。惜未听其一鸣耳。前殿有雍正十二年翰林院编修张若霭撰碑。

——《燕京岁时记》

曹老公观在西直门内路北。每至正月,自初一日起,开庙半月,游人亦多。惟殿宇坍塌,墙垣不整,古佛零落,殊无可观。有碑二,左刻乾隆御制七律二首,右无字,后殿有铁香炉一,乃前明万历辛卯年造。中殿有铁香池一,乃崇祯九年管理御马营太监孙继武等造。

谨按《日下旧闻考》:曹老公观名崇元观,乃明珰曹化淳兴建,国朝乾隆二十三年重修。规模壮丽,法相庄严。百余年来,倾圮殆尽,无复旧观矣。或谓化淳兴时有窖金,藏之观中,以备将来重修之用。故京师有"里七步,外七步,观儿倒,观儿修"之谣,然其言究无验也。

——《燕京岁时记》

白云观在阜成门外西南五六里,其基最古,自金元以来即有之。观内万古长春四字,尚传为邱长春所书。每至正月,自初一日起,开庙十九日。游人络绎,车马奔腾,至十九日为尤盛,谓之会神仙。相传十八日夜内必有仙真下降,或幻游人,或化乞丐,有缘遇之者,得以却病延年。故黄冠羽士,三五成群,跌坐廊下,以冀一遇。究不知其遇不遇也。观内老人堂一所,皆道士之年老者居之,虽非神仙而年过百龄者时所恒有,亦修养之明征也。观后有亭园一区,乃近年所构,其先无之。

谨按《日下旧闻考》:白云观乃元太极宫故墟,内塑邱真人像,白皙无须眉。正月十九日,都人致醵祠下,谓之燕九节。真人登州栖霞人,名处机,号长春子。年十九,为全真,学于宁海之昆仑山。岁在己卯,元太祖自奈曼遣使召之;使者未至,真人语其徒曰:"速促装,天使召我,我当往。"翌日使者至,乃与弟子十八人同往,经数十国,行万余里,始达雪山。太祖时方西征,日事攻战。真人每言:欲一天下者,必在乎不嗜杀人。及问为治之方,则告以敬天爱民为本。问及长生久世之道,则以清心寡欲为要。太祖大悦,命左史书诸策。真人乞东还,遂赐号曰神仙,封为大宗师,掌管天下道教,使居燕之太极宫。

后改为长春宫,即今之白云观也。真人年八十,尸解仙去。

——《燕京岁时记》

凡卖花者,谓薰治之花为唐花。每至新年,互相馈赠。牡丹呈艳,金橘垂黄,满座芬芳,温香扑鼻,三春艳冶,尽在一堂,故又谓之堂花也。

谨按《日下旧闻考》:京师腊月即卖牡丹、梅花、绯桃、探春诸花、皆贮暖室,以火烘之。所谓唐花,又名堂花也。其法自汉即有之。汉世大官园冬葱韭菜茹覆以屋庑,昼夜爁煴火得温气,诸菜皆生。召信臣为少府,谓此皆不时之物,有伤于人,不宜供奉,奏罢之。唐人诗曰:"内园分得温汤水,二月中旬已进瓜。"亦是此法。

——《燕京岁时记》

人家元日陈几于庭上,列素肴干果之属,名天地桌。或五日而彻(撤),或半月始彻(撤)。内城家家如是,不知何所起,或即辽金拜天礼欤?

——《天咫偶闻·卷十》

旧俗元日至上元,各店例闭户半月,小肆亦闭五日。此五日中,人家无从市物,故必于岁底烹饪,足此五日之用,谓之年菜。近年各肆多不如前,初二日即交易,或初一日即然,谓之连市。然不开门,买者叩户而入。盖此半月中,贾人或拜年,或出游,肆中人少在者,故尔。

——《天咫偶闻·卷十》

正月元日至五日,俗名破五。旧例食水饺子五日,北方名煮饽饽。今则或食三日二日,或间日一食,然无不食者。自巨室至闾阎皆遍,待客亦如之。十五日食汤团,俗名元宵,则有食与否。又有蜜供,则专以祀神。以油面作荚,砌作浮图式。中空玲珑,高二三尺,五具为一堂。元日神前必用之果实、蔬菜等,亦叠作浮图式,以五为列,此人家所同也。

——《天咫偶闻·卷十》

正月初一日,子刻后祀神,谓之接神。遍至戚友家拜于堂,谓之拜年。

——《天咫偶闻·卷十》

元日,祀神及先祖,翦(剪)纸不断至丈余,供于祖前,谓之阡张,焚之。正月初旬,拜年者踵门,疾呼接帖,投一名刺,匆匆驰去,多不面晤主人。司阍者记其姓名于册,多有不识者。倘无司阍者，客到嫌于启门，贴一纸囊于门外，外写"请留尊柬"四字，拜者投刺于中即去。浮文无当，一至于此。

元旦至初五日无屠炙，初六日始有卖物者。

上辛日，朝廷祈穀至天坛，御辇高丈余，十六人舁，以象驮祭品。

——《燕京杂记》

京师正阳门南有琉璃厂。元代为海王村，以其地有琉璃窑，故名。自明以来即为书肆荟萃之处。而所谓厂甸者，则在琉璃厂中间路北。岁以正月初一日至十六日游人纷集，举国若狂，谓之逛厂甸。逛，游也。市集于初五日开始，百货骈集。士夫之嗜古董者，妇女之爱珠翠者，皆于是求之。

官窑监督放衙晏，土高积山广成甸。上元佳节看灯来，归去游人拾遗钿。妖彗一扫灾文昌，琉璃易碎境悲凉。孙公园子几焦土，将作西夷跑马场，麻姑弹指成沧桑。

——《王风笺题》

居民有于五更即起而祀神者，焚香，放鞭爆，供饺子，事毕阖家食团圆饭，饮柏酒（饭即面角，并备干鲜果品肴馔以佐酒，而杂拌一项，尤不可少，盖杂合各干果及糖蜜食品，盛于一盘，年终，即有售者）。是晨，食黍糕，佛前亦供之，曰年年糕。信佛者至东岳庙拈香，归而祀祖；供品多用饺子，祀毕焚纸锞，阖家互拜新年，乃出而贺人；见则一揖，亦有屈一膝为礼者（旗礼）；更以新禧新禧，多多发财，顺顺当当，一顺百顺，吉祥如意等古语相祝。于至戚至友，则登堂叩头，主人饷以百事大吉盒，中置柿饼荔枝桂圆核桃枣栗等品，每布（赠人食物，平谚曰布）一品，必佐以吉语，柿饼曰事事如意，核桃曰和和气气，更合枣栗花生桂圆，而曰早生贵子；卑幼拜尊长，则与之钱，曰压岁钱，是日禁刀剪裁割扫除倾水等事，肴馔大率为素。

——《北平岁时志·正月》

正月初一日，东便门外三忠祠，东直门外铁塔寺，东四牌楼三官庙，北新桥精忠庙，均开庙一日，香火极盛。德胜门外大钟寺，开庙十五日，寺有高楼，楼有悬钟，即华严钟也。钟纽下有眼，悬小锣，以钱投之，中者声铿然，曰打金钱眼，游人争登楼，掷钱击之；寺外多驰车赛马之少年。西便门外白云观，开庙十九日，至十八日，游人尤盛，谓之会神仙，亦曰燕九。西直门内曹老公观，亦开庙十五日，昔甚繁盛，儿童玩物，及各种杂技皆集此，内城居民，率以此为娱乐之所；今即其址建陆军大学，庙会已无。初一日至十七日，琉璃厂甸，盛列儿童玩物，而琉璃喇叭沙雁为尤多，近并设临时茶肆，妓女亦有至者。

——《北平岁时志·正月》

是月(正月)也,富贵妇女,以掷骰拈牌,及食瓜子糖品为乐;而风筝、口琴、琉璃、喇叭,更为应时玩物。风筝之大者,上缚弓弦锣鼓,风激之则声响齐发,真疑为天上奏乐也,商店于元旦闭户,初六始开,间有迟至元宵者;此半月以内,非贺年游玩,即于肆中敲锣击鼓以为乐。填仓以后,居民辄以佛前供品相馈送,其品或密供或月饼,谓之送供尖。

——《北平岁时志·正月》

京师元旦贺岁,奔忙可笑,然礼设已久,台垣虽门贴概不贺节公约,而不能止也。

——《北平岁时志·正月》

正月元旦,民间焚香礼天地,祀祖考,拜尊长及姻友,投刺互答曰拜年;放爆竹,点天灯,簪彩胜。

——《北平岁时志·正月》

燕城元日,以阡张供祖考之前,三日后撤而焚之;佛前则供以果面阡张,至元宵后乃焚之;阡张凿纸为条,与冥钱同类。

——《北平岁时志·正月》

京俗元旦不花钱,日用流水账簿,必须写有:"前账移来,下存银钱若干。"新年门簿第一页用红纸,其第一行写吉利语,如利见大人,指日高升,富贵吉祥,一品当朝,吉星高照等字,是日不吃油炸火烤之物,蒸煮皆可。

——《北平岁时志·正月》

(正月)初一至初十日,皆以天气清朗,无风无雪为吉;如遇大风大雪,则于其日之所主不宜,说见东方朔岁占,一鸡、二犬、三猪、四羊、五牛、六马、七人、八谷、九果、十菜。

——《北平岁时志·正月》

新年送礼,近则比前五十年不同,如稻香村所卖苏州年糕、板鸭、火腿,复有罐头食物、洋酒、纸卷烟、吕宋烟,各种洋点心、洋糖、果子酱,山货有鹿肉、山鸡、石鸡、沙鸡、野兔、野猪、黄羊、松花江之白鱼、鲟黄鱼,此数种则从前亦有也。

——《北平岁时志·正月》

琉璃厂,元日开始,任人游览;若古董字画,须过初三后,陈列始多,厂系辽海王村故址,因窑制琉璃得名,俗又呼曰厂甸;今则仅存其名,窑已无遗迹,惟书肆林立,陈设古董字画而已。内务部就厂中隙地,建海王村公园,为附近儿童游戏之场;一年中,最热闹为新春正月,近虽改用阳历,此风犹不稍衰,近年较往年,益形宽阔,昔之土地祠,高等师范等处,皆已拆让一半,北至西河沿,盖预备建筑南通香厂大路也;故厂甸四通八达,竟变为中心点,每届新年,倾城仕女,香车宝马,群向此中心点而来,厂中各处,多有变更,惟公艺局洋楼独存;现改为工商改进会商品陈列所,每逢年节,门前扎五彩牌楼,上嵌"通商惠工"等字,盖借游乐之中,以引起注意国货之观念,其意良善。开放三日,不取票资,由是观者如堵,拥挤不堪,门两侧,搭有席棚,陈卖各物,以人造花卉,最能销售,然较儿童玩物,尚不及百之一也。露天茶桌,因地势宽广,较昔增加,除有棚之茶肆两座外,余皆搭一二尺高之木板,且划分地界,有如井田,四周皆可通行,上标男女分座,实则杂乱无章,一棚之内,妇女逾多,生意愈盛,茶之佳否,则置诸不问;而茶役则高立板上,大声疾呼,这里得瞧,这里瞧得清楚,无意识之言,不绝于耳,其间妇女来游者固多,而茶棹(桌)上,陆离光怪,以出风头者,仍属青楼姊妹,良家尚不多见;间有本地住户,亦属寥寥;因不如公园幽雅,故来者周游即去,咸不愿在此喝西北风也。厂之东侧有吕祖祠,香火最盛;祠中道士,以正月为进款最多时节,手持香盘,追求游人布施。厂西隅为杂耍场,内有变戏法者,有唱嘣嘣戏者,有列奇禽异兽以供人观览者,锣鼓喧天,异常热闹,口外有出售梅花兰花之花担,惟佳品甚少,不如各处庙会,盖游者非为购花而来,卖者亦知其心理,不为供过于求,故贩来亦不多,厂向为古董字画书籍之荟萃地,每届新年,字画为大宗售品,土地祠火神庙皆悬挂无余地,人至此间,目为之眩,一般考古家文学家,咸集于此,品评真伪,其间固不乏佳者,然以俗品及膺鼎为多。

——《北平岁时志·正月》

白云观每届旧历元旦,辄开庙以招游人,至二十日而毕;士女摩肩接毂,比之厂甸,殆犹过之。正月十七八两日,为极盛之期,盖厂甸自年初一至十六为会集期,白云观则自初一直至二十;故十六以后,既无厂甸可游,而游人遂争趋白云观矣。且十七日观中于夜间行打鬼之礼,而十八日则为神仙大会,尤观中全盛之日也。十八日,观内方丈,预先招集道教会二三百人,于夜十二钟,开神仙大会,分班诵经(道士谓天上神仙,亦于是日同时降临,故曰神仙大会)。而夜间壁上遍悬画灯,光耀如昼,经声琅琅,杂以铙鼓,尤使人别有洞天之感,观有养老堂,堂中小室内,有老道卧床上,床前置一破篮,乞人赐钱,妇女多有掷钱于此篮内者。又有养豕之所,豕甚多,乡民相指告曰,此豕不可食,食之造孽,其愚真不可及也。又大门内牌楼之后,大庭之中,有一石桥,桥左右各有池一方,池已涸,而墙壁两面中空,各有一道士,闭目静坐。又制大纸钱数个,悬于墙壁及池上,游人争以铜元掷此钱,能中者,即为今年佳运之兆,故掷钱者颇多,而掷中者极少,愈不能中,则愈欲掷,必中而后已;于是争前投掷,而池中同板铿然,不可数矣。观右京汉铁路堤下,有地可跑马,故此期内跑马者甚多,马走如飞,旁观者多为喝彩。跑马处两旁皆搭茶棚,士女啜茗,凭栏而观,亦足乐也。

——《北平岁时志·正月》

京师人烟稠密,甲于天下。富家竟购千竿爆竹,付之一炬;贫乏家即谋食维艰,索通孔亟,亦必爆响数声,香焚一炷,除旧年之琐琐,卜来岁之蒸蒸,此习尚类然也。(《壶天录》)

——《北平风俗类征》

正月元旦,民皆盛服焚香,礼天地,拜祖考,尊长、姻友投刺互拜,曰"拜年"。比户竿标灯楼,揭以松柏枝,夜燃之,曰"天灯"。(《舆地记》)

——《北平风俗类征》

北平俗曲新年到来云:"新年到来,诸事安排,见家家贴着门神挂钱对子,插着芝麻秸,爆张纸儿放的满地白,新年新衣添新气,只见满街上闹闹烘烘拉拉扯扯把年拜:'发万金罢,太爷!''不敢太爷!''好说太爷!''岂敢太爷!''太爷新春大喜,就大发财!'"(《霓裳续谱》)

——《北平风俗类征》

京中士大夫贺正,皆于初一元旦,例不亲往,以空车任载一代身,遣仆用梅笺裁为小帖,约二三寸,写单款,小注寓邸款下,各门遍投之,谓之"片子"。吏部郎韩开云,余同年友也,善谑戏,作京月令,其正月元旦云:"是日也,片子飞,空车四出。"闻者绝倒。(《通俗编》)

京师元旦贺岁,奔忙可笑,然礼设已久,台垣虽门贴"概不贺节"公约,而不能止也。(《藤阴杂记》)

尤西堂云:"吴俗拜年,无论识与不识,望门投帖,宾主不相见,登簿而已,答拜者亦如之,一月中奔走如织,是何礼也?甚或有帖到而身不到者,可一笑也。"按今此风京师亦盛,大抵庆吊二事,俱染吴俗耳。(《晒书堂笔录》)

道光《都门杂咏·名片》云:"新正投刺古遗风,小楷端书样若穹,羡慕翰林名字大,也将红纸印来工。"(道光《都门纪略》)

新岁拜节,各省皆同,而都门酬应更繁。(《吾庐笔谈》)

——《北平风俗类征》

辽俗,每年正月一日,以糯米炊饭,用白羊髓和丸,如拳大,行宫寝帐内,各散四十九丸。(《燕北杂记》)

——《北平风俗类征》

燕地上元节用乌金纸剪成飞蛾,以猪鬃尖分披,片纸贴之,或五或七,下缚一处,以针作柄,妇女戴之,名曰"闹蛾儿",此古之遗俗也。(《璅谭》)

今京师凡孟春之月,儿女多剪采为花,或草虫之类插首,曰"闹嚷嚷。"(《余氏辨林》)

——《北平风俗类征》

京师人家,元旦门首俱贴春联。(《锄经书舍零墨》)

——《北平风俗类征》

京都戏馆,俱于元旦开市。是日各部梨园,扮元坛登场,呈金书"开市大吉"四字为贺,各馆咸以先至为荣。除夕子夜,即张灯火以待。(《虫鸣漫录》)

——《北平风俗类征》

新年祀神,例用面果合糖制成之供品,曰"蜜供",其形如塔,为每户人家所必需。其价亦昂,故凡制卖蜜供者,每岁春季,照预约券法,收订购者之资,分月摊收,至岁底而款齐,而蜜供交购者持去,盖较一次购买者为贱也。(《旧都文物略》)

元旦,虽极繁盛之街衢,皆闭门息业,惟见有妇女进香于寺庙,游行于通衢而已,午后,则茶馆戏园,游人甚多。(《清稗类钞》)

元日至上元,商肆例闭户半月,或五日,此五日中,人家无从市物,故必于岁杪烹饪,足此五日之用,谓之年菜。(《清稗类钞》)

——《北平风俗类征》

《京都竹枝词》:"琉璃厂甸(正月五日至元宵节,十日庙场)又新开,异宝奇珍到处排,妇女摩肩车塞路,都言看象早回来。(每逢得辛过象之日,车马尤多,故云尔。)"(《游览》)

琉璃厂,正月游人杂沓,名曰"逛厂"。(《藤阴杂记》)

同治《都门纪略·厂甸》诗:"新开厂甸值新春,玩好图书百货陈。裘马翩翩贵公子,往来都是读书人。"

《都门杂咏·厂甸》云:"琉璃厂甸起新正,玩景烧香认不明。回首沟西车并列,纷纷男女斗春情。"

又《火神庙》云:"火神庙起值亲(新)春,玩好图书百货陈。裘马翩翩贵公子,往来多是读书人。"

《宣南杂俎·逛琉璃厂》诗云:"新春相约踏琉璃,古玩琳琅列整齐。但是玉人心爱物,解囊那计值高低。"

《都门赘语·厂甸》诗云:"拜罢新正事更忙,纸花风里斗韶光。京都市庙知多少,热闹开春第一场。"

京师书摊,今设琉璃厂火神庙,谓之"庙市"。考康熙朝诸公,皆称慈仁寺买书,且长年有书摊,不似今之庙市,仅新春半月也。(《郎潜纪闻》)

琉璃厂诸肆,为朝士退直之所,与诸书贾讲求时代板椠,若孤木精本,虽一二卷价有至数十金者,且争购之,或赏鉴书画,辨别古器、碑版、泉刀,亦成一种之学舍。(《都门怀旧记》)

厂甸,昔之海王村,今工部之琉璃厂也。廛市林立,以古玩、字画、纸张、书帖为正宗。自初一列市半月,童玩在厂甸,红货在火神庙。(《春明采风志》)

今京师之琉璃厂,乃前明官窑制琉璃瓦之地,基址尚存,在元为海王屯,清初尚不繁盛,至乾隆间始成市肆。凡骨董、书籍、字画、碑帖、南纸各肆,皆麋集于是,几无他物焉。上至公卿,下至士子,莫不以此地为雅游,而消遣岁月。加以每逢乡会试,放榜之前一日,又于此卖红录,应试者欲先睹为快,倍形拥挤。至每年正月初六起,至十六日止,谓之开厂甸。合九城之地摊,皆聚厂之隙地。而东头之火神庙,则珍宝、书画、骨董陈列如山阜。王公贵人,命妇娇娃,车马阗塞,无插足地,十日乃止。此厂肆主人,皆工应对,讲酬酢,甚者读书考据,以便与名人往还者,不知凡几,不似外省肆佣之语言无味,面目可憎也。(《清代野记》)

琉璃厂厂甸,每岁正月自元旦至元宵,例有会市,一岁之中,仅此数日,故游人之繁,远胜各处庙会,而剪绺之流益夥。(《东华琐录》)

京师琉璃厂为骨董、书帖、书画荟萃之地,至乾隆时而始繁盛,书肆最多,悉在厂之东西门内,终岁启扉,间亦有骨董、书画之店,而每岁之正月六日至十六日,则隙地皆有冷摊,骨董、书画,就地陈列,四方人士之精鉴赏者,至都辄问津于厂焉。(《清稗类钞》)

岁朝之游,向集厂甸,相沿二百余年,久而未替,晚近厂肆商人,于其地改建海王村公园,而厂甸遂废矣。地在琉璃厂中。窑厂大门之外,百货竞陈,香车阗咽,自岁朝迄上元,历时半月,每当辰巳之交,游人已集,勾栏姊妹,辄薰沐靓妆,至此招摇,少年好事,又多追随香车,甚至夹毂调笑,亦所不禁。东有吕祖祠,香火极盛,佞佛者群焉趋之。迨兴阑游倦,买步偕返,则必购相生纸花,及大串糖葫芦,插于车旁,疾驶过市,途人见之,

咸知为厂甸游归也。(《京华春梦录》)

——《北平风俗类征》

京师元日后,上自朝官,下至庶人,往来交错道路者连日,谓之拜年。然士庶人各拜其亲友;多出实心。朝官往来,则多泛爱不专。如东西长安街,朝官居住最多,至此者,不问识与不识,望门投刺,有不下马或不至其门,令人送名帖者,遇黠仆应门,则皆却而不纳,或有闭门不纳者。在京仕者,有每旦朝退,即结伴而往,至于更酣醉而还。三四日后,始暇拜其父母。

——《北京市志稿·礼俗志》

拜年儿歌云:"一入新年,小孩拜年。跪下磕头,起来要钱。要钱没有,转脸就走。"

——《北京市志稿·礼俗志》

白云观,每属旧历元旦,辄开庙以招游人,至二十日而毕,士女摩肩接毂,比之厂甸殆犹过之。

——《北京市志稿·礼俗志》

三元:农历正月初一。是日为年、月、日之始,故谓之三元。南朝齐王俭《谅暗亲奉烝尝议》:"公卿大夫,则负扆亲临。三元告始,则朝会万国。"南朝梁宗懔《荆楚岁时记》:"正月一日是三元之日也。"唐潘孟阳《元日和布泽》诗:"流辉沾万物,布泽在三元。"清钱谦益《元日杂题长句》诗之一:"青阳玉律应三元,是日朝正会禁门。"

——《汉语大词典·1》

三始:三朝。指正月一日。《汉书·鲍宣传》:"今日蚀于三始,诚可畏惧。"颜师古注引如淳曰:"正月一日为岁之朝,月之朝,日之朝。始犹朝也。"唐李义府《在嶲州遥叙封禅》诗:"三始贻遐贶,万岁受重釐。"清顾炎武《元日》诗:"留此三始朝,归我中华君。"

——《汉语大词典·1》

三朔:指农历正月初一。《初学记》卷四引《玉烛宝典》:"正月为端月,其一日为元日,亦云上日,亦云正朝,亦云三元,亦云三朔。"明张居正《贺元旦表》之六:"兹维端月,三朔肇临。"

——《汉语大词典·1》

三朝：正月一日。为岁、月、日之始，故曰三朝。《文选·班固〈东京赋〉》："春王三朝，会同汉京。"李善注："三朝，岁首朔日也。"《汉书·孔光传》："岁之朝，曰三朝。"颜师古注："岁之朝，月之朝，日之朝，故曰三朝。"唐耿沣《元日早朝》诗："九陌朝臣满，三朝候鼓赊。"宋杨万里《诚斋荆溪集序》："戊戌三朝，时节赐告，少公事，是日即作诗。"

——《汉语大词典·1》

上日：朔日，即农历初一。《书·舜典》："正月上日，受终于文祖。"孔传："上日，朔日也。"《初学记》卷四引隋杜台卿《玉烛宝典》："正月为端月，其一日为元日，亦曰上日。"清金农《元日过张少府小饮花下》诗："仙尉逢梅福，同为上日吟。"一说上日指阴历每月上旬之吉日。清王引之《经义述闻·尚书上》："上日、元日，皆非谓朔日也。上日谓上旬吉日……自张衡《西京赋》始以元日为朔日，而汉以前无之。"

——《汉语大词典·1》

年下：谓将过旧历新年的时候。《醒世姻缘》第三三回："这一年十二月十五，早早的放了年下的学，回到家中。"《红楼梦》第五三回："贾珍笑道：'他们那里是想我？这又到年下了，不是想我的东西，就是想我的戏酒了。'"老舍《骆驼祥子》八："街上慢慢有些年下的气象了。"

——《汉语大词典·1》

年节：谓阴历正月初一。今称春节。宋孟元老《东京梦华录·正月》："正月一日年节，开封府放关扑三日。"《初刻拍案惊奇》卷五："真是到手佳期，却成虚度，闷闷不乐，过了年节。"老舍《骆驼祥子》八："年节越来越近了，一晃儿已是腊八。"

——《汉语大词典·1》

仙木：古代风俗，元旦用桃木板悬挂门上，以辟邪鬼，称仙木。南朝梁宗懔《荆楚岁时记》："正月一日……造桃板著户，谓之仙木。"隋杜台卿《玉烛宝典·正月孟春》引《典术》："桃者，五行之精，厌伏邪气，剐百鬼，故作桃板著户，谓之仙木。"

——《汉语大词典·1》

元日：正月初一。《书·舜典》："月正元日，舜格于文祖。"孔传："月正，正月；元日，上日也。"《文选·张衡〈东京赋〉》："于是孟春元日，群后旁戾。"薛综注："言诸侯正月一日从四方至。"宋王得臣《尘史·占验》："江湖间人，常于岁除汲江水秤，与元日又秤,重则大水。"清昭梿《啸亭杂录·李恭勤公》:"元日俗例,上司属员虽不接见,亦必肩舆到门。"

——《汉语大词典·2》

元旦:新年第一天。旧指夏历正月初一日,今指公历一月一日。南朝梁萧子云《介雅》诗:"四气新元旦,万寿初今朝。"宋吴自牧《梦粱录·正月》:"正月朔日,谓之元旦,俗呼为新年。一年节序,此为之首。"《醒世恒言·两县令竞义婚孤女》:"忽一年元旦,潘华和萧雅不约而同到王奉家来拜年。"

——《汉语大词典·2》

元朔:一年的第一个朔日,即正月初一日。唐德宗《元日退朝观军仗归营》诗:"献岁视元朔,万方咸在庭。"《旧唐书·李珏传》:"元朔未改,园陵尚新。"清钱谦益《崇祯元年元日立春》诗:"淑气和风应候来,王春元朔并相催。"

——《汉语大词典·2》

元朝:元旦的早晨。宋惠洪《予在龙安木蛇庵除夕微雪及辰未消》诗之二:"元朝喜见雪,一室哗少长。"

——《汉语大词典·2》

初月:指正月。《法书要录·右军书记》:"初月一日羲之白,忽然改年,新故之际,致叹至深,君亦同怀。"宋宋祁《宋景文公笔记·释俗》:"宦者宫人言,正月与上讳同音,故共易为初月。"宋陆游《老学庵续笔记》卷一:"王羲之之先讳'正',故《法帖》中谓'正月'为'一月',或为'初月'。"

——《汉语大词典·2》

初节:指元日。三国魏曹丕《孟津》诗:"良辰启初节,高会构欢娱。"唐许敬宗《奉和元日应制》诗:"天正开初节,日观上重轮。"

——《汉语大词典·2》

天腊:道家称夏历正月初一。《云笈七签》卷三七:"正月一日名天腊,五月五日名地腊。"

——《汉语大词典·2》

履新：过新年。《新唐书·礼乐志九》："履新之庆，与公等同之。"明唐寅《正旦大明殿早朝》诗："履新万国朝元日，尧德无名祝华封。"

——《汉语大词典·4》

正日：正月一日。《初学记》卷四引汉崔寔《四民月令》："正月一日，是谓正日。"《宋书·礼志一》："烈祖明皇帝以正日弃天下，每与皇太后念此日至，心有剥裂。"

——《汉语大词典·5》

正旦：正月初一。《列子·说符》："邯郸之民，以正月之旦，献鸠于简子，简子大悦，厚赏之。客问其故，简子曰：'正旦放生，示有恩也。'"《后汉书·党锢传·陈翔》："时正旦朝贺，大将军梁冀威仪不整。"唐元稹《酬复言》诗："苦思正旦酬白雪，闲观风色动青旂。"《明史·彭韶传》："正旦者，岁事之始。"

——《汉语大词典·5》

岁日：元旦，新年第一天。唐顾况有《岁日作》诗。宋梅尧臣有《余之亲家有女子能点酥为诗并花果麟凤等物一皆妙绝其家持以为岁日辛盘之助》诗。

——《汉语大词典·5》

岁旦：一年的第一天。《东观汉记·吴良传》："岁旦，与掾吏入贺。"《宋书·礼志一》："旧时岁旦，常设苇茭桃梗，磔鸡于宫及百寺门，以禳恶气。"《新唐书·吕元膺传》："父母在，明日岁旦不得省为恨。"《三国演义》第五五回："今岁旦在迩，使备怏怏不已。"

——《汉语大词典·5》

岁旦酒：新年所饮的酒。唐段成式《酉阳杂俎·礼异》："梁主常遣传诏童赐群臣岁旦酒、辟恶散、却鬼丸三种。"

——《汉语大词典·5》

岁朝：阴历正月初一。《后汉书·周磐传》："岁朝会集诸生，讲论终日。"李贤注："岁朝，岁旦。"宋范成大《爆竹行》："岁朝爆竹传自昔，吴侬政用前五日。"《古今小说·蒋兴哥重会珍珠衫》："明日正月初一日，是个岁朝。"清王士禛《池北偶谈·谈异六·洞庭丐者》："破蒲团上三更梦，那管明朝是岁朝。"

——《汉语大词典·5》

春元：正月初一。《宋史·乐志十四》："消辰协吉，时维春元，上册三殿，旷古无前。"

——《汉语大词典·5》

拜年：新年拜家中尊长及到亲友处祝贺。元欧阳玄《渔家傲》词："绣毂雕鞍来往闹，闲驰骤，拜年直过烧灯后。"明刘侗、于奕正《帝京景物略·春场》："正月元旦……夙兴盥漱，啖黍糕，曰年年糕。家长少毕拜，姻友投笺互拜，曰拜年也。"清阮大铖《燕子笺·购幸》："有心来拜年，端午也不迟。"丁玲《过年》："在堂屋里，把红毡打开，铺在蒲团上，大家互相磕头作揖拜年。"

——《汉语大词典·6》

新正：农历正月初一，元旦。唐孟浩然《岁除夜会乐成张少府宅》诗："旧曲梅花唱，新正柏酒樽。"唐薛逢《元日田家》诗："相逢但祝新正寿，对举那愁暮景催。"宋陆游《壬子除夕》诗："老逢新正幸强健，却视徂岁何峥嵘。"

——《汉语大词典·6》

新吉：指农历元旦。清张自超《扫尘行》："岁岁荒村守敝庐，家家净扫应新吉。"

——《汉语大词典·6》

新年：一年之始，指元旦及其后的几天。旧按农历，今亦按公历。北周庾信《春赋》："新年鸟声千种啭，二月杨花满路飞。"唐白居易《绣妇叹》诗："连枝花样绣罗襦，本拟新年饷小姑。"宋吴自牧《梦梁录·正月》："正月朔日，谓之元旦，俗呼为新年。一岁节序，此为之首。"清沈初《西清笔记·纪典故》："立春在新年，则于小除日进；在旧年，则于立春前三日进。"鲁迅《书信集·致叶紫》："除夕信新年四日收到。"

——《汉语大词典·6》

新桃：新的桃符。古代用画有门神或题着门神名字的桃木板挂在大门旁，用以驱鬼辟邪，每年农历元旦更换一次，称为桃符。宋王安石《元日》诗："千门万户曈曈日，总把新桃换旧符。"

——《汉语大词典·6》

月吉：农历每月初一或指正月初一。《周礼·地官·族师》："各掌其族之戒令政事，月吉，则属民而读邦灋，书其孝弟睦姻有学者。"郑玄注："月吉，每月朔日也。"贾公彦疏引杜子春曰："当为正月吉日。"一说指一月中的吉日。

——《汉语大词典·6》

朔旦：旧历每月初一。亦专指正月初一。《书·大禹谟》："正月朔旦，受命于神宗。"《后汉书·顺帝纪》："三朝之会，朔旦立春，嘉与海内洗心自新。"宋洪迈《夷坚丁志·华阴小厅子》："有一事将语使君，吾祗役于邑中，来日朔旦，不可脱身，故乘休假驰至此。"宋李如箎《东园丛说·春秋说·春秋行夏之时》："夏正月建寅，商正建丑，周正建子者，各用其月为岁首也。建寅则称正月朔旦。"

——《汉语大词典·6》

燎竹：通称爆竹。古时指以火燃竹，毕剥有声，用以驱鬼。宋袁文《瓮牖闲评》卷三："岁旦燎竹于庭。所谓燎竹者，爆竹也。"

——《汉语大词典·7》

爆竹：古时在节日或喜庆日，用火烧竹，毕剥发声，以驱除山鬼瘟神，谓之"爆竹"。火药发明后以多层纸密卷火药，接以引线，燃之使爆炸发声，亦称为"爆竹"。也叫"爆仗"、"炮仗"。南朝梁宗懔《荆楚岁时记》："正月一日……鸡鸣而起，先于庭前爆竹、燃草，以辟山臊恶鬼。"唐刘禹锡《畲田行》："照潭出老蛟，爆竹惊山鬼。"宋王安石《元旦》诗："爆竹声中一岁除，春风送暖入屠苏。"清沈复《浮生六记·浪游记快》："游览既毕，宴于水阁，命从者放爆竹。轰然一响，万山齐应，如闻霹雳声。"鲁迅《伪自由书·电的利弊》："外国人用火药制造子弹，中国却用它做爆竹敬神。"

——《汉语大词典·7》

端日：农历正月初一日。《岁华纪丽·元日》："八节之端。"明胡震亨注："又云端日，谓履端者也。"

——《汉语大词典·8》

肇旦：元旦。《乐府诗集·燕射歌辞三·北齐元会大飨歌之二》："夏正肇旦，周物充庭，具僚在位，俯伏无声。"

——《汉语大词典·9》

贺正：岁首元旦之日，群臣朝贺。唐黄滔有《贺正启》。宋高承《事物纪原·正朔历数·贺正》："《通典》：汉高帝十月定秦，遂为岁首。七年，长乐宫成，制群臣朝贺仪。武帝改用夏正，亦在建寅之朔。则元日庆贺，始于汉高祖也。"

——《汉语大词典·10》

跌千金：旧时一种民俗。明刘若愚《酌中志·饮食好尚纪略》："正月初一五更起，焚香放纸炮,将门环或木杠,于院地上抛掷三度,名曰跌千金。"

——《汉语大词典·10》

迎喜神:迎拜喜神。旧时祈求吉祥的一种风俗。清富察敦崇《燕京岁时记·迎喜神》:"除夕接神以后,即为新年。于初次出房时,必迎喜神而拜之。"亦省称"迎喜"。

——《汉语大词典·10》

迎灶:腊月廿三夜送灶神后,俗于正月初一迎祭灶神谓"迎灶",或曰接灶。明冯应京《月令广义》:"燕俗,元旦合家少长罗拜灶神以祝,曰迎灶。"

——《汉语大词典·10》

阡张:即阡纸。明沈榜《宛署杂记·民风一》:"岁时元旦拜年,烧阡张。各家祖先,俱用三牲熟食,货草纸细剪者为阡张,供其前,俟三日后焚而彻(撤)之。惟佛前则供果面,阡张至元宵罢,乃焚。"

——《汉语大词典·11》

饽饽:方言。面饼、饺子、馒头之类面食。也指用杂粮面制成的块状食物。清富察敦崇《燕京岁时记·元旦》:"是日,无论贫富贵贱,皆以白面作角而食之,谓之煮饽饽,举国皆然,无不同也。富贵之家,暗以金银小锞及宝石等藏之饽饽中,以卜顺利。"《儿女英雄传》第十五回:"说话间,姨奶奶吃完饽饽。"曹禺《日出》第三幕:"外面叫卖的声音:(寂寞地)硬面饽饽! 硬面饽饽!"

——《汉语大词典·12》

闹蛾:古代一种头饰。剪丝绸或乌金纸为花或草虫之形。明刘若愚《酌中志·饮食好尚纪略》:"自岁莫正旦,咸头戴闹蛾,乃乌金纸裁成,画颜色装就者;亦有用草虫、蝴蝶者。"清王夫之《杂物赞·活的儿》:"以乌金纸剪为蛱蝶,朱粉点染,以小铜丝缠缀针上,旁施柏叶。迎春,元日,冶游者插之巾帽,宋柳永词所谓'闹蛾儿'也,或亦谓之'闹嚷嚷'。"

——《汉语大词典·12》

闹嚷嚷:明沈榜《宛署杂记·民风一》:"岁时元旦拜年,道上叩头,戴闹嚷嚷:以乌金纸为飞鹅、蝴蝶、蚂蚱之形,大如掌,小如钱,呼曰'闹嚷嚷'。大小男女,各戴一枝于首中,贵人有插满头者。"清富察敦崇《燕京岁时记·花儿市》:"《余氏辨林》云:京师孟春之月,儿女多剪彩为花或草虫之类插首,曰闹嚷嚷。"

——《汉语大词典·12》

【诗词歌赋】

元日述怀

唐·卢照邻

筮仕无中秩,归耕有外臣。
人歌小岁酒,花舞大唐春。
草色迷三径,风光动四邻。
愿得长如此,年年物候新。

元 日

宋·王安石

爆竹声中一岁除,春风送暖入屠苏。
千门万户曈曈日,总把新桃换旧符。

蝶恋花
戊申元日立春席间作

宋·辛弃疾

谁向椒盘簪彩胜?整整韶华,争上春风鬓。往日不堪重记省,为花长把新春恨。
春未来时先借问,晚恨开迟,早又飘零近。今岁花期消息定,只愁风雨无凭准。

踏莎行
自沔东来,丁未元日至金陵,江上感梦而作

宋·姜夔

燕燕轻盈,莺莺娇软。分明又向华胥见。夜长争得薄情知,春初早被相思染。
别后书辞,别时针线。离魂暗逐郎行远。淮南皓月冷千山,冥冥归去无人管。

德祐二年岁旦二首

宋·郑思肖

（一）

力不胜于胆,逢人空泪垂。
一心中国梦,万古下泉诗。
日近望犹见,天高问岂知。
朝朝向南拜,愿睹汉旌旗。

（二）

有怀长不释,一语一酸辛。
此地暂胡马,终身只宋民。
读书成底事,报国是何人?
耻见干戈里,荒城梅又春。

题耕织图

元·赵孟頫

田家重元日,置酒会邻里。
小大易新衣,相戒未明起。
老翁年已迈,含笑弄孙子。
老妪惠且慈,白发被两耳。
杯盘且罗列,饮食致甘旨。
相呼团圞坐,聊慰衰莫齿。
田硗藉人力,粪壤要锄理。
新岁不敢闲,农事自兹始。

右 耕

元·赵孟頫

正月新献岁,最先理农器。
女工并时兴,蚕室临期治。

初阳力未胜,早春尚寒气。
窗户当奥密,勿使风雨至。
田畴耕耨动,敢不修耒耜。
经冬牛力弱,相戒勤饭饲。
万事非预备,仓卒恐不易。
田家亦良苦,舍此复何计。

探春令

宋·赵长卿

笙歌间错华筵启。喜新春新岁。菜传纤手,青丝轻细。和气入,东风里。

幡儿胜儿都姑娣。戴得更忔戏。愿新春以后,吉吉利利,百事都如意。

甲辰元日

宋·陈纪

屋角鸡声一岁分,起搔吟发惜芳辰。
江山有恨英雄老,天地无私草木春。
柏叶又倾新岁酒,梅花同是隔年人。
东风着物能多少,写入清诗句句新。

己丑元日

明·归庄

四年绝域度新正,此夕空将两眼瞠。
天下兴亡凭摸策,一身进退类悬旌。
商君法令牛毛细,王莽征徭鱼尾赪。
不信江南百万户,锄耰只向陇头耕。

【竹枝词】

春明杂忆　　　定远　方浚颐

更阑月堕倦游归,豪气纵横酒力微。屈曲孙公园畔径,懵腾携手叩禅扉。
香气氤氲鼻观超,如烟一缕碾兰椒。银晶壶配珊瑚盖,时式剜成水上飘。
松花糟蟹烧羊肉,小盏旋斟佛手酥。止渴梅汤冰镇久,驰名无过九条龙。
元日才过厂甸新,花骢同驾七香轮。为侬妆点琳琅富,博古斋头鉴别真。
月华裙子样新翻,缟素娟娟掩绣痕。金粉六朝无此艳,棋盘街侧桂林轩。
内府全虚供奉班,偶弹别调整云鬟。搔头传粉高声价,百戏无如十不闲。
柳翠曾传度月明,六街又见旱船横。可怜火判都消灭,且听儿童鼓太平。

——《北京风俗杂咏》

都门新年词　　　恩安　谢文翘

通宵爆竹一声声,烟火由来盛帝京。宝炬银花喧夜半,六街歌管乐升平。
比户新符换旧桃,吏兵院寺尽门高。枢僚台长无标榜,此外还应领六曹。
贺岁何曾滥应酬,乡情寅谊始停驺。同年已是三年别,仅见新年一刺投。
芍药丰台旧有名,春初蕤尾迟含英。东风毕竟花王早,烘出秾华艳凤城。
香味苹婆适老饕,收藏不易是葡萄。冰梨自古推真定,都伫春盘佐绿醪。
佳节愁深避债台,年关过后爱书来。度词几韵称椒颂,不买陈编买旧醅。
厂市珊瑚宝玦青,木难火齐灿珑玲。摊书只在缁尘里,扫地真成是五经。
春灯巧制各争妍,婷态殊形卖纸鸢。更掷金钱郊外路,白云古观会神仙。

——《北京风俗杂咏》

都中竹枝词　　　丹徒　王开寅

香厂翻成世界新,如云士女杂流民。五层楼阁冲霄起,戏馆茶寮百味陈。
厂甸依然百肆屯,公园名复海王村。临时陈列楼高耸,思与工商细讨论。
千宗耍物看玲珑,美术居然入化工。更有学生新制品,质含商战与人同。
爆竹声声响彻天,人从旧历度新年。久闻正朔颁阳历,习俗于今未易迁。

阳历纷纷投刺忙,今朝故旧复登堂。一年两度逢新岁,六十堪称百二强。
腊鼓声中战鼓催,吾人闻警独徘徊。千层黑幕难探索,忍见强邻压迫来。
蜂糕密供满街衢,方觉江南土俗殊。春始荐新循衸礼,默邀神贶竟忘愚。

——《北京风俗杂咏》

【四季货声】

香蕈蘑菇馅的,素包子夕夕!(挑两套细长笼屉。咸同年间,一叟长卖通年,自元旦开张,一文钱两个。)

蜂糕来哎,爱窝窝!(清真回教挎长方盘,敲小木梆,必于初一日开张。红白蜂糕。枣窝窝,糖窝窝,白糖芝麻澄沙三样爱窝窝。江米年糕。)

粥噢,精米粥!(自元旦,粥中带红枣儿。破五撤,每碗必盛一二枚。光绪中,兴卖甜粥者群讼,胜后始带卖烘饼、油炸果,端午添凉粥。)

大糖葫芦好大串!(或山里红极贱,或用坏果,一抹糖稀,以荆条串之,大至四五尺长。)

——《一岁货声》

【图片资料】

拜年

大糖葫芦

古玩摊

噗噗噔儿

大年初一走亲友

富贵有余

岁朝图轴

古玩店

发压岁钱

厂甸

厂甸风筝摊

厂甸糖葫芦摊

厂甸风车摊

厂甸画棚子

厂甸噗噗噔儿摊

逛厂甸

爆竹迎春

爆竹迎春

卖空竹

雄鸡

厂甸古书摊

厂甸小吃摊

蹬梯子

糖葫芦

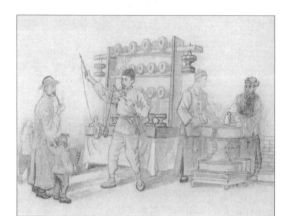
空竹

给压岁钱

厂甸古书摊

过年

过年

空竹

卖判儿

北京民俗文化考（上）

【春】

厂甸字画摊

氢气球

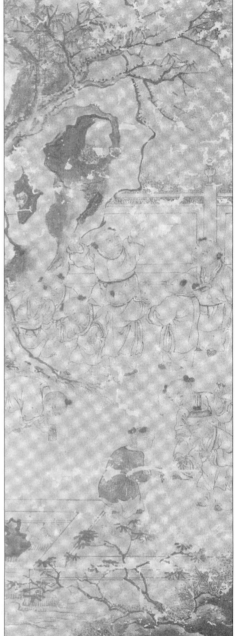

放炮竹　除旧岁

春节供祖

春条

放爆竹

风车

爆竹迎春

风筝

逛厂甸

风筝

糖葫芦

卖糖葫芦

京官在同乡会馆拜年

代写春联

【春】

民间艺人在捏制面人

恭喜！恭喜！恭喜发财！

踩高跷表演

贴春联

春节穿新衣的孩子

北方街头鞭炮摊

大放鞭炮

仙人送福

神堂前摆上酒菜祭祖

吃年饭

农家门神

制年糕

敲锣打鼓过新年

走旱船表演

跑驴表演

说书表演

在庙会买风车

在广场放风筝

卖琉璃喇叭、噗噗噔儿的

卖门神挂钱儿的

卖年画儿的

门神

门神

门神

门神

门神

门 神

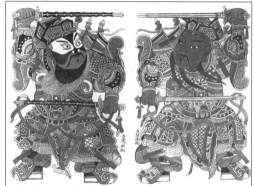
鞭锏门神

神荼郁垒门神(清代)

年画门神

王福临门门神

关公(清代)

喜报三元

年画

富贵花开

观音(清代)

吉星高照

九九消寒图

福禄寿三星(清代)

合家欢乐(清代)

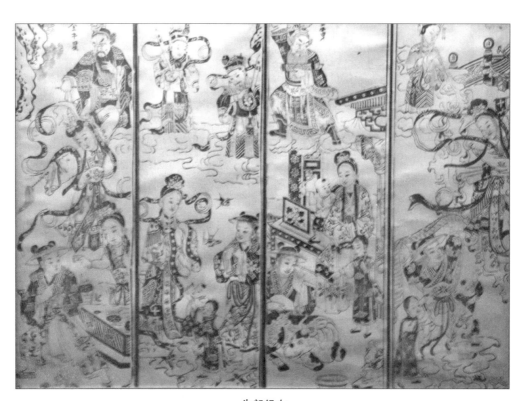

牛郎织女

年画

年画

年画

金沙滩赴会

年画

窗花

窗花

年画

天官赐福

年画

文武状元

年画

年画

天汉山

三国年画

年画——铡陈世美

年画

锦上添花（清代版现代翻刻）

年画

双官诰

年画

窗花

年画

年画

北京民俗文化考（上）

【春】

年画

参军图

年画

年画

朝金顶年画

年画

太师少师(清代)

探母回令

年画

忠心保国

年画

年画

年画

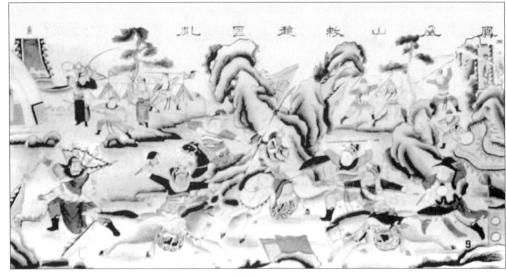

杨柳青年画

群仙祝寿(清代)

指日高升

一张幸福的年画

北京民俗文化考（上）

【春】

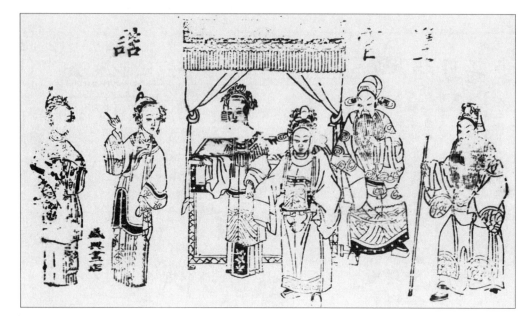
年画

敦颐爱莲（明代）

年画

年画

连年有余

北京民俗文化考（上）

春

赵州石桥

渭水河（明代版现代翻刻）

义犬救主（明代版现代翻刻）

洗砚图（明代版现代翻刻）

财公财母

灶王(明代)

六佛头(明代)

天地三届

灶王(清代)

灶王(清代)

全神(明代)

聚宝财丰

五路进财

年画

财神赐福

三年早知道

孙大圣偷桃

春节年画对联

春节年画对联

杠箱官(清代)

优良生育

年画

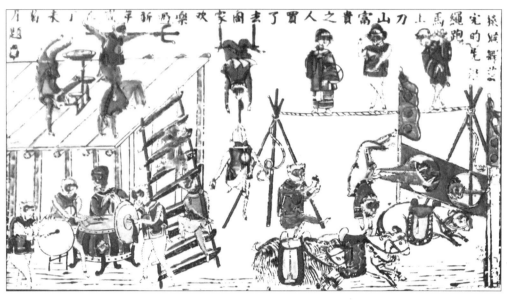
猴演杂技(清末)

水浒传(清代)

年画

窗花

窗花

年画

八仙

窗花

窗花

窗花

窗花

窗花

窗花　　　　　　　　窗花

窗花　　　　　　　　窗花

地坛春节庙会年画

莲花池春节庙会窗花

年画

年画

正月初二

【文献资料】

正月初二日，人家、市肆咸祭财神。或食馄饨，谓之元宝。远近鞭爆之声盛于除夕。以此可见祭财神之虔，即贪利之心胜也。

——《京都风俗志》

(正月)初二日，致祭财神，鞭炮甚夥，昼夜不休。

——《燕京岁时记》

广宁门外财神庙，报赛最盛。正月二日、九月十七日，倾城往祀，商贾及勾阑尤夥。庙貌巍焕，甲于京师。庙祝更神其说，借神前纸锭怀归，俟得财则十倍酬神。故信从者益多，而庙祝之利甚溥。

——《天咫偶闻·卷九》

(正月)初二日祭财神，是日多吃馄饨，谓之元宝汤。

——《北平岁时志·正月》

彰义门外有财神庙，每年正月初二日开庙，有庙会，是日游人极多；所谓借元宝者，其人在财神前焚香祈祷后，偷取神前之纸元宝，包回家中，用红绸或红布红纸包之，藏佛龛中，或床上，俟发财后，择日还元宝若干，并上供焚香，亦有俟次年正月初二日还愿者，无一定也。

——《北平岁时志·正月》

彰仪门外有神祠三楹，俗呼"五哥庙"，塑五神列坐，皆擐甲持兵，即南方之"五通神"也。好事者高其闬闳，廓其廊宇，以纸作金银锭，大小数百枚，堆垒几上，求富者斋戒沐浴，备牲醴而往，计其所求之数，而怀纸锭以归，谓之"借"。数月后，复洁牲醴，更制纸锭，倍前所借之数，纳诸庙中，谓之"还"。或还或借，趾错于途，由来久矣。(《春明丛说》)

天宁寺之南有财神庙，庙址侻陋，而香火綦盛，人心好利，趋者蚁集。每值朔望翌日,长耳公唧接于途,背驮娟娟者,则皆勾栏院盈盈姊妹花也。龟鸨博利心奢,亦多策蹇而往,以元旦越晨,最称盛况。庙内西偏,小室片楹,即财神所在。相传神最灵异,有求必应,神座下粲垒然,皆纸质银锭,苟能背人窃得一枚或数枚者,归必财源大辟,陶朱殷富,不难立致,额手自庆。若真可信。特须于次届完愿,什倍相还,倘渝此盟,神必不佑。以故北里艳姝,多腼腆施其妙手,间得数枚,归寘箱箧,静待灵显,而卒不验,芳心自讼,不疑神之相欺,徒责己之欠诚,一再辗转,终不稍悟,输却纸箔,欲博银锭,天下事岂真有如此便宜者,只见负负徒呼耳。(《京华春梦录》)

新年之二日,则于广宁门外五显庙祈财,争烧头一炷香。倾城男妇,均于半夜,候城趋出,借元宝而归。元宝为纸制,每出若干钱,则向庙中易元宝一二对,不曰"买"而曰"借",归则供之龛中,更饰以各色纸制之彩胜,盖取一年之吉兆也。(《旧都文物略》)

北平俗曲祭财神云:"新正初二,大祭财神,点上香蜡把酒斟,供上了公鸡、猪头、活鲤鱼,一家老幼行礼毕,鞭炮一响惊天地。"(《百本张钞本岔曲》)

——《北平风俗类征》

【四季货声】

卖鲤鱼:旧习俗,农历正月初二祭财神要用活鲤鱼;"鲤鱼跳龙门",祈祝来年发财过好生活。头一天就有小贩挑担串街叫卖,人们买了备用。吆喝:

"来哎,活鲤鱼呀!"

——《吆喝与招幌》

嗳,活鲤鱼呀!(初二日祭财神,多纸糊鱼目,生祭毕送河中。)

——《一岁货声》

【图片资料】

新正初二财神进

初二狗日祭财神

卖财神元宝

四路进财

财源茂盛

财神送宝

财神叫门

财神赐福

聚宝财丰

盗拿钱树

发财还家

正月初三

【文献资料】

(正月)初三日至十七日,陈百货于琉璃厂,书画、金玉、骨董,均设地摊,而火神庙尤甚,游人杂沓,名曰逛厂。

——《光绪顺天府志·京师志·风俗》

【图片资料】

天官赐福(民国)

福禄寿禧(清代)

正月初四

【文献资料】

花儿市在崇文门外迤东。自正月起,凡初四、十四、二十四日有市。市皆日用之物。所谓花市者,乃妇女插戴之纸花,非时花也。花有通草、绫绢、绰枝、摔头之类,颇能混真。花市之外亦有鸽市,在廛北小巷内。

按《居易录》:京师花儿市鬻黄鸽二,毛羽作黄金色,索价甚高云云。盖京师多好蓄鸽,种类极繁,其寻常者有点子、玉翅、凤头白、两头乌、小灰、皂儿、紫酱、雪花、银尾子、四块玉、喜鹊花、跟头花、脖子、道士帽、倒插儿等名色。其珍贵者有短嘴、白鹭鸶、白鸟牛、铁牛、青毛、鹤秀、蟾眼灰、七星、凫背、铜背、麻背、银楞、麒麟、斑躧、云盘、蓝盘、鹦嘴、白鹦嘴点子、紫乌、紫点子、紫玉翅、乌头、铁翅、玉环等名色。凡放鸽之时,必以竹哨缀于尾上,谓之壶芦,又谓之哨子。壶芦有大小之分,哨子有三联、五联、十三星、十一眼、双筒、截口、众星捧月之别。盘旋之际,响彻云霄,五音皆备,真可以悦耳陶情。至前辈所谓架鸽者,今无之矣。又《余氏辨林》云:京师孟春之月,儿女多剪彩为花或草虫之类插首,曰闹嚷嚷,即古所谓闹装也。是即绫绢花之滥觞欤!

——《燕京岁时记》

【图片资料】

乐鸽图

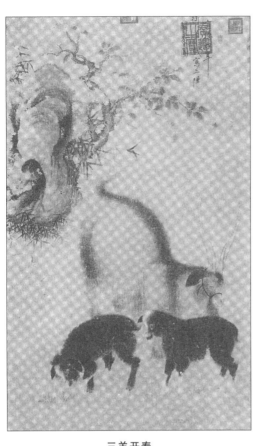

三羊开泰

窗花

年画

冬日婴戏图：放年学

立春

【文献资料】

立春之日,夜漏未尽五刻,京师百官皆衣青衣,郡国县道官下至斗食、令史皆服青帻,立春幡,施土牛耕人于门外,以示兆民,至立夏。唯武官不。立春之日,下宽大书曰:"制诏三公:方春东作,敬始慎微,动作从之。罪非殊死,且勿案验,皆需麦秋。退贪残,进柔良,下当用者,如故事。"

——《后汉书·礼仪》

是月也,以立春,先立春三日,大(太)史谒之天子。曰:某日立春,盛德在木。天子乃齐。立春之日,天子亲帅(率)三公九卿,诸侯大夫,以迎春于东郊还反(返)。赏公卿诸侯大夫于朝。

——《礼记正义·月令》

立春,妇人进春书,刻青缯为帜,像龙御之,或为蟾蜍,书帜曰"宜春"。

——《辽史·礼志》

立春,太史院奏某日得春,移文赤县,以是年立春日支干。宛平县或大兴县,依上年故事塑春牛、勾芒神。比及未立春三日前,太史院、司农司使请都堂宰辅合府正官、司属官,迎太岁神牛于齐政楼之南,香花灯烛祀如常。立春之日,质明,司农守土正官率赤县属官,具公服拜长官,以彩杖击牛三而退。土官大使,送勾芒神入祀。中书、户部进春牛。上位、储皇、三宫、宰辅、诸王、省院、台、部院寺监府。牛制。牛则纳音本色阑坐共一亭,案上并饰以金彩衣带座,咸以金装之,仍销金黄袱盖于上,彩杖浑金,垂彩结二尺,部官通讫,宰辅二人与入宫次第以进,然后奉有职位者。

——《析津志辑佚·风俗》

东直门外五里,为春场。场内春亭,万历癸巳,府尹谢杰建也。故事,先春一日,大京兆迎春,旗帜前导,次田家乐,次勾芒神亭,次春牛台,次县正佐、耆老、学师儒,府上下衙皆骑,丞、尹舆。官皆衣朱簪花迎春,自场入于府。是日,塑小春牛芒神,以京兆生舁入朝,进皇上春,进中宫春,进皇子春。毕,百官朝服贺。立春候,府县官吏具公服,礼勾芒,各以彩杖鞭牛者三,劝耕也。退,各以彩仗赠贻所知。按造牛芒法,日短至,辰日,取土水木于岁德之方。木以桑柘,身尾高下之度,以岁八节四季,日十有二时,踏用府门之扇,左右以岁阴阳,牛口张合,尾左右缴。芒立左右,亦以岁阴阳,以岁干支纳音之五行三者色,为头身腹色,日三者色,为角、耳、尾,为膝胫,为蹄色,以日支孟仲季为笼之索,柳鞭之结子之麻苎丝。牛鼻中木,曰拘脊子,桑柘为之,以正月中宫色为其色也。芒神服色,以日支受克者为之,克所克者,其系色也,岁孟仲季,其老壮少也。春立旦前后五日中者,是农忙也,过前,农早忙,过后,农晚闲也。而神并乎牛,前后乎牛分之,以时之卯后八曰燠,亥后四曰寒,为罨耳之提且戴,以日纳音,为髻平梳之顶耳前后,为鞋裤行缠之悬著有无也。田家乐者,二荆笼,上着纸泥鬼判头也。又五六长竿,竿头缚脖如瓜状,见僧则搥,使避匿,不令见牛芒也,又牛台上,花绣衣帽,扮四直功曹立,而儿童瓦石击之者,乐工四人也。考汉《郊祀志》:迎春,祭青帝勾芒,青车旗服,歌青阳,舞云翘,立青幡,百官衣皆青,郡国县官,下至令史,服青帻。今者朱衣。唐制,立春日,郎官御史长贰以上,赐春罗幡胜,宰臣亲王近臣,赐金银幡胜,入贺,带归私弟,民间剪彩为春幡簪首。今惟元旦日,小民以鬃穿乌金纸,画彩为闹蛾,簪之。

——《帝京景物略·卷二》

立春之前一日,顺天府于东直门外迎春,凡勋戚、内臣、达官、武士赴春场跑马,以较优劣。至次日立春之时,无贵贱皆嚼萝卜,曰咬春。互相请宴,吃春饼和菜。以绵塞耳,取其聪也。自岁暮正旦,咸头戴闹蛾,乃乌金纸裁成,书颜色装就者,亦有用草虫蝴蝶者,或簪于首,以应节景。仍有真正小葫芦如豌豆大者,名曰草里金,二枚可值二三两不等,皆贵尚焉。初七日,人日,吃春饼和菜。

——《酌中志·卷二十》

立春前一日,迎春于东郊春场。鼓吹旗帜前导,次出家乐。次勾芒神亭,次春牛台。引以耆老、师儒、县正、佐官,而两京兆列仪从其后,次晨鞭土牛,遵古送寒气之意也。是日五鼓,具数小芒神、土牛,官生舁献大内诸宫,曰进春。

——《康熙宛平县志·卷一》

立春前一日,迎春于东郊。次晨鞭土牛,遵古送寒气之意也。具小芒神、土牛,官生舁献,曰进春。

——《大兴县志·卷一·风俗考》

新春日献辛盘。虽士庶之家，亦必割鸡豚、炊面饼，而杂以生菜、青韭芽、羊角葱，冲和合菜皮，兼生食水红萝卜，名曰咬春。

——《帝京岁时纪胜·正月》

立春日，名省会府州县卫遵制鞭春。京师除各署鞭春外，以彩绘按图经制芒神土牛，舁以彩亭，导以仪仗鼓吹。交春之刻，京兆尹帅两学诸生恭进大内。

——《帝京岁时纪胜·正月》

凡立春日，于午门赐百官春饼。

——《日下旧闻考·卷一四七·风俗》

立春日为春朝，士庶交相庆贺，谓之"拜春"。捻粉为丸，祀神供先，其仪亚于岁朝，埒于冬至。

案：孟元老《东京梦华录》云："立春日，宰执亲王近臣入贺。"吴自牧《梦粱录》云："立春日，宰臣以下，入朝称贺。"盖立春贺节，本为下之行礼于上，无答拜之理。《昆新合志》云：立春日绅士亦贺节，余则否。

——《清嘉录》

立春日，太守集府堂，鞭牛碎之，谓之"打春"。农民竞以麻、麦、米、豆抛打春牛。里胥以春球相馈贻，预兆丰稔。百姓买芒神春牛亭子置堂中，云宜田事。蔡云《吴歈》云："春恰轮当六九头，新花巧样赠春球。芒神脚色牢牢记，共诣黄堂看打牛。"

案：《隋唐·礼仪志》始有彩仗击牛之文，即后世之打春也。汉、晋以前无打春之事。孟元老《东京梦华录》："立春日绝早，府僚打春；府前百姓卖小春牛。"吴自牧《梦粱录》："立春日侵晨，郡守率僚佐以彩仗鞭春。街市以花装栏坐乘小春牛及春幡、春胜，各相献遗于贵家宅舍，示丰稔之兆。"晁冲之诗："自惭白发嘲吾老，不上谯楼看打春。"是事虽始于隋，而仪文实备于宋，迄今沿之。

——《清嘉录》

春前一月，市上已插标供买春饼，居人相馈贶。卖者自署其标曰"应时春饼"。

案：孙国敉《燕都游览志》："立春日，于午门赐百官春饼。"陈迦陵词："争觅取，金盘咬。"注："立春日啖春饼谓之'咬春'。"《四时宝镜》："立春日，春饼、生菜，号'春盘'。"府志亦以迎春日啖春饼。

——《清嘉录》

行春之仪：附郭县官，督委坊甲装扮社夥，如观音朝山、昭君出塞、学士登瀛、张仙打弹、西施采莲之类，名色种种。闻国初犹以优伶、官伎为之。今皆乞儿祇应。故事：先立春一日，郡守率僚属迎春。娄门外柳仙堂，鸣驺清路，盛设羽义，前列社夥，殿以春牛。观者如市，男妇争以手摸春牛，谓占新岁造化。谚云："摸摸春牛脚，赚钱赚得著。"

——《清嘉录》

立春之仪，前一日，顺天府尹往东直门外一里，地名春场，迎春牛、芒神入府署中。搭芦棚二，东西各南向，东设芒神，西设春牛，形象彩色皆按干支。准令男女纵观。至立春时，官吏皂役鼓乐送回春场。以顺大道众役打焚，故谓之打春。

——《京都风俗志》

打春即立春，在正月者居多。立春先一日，顺天府官员至东直门外一里春场迎春。立春日，礼部呈进春山宝座，顺天府呈进春牛图。礼毕回署，引春牛而击之，曰打春。是日富家多食春饼，妇女等多买萝卜而食之，曰咬春，谓可以却春困也。

谨按《礼部则例》载：立春前一日，顺天府尹率僚属朝服迎春于东直门外，隶役舁芒神土牛，导以鼓乐，至府署前，陈于彩棚。立春日，大兴、宛平县令设案于午门外正中，奉恭进皇帝、皇太后、皇后芒神土牛，配以春山。府县生员舁进，礼部官前导，尚书、侍郎、府尹及丞后随，由午门中门入，至乾清门、慈宁门恭进，内监各接奏，礼毕皆退。府尹乃出土牛环击，以示劝农之意。又《涌幢小品》载，前明正统中，每岁立春，顺天府别造春牛春花进御前及仁寿宫，凡三座。每座用金银珠翠等物，费钱九万余。景皇即位，谕明年春日当复增三座。

——《燕京岁时记》

立春日，都人多买萝卜生食之，谓之咬春，又作春饼。

——《燕京杂记》

春饼，唐已有之。捶面使极薄，熯熟，即置炒肉丝于中，卷而食之，亦有置于油中以煎之者。初为春盘所设，故曰春饼，后则至冬即有之。

——《清稗类钞·饮食类》

立春日多食春饼（备酱熏及炉烧盐腌各肉，各色炒菜，如菠菜，韭菜，黄芽菜，干粉，鸡蛋等。而以面粉烙薄饼卷而食之，故又名薄饼），妇女多食萝卜，曰咬春，谓可却（去）春困也。

——《北平岁时志·正月》

立春日啖春饼,谓之"咬春"。立春后出游,谓之"讨春"。(《陈检讨集》)

立春后竞食生萝卜,名曰"咬春",半夜中,街市犹有卖者,高呼曰:"赛过脆梨。"(《城北集诗注》)

立春食紫萝卜,名"咬春"。(《燕都杂咏注》)

——《北平风俗类征》

年帖:即春帖。宋时由翰林书春词,以立春日剪帖于宫中门帐,谓之春端帖子,简称春帖。明时又称年帖。明沈德符《野获编·内阁·仁智等殿宫》:"自宣德间,置中书舍人数员,供事文华门东廊,备上宣唤写门联、年帖之属。"

——《汉语大词典·1》

咬春:旧时北方京津等地立春日有吃春饼和生萝卜的习俗,称为"咬春"。明刘若愚《酌中志·饮食好尚纪略》:"至次日立春之时,无贵贱皆嚼萝卜,曰咬春。"清吴伟业《琵琶行》诗:"穿宫近侍拜长秋,咬春燕九陪游燕。"清富察敦崇《燕京岁时记·打春》:"是日(立春)富家多食春饼,妇女等多买萝卜而食之,曰咬春。"马南邨《燕山夜话·今年的春天》:"有的人家每个人还要咬一口生萝卜,叫做'咬春',以预防疾病。"

——《汉语大词典·3》

彩胜:即幡胜。唐宋风俗,每逢立春日,剪纸或绸作幡戴在头上或系在花下,以庆祝春日来临。唐张继《人日代客子是日立春》诗:"遥知双彩胜,并在一金钗。"宋苏轼《叶公秉王仲至见和次韵答之》:"强镊霜鬓簪彩胜,苍颜得酒尚能韶。"

——《汉语大词典·3》

彩燕:旧俗,立春日剪彩绸为燕饰于头部。见南朝梁宗懔《荆楚岁时记》。清陈维崧《清江裂石·人日送大鸿由平陵宛陵之皖桐》词:"彩燕粘鸡斗酒天,轻软到钗钿。"

——《汉语大词典·3》

始春:立春日。《素问·六节藏象论》:"求其至也,皆归始春。"王冰注:"始春,谓立春之日也。"

——《汉语大词典·4》

立春:二十四节气之一。在阳历二月三、四或五日。《逸周书·时训》:"立春之日,东风解冻;又五日,蛰虫始振;又五日,鱼上冰。"《礼记·月令》:"(孟春之月)立春之日,天子亲帅三公、九卿、诸侯、大夫,以迎春于东郊。还反,赏公、卿、诸侯、大夫于朝。"《史记·天官书》:"立春日,四时之始也。"司马贞索隐:"谓立春日是去年四时之终卒,今年之始也。"南朝梁宗懔《荆楚岁时记》:"立春之日,悉翦彩为燕以戴之,帖宜春二字。"

——《汉语大词典·8》

进春:明清礼仪制度。立春前一日,预设春山、宝座、芒神、土牛,各案于礼部,届日各官俱朝服,生员俱顶戴公服,自部舁案,天文生导引,由东长安左门、天安门、端门各中门入,至午门前,恭进于皇帝皇后,谓之"进春"。明沈榜《宛署杂记·经费上》:"各座合用进春黄红绫壳木匣七个,每个银二钱,共一两四钱。"清无名氏《燕台口号》之七八:"到得进春供执事,笑他只作牧童看。"《北京日报》(1983年2月3日):"旧时的北京,立春时的仪式更加繁缛。立春先一日,由京师府尹率众官员前往东直门外春场迎春,并将用彩绸制作的芒神及春牛抬至衙署内供起来。第二天交春时刻,以乐队为前导,抬进宫去。同时礼部进春山、宝座,向皇帝恭贺新春,谓之进春。"

——《汉语大词典·10》

鞭牛:旧俗立春日造土牛以劝农耕,州县及农民鞭打土牛,象征春耕开始,以示丰兆,谓之"鞭牛"。唐元稹《生春》诗之七:"鞭牛县门外,争土盖蚕丛。"

——《汉语大词典·12》

鞭春:旧俗,州县于立春日鞭打春牛,以祈丰年。也称"打春"。清潘荣陛《帝京岁时纪胜·进春》:"立春日,各省会府州县卫遵制鞭春。"

——《汉语大词典·12》

【诗词歌赋】

减字木兰花　己卯儋耳春词

宋·苏轼

春牛春杖，无限春风来海上。便丐春工，染得桃红似肉红。　春幡春胜，一阵春风吹酒醒。不似天涯，卷起杨花似雪花。

汉宫春　立春日

宋·辛弃疾

春已归来，看美人头上，袅袅春幡。无端风雨，未肯收尽余寒。年时燕子，料今宵、梦到西园。浑未办、黄柑荐酒，更传青韭堆盘？　却笑东风从此，便薰梅染柳，更没些闲。闲时又来镜里，转变朱颜。清愁不断，问何人、会解连环？生怕见、花开花落，朝来塞雁先还。

[双调]清江引　立春

元·贯云石

金钗影摇春燕斜，木杪生春叶。水塘春始波，火候春初热。土牛儿载将春到也。

立春日赏红梅之作

元·元淮

昨夜东风转斗杓，陌头杨柳雪才消。
晓来一树如繁杏，开向孤村隔小桥。
应是化工嫌粉瘦，故将颜色助花娇。
青枝绿叶何须辨，万卉丛中夺锦标。

立春遣兴

元·乔吉

土牛泥软润滋滋，香写宜春字。散作芳尘满街市。洒吟髭，老天也管闲公事。春风告示，梅花资次，攒到北边枝。

【图片资料】

土牛迎春

鞭春牛

卖春卷

鞭春牛

太岁春牛迎春

土牛鞭春

春牛图

春牛图

旱船

踢毽

蹴鞠

高跷会

春耕

播种

二月踏春

植树

园林树神

红萝卜

插秧

庄稼忙

出城探春

寒夜探梅

农历三年早知道

三年早知道

春牛芒神图(清代)

三年早知道

农家勤忙(清代)

春牛图

春耕图

纺织图(清代)

女十忙(清代)

男十忙(民国)

白玉楼（清代）

招财进宝的高效益农田
（获第二十九届农牧渔业招贴画比赛金牌奖）

士农工商品化（民国）

织黄绫

互助生产图

大地春回

仕女游春

鹊报佳音

春耕图

万象更新

天子躬耕图(明代)

正月初五

【文献资料】

(正月)初五日后始往叩谢,名曰过破五。春戊寅日为天赦,新葬坟墓,于戊寅前期祭扫,谚云新坟不过赦。正月不迁居,不糊窗槅,为善正月。谚云:"正五九,没处走。"

——《帝京岁时纪胜·正月》

是日,市估祀神,悬旌返肆,谓之"开市"。
案《岁时琐事》:"正月五日,俗呼破五日,欲有所作为,必过此五日始行之。"

——《清嘉录》

(正月)初五日谓之破五,破五之内不得以生米为炊,妇女不得出门。

——《燕京岁时记》

正月元日至五日,俗名破五。旧例食水饺子五日,北方名煮饽饽。今则或食三日二日,或间日一食,然无不食者。自巨室至闾阎皆遍,待客亦如之。十五日食汤团,俗名元宵,则有食与否。又有蜜供,则专以祀神。以油面作荚,砌作浮图式。中空玲珑,高二三尺,五具为一堂。元日神前必用之果实、蔬菜等,亦叠作浮图式,以五为列,此人家所同也。

——《天咫偶闻·卷十》

(正月)初五日名破五,以前五日,禁妇女往来。

——《天咫偶闻·卷十》

元旦至初五日无屠炙,初六日始有卖物者。

——《燕京杂记》

其在正月,则元日至五日为破五,旧例食水饺子五日,曰煮饽饽。然有三日、二日或间日一食者,亦即以之飨客。十五日食汤团,俗名元宵是也。又有所谓蜜供者,则专以祀神。以油面作荚,砌作浮图式,中空玲珑,高二三尺,五具为一堂,元日神前必用之。果实、蔬菜等,亦叠作浮图式,以五为列,此各家所同也。

元日至上元,商肆例闭户半月或五日。此五日中,人家无从市物,故必于岁杪烹饪,足此五日之用,谓之年菜。

——《清稗类钞·饮食类》

(正月)初五日谓之破五,妇女自元旦至是日不出门。

——《北平岁时志·正月》

按广宁门外之财神庙,香火最盛,嘉庆六年俞梦厂蛟所撰《春明丛说》中之《五哥庙记》,述当时情景甚详。文曰:"彰义门外有神祠三楹,俗呼五哥庙,塑五神列坐,皆擐甲持兵,即南方之五通神也。好事者高其闾闳,廓其廊宇,以纸作金银锭,大小数百枚,堆累几上;求富者斋戒沐浴,备牲醴而往,计其所求之数而怀纸锭以归,谓之借;数月后,复洁牲醴,更制纸锭倍前所借之数,纳诸庙中,谓之还,或还或借,趾错于途,由来久矣。一日余执途中奉纸锭赴庙者而问之曰:所借得乎?曰:未也。未得何以还?曰:未得而还,神或鉴其诚,可冀他日之得;倘以未得,遂吝牲醴之献,是心存观望,与神斤斤较有无也,恐终身无所得也。余笑曰:子之说诚然,而子之心苦矣。有陈姓者,屡祷于神,经岁无所得,而诚不杀。夜梦五哥语之曰:求富之诚遍京国,莫子若矣;倘不为子谋,人将疑予之无灵,且笑子之愚也。子试于某日赴庙,必遂所欲。如期而往,徘徊顾盼,至日中,有群妇入庙,拜毕,坠钗于地。陈曰:此神之贶我也,私拾而归,售之,核一年祷祝之费,微有羡焉。嗟乎,举世孰不愿图利以致富,倘尽祷于神而可得,则天下皆丰衣足食,无啼饥号寒者矣。语曰:富贵在天,五哥何神而能主之乎。乘人之遗,使拾之以塞责,伎俩亦可知矣。而鹿鹿终年,一无所拾者何限,又将何以为情耶。余羡五哥享无功之祀,而又悯世人求富之愚也,故记之。"观夫此,则当时笃信五哥之灵者,已如是矣。

是日晨,居民商店,均祀财神,焚香放爆,以羊鸡鱼供之,曰三牲;又燃火酒杯中以供神,燃尽,奉财神马(以纸绘神像,曰神马),出庭,置松柏枝于芝麻秸上,加黄钱阡张元宝而焚之。有诣财神庙焚香借元宝者,谓之借,则财旺,次年倍还之。

——《北平岁时志·正月》

破五:指农历正月初五。宋苏轼《蝶恋花》词:"泛泛东风初破五。江柳微黄,万万千千缕。"清富察敦崇《燕京岁时记·破五》:"初五日谓之破五,破五之内不得以生米为炊,妇女不得出门。"老舍《骆驼祥子》十五:"她自己赶了身红绸子的上轿衣;在年前赶得,省得不过破五就动针。"

——《汉语大词典·7》

过破五:旧时民俗。清潘荣陛《帝京岁时纪胜·正月·禁忌》:"元旦……服制之家不登贺,不立门簿。虽有亲宾来拜谒者,亦不答拜。初五日后始往叩谢,名曰过破五。"

——《汉语大词典·10》

饺子:一种有馅的半圆形的面食。徐珂《清稗类钞·饮食·京师食品》:"其在正月,则元日至五日为破五,旧例食水饺子五日,曰煮饽饽。"

——《汉语大词典·12》

【图片资料】

风雨归牧

五路财神

开市大吉

利市仙官

五路财神

五路财神

踢毽子

财 神

杨柳青年画

上关下财（明代）

财　神

年画

年画

顽童闹学(民国)

年画

财连银汉　利贯金城

喜报三元

连年有余

年画

正月初六

【文献资料】

(正月)初六日,开市。大半祭神如元旦仪。

——《京都风俗志》

至(正月)初六日,则王妃贵主以及各宦室等冠帔往来,互相道贺。新嫁女子亦于是日归宁。春日融和,春泥滑沷,香车绣幰,塞巷填衢,而阛阓诸商亦渐次开张贸易矣。

——《燕京岁时记》

(正月)初六日,归宁。琉璃厂开市。

——《天咫偶闻·卷十》

(正月)初六日,妇女始出门贺亲友。

——《北平岁时志·正月》

(正月)初六日,家家接姑奶奶归宁,并请吃春酒,是夕有放烟火者。近年市面困难,只有酒食,而无烟火之娱乐矣。

——《北平岁时志·正月》

【图片资料】

送穷

正月初七

【文献资料】

正月七日,为人日。以七种菜为羹。剪彩为人,或镂金箔为人,以贴屏风,亦戴之以头鬓。

——《荆楚岁时记》

人日,京都人食煎饼于庭中,俗云"熏天",未知所从出也。

——《契丹国志·卷二七·岁时杂记》

人日,凡正月之日,一鸡、二狗、三豕、四羊、五马、六牛,七日为人。其占,晴为祥,阴为灾。俗煎饼食于庭中,谓之"熏天"。

——《辽史·卷五三》

(正月)初七日"人日",吃春饼和菜。

——《明宫史·火集·正月》

人日天气晴明,出入通顺,谓一年人口平安。服制之家不登贺,不立门簿。虽有亲宾来拜谒者,亦不答拜。

——《帝京岁时纪胜·正月》

俗以七日为人日,八日为谷日,九日为天日,十日为地日。人视此四日之阴晴,占终岁之灾祥。

案:汉东方朔《占书》:"岁后八日:一日鸡,二日犬,三日豕,四日羊,五日牛,六日马,七日人,八日谷。其日晴,所主之物育,阴则灾。"晋议郎董勋《答问》称:"俗云正月一日为鸡,二日为狗,三日为猪,四日为羊,五日为牛,六日为马,七日为人,八日为谷。镂金以相遗,改旧从新之意也。"今人因《占书》有七人、八谷之说,遂以九天、十地附会之。

——《清嘉录》

古之(正月)七日为人日,以占泰否。

——《京都风俗志》

(正月)初七日谓之人日。是日天气清明者则人生繁衍。

按东方朔占书:岁后八日,一日鸡,二日犬,三日豕,四日羊,五日牛,六日马,七日人,八日谷。其日清明,则所生之物育;阴则灾。

——《燕京岁时记》

西庙曰护国寺,在皇城西北定府大街正西。东庙曰隆福寺,在东四牌楼西马市正北。自正月起,每逢七、八日开西庙,九、十日开东庙。开庙之日,百货云集,凡珠玉、绫罗、衣服、饮食、古玩、字画、花鸟、虫鱼以及寻常日用之物,星卜、杂技之流,无所不有。乃都城内之一大市会也。两庙花厂尤为雅观。春日以果木为胜,夏日以茉莉为胜,秋日以桂菊为胜,冬日以水仙为胜。至于春花中如牡丹、海棠、丁香、碧桃之流,皆能于严冬开放,鲜艳异常,洵足以巧夺天工,预支月令。其于格物之理,研求几深,惜未有著书者耳。尝观泰西农学书中,谓一粒之获可得十万粒,如以蓺花之法蓺之,定能远过其上。但是人工既贵,灌溉亦难,以之治玩好则可,以之治稼穑则断断乎其不能也。即如冬瓜、王瓜、茄子、扁豆之类,皆能于严冬栽植,色味俱佳。但价值太昂,不能尽人而食,是亦不能行之明证也。

谨按《日下旧闻考》:护国寺元曰崇国寺,明曰大隆善护国寺,今只曰护国寺。乃元丞相脱克脱之故宅。寺中千佛殿旁立一老髯,幞头朱衣;一老妪,凤冠朱裳,即其夫妇之像。今已无存矣。隆福寺乃前明景泰四年建,役夫万人。寺中白石台栏,乃英宗南内翔凤殿故物也。本朝雍正元年重加修葺,有世宗御制碑文,较之护国寺尚为完整。(隆福寺于光绪二十七年十月二十二日毁于火。)

——《燕京岁时记》

七宝羹:旧俗,农历正月初七日采七种菜蔬拌和米粉作羹,称"七宝羹"。清黄景仁《人日集翁学士覃溪诗境斋》诗:"艳以三阳节,分来七宝羹。"

——《汉语大词典·1》

三阳节:谓农历正月初七。即人日。清黄景仁《人日登黑窑厂》诗:"艳以三阳节,分来七宝羹。"

——《汉语大词典·1》

人日:旧俗以农历正月初七为人日。《太平御览》卷九七六引南朝梁宗懔《荆楚岁时记》:"正月七日为人日。以七种菜为羹,剪彩为人或镂金箔为人,以贴屏风,以戴之头鬓。又造华胜以相遗,登高赋诗。"宋高承《事物纪原·天生地植·人日》:"东方朔《占书》曰:岁正月一日占鸡,二日占狗,三日占羊,四日占猪,五日占牛,六日占马,七日占人,八日占谷。皆晴明温和,为蕃息安泰之候,阴寒惨烈,为疾病衰耗。"清富察敦崇《燕京岁时记·人日》:"初七日谓之人日。是日天气清明者则人生繁衍。"

——《汉语大词典·1》

元七:阴历正月初七日,即人日。宋叶廷珪《海录碎事·人日》:"《东平王苍安仁峰铭》:'正月元七,厥日惟人。'"

——《汉语大词典·2》

薰天:北方旧俗,于正月七日在庭中作煎饼,称为"薰天"。南朝梁宗懔《荆楚岁时记》:"正月七日……北人此日食煎饼,于庭中作之,曰'薰天'。"

——《汉语大词典·9》

剪彩:古代正月七日,以金银箔或彩帛剪成人或花鸟图形,插于发髻或贴在鬓角上,也有贴于窗户、门屏,或挂在树枝上作为装饰的,谓之"剪彩"。南朝梁宗懔《荆楚岁时记》:"正月七日,为人日,以七种菜为羹,剪彩为人,或镂金薄为人,以贴屏风,亦戴之头鬓,又造华胜以相遗,登高赋诗。"唐李商隐《人日即事》诗:"镂金作胜传荆俗,剪彩为人起晋风。"宋苏轼《次韵刘贡父春日赐幡胜》:"镂银错落翻斜月,剪彩缤纷舞庆霄。"

——《汉语大词典·9》

【诗词歌赋】

人日思归

隋·薛道衡

入春才七日,离家已两年。
人归落雁后,思发在花前。

人日寄杜二拾遗

唐·高适

人日题诗寄草堂,遥怜故人思故乡。
柳条弄色不忍见,梅花满枝空断肠。
身在南蕃无所预,心怀百忧复千虑。
今年人日空相忆,明年人日知何处。
一卧东山三十春,岂知书剑老风尘。
龙钟还忝二千石,愧尔东西南北人。

醉落魄　人日南山约应提刑懋之

宋·魏了翁

无边春色,人情苦向南山觅,村村箫鼓家家笛。祈麦祈蚕,来趁元正七。
翁前子后孙扶掖,商行贾坐农耕织。须知此意无今昔,会得为人,日日是人日。

人日登粤王台

明·邝露

登台试人日,此日谓宜人。
日照高台色,台非故苑春。
青山白云路,绿水流花津。
醉欲呼鸾去,遥遥芳杜邻。

人日立春对新月忆故情

清·王闿运

萋萋千里物华新,湘春人日不逢人。
园中柳枝已能绿,汀洲草色暗生尘。
立春人日芳菲节,此日行吟正愁绝。
倚栏垂泪看初春,临水低头见新月。
初春新月几回新,几回新月照新人。
若言人世年年老,何故天边岁岁春。
寻常人日人常在,只言明月无期待。
故人看月恒自新,故月看人人事改。
也知盈缺本无情,无奈春来春恨生。
远思随波易千里,罗帷对影最孤明。
故人新月共裴回,湘水浮春尽日来。
黄鹤楼前汉阳树,湘春城角定王台。
休言月下新人艳,明年对月容光减。
鸾镜长开亦厌人,燕脂色重难胜脸。
庭中桃树背春愁,春来月落梦悠悠。
惟见迎春卷珠幔,谁能避月下江楼。
楼前斜月到天边,楼上春寒非昔年。
远水余光仍似雪,空山夜碧忽如烟。
如烟似雪光难取,明月有情应有语。
从来照尽古今人,可怜愁思无今古。

【图片资料】

连生贵子

生肖时辰表

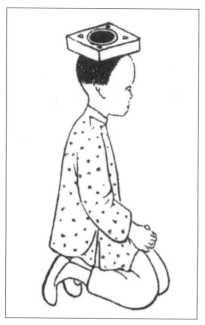

顶八卦

兰房生贵子

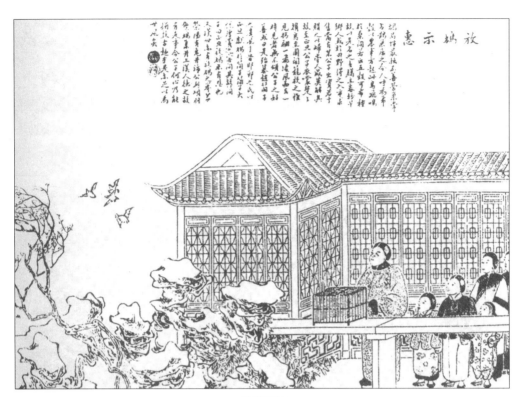

放鸠示惠

西王母

非笼中物

连生贵子(清代)

五子夺莲

年画

年画

福贵长绵

贵子成群

鸟落生命树

年画

麒麟送子

正月初八

【文献资料】

(正月)八日至十八日,集东华门外,曰灯市。贵贱相沓,贫富相易贸,人物齐矣。妇女着白绫衫,队而宵行,谓无腰腿诸疾,曰走桥。至城各门,手暗触钉,谓男子祥,曰摸钉儿。击太平鼓无昏晓,跳百索无稚壮,戴面具耍大头和尚,聚观无男女。有以诗隐物,幌于寺观壁者,曰商灯。立想而漫射之,无灵蠢。

——《帝京景物略·卷二》

(正月)八日至十六日,商贾于市集灯花百货、珠石罗绮、古今异物、贵贱杂沓贸易,曰灯市。旧在东华门外灯市街,今散置正阳门外及花儿市、菜市、琉璃厂店(甸)诸处。惟猪市口南为盛。元宵前后,金吾禁驰,赏灯夜饮,火树饮(银)花,星桥铁锁,殆古之遗风云。民间击太平鼓,跳百索,耍月明和尚,男妇率于是夕结伴游行。亲邻相过从,至城门下摸钉儿,过津梁,曰走桥儿,又曰走百病。数日中有以诗词隐语黏于屋壁,令人破其谜,曰商灯。至夜各家以小盏点灯遍散井灶门户砧石,曰散灯。

——《康熙宛平县志·卷一》

京师灯市始正月八日至十三而盛,十七而罢市,规也。张灯亦如之,张灯之地以正阳桥西廊房为最。巷有五圣祠,康熙癸卯,里人燃灯祀神,来拜观者如堵。因广衍为阛巷之灯,巷隘而冲,不容并轨,车旋辔马,仕商往来经之者十率八九,向夕灯悬,远近游观不下万人。施放烟火,鼓吹弦索,走桥,击唱秧鼓,妆耍大面具,舞龙灯诸戏,亦趁喧杂,蚁聚蜂屯,纷沓尤甚。巷多楼居,灯影上下参差,辉灿如昼。灯之类,流珠、料丝、画纱、五色明角、麦秸、通草、百花、鸟兽、虫鱼、水墨及走马鳌山等,巧变殆尽。又巷俱业贸迁者,日则交易百货,夕即戏以所业。剪纸为灯,悬门槛记焉。更阑后,他巷陌游人散尽,独此烛影歌声,沉沉昧旦也。余家此,逾三十年岁睹其盛会,占一联:宝炬曙阳春,现北阙深云、西山雾雪之画图,点缀太平帝里;衢歌觞夜月,祝东郊甘雨、南囿和风之景兆,偕游熙皥尧天。附著以博大雅之粲。

——《康熙宛平县志·卷六》

(正月)八日至十七日,商贾于市集灯花百货,珠石罗绮,古今异物,贵贱杂沓贸易,曰灯市。元宵前后,赏灯夜饮,金吾禁弛。民间击太平鼓,跳百索。妇女结伴游行过津梁,曰走百病。以诗词隐语粘于屋壁,曰商灯谜。夜以小盏点灯,遍散井灶门户,曰散灯。

——《大兴县志·卷一·风俗考》

(正月)初八日传为诸星下界,燃灯为祭。灯数以百有八盏为率,有四十九盏者,有按《玉匣记》本命星灯之数者。于更初设香楮,陈汤点,燃而祭之。观寺释道亦将施主檀越年命星庚记注,于是夕受香仪,代具纸疏云马,为坛而祭,习以为常。

——《帝京岁时纪胜·正月》

(正月)初八日弘仁寺打鬼。其制:以长教喇嘛披黄锦衣乘车持钵,诸侍从各执仪仗法器拥护;又以小番僧名班者,衣彩胄,戴黑白头盔,手执彩棒,随意挥洒白沙,前以鼓吹导引,众番僧执曲锤柄鼓,鸣锣吹角,演念经文,绕寺周匝,迎祥驱祟。念五日,德胜门外黄寺行亦如之。

——《帝京岁时纪胜·正月》

灯市在东华门王府街东,崇文街西,亘二里许,南北两廛,凡珠玉宝器以逮日用微物,无不悉具。衢中列市棋置,数行相对,俱高楼。楼设氍毹帘幕,为宴饮地,一楼每日赁直至有数百缗者,夜则燃灯于上,望如星衢。市自正月初八日起,至十八日始罢,鬻灯在市西南,有冰灯,细剪百彩,浇水成之。按宋时灯市乃从九月菊灯始,今止正月内数日耳。

——《日下旧闻考·卷四五·城市》

今于(正月)初八日祭本命星君,以糯米为面,裹糖果馅,谓之元宵为献,以其形肖星象也。自此,亲友馈送以元宵为新品,至残灯始止。

——《京都风俗志》

(正月)初八日,黄昏之后,以纸蘸油,燃灯一百零八盏,焚香而祀之,谓之顺星。十三日至十六日,由堂奥以至大门,燃灯而照之,谓之散灯花,又谓之散小人。亦辟除不祥之意也。

——《燕京岁时记》

(正月)初八日,夜以油灯百八盏,祀星。

——《天咫偶闻·卷十》

灯市向设于五凤楼前,后徙东华门外灯市,先为灯设也。正月起于初八,至十八再过晚始散,灯贾大小以几千计,灯本多寡以几万计。自大内两宫,与东西两宫,乃秉刑司礼,世勋现戚,文武百僚,莫不挟重资往,以买之多寡较胜负,百两一架,廿两一对者比比。灯之贵重华美,人工天致,必极尘世所未有,时年所未经目者;大抵闽粤技巧,苏杭锦绣,洋海物料,选集而成,若稍稍随俗,无奇不敢出也。至珠宝古玩,香绸磁锦等货,贸易售市,动经千百,豪华局面,富贵气象,人钦帝都如此。自世道变古,将三厘银置一盏梅花纸灯,堂前清供,家无优宴,夜不设席,自以为道心不乱,冰操可掬;灯贾由是解体,灯本逢此亏折,皇店酒楼,气索神冷,止舞大头和尚,以闹街遭兴,此非朴茂,乃衰薄也。所谓金吾不禁,彻夜游行之事无有矣;灯市穷,京师遂愀然无色。

——《北平岁时志·正月》

白云观在旧京西便门外左二里地的地方,八日俗为祭星之日,游人极盛。这天,以卜巫者流的生意为最佳,卦摊命馆,触目皆是,他们扮得僧非僧,道非道,故作种种奇怪模样,蛊惑那些趋利避害之徒,无不市利三倍。我们常想,世上真有不少的人肯讨钱卖听那胡言呓语的训诫,而自以为得计,真觉得他们可怜可笑!观内有顺星殿,列有二十八宿和七星像,祭者向己命所属星宿虔诚叩礼,敬献香烛并油钱,能消害致福,确否待考,此种风气,至今未泯。晚上有祭星大典,在大殿香案上排列百零八盏灯,两边有二十八宿和七星星盏。方丈率领全体道士,衣法服,鸣鼓击钟,诵玉枢经,祈祷灾除福降,国泰民安,这种派头颇似前几年所闻的负有救国使命的时轮金刚法会,但不知是佛学道,还是道学佛?也许他辈都有这股劲儿!凡星灯以尽为度,不再添油加灯心,不知何故。此风民间多有学之者,不过仪式稍有差别耳。(《白云观庙市记》)

——《北平风俗类征》

(正月)初八日为顺星日,薄暮祭星神,供元宵(亦有兼供面角者),又有以绵纸拈成花形,拌以油,曰灯花,祭时散置庭户而然之,光花四散,满地皆星,谓之散星。乃奉星神马出庭,置松柏枝于芝麻秸上,加黄钱阡张元宝而焚之。

——《北京市志稿·礼俗志》

(正月)初八日祭星,元宵上供,剪灯花纸拈成鸡爪样,蘸油置灯支碗中燃之,初供四八盏,继与家下各人按值年之星盏数形式燃之,谓之顺星。然后再散置于门户、井灶各处,谓之散灯花,或谓之散星,辟除不祥之意。

——《北京市志稿·礼俗志》

顺星:旧俗农历正月初八日祭星以求吉利,谓之"顺星"。清富察敦崇《燕京岁时记·顺星》:"(正月)初八日,黄昏之后,以纸蘸油,燃灯一百零八盏,焚香而祀之,谓之顺星。"翁偶虹《北京话旧·春节话旧》："初八日'顺星',家人动手,捻制一百零八只灯花,浸透香油,安置在灯花碗里。"

——《汉语大词典·12》

【四季货声】

数灯支碗来!(泥烧,如酒盏大,高足,中可燃灯。初八日祭星、灯节用。)

——《一岁货声》

【图片资料】

麒麟送子

正月初九

【文献资料】

自(正月)初九日之后,即有耍灯市买灯,吃元宵。其制法用糯米细面,内用核桃仁、白糖为果馅,洒水滚成,如核桃大,即江南所称汤团者。

——《酌中志·卷二十》

(正月)初九日为天诞,禁屠宰。大高玄殿建皇坛,各道观设醮,拜朝天忏,锡福解厄。

——《帝京岁时纪胜·正月》

清时,是日(正月初九)斋戒,官禁宴会,戏馆停演。

——《北平岁时志·正月》

正月十三

【文献资料】

(正月)十三日,放国人作贼三日,如盗及十贯以上,依法行遣。

——《契丹国志·卷二七·岁时杂记》

(正月)十三日,家以小盏一百八枚,夜灯之,遍散井灶门户砧石,曰散灯也。其聚如萤,散如星,富者灯四夕,贫者灯一夕止,又甚贫者无灯。小儿共以绳系一儿腰,牵焉,相距寻丈,迷于不意中,拳之以去,曰打鬼。不得为系者儿所执,执者,哄然共捉代系,曰替鬼。更系更击,更执更代,终日击,不为代,则佻巧矣。又绳以为城,二儿帕蒙以摸,一儿执敲城中,辄敲一声,而辄易其地以误之,为摸者得,则蒙执敲儿,曰摸虾儿。

——《帝京景物略·卷二》

(正月)自十三日至十六日四永夕,金吾不禁,悬灯胜处,则正阳门之东月城下,打磨厂,西河沿,廊房巷,大栅栏为最。至百戏之雅驯者,莫如南十番。其余装演大头和尚,扮稻秧歌,九曲黄花灯,打十不闲,盘杠子,跑竹马,击太平神鼓,车中弦管,木架诙谐,细米结作鳌山,烟炮攒成殿阁,冰水浇灯,簇火烧判者,又不可胜计也。然五夜笙歌,六街骄马,香车锦辔,争看士女游春,玉佩金貂,不禁王孙换酒,和风缓步,明月当头,真可谓帝京景物也。

——《帝京岁时纪胜·正月》

(正月)十三日至十六日,内城衙署悬灯,而户、兵二部尤甚,外城廊房胡同及各大街,均有灯彩、流星、花爆之属。

——《光绪顺天府志·京师志·风俗》

自(正月)十三以至十七,均谓之灯节,惟十五日谓之正灯耳。

——《燕京岁时记》

(正月)十三日至十六日,由堂奥以至大门,燃灯而照之,谓之散灯花,又谓之"散小人"。亦辟除不祥之意也。

——《燕京岁时记》

土地庙在宣武门外土地庙斜街路西。自正月起,凡初三、十三、二十三日有庙市。市无长物,惟花厂鸽市差为可观。

谨按《日下旧闻考》:土地庙,其基最古,有前明万历四十三年碑,称曰古迹老君堂都土地庙。辽金时庙在都城东门之外,今莫得其方向矣。

——《燕京岁时记》

(正月)十三日,试灯,黄寺打鬼。

——《天咫偶闻·卷十》

(正月)十三日至十七日为灯节,商店庙宇,咸悬画灯,上绘小说及神怪故事;工至精细,或以冰成之山石人物楼阁瓜果。然(燃)灯于中,曰冰灯;又有以麦苗和棉絮扎成人物鱼龙,上置灯烛,曰麦灯。清光绪庚子以前,官署亦悬灯五日,以户部兵部工部之彩灯为最。此五日中,每薄暮,游人杂沓,谓之逛灯。

——《北京市志稿·礼物志》

【图片资料】

娃娃戏

年画

散灯

灯画——大破对松关（清代）

正月十四

【文献资料】

(正月)十四至十六日,朝服三天,庆贺上元佳节。是以冠盖翩跹,绣衣络绎,而城市张灯,自十三日至十六日四永夕,金吾不禁。

——《帝京岁时纪胜·正月》

燕都灯市,十四日,群儿牵绳为圆城,空其中方丈,城中两儿轮以帕蒙目,一儿持木鱼,时敲一声,旋易其地以误之。蒙目者听声猜摸,以巧遇夺鱼为胜。则拳击执鱼者,出之城外,而代之执鱼,又轮一儿入摸之,名曰摸瞎鱼。至十六日,小儿群集市中为戏,首以一人为鬼,系绳其腰,群儿共牵之,相去丈余,轮次跃而前,急击一拳以去,名曰打鬼。若为系者所执,谓为被鬼执。哄然共笑,捉以代系者,名曰替鬼。又有以长緪丈许,两儿对牵,飞摆不定,令难凝视,若百牵然,其实一索也。群儿乘其动时轮跳其上,以能过者为胜,否或为索所绊,听掌绳者以绳击之示罚,名曰跳百索。其夜妇女群游,祈免灾咎,前一人持香辟人,名曰走百病。凡有桥处,三五相率以过,谓之度厄。

——《日下旧闻考·卷一四七·风俗》

六子争头

【图片资料】

庆赏元宵

杨柳青年画

正月十五

【文献资料】

元宵,宣徽院、资正院、中政院、詹事院、三后衙门,每岁常办进上灯烛、糕面、甜食之类,自有故典。

——《析津志辑佚·岁纪》

元宵游灯市,每年正月初十日起至十六日止,结灯者,各持所有,货于东安门外迤北大街,名曰灯市。灯之名不一,价有至千金者,是时四方商贾辐辏,技艺毕陈,珠石奇巧,罗绮毕具,一切夷夏古今异物毕至。观者冠盖相属,男妇交错。近市楼屋赁价一时胜踊,非有力者率不可得。十四日曰试灯,十五日正灯,十六日罢灯。

——《宛署杂记·民风一》

张灯之始也,汉祀太乙,自昏至明。僧史谓西域腊月晦日,名大神变,烧灯表佛,汉明因之,然腊月也。梁简文有《列灯赋》,陈后主有《山灯诗》,亦复未知岁灯何时,月灯何夕也。张灯之始上元,初唐也,睿宗景云二年正月望日,胡人婆陀请燃千灯,帝御安福门纵观。上元三夜灯之始,盛唐也,玄宗正月十五前后二夜,金吾弛禁,开市燃灯,永为式。上元五夜灯之始,北宋也,乾德五年,太祖诏曰:"朝廷无事,年谷屡登,上元可增十七、十八两夜。"上元六夜灯之始,南宋也,理宗淳祐三年,请预放元宵,自十三日起,巷陌桥道,皆编竹张灯。而上元十夜灯,则始我朝,太祖初建南都,盛为彩楼,招徕天下富商,放灯十日。今北都灯市,起初八,至十三而盛,迄十七乃罢也。灯市者:朝逮夕,市;而夕逮朝,灯也。市在东华门东,亘二里。市之日,省直之商旅,夷蛮闽貊之珍异,三代八朝之骨董,五等四民之服用物,皆集。衢三行,市四列,所称九市开场,货随队分,人不得顾,车不能旋,阗城溢郭,旁流百廛也。市楼南北相向,朱扉、绣栋、素壁、绿绮疏,其设氍毹帘幙者,勋家、戚家、宦家、豪右家眷属也。向夕而灯张(灯则烧珠、料丝则夹画、堆墨等,纱则五色,明角及纸及麦秸,通草则百花、鸟兽、虫鱼及走马等),乐作(乐则鼓吹、杂耍、弦索,鼓吹则橘律阳、撼东山、海青、十番,杂耍则队舞、细舞、筒子、筋斗、蹬坛、蹬梯、弦索则套数、小曲、数落、打碟子，其器则胡拨四、土儿密失、又儿机等），烟火施放（烟火则以架以盒，架高且丈，盒层至五，其所藏械：寿带、葡萄架、珍珠帘、长明塔等）。于斯时也，丝竹肉声，不辨拍煞，光影五色，照人无研（妍）媸，烟胃尘笼，月不得明，露不得下。永乐七年，令元宵节赐百官假十日。今市十日，赐百官假五日。内臣自秉笔篆近侍，朝臣自阁部正，外臣自计吏，不得过市，犹古罚帝幕盖帷意。其他，例得与吏士军民等过市。楼而檐齐，衢而肩踵接也。市楼价高，岁则丰，民乐。楼一楹，日一夕，赁至数百缗者。童子捶鼓，傍夕向晓，曰太平鼓。二童子引索略地，如白光轮，一童子跳光中，曰跳白索。妇女相率宵行，以消疾病，曰走百病，又曰走桥。金元时，三日放偷，偷至，笑遣之，虽窃至妻女不加罪。

——《帝京景物略·卷二》

（正月）望前后夜，妇女束草人，纸粉面，首帕衫裙，号称姑娘，两童女掖之，祀以马粪，打鼓，歌马粪香歌，三祝，神则跃跃，拜不已者，休，倒不起，乃咎也。男子冲而仆。

——《帝京景物略·卷二》

京师市各时日：朝前市者，大明门之左右，日日市，古居贾是也。灯市者，东华门外，岁灯节，十日市，古赐餔是也。内市者，东华门内，月三日市，今移灯市张矣，犹称内市也。穷汉市者，正阳桥，日昃市，古贩夫贩妇之夕市是也。城隍庙市，月朔望、念（廿）五日，东弼教坊，西逮庙墀庑，列肆三里。图籍之曰古今，彝鼎之曰商周，匜镜之曰秦汉，书画之曰唐宋，珠宝、象、玉、珍错、绫锦之曰滇、粤、闽、楚、吴、越者集。

——《帝京景物略·卷四》

（正月）十五日曰上元，亦曰元宵，内臣宫眷，皆穿灯景补子蟒衣。灯市至十六更盛，天下繁华，咸萃于此。勋戚内眷登楼玩看，了不畏人。斯时所尚珍味，则冬笋、银鱼、鸽蛋、麻辣活兔，塞外之黄鼠、半翅鹖鸡，江南之密罗柑、凤尾橘、漳州橘、橄榄、小金橘、风菱、脆藕、西山之苹果、软子石榴之属，水下活虾之类，不可胜计。本地则烧鹅、鸡、鸭、猪肉、冷片羊尾、爆炒羊肚、猪灌肠、大小套肠、带油腰子、羊双肠、猪臂肉、黄颡管儿、脆团子、烧笋鹅、醲腌鹅、鸡鸭、炸鱼、柳蒸煎燂鱼、炸铁脚雀、卤煮鹌鹑、鸡醢汤、米烂汤、八宝攒汤、羊肉猪肉包、枣泥卷、糊油蒸饼、乳饼、奶皮、烩羊头、糟腌猪蹄尾耳舌、鸡肫掌。素蔬则滇南之鸡㙡、五台之天花羊肚菜、鸡腿银盘等蘑菇，东海之石花海白菜、龙须、海带、鹿角、紫菜、江南乌笋、糟笋、香蕈、辽东之松子、蓟北之黄花、金针、都中之山药、土豆、南都之苔菜、糟笋、武当之鹰嘴笋、黄精、黑精、北山之榛、栗、梨、枣、核桃、黄连、芽木兰、芽蕨菜、蔓菁，不可胜数也。茶则六安松萝、天池、绍兴芥茶、径山茶、虎邱茶也。凡遇雪，则暖室赏梅、吃炙羊肉、羊肉包、浑酒、牛乳。先帝最喜用炙蛤蜊、炒鲜虾、田鸡腿及笋鸡脯,又海参、鳆鱼、鲨鱼筋、肥鸡、猪蹄筋共烩一处,恒喜用焉。

——《酌中志·卷二十》

(正月)八日至十六日,商贾于市集灯花百货、珠石罗绮、古今异物、贵贱杂遝贸易。曰灯市。旧在东华门外灯市街,今散置正阳门外及花儿市、菜市琉璃厂甸诸处。惟猪市口南为盛。元宵前后,金吾禁驰,赏灯夜饮,火树银花,星桥铁锁,殆古之遗风云。民间击太平鼓、跳百索、耍月明和尚,男女率于是夕结绊游行,亲邻相过从,至城门下摸钉儿,过津梁,曰走桥儿,又曰走百病。数日中有以诗词隐语黏于屋壁(壁),令人破其谜,曰商灯。至夜各家以小盏点灯,遍散井灶、门户、砧石,曰散灯。

——《康熙宛平县志·卷一》

(正月)十四至十六日,朝服三天,庆贺上元佳节。是以冠盖翩跹,绣衣络绎。而城市张灯,自十三日至十六日四永夕,金吾不禁。悬灯胜处,则正阳门之东月城下、打磨厂、西河沿、廊房巷、大栅栏为最。至百岁之雅驯者,莫如南十番。其余装演大头和尚,扮稻秧歌,九曲黄花灯,打十不闲,盘杠子,跑竹马,击太平神鼓,车中弦管,木架诙谐,细米结作鳌山,烟炮攒成殿阁,冰水浇灯,簇火烧判者,又不可胜计也。然五夜笙歌,六街骄马,香车锦辔,争看士女游春,玉珮金貂,不禁王孙换酒。和风缓步,明月当头,真可谓帝京景物也。

——《帝京岁时纪胜·正月》

烟火花炮之制,京师极尽工巧。有锦盒一具内装成数出故事者,人物像生,翎毛花草,曲尽妆颜之妙。其爆竹有双响震天雷、升高三级浪等名色。其不响不起盘旋地上者曰地老鼠,水中者曰水老鼠。又有霸王鞭、竹节花、泥筒花、金盆捞月、叠落金钱,种类纷繁,难以悉举。至于小儿顽戏者,曰小黄烟。其街头车推担负者,当面放、大梨花、千丈菊。又曰:"滴滴金,梨花香,买到家中哄姑娘。"统之曰烟火。勋戚富有之家,于元夕集百巧为一架,次第传爇,通宵为乐。

——《帝京岁时纪胜·正月》

元夕妇女群游,祈免灾咎。前一人持香辟人,曰走百病。凡有桥处,三五相率以过,谓之度厄,俗传曰走桥。又竞往正阳门中洞摸门钉,谶宜男也。

——《帝京岁时纪胜·正月》

元宵杂戏,剪彩为灯。悬挂则走马盘香,莲花荷叶,龙凤鳌鱼,花篮盆景,手举则伞扇幡幢,关刀月斧,像生人物,击鼓摇铃。迎风而转者,太极镜光,飞轮八卦,系拽而行者,狮象羚羊,骡车轿辇。前推旋斡为橄榄,就地滚荡为绣球。博戏则骑竹马,扑蝴蝶,跳白索,藏矇儿,舞龙灯,打花棍,翻筋斗,竖蜻蜓;闲常之戏则脱泥钱,踢石球,鞭陀螺,放空钟,弹拐子,滚核桃,打杂杂,踢毽子。京师小儿语:"杨柳青,放空钟。杨柳活,抽陀螺。杨柳发,打杂杂。杨柳死,踢毽子。"都门有专艺踢毽子者,手舞足蹈,不少停息,若首若面,若背若胸,围转相击,随其高下,动合机宜,不致坠落,亦博戏中之绝技矣。

——《帝京岁时纪胜·正月》

(正月)十五上元,七月中元,十月下元,为三官圣诞。曰天官赐福,地官赦罪,水官解厄。设坛致祭。有素食者,正、七、十斋居三月。

——《帝京岁时纪胜·正月》

余尝于灯市见一灯,皆以卵壳为之,为灯、为盖、为带、为坠,凡计数十百枚。每壳必空四门,每门必有榱栱窗棂,金碧辉耀,可谓巧绝。然脆薄无用,不异雕冰画脂耳。

——《日下旧闻考·卷一四七·风俗》

元夕,妇女联臂出游,曰走百病;过桥谓之度厄。周恭肃公有《走百病行》,诗云:"都城灯市由来盛,大家小家同节令。诸姨新妇及小姑,相约束妆走百病。俗言此夜鬼穴空,百病尽归尘土中。不然今年且多病,臂枯眼暗兼头风。踏穿街头双绣履,胜饮医方二钟水。谁家老妇不出门,折足蹒跚曲房里。今年走健如去年,更乞明年天有缘。蕲州艾叶一寸火,只向他人肉上燃。去年同伴今希有,几人可卜明年走?长安主人肯居停,寂寂关门笑后生。但愿中秋不见月,博得元宵雪打灯。"又向正阳门上摸索铜钉,云宜男也。相习成风,不知何据。

——《水曹清暇录·卷八》

比户悬挂祖先画像,具香蜡、茶果、粉丸、糍糕。肃衣冠,率妻孥以次拜。或三日、五日、十日,上元夜始祭而收者。至戚相贺,或有展拜尊亲遗像者,谓之"拜喜神"。
案:厉樊榭《可庵遗像记》:"古者人子之于亲亡也,至汉氏以来,乃有画像,虽非古制,实寓生存,遂相沿不能废。宋之先儒,有恐似他人之议,则画手不可不工也。"朱鹿田诗:"感旧应添看面人。"《月令事宜》:"除夕祭飨,即悬真于家庭,供奉以拜节。"江、震志亦以除夕悬祖先画像,至新正初三日或初五日收者。

——《清嘉录》

灯市旧在内城东华门外,今移正阳门外灵佑宫旁。至期,结席舍,悬灯高下,听游人昼观。盖京师坊巷，元夕不放灯也。

——《人海记》

西苑张灯，自正月十四夜起，至十六夜止。癸未上元前二日，有旨：查升、查慎行、汪灏，自明日为始，连夕俱至西厂看放烟火。至十四夜酉刻，内侍一人导余辈三人，自小南门入，沿河北行里许，经勤政楼下，穿网城，西渡板桥，宽数百亩，壤平如削。当楼之正面，设灯棚一架，高起六丈余。稍南为不夜城，中列黄河九曲灯，缚秫秸作坊巷胡同，径巷回复，往往入而易迷。灯之数不知其几，每一灯旁植一旗，五采间错。日初落，数千百灯一时先然。其北列栅，方广约五六里，散植烟火数百架。黄昏，上御楼，西向坐。先放高架烟火，谓之合子。最奇者为千叶莲花合子。既毕，人气尤静。须臾，桥东爆竹发药线，从隔河起，飞星一道，倒曳有声，倏上倏下，列入栅中，纵横驰突。食顷，火光远近齐著，如蛰雷奋地，飞电制空。此时月色天光，俱为烟气所蔽，观者神移目眩，震撼动摇，不能自主。移时，烟焰尽消，而九曲黄河灯犹莹莹如繁星也。内官舞龙灯者，至楼前伺候，余辈乃出宫，漏下二鼓矣。十五、十六两夜皆然。其后岁以为常，但取道苑北门，不复从南门入矣。

——《人海记》

(正月)八日至十八日，集东华门外，曰灯市，十三日至十六日，乡村人缚秫秸作棚，周悬杂灯，地广二亩，门径曲点藏三、四里，入者误不得径，即久迷不出，曰黄河九曲灯也。结灯者，各持所有货于东安门外灯市，价有至千金者。商贾辏集，技艺毕陈，冠盖相属，男妇交错，市楼货价胜涌。十四日夜试灯，十五正灯，十六日罢。临朐冯琦《观灯篇》：帝握千秋历，天开万国欢。莺花周正月，灯火汉长安。长安正月璇玑正，万户阳春布天令。新岁风光属上元，中原物力方全盛。五都万宝集燕台，航海梯山入贡回。白环银瓮殊方至，翡翠明珠万里来。薄暮千门凝瑞霭，当天片月流光彩。十二楼台天不夜，三千世界春如海。万岁山前望翠华，九光灯里簇明霞。六宫尽罢鱼龙戏，千炬争开菡萏花。六宫千炬纷相似，星桥直接银河起。赤帝真乘火德符，玉皇端拱红云里。灯烟散入五侯家，炊金馔玉斗骄奢。桂炉兰膏九微火，珠帘绣幌七香车。长安少年喜宾客，驰骛东城复南陌。百万纵博输不辞，十千沽酒贫何惜。夜深纵酒复徵歌，归路曾无醉尉诃。六街明月吹笙管，十里香风散绮罗。绮罗笙管春如绣，穷檐蔀屋寒如旧。谁家朝突静无烟？谁家夜色明如昼？夜夜都成望月新，年年郡国告灾频。愿将圣主光明烛，并照冰天桂海人。江陵张居正《元夕行》：今夕何夕春灯明，燕京女儿踏月行。灯摇珠彩ланг华屋，月散瑶光满禁城。禁城迢迢通戚里，九衢万户灯光里。花怯春寒带火开，马冲香雾连云起。弦管纷纷夹道傍，游人何处不相将？花边露洗雕鞍湿，陌上风回珠翠香。花边陌上烟云满，月落城头人未返。共道金吾此夜宽，但愁玉漏春宵短。御沟杨柳拂铜驼，柳外楼台杂笑

歌。五陵豪贵应难拟，一夜欢娱奈乐何！年光宛转不相待，过眼繁华空自爱。君不见，燕台向时歌舞人，歌舞不闻明月在。毛奇龄《帝京蹋灯词》：毯场花帽打三郎，重戴朱竿学教坊。何处大鳌山最美，三条火巷在廊房。勾栏缺处接灯棚，五色番花四角擎。蹋断麻鞋归不得，永安门外老田更。放夜金吾永戴翎，红缨白马驾朱軿。月明只觉火星少，撒作车盘两面钉。夜凉蝉鬓贴金貂，漏滴铜瓶水渐消。忽听盒中千炮发，襄阳城破在中宵。一道灯轮去复回，瓜囊镂作八仙台。走桥妇女呼教住，好让秧歌唱过来。灵佑宫联祈谷坛，防糊红纸坐坊官。露珠滴尽坛前树，彩剪莲花偏耐寒。"

——《光绪顺天府志·京师志·风俗》

（正月）十三日至十六日，内城衙署悬灯，而户、兵二部尤甚，外城廊房胡同及各大街，均有灯彩、流星、花爆之属。

——《光绪顺天府志·京师志·风俗》

正月十五日为上元节，祭神以元宵为献，俗谓之灯节。三街大市前后张灯五夜。其灯有大小、高矮、长短、方圆等式，有纱纸、琉璃、羊角、西洋之别。其绘人物则《列国》、《三国》、《西游》、《封神》、《水浒》、《志异》等图，花卉则兰、菊、梅、桂、萱、竹、牡丹，禽兽则鸾凤、龙虎，以至马牛、猫犬与鱼虾、虫蚁等图，无不颜色鲜美，妙态传真。品目殊多，颇难枚举。而最奇巧者为冰灯，以冰琢成人物、花鸟、虫兽等像，冰以药固之，日久不消。雕刻玲珑，观者嘉赏。而豪家富室演放花盒。先是，市中搬芦棚于道侧，卖各色花盒爆竹，堆挂如山。形式名目，指不胜屈。其盒于晚间月下火燃机发，则盒中人物、花鸟坠落如挂，历历分明，移时始没，谓之一层大盒。有至数层者，其花则万朵零落，千灯四散，新奇妙制，殊难意会。近日亦有洋式制造者，尤幻变百出，穷极精巧，不可名状。又有好事者于灯月之下为藏头诗句，任人猜揣，谓之灯谜，俗曰灯虎。此五夜，凡通衢委巷灯光星布珠悬，皎如白昼，喧阗彻旦。人家、铺肆筵乐歌吹。市食则蜜食、糖果、花生、瓜子、诸品果瓜。王孙贵客、士女儿童，倾城出游，谓之逛灯。车马塞涂，几无寸隙。茶楼则低唱高歌，酒肆则飞觞醉月。笙簧鼓乐，喝采（彩）狂呼。斯时声音鼎沸，月色灯光，而人不觉为夜也。

——《京都风俗志》

自（正月）十三以至十七均谓之灯节，惟十五日谓之正灯耳。每至灯节，内廷筵宴，放烟火，市肆张灯。而六街之灯以东四牌楼及地安门为最盛，工部次之，兵部又次之，他处皆不及也。若东安门、新街口、西四牌楼亦稍有可观。各色灯彩多以纱绢玻璃及明角等为之，并绘画古今故事，以资玩赏。市人之巧者，又复结冰为器，栽麦苗为人物，华而不侈，朴而不俗，殊可观也。花炮棚子制造各色烟火，竞巧争奇，有盒子、花盆、烟火杆子、线穿牡丹、水浇莲、金盘落叶、葡萄架、旗火、二踢脚、飞天十响、五鬼闹判儿、八角子、炮打襄阳城、匣炮、天地灯等名目。富室豪门，争相购买，银花火树，光彩照人，车马喧阗，笙歌聒耳。自白昼以迄二鼓，烟尘渐稀，而人影在地，明月当天，士女儿童，始相率喧笑而散。市卖食物，干鲜俱备，而以元宵为大宗。亦所以点缀节景耳。又有卖金鱼者，以玻璃瓶盛之，转侧其影，大小俄忽，实为他处所无也。

谨按《日下旧闻考》：前明灯市在东华门王府街东，崇文街西，亘二里许，南北两廛，即今之灯市口也。市之日，凡珠玉宝器以逮日用微物，无不悉具。衢中列市，棋置数行相对，俱高楼。楼设毡罽帘幕，为宴饮地。一楼每日赁值至有数百缗者，皆豪贵家眷属也。灯则有烧珠、料丝、纱、明角、麦秸、通草等，乐则有鼓吹、杂耍、弦索等，烟火则以架以盒，盒有械寿带、葡萄架、珍珠帘、长明塔等。自初八日起，至十八日止，乃十日，非五日也。至百货坌集，乃合灯与市为一处。今则灯归城内，市归琉璃厂矣。

——《燕京岁时记》

每上元五夕，西马市之东，东四牌楼下，有灯棚数架。又各店肆高悬五色灯球，如珠琲，如霞标，或间以各色纱灯。由灯市以东至四牌楼以北，相衔不断。每初月乍升，街尘不起，士女云集，童稚欢呼。店肆铙鼓之声，如雷如霆。好事者然水浇莲、一丈菊各火花于路，观者如云，九轨之衢，竟夕不能举步。香车宝马，参错其间。愈无出路，而愈进不已。盖举国若狂者数日，亦不亚明代灯市也。此外地安门、东安门外，约略相同。六部皆有灯，惟工部最盛。头门之内，灯彩四环。空其壁以灯填之，假其廊以灯幻之。且灯其门，灯其室，灯其陈设之物，是通一院皆为灯也，此皆吏胥匠役辈为之。游人阗咽，城内外士女毕集，限为之穿。近日物力销耗，渐不如前，灯景游尘，均为减色矣。

——《天咫偶闻·卷三》

查初白诗云：才了歌场便卖灯，三条五剧一层层。东华旧市名空在，灵佑宫前另结棚。此国初事也。盖内城分住八旗，将灯市移于灵佑宫前，后又移于琉璃厂。今此两处皆无灯。鬻灯者，在廊房头条胡同，然止日间有之，不复放灯于夜。

——《天咫偶闻·卷七》

十五日食汤团，俗名元宵，则有食与否。又有蜜供，则专以祀神。以油面作荚，砌作浮图式。中空玲珑，高二三尺，五具为一堂。元日神前必用之果实、蔬菜等，亦叠作浮图式，以五为列，此人家所同也。

——《天咫偶闻·卷十》

(正月)初二至十六，开琉璃厂，上元设灯谜，猜中以物酬之，俗谓之打灯虎。谜语甚典博,上自经文,下及词曲,非学问渊深者弗中。

——《燕京杂记》

汤圆,一曰汤团。北人谓之曰元宵,以上元之夕必食之也。然实常年有之。屑米为粉以制之。粉入水,沈(沉)淀之使滑而制成者,为挂粉汤圆,有甜咸各馅。亦有无馅者,曰实心汤圆。

——《清稗类钞·饮食类》

其在正月,则元日至五日为破五,旧例食水饺子五日,曰煮饽饽。然有三日、二日或间日一食者,亦即以之飨客。十五日食汤团,俗名元宵是也。又有所谓蜜供者,则专以祀神。以油面作荚,砌作浮图式,中空玲珑,高二三尺,五具为一堂,元日神前必用之。果实、蔬菜等,亦叠作浮图式,以五为列,此各家所同也。

元日至上元,商肆例闭户半月或五日。此五日中,人家无从市物,故必于岁杪烹饪,足此五日之用,谓之年菜。

——《清稗类钞·饮食类》

天桥在京师正阳门南里许,地宏敞。趁墟之贾,遐迩毕至。承平时,京师士大夫多有天桥酒楼之作。至于晚近,则岁遇春秋佳日及仲夏,之游南顶者辄经此,谓之走天桥。妇女于元夕乘月走天桥,以为宜男之兆。则沿明代旧俗也。

正阳门外天桥坦,棋盘街头月华满。人来午后倒赶城,王道平平归缓缓。无情流水桑干河,秋风荆棘生铜驼。御路犹存远人过,灞岸时闻折柳歌,朝雨轻尘离别何。

——《王凤笺题》

花盒为烟火之一种,京都人家寺观,恒于元宵前后,有放花盒之举,观者如堵墙。

一线盘盒百花放,紫焰荧荧左右望。春声爆竹闹元宵,十景新翻好花样。车轮毒炮绿烟迷,开花落地人如泥。可怜千里青青草,将军跋扈令不齐,恨未郿坞然(燃)其脐。

——《王凤笺题》

(正月)十五日为元宵,薄暮,居民供元宵于佛前,阖家食之,并放烟火,清时是夕童子多擂太平鼓,鼓乃一大铁圈,上蒙以皮,柄有环十余,擂时摇柄,环鼓皆响,今则无之。

——《北平岁时志·正月》

(正月)十三日至十七日为灯节,商店庙宇,咸悬画灯,上绘小说及神怪故事;工至精细，或以冰成之山石人物楼阁瓜果。然(燃)灯于中，曰水灯；又有以麦苗和棉絮扎成人物鱼龙，上置灯烛，曰麦灯。清光绪庚子以前，官署亦悬灯五日，以户部兵部工部之彩灯为最。此五日中，每薄暮，游人杂沓，谓之逛灯。

——《北平岁时志·正月》

大内之灯，由造办处造，花炮则由花炮局造，亦有向商店购买者，亦新奇之品。

——《北平岁时志·正月》

元宵杂戏，今昔不同，走马灯之外，有马尾提线灯，近时船灯，飞艇灯，火车灯，麦子龙灯，水月电灯，活动电灯，手提电灯，又有泥作之鹤儿，从口中吐火作青光。小儿玩物，有轻气球，有空竹，有地空竹，有猴儿扒杆，飞蝴蝶，下有小鼓，轮动鼓响，纸球，亦能拍掷，转铁环，跳绳，吹琉璃喇叭，哺哺等；又有倒流手弹者，有口琴，滚桃核，今改为弹琉璃球，转糖得彩，吹糖人，抽糖人，抽糖葫芦；若打太平鼓，解九连环，解万寿字，近则无买之者矣。

——《北平岁时志·正月》

元夕妇女群游，祈免灾咎，自咸丰庚申以后行之者少，至庚子后，此风竟绝。

——《北平岁时志·正月》

烟火之盛，莫如京城，而最盛莫如慈禧太后垂帘时代。盖彼时正值嵩申师会立山始为总管内务府大臣，逢迎上意，令造办处花炮局，向江西招工来京督造，自此遂有南式花盒。又在交民巷德商祁罗福订购外洋花炮。每年灯节，在中海水上然(燃)放；是日王大臣及蒙古王公，皆有蒙恩赐宴，及赏看烟火，入座观戏者。

——《北平岁时志·正月》

(正月)十五日乃上元节日，上自大内，下至王公百官绅民，皆于是夕供元宵于神佛，及祖先前。白大内以及富商，皆放烟火，花炮盒子，花盆，蒲桃架，八角太平花，手把花，如大洋货店，茶叶铺，绸缎铺，放花炮者亦多。大内各宫有灯，工部，吏部，兵部，皆有灯，尤以工部为最精巧。京中个人家及店铺，皆悬灯。前门大街，后门大街，东西华门大街，东四西单牌楼之大街，观音寺，大栅栏各铺之灯，争奇斗胜；西四东单两大街次之，至廊房头条二条胡同，皆出售纱灯之处，无不利市三倍也。

——《北平岁时志·正月》

灯市在东华门王府街东，崇文街西，互二里许，南北两廛，凡珠玉宝器，以逮日用微物，无不悉具，衢中列市，棋置数行，相对俱高楼，楼设氍毹帘幕，为燕饮地，一楼每日赁值至有数百缗者，夜则燃灯于上，望如星衢。市自正月初八日起，至十八日始罢，鳌灯在市西南，有冰灯，细剪百彩，浇水成之。(《燕都游览志》)

八日至十七日，商贾于市集花灯百货与古今异物，以相贸易，曰灯市，旧在东华门外，今散置正阳门外琉璃厂，而灵佑宫为盛，元宵前后，金吾禁弛。(《舆地记》)

——《北平风俗类征》

京师每遇上元节，五城各设灯棚，宝马香车，极承平岁华之丽。是夕三鼓后，步军统领于正阳门城上，以灯绳曳取城外武营官名帖，谓之"调将"，二百年来旧例也。(《壬癸藏札记》)

催灯梆：五夜街市人海，常恐滋生是非，官厅暗嘱更梆，三更便打五更。早先步营雇乞儿作梆夫，行则结队。北新桥心，西满北蒙，东属汉军，五夜二更时，三队数十夫，相遇于桥间，各列其队，喊号一声，群梆敲起，递换梆点，如曲牌然，笑语杂沓，声闻多远，游人奔赴，四面碴严，皆看梆而不看灯，而灯不散则不已也。(《春明采风志》)

——《北平风俗类征》

明季，都门灯市甚盛。流寇乱后，此举乃罢，然流风所及，余韵未泯。终清之世，每届新正十三上灯，十八落灯，民间犹以之点缀元宵节景也。鼎革以还，百事维新，前门一带商店虽仍例行不废，而大率乞灵电机，非不眩奇斗巧，终嫌味同嚼蜡。今惟大栅栏之瑞蚨祥、廊房头条之谦祥益等，尚有绢灯数百盏，应时而悬，任人品评。其制作绝精，彩画又多出名人手笔，《西厢》、《三国》、《水浒》、《红楼》之类，摹绘全书事实，栩栩如生，是真无愧美术者欤！

——《北京市志稿·礼俗志》

明朝京师灯市、庙市，即西北、中原等处俗说赶集，东南、闽粤等处趁墟是也。灯市向设于五凤楼前，后徙东华门外，庙市则起自刑部街之东弼教坊下，绕北延至都城隍庙，绵亘十里。其期灯市则每月之初五、初十与二十，庙市则月之朔望与二十五。灯市先为灯设也，正月起于初八至十八，再过晚始散。灯贾大小以几千计，灯本多寡以几万计。自大内两宫与东西二宫，及秉刑司礼、世勋现戚、文武百寮，莫不挟重资往，以买之多寡角胜负，百两一架、二十两一对者比比。灯之贵重华美，人工天致，必极尘世所未有，时年所未经目者，大抵闽粤技巧，苏杭锦绣，洋海物料选集而成，若稍稍随俗无奇，不敢出也。至珠宝古玩、香绸瓷锦等货，贸易售市，动经千百，豪华局面，富贵气象，人钦帝都如此。自世道变古，将三厘银置一盏梅花纸灯，堂前清供，家无优宴，夜不设席，自以为道心不乱，冰操可掬，灯贾由是解体。灯本逢此亏折，皇店酒楼气索神冷，止舞大头和尚以闹街遣兴,此非朴茂,乃衰薄也。所谓金吾不禁,彻夜游行之事无有矣。灯市穷,京师遂愀然无色。庙市乃为天下人备器用御繁华而设也,珊瑚树、走盘珠、祖母绿、猫儿眼,盈架悬陈,盈箱叠贮;紫金脂玉、犀角伽俯、商彝周鼎、秦镜汉匜、晋书唐画,宋元以下,物不足贵;又外国奇珍、内府秘藏、扇墨笺香、幢盆钊剑、柴汝官哥、猵狪氍氇、洋缎蜀锦、宫妆禁绣,世不常有,目不易见。诸物件应接不暇,维彼碧眼胡商,飘洋番客,腰缠百万,列肆高谈。日至其期,官为给假,使为留车,行行观看,列列指陈,后必随之以扶手,昇之以箱匣,率之以纪纲戚友。新到之物必买,适用之物必买,奇异之物必买,布帛之物必买,可以奉上之物必买,可贻后人为镇必买,姜滕燕婉之好必买,仙佛供奉之用必买,儿女婚嫁之备必买,公姑寿诞之需必买,冬夏著身之要必买,南北异宜之具必买,职官之所宜有必买,筲门之所宜备必买。朱提称兑,不避人见,置办山积,无人敢议。自世道变古,有其用,有其力,不欲有其名。心所爱,素所访,至期必欲置,又不欲露人之耳目,窥见其好尚,当日不出者十之七八,曰:"不见所欲。"此心不乱,偶出而游行,低头清看,问价饱眼而已。使坐贾巨商怒目怨视,算格珐码高阁束置,由是远近兴贩之人裹足不前,巨本深藏之客闻风先遁。惟有本处二三老圃,荒场废墓,种植胡瓠,缠葺匿蓝,充塞街衢,即有一二摆设,惧已破烂杂碎,物不成器,价不盈贯者。庙市穷,京师遂大穷。

——《北京市志稿·礼俗志》

燕中书肆多在大明门右及礼部门外、拱宸门西,每会试举子,则书肆列于场前;岁朝后三日,则移于灯市;朔望并下浣五日,则徙于城隍庙中。

——《北京市志稿·礼俗志》

三五:指农历正月十五上元节。宋李清照《永遇乐》词:"中州盛日,闺门多暇,记得偏重三五。"宋刘辰翁《永遇乐·余自乙亥上元诵李易安词为之涕下》词:"缃帙流离,风鬟三五,能赋词最苦。"

——《汉语大词典·1》

上元:节日名。俗以农历正月十五日为上元节,也叫元宵节。《旧唐书·中宗纪》:"(景龙四年)丙寅上元夜,帝与皇后微行观灯。"《水浒传》第六六回:"次日,正是正月十五日,上元佳节,好生晴明,黄昏月上,六街三市,各处坊隅巷陌,点放花灯,大街小巷,都有社火。"清潘荣陛《帝京岁时纪胜·登高》:"岁上元夜,寺僧燃灯绕塔奏乐,金光明空,乐作天上矣。"

——《汉语大词典·1》

元夕：旧称农历正月十五日为上元节，是夜称元夕，与"元夜"、"元宵"同。宋叶适《运使直阁郎中王公墓志铭》："会庆节礼毕，吏以例白留山棚，元夕张灯可就用也。"清潘荣陛《帝京岁时纪胜·烟火》："勋戚富有之家，于元夕集百巧为一架，次第传爇通宵为乐。"

——《汉语大词典·2》

元宵：①农历正月十五日叫上元节，这天晚上叫"元宵"。亦称"元夜"、"元夕"。唐以来有观灯的风俗，所以又叫"灯节"。唐韩偓《元夜即席》诗："元宵清景亚元正，丝雨霏霏向晚倾。"《古今小说·张舜美灯宵得丽女》："曾有妻刘氏素香，因三载前元宵夜观灯失去，未知存亡下落。"清赵翼《上元夕毗陵驿前泊舟》诗："联舟小泊运河滨，正是元宵节物新。"巴金《家》十九："元宵节一过，新年佳节就完了。"②汤圆的别名。旧俗元宵节要吃汤圆，所以称汤圆为"元宵"。清富察敦崇《燕京岁时记·灯节》："市卖食物，干鲜俱备，而以元宵为大宗，亦所以点缀节景耳。"杨朔《海天苍苍》："正过元宵节，叔父在我们家吃元宵。"

——《汉语大词典·2》

元宵子：即元宵。汤圆。明王志坚《表异录·人事七》："宇文让置毒糖碓，今之元宵子也。"

——《汉语大词典·2》

天官赐福：俗谓正月十五上元节天官赐福于人。宋吴自牧《梦粱录·元宵》："正月十五日元夕节，乃上元天官赐福之辰。"孙锦标《通俗常言疏证·祸福》："天官赐福：梁元帝旨要：'上元为天官赐福之辰。'"旧日戏曲舞台有演天官赐福以徵吉利者。亦泛指上天赐福。柳青《创业史》第一部第十八章："不识字的前清老汉，喜欢经常对民国年出生的庄稼人，讲解'天官赐福'四个字的深刻含意……他认为：老天和官家是无上权威，人都应当听任天官的安排，不可以违拗。"又："这也是天官赐福咯！我的天！要不是天意……要不是官家派工作人来分地，庄稼人敢动吗？"

——《汉语大词典·2》

彩鳌：旧时元宵灯景的一种。用彩灯堆成，象巨鳌形。多称鳌山。明杨斑《龙膏记·偿缘》："吉支支笛儿，骨冬冬画鼓儿，闹着彩鳌。同声曲，相和歌，尽唱上元好。"

——《汉语大词典·3》

正月节：即元宵节。《儿女英雄传》第十一回："这县官姓胡,原是个卖面茶的出身,到了正月节,带卖卖元宵,不知怎的,无意中发了一注横财,忽然的官星发动,就捐了一个知县。"

——《汉语大词典·5》

正灯：指农历正月十五日灯节。《水浒传》第七二回："明日看了正灯,连夜便回,只此十分好了,莫要弄得撅撒了！"清富察敦崇《燕京岁时记·灯节》："自十三以至十七均谓之灯节,惟十五日谓之正灯耳。"

——《汉语大词典·5》

放夜：旧时都城有夜禁,街道断绝通行。唐代起正月十五夜前后各一日暂时弛禁,准许百姓夜行,称为"放夜"。宋高承《事物纪原·岁时风俗·放夜》："唐睿宗先天二年正月望,初弛门禁；玄宗天宝六年正月十八日,诏重门夜开,以达阳气；朱梁开平中,诏开坊门三夜……太平兴国六年,敕然灯放夜为著令。"宋周邦彦《解语花·元宵》词："因念都城放夜,望千门如昼,嬉笑游冶。"清黄景仁《元夜独坐偶成》诗："云知放夜开千叠,月为愁心晕一层。"

——《汉语大词典·5》

汤团：即元宵。糯米粉制成的球形食品,有馅,一般用水煮食。明刘若愚《酌中志·饮食好尚纪略》："自初九日之后,即有软灯市买灯,吃元宵。其制法用糯米细面,内用核桃仁、白糖为果馅,洒水滚成,如核桃大,即江南所称汤团者。"《警世通言·俞仲举题诗遇上皇》："只见俞良立在那灶边,手里拿着一碗汤团正吃哩。"《官场现形记》第八回："陶子尧坐在旁边坐着吃汤团"。

——《汉语大词典·5》

探春：早春郊游。唐宋风俗,都城士女在正月十五日收灯后争先至郊外宴游,叫探春。唐孟郊《长安早春》诗："公子醉未起,美人争探春。"五代王仁裕《开元天宝遗事·探春》："都人仕女,每至正月半后,各乘车跨马供帐于园圃或郊野中,为探春之宴。"宋周密《武林旧事·西湖游幸》："都城自过收灯,贵游巨室,皆争先出郊,谓之'探春'。"明俞弁《逸老堂诗话》卷下："徐天全《雪湖赏梅》云：'梅开催雪雪催梅,梅雪催人举酒杯。折取琼枝插船上,满城知是探春回。'"清钱谦益《迎春日偕河东君泛舟东郊作》诗："鼍画山城画舫开,春人春日探春来。"

——《汉语大词典·6》

烧灯：①点灯。唐王建《宫词》之八九："院院烧灯如白日，沈香火底坐吹笙。"明袁宗道《晚晴偏书》诗："静嘿怜童仆，烧灯夜未眠。"叶叶《庚戌纪事》诗之一："彻夜烧灯钓月舫，可知杯酒即天涯。"②指举行灯会或灯市。《旧唐书·玄宗纪下》："(开元二十八年春正月)壬寅，以望日御勤政楼宴群臣，连夜烧灯，会大雪而罢，因命自今常以二月望日夜为之。"宋蔡絛《铁围山丛谈》卷一："国朝上元节烧灯盛于前代，为彩山峻极而对峙于端门。"③指元宵节。宋蒋捷《绛都春》词："归时记约烧灯夜。早拆尽、秋千红架。"清纳兰性德《金菊对芙蓉·上元》词："狂游似梦，而今空记，密约烧灯。"清洪亮吉《吴上舍文桂倚梅图》诗："才过烧灯无几日，误书谷雨我心惊。"

——《汉语大词典·7》

烧灯节：指元宵节。旧俗于正月十五晚张灯结彩，供人通宵观赏，故称。宋刘辰翁《忆秦娥》词："烧灯节，朝京道上风和雪。"

——《汉语大词典·7》

灯夕：旧俗于农历正月十五日元宵节夜张灯游乐，故称其夕为"灯夕"。宋欧阳修《与王懿敏公书》之二："灯夕却在李端悫家为会，诸君皆奉思也。"《宋史·吕蒙正传》："尝灯夕设宴，蒙正侍。"《金瓶梅词话》第二四回："话说一日，天上元宵，人间灯夕，西门庆在厅上张挂花灯，铺陈绮席。"

——《汉语大词典·7》

灯火：指灯彩。宋周密《武林旧事·元夕》："一入新正，灯火日盛。"《水浒传》第六六回："早晚元宵节近，北京年例，大张灯火。"清陈康祺《郎潜纪闻》卷十二："(京师)元宵节……五龙亭看灯火，唱秧歌。"

——《汉语大词典·7》

灯市：元宵节前后张设、悬售花灯的地方。宋范成大《上元纪吴下节物》诗："酒垆先叠鼓，灯市蚤投琼。"自注："腊月即有灯市。珍奇者，数人醵买之，相与呼卢，采胜者得灯。"宋周密《武林旧事·元夕》："都城自旧岁冬孟驾回……天街茶肆，渐已罗列灯球等求售，谓之'灯市'。自此以后，每夕皆然。"明沈德符《野获编补遗·畿辅·淹九》："京师正月灯市，例以十八日收灯，城中游冶顿寂。"清丘逢甲《元夕无月》诗："满城灯市荡春烟，宝月沈沈隔海天。"

——《汉语大词典·7》

灯事：指元宵节张灯游乐之事。明沈德符《野获编补遗·畿辅·淹九》："既见友人柬中称为淹九，或云灯事阑珊，未忍遽舍，取淹留之义。"清孙枝蔚《十四夜雪后同邓孝威等观灯》诗："海邦灯事少，绛帐景难虚。"

——《汉语大词典·7》

灯夜：指元宵节的晚上。宋张元干《兰陵王》词："曾驰道同载，上林携手，灯夜初过早共约。"《古今小说·张舜美灯宵得丽女》："却有个波俏的女子，也因灯夜游玩，撞着个狂荡的小秀才。"

——《汉语大词典·7》

灯宴：正月十五的宴会。《宋史·后妃传上·英宗高皇后》："上元灯宴，后母当入观。"

——《汉语大词典·7》

灯期：指元宵节前后张灯游乐的一段时间。一般为农历正月十三日至十七日。宋陆游《上元前一日》诗："峭寒增酒价，微雨恼灯期。"宋万俟雅言《昭君怨》词："春到南楼雪尽，惊动灯期花信。"

——《汉语大词典·7》

灯节：农历正月十三日至十七日，民间张灯游乐，谓之灯节。亦特指元宵节。清富察敦崇《燕京岁时记·灯节》："自十三以至十七均谓之灯节，惟十五日谓之正灯耳。"清孔尚任《桃花扇·选优》："今日正月初九，脚色尚未选定，万一误了灯节，岂不可恼。"老舍《樱海集·柳屯的》："年节过去，我又离开了故乡，到次年的灯节回来。"

——《汉语大词典·7》

灯会：元宵节举行的群众观灯集会。会上悬挂许多各式各样的彩灯，灯火辉煌。有的灯会还有高跷、狮子、旱船、杂技表演等娱乐活动。

——《汉语大词典·7》

灯彩：供装饰、观赏的花灯。清富察敦崇《燕京岁时记·灯节》："各色灯彩多以纱绢、玻璃及明角等为之，并绘画古今故事，以资玩赏。"巴金《寒夜》三十："今晚上很热闹，到处扎好了灯彩。"《新华日报》（1980年2月28日）："灯彩是我国多种民间艺术的集锦，它有编扎、裱糊等基本技艺，并且和雕刻、绘图、书法、诗词、剪纸等艺术都有密切关系。"

——《汉语大词典·7》

灯楼：张灯用的彩楼。唐玄宗时，都匠毛顺，多巧思，曾以缯彩结灯楼，高一百五十尺，悬珠玉金银，风至锵然。唐韩鄂《岁华纪丽·上元灯楼》："唐玄宗于上阳宫建灯楼，高一百五十尺，悬以珠玉，微风将至，锵然成韵。"

——《汉语大词典·7》

灯树：有分枝的大型灯架，其形如树，故称。隋炀帝《正月十五日于通衢建灯夜升南楼》诗："灯树千光照，花焰七枝开。"五代王仁裕《开元天宝遗事·百枝灯树》："韩国夫人置百枝灯树，高八十尺，竖之高山上，元夜点之，百里皆见，光明夺月色也。"《旧唐书·杨绾传》："绾应声指铁灯树曰：'灯盏柄曲。'"

——《汉语大词典·7》

禁夜：禁止夜行。唐苏味道《正月十五夜》诗："金吾不禁夜，玉漏莫相催。"按，唐韦述《西都杂记》："西都京城街衢，有执金吾晓暝传呼，以禁夜行，惟正月十五夜敕许弛禁，前后各一日，谓之放夜。"

——《汉语大词典·7》

花灯：用花彩装饰的灯。常特指元宵节供观赏的灯。《红楼梦》第五三回："至十五这一晚上，贾母便在大厅上命摆几席酒，定一班小戏，满挂各色花灯。"《儿女英雄传》第二八回："吱喽喽两扇大门开放，前面花灯鼓乐一队队进去。"陈毅《元夜抵胡家坪》诗："点点花灯当户照，齐占胜利在今年。"

——《汉语大词典·9》

赛花灯：元宵节前后，展出各种彩灯，争奇斗胜，谓之"赛花灯"。《水浒传》第六六回："豪富之家，各自去赛花灯。"鲁迅《南腔北调集·〈守常全集〉题记》："我想，就是报上所记的'人山人海'去看枭首示众的头颅的人们，恐怕也未必觉得更兴奋于看赛花灯的罢。"

——《汉语大词典·10》

观灯：观看花灯。旧有元宵观灯的风俗。《旧唐书·中宗纪》："丙寅上元夜，帝与皇后微行观灯。"宋高承《事物纪原·岁时民俗·放灯》："《史记·乐书》曰：'汉帝以正月上辛祀太一甘泉，以昏时祀到明。'徐坚谓今人正月望夜游观灯，是其遗事。"

——《汉语大词典·10》

踏灯：亦作"蹋灯"。元宵节上灯市看灯。明徐渭有《十六夜踏灯与璩仲玉王新甫饮于大中桥之西楼》诗。清诸重光《上元前夕宝幢鉴南过饮》诗："客为踏灯成不速，门非觅句亦常关。"清毛奇龄《西湖蹋灯词》序："乃作《西湖蹋灯词》六十首，传于人间，岂亦京师蹋灯之意乎？"

——《汉语大词典·10》

闹元宵：民间风俗。农历正月十五，击鼓鸣锣，通宵张灯，供人玩赏。相传始于汉，后世相沿不衰，内容更丰富。是夕吃喝玩赏，热闹非凡。故称"闹元宵"。元王德信《北西厢记·斋坛闹会》："老的少的，村的俏的，没颠没倒，胜似闹元宵。"李瑛《正月十五》诗："正月十五春风高，家家闹元宵。"袁鹰《一声绣金匾》："正月里闹元宵，金匾绣开了。"

——《汉语大词典·12》

闹花灯：民间风俗。农历正月十五，张灯结彩，欢度元宵节。阮章竞《漳河水》诗："迎新年，接新春，准备十五闹花灯，街口都搭起彩楼门。"

——《汉语大词典·12》

【诗词歌赋】

正月十五夜

唐·苏味道

火树银花合,星桥铁锁开。
暗尘随马去,明月逐人来。
游妓皆秾李,行歌尽落梅。
金吾不禁夜,玉漏莫相催。

上元之夜

唐·崔液

玉漏铜壶且莫催,铁关金锁彻明开。
谁家见月能闲坐,何处闻灯不看来。

正月十五夜灯

唐·张祜

千门开锁万灯明,正月中旬动帝京。
三百内人连袖舞,一时天上著词声。

正月十五夜闻京有灯恨不得观

唐·李商隐

月色灯光满帝都,香车宝辇隘通衢。
身闲不睹中兴盛,羞逐乡人赛紫姑。

上 元

唐·郭利贞

九陌连灯影,千门度月华。
倾城出宝骑,匝路转香车。

烂漫惟愁晓,周游不问家。
更逢清管发,处处落梅花。

生查子　元夕

宋·欧阳修

去年元夜时,花市灯如昼。月上柳梢头,人约黄昏后。　今年元夜时,月与灯依旧。不见去年人,泪满春衫袖。

上　元

宋·曾巩

金鞍驰骋属儿曹,夜半喧阗意气豪。
明月满街流水远,华灯入望众星高。
风吹玉漏穿花急,人近朱阑送目劳。
自笑低心逐年少,只寻前事捻霜毛。

蝶恋花　密州上元

宋·苏轼

灯火钱塘三五夜,明月如霜,照见人如画。帐底吹笙香吐麝,更无一点尘随马。　寂寞山城人老也!击鼓吹箫,却入农桑社。火冷灯稀霜露下,昏昏雪意云垂野。

解花语　上元

宋·周邦彦

风销绛蜡,露浥红莲,灯市光相射。桂华流瓦,纤云散,耿耿素娥欲下。衣裳淡雅,看楚女纤腰一把。箫鼓喧,人影参差,满路飘香麝。　因念都城放夜,望千门如昼,嬉笑游冶。钿车罗帕,相逢处,自有暗尘随马。年光是也,唯只见旧情衰谢。清漏移,飞盖归来,从舞休歌罢。

临江仙 都城元夕

宋·毛滂

闻道长安灯夜好,雕轮宝马如云。蓬莱清浅对觚棱。玉皇开碧落,银界失黄昏。 谁见江南憔悴客,端忧懒步芳尘。小屏风畔冷香凝。酒浓春入梦,窗破月寻人。

女冠子 上元

宋·李邴

帝城三五,灯火花市盈路,天街游处。此时方信,凤阙都民,奢华豪富。纱笼才过去,喝道转身,一壁小来且住。见许多才子艳质,携手并肩低语。 东往西来谁家女,买玉梅争戴,缓步香风度。北观南顾,见画烛影里,神仙无数。引人魂似醉,不如趁早,步月归去。这一双情眼,怎生禁得,许多胡觑。

永遇乐

宋·李清照

落日熔金,暮云合璧,人在何处?染柳烟浓,吹梅笛怨,春意知几许!元宵佳节,融合天气,次第岂无风雨?来相召,香车宝马,谢他酒朋诗侣。 中州盛日,闺门多暇,记得偏重三五。铺翠冠儿,捻金雪柳,簇带争济楚。如今憔悴,风鬟霜鬓,怕见夜间出去。不如向,帘儿底下,听人笑语。

好事近

宋·朱敦儒

春雨细如尘,楼外柳丝黄湿。风约绣帘斜去,透窗纱寒碧。 美人慵剪上元灯,弹泪倚瑶瑟。却卜紫姑香火,问辽东消息。

元 夜

宋·朱淑真

火树银花触目红,揭天鼓吹闹春风。
新欢入手愁忙里,旧事惊心忆梦中。

但愿暂成人缱绻,不妨常任月朦胧。
赏灯那得工夫醉,未必明年此会同!

灯市行

宋·范成大

吴台今古繁华地,偏爱元宵影戏灯。
春前腊后天好晴,已向街头作灯市。
叠玉千丝类鬼工,剪罗万眼人力穷。
两品争新最先出,不待三五迎东风。
儿郎种麦荷锄倦,偷闲也向城中看。
酒垆博塞杂歌呼,夜夜长如正月半。
灾伤不及什之三,岁寒民气如春酣。
侬家亦幸荒年少,始觉城中灯市好。

青玉案 元夕

宋·辛弃疾

　　东风夜放花千树,更吹落,星如雨。宝马雕车香满路。凤箫声动,玉壶光转,一夜鱼龙舞。　蛾儿雪柳黄金缕,笑语盈盈暗香去。众里寻他千百度,蓦然回首,那人却在,灯火阑珊处。

鹧鸪天 正月十一日观灯

宋·姜夔

　　巷陌风光纵赏时,笼纱未出马先嘶。白头居士无呵殿,只有乘肩小女随。　花满市,月侵衣,少年情事老来悲。沙河塘上春寒浅,看了游人缓缓归。

长安灯市

明·王应遴

千官休沐逐良期,不见牙牌挂阿谁。
闻说昔年三学士,召来殿上撰灯词。
珍馐高擎出大官,狐裘貂帽跨金鞍。

公侯自享天来福,啧啧游人驻足看。
星毬莲炬半空悬,火喷梨花罩酒筵。
莫道米珠薪桂地,谁人肯惜买灯钱。
跳索迷藏拽伴游,太平鼓打闹街头。
铜钱搜出爹娘袖,要买花灯滚地毯。
哥窑倭漆载盈车,估客胡儿莫自夸。
宝玩圣明原不好,故令结市在东华。

宝鼎现 春月

宋·刘辰翁

红妆春骑,踏月影,竿旗穿市。望不尽楼台歌舞,习习香尘莲步底。箫声断,约彩鸾归去,未怕金吾呵醉。甚辇路喧阗且止。听得念奴歌起。 父老犹记宣和事。抱铜仙,清泪如水。还转盼沙河多丽。滉漾明光连邸第,帘影动,散红光成绮。月浸葡萄十里。看往来神仙才子,肯把菱花扑碎。 肠断竹马儿童,空见说,三千乐指。等多时春不归来,道春时欲睡。又说向灯前拥髻。暗滴鲛珠坠。便当日亲见霓裳,天上人间梦里。

传言玉女 钱塘元夕

宋·汪元量

一片风流,今夕与谁同乐?月台花馆,慨尘埃漠漠。豪华荡尽,只有青山如洛。钱塘依旧,潮生潮落。 万点灯光,羞照舞钿歌箔。玉梅消瘦,恨东皇命薄。昭君泪流,手捻琵琶弦索。离愁聊寄,画楼哀角。

人月圆

宋·李持正

小桃枝上春风早,初试薄罗衣。年年乐事,华灯竞处,人月圆时。 禁街箫鼓,寒轻夜永,纤手重携。更阑人散,千门笑语,声在帘帏。

鹧鸪天

宋·无名女

月满蓬壶灿烂灯,与郎携手至端门。贪看鹤阵笙歌举,不觉鸳鸯失却群。 天将晓,感皇恩,传宣赐酒饮杯巡。归家恐被翁姑责,窃取金杯作照凭。

昭君怨

宋·万俟咏

春到南楼雪尽,惊动灯期花信。小雨一番寒,倚栏干。 莫把栏干频倚,一望几重烟水。何处是京华,暮云遮。

女冠子 元夕

宋·蒋捷

蕙花香也。雪晴池馆如画。春风飞到,宝钗楼上,一片笙箫,琉璃光射。而今灯漫挂。不是暗尘明月,那时元夜。况年来,心懒意怯,羞与蛾儿争耍。 江城人悄初更打。问繁华谁解,再向天公借。剔残红炧。但梦里隐隐,钿车罗帕。吴笺银粉砑。待把旧家风景,写成闲话。笑绿鬟邻女,倚窗犹唱,夕阳西下。

京师上元夜

元·鲜于枢

华月澄澄宿露收,万家灯火见皇州。天阊虎豹依宵汉,人海鱼龙混斗牛。公子锦鞯鸣玉勒,内家珠箔控银钩。道旁亦有扬雄宅,寂寞芸窗冷似秋。

上元日

元·范梈

蓬莱宫阙峙青天,后内看灯记往年。
谁念东篱山下路,再逢春月向人圆。

正月十六日夜至京师观灯

明·高启

天街争唱落梅歌,绛阙珠灯万树罗。
莫笑游人来看晚,春风还似昨宵多。

灯夕赐宴

明·吴溥

天阙峨峨壮九重,五云深处耸鳌峰。
花开锦树春如昼,漏下金壶夜未终。
圣主当阳调玉烛,近臣传诏赐黄封。
国家景运当全盛,舜日尧天喜再逢。

五色龙光烛殿红,星桥千尺驾长虹。
神仙夜降云霄外,人物春行锦绣中。
月影渐高双阙迥,天颜有喜万方同。
微臣禄食惭无补,愿和康衢寿圣躬。

元夕赐午门观灯四首

明·金幼孜

鳌山高耸架层空,万烛烧春瑞气融。
星动银河浮菡萏,天垂琼岛绽芙蓉。
行行彩队穿华月,曲曲鸾笙度好风。
自是太平多乐事,君王要与万方同。

凤辇初临鼓吹喧,千官环侍紫宸边。
九门灯火云霄上,午夜山河锦绣前。
春散炉烟浮树暖,月移宝仗映花妍。
从臣忝预传柑宴,既醉犹歌湛露篇。

天上红云湿翠旗,楼前灯影动罘罳。
御筵花暖歌声近,紫禁风清玉漏迟。
中使传宣还赐果,词臣献赋更陈诗。
华夷尽道承恩泽,千载昌期际此时。

天仗森森列宝台,教坊初进鼓如雷。
金莲夜放轻寒散,绛蜡春融瑞气回。

仙乐谩调双玉管,紫宸频上万年杯。
传柑岁岁承恩渥,感遇深惭负不才。

元夕午门赐观灯

明·金幼孜

五夜开闾阖,千官引珮珂。
御烟浮宝篆,华月送清歌。
岁久君恩重,时平乐事多。
金吾知不禁,试问夜如何。

鳌山新结彩,列炬照晴天。
箫鼓瑶台上,星河绛阙前。
彩妆千队好,绣簇万花妍。
欢赏陪鸾驭,还歌既醉篇。

元夕赐观灯

明·杨荣

海宇升平日,元宵令节时。
彩云飘凤阙,瑞霭绕龙旗。
歌管春声动,星河夜色迟。
万方同燕喜,千载际昌期。

禁苑东风暖,青霄月正中。
鱼龙千队戏,罗绮万花丛。
云峤祥光丽,星桥宝炬红。
太平多乐事,此夕万方同。

象纬临天阙,瑶空集万灵。
云霞纷掩映,星斗叠晶荧。
宝地春应满,金门夜不扃。
千官陪宴乐,拜舞在明庭。

元夕赐观灯应制五首

明·陈敬宗

皓月金门夜,和风玉殿春。
云移山岛近,灯簇万花新。
天仗临丹戺,星桥接紫宸。
中官宣德意,宴赏及群臣。

紫禁疏钟静,高城刻漏传。
五云迎宝盖,万户缀金莲。
琼醴行仙席,龙盘进御筵。
教坊呈百戏,齐过玉阶前。

剑佩青霄近,峰峦翠阁重。
花明金椏月,香度玉楼风。
拜舞诸蕃集,欢娱万国同。
遥闻歌吹发,五色庆云中。

紫陌连清禁,彤楼接绛河。
九门星彩动,万井月华多。
宝炬通宵晃,鸾笙协气和。
臣民涵圣泽,齐唱太平歌。

山拥金鳌壮,云盘彩凤来。
星河随斗转,珠阙倚天开。
欢洽春声遍,恩从淑气回。
愿歌鱼藻咏,长奉万年杯。

元夕赐观灯诗三首

明·陈敬宗

河汉沉沉霁景澄,蓬莱燃满九华灯。
青猊白象三千界,绮阁雕栏十二层。

花绣芙蓉浓艳吐,帘垂翡翠异香凝。
世人惟向云中见,遥望天门不可登。

乐奏韶咸宝扇开,遥瞻龙驭自天来。
九门香逐灵飙度,万国春随御气回。
彩凤高临青玉案,彤云轻护紫霞杯。
臣民共愿宸游乐,海内欢声溢九垓。

中使传宣宴百官,珮声遥集五云端。
酒倾绿蚁开金瓮,馔脍苍麟奉玉盘。
宝帐春回频送暖,瑶台雪霁不生寒。
侍臣沾醉蒙恩德,更敕都人近御看。

元夕应制

明·黎淳

龙楼锡宴月初斜,宝炬星分照翠华。
五夜歌钟连甲第,千门灯火映皇家。
锦筵人醉飘金缕,罗绮春晴散彩霞。
自是宸游多乐事,叨陪几度赐宫花。

元夕应制

明·吴宽

鳌背神仙拥翠微,良宵春色满彤墀。
金莲暖映高低影,火树齐分远近枝。
仗外仙韶风细细,云端清漏月迟迟。
要知此会真难得,恩及黎民共乐时。

元 宵

明·唐寅

有灯无月不娱人,有月无灯不算春。
春到人间人似玉,灯烧月下月如银。

满街珠翠游村女,沸地笙歌赛社神。
不展芳尊开口笑,如何消得此良辰。

古调·蟾宫曲　元宵

明·王磐

听元宵,往岁喧哗,歌也千家,舞也千家。听元宵,今岁嗟呀,愁也千家,怨也千家。那里有闹红尘香车宝马?只不过送黄昏古木寒鸦。诗也消乏,酒也消乏,冷落了春风,惟悴了梅花。

汴京元夕

明·李梦阳

中山孺子倚新妆,郑女燕姬独擅场。
齐唱宪王新乐府,金梁桥外月如霜。

燕京元夕曲

明·王廷陈

大道朱楼锦绣围,歌中万户绕春辉。
楼前火树嶙峋照,化作红云片片飞。

香车一一渡星桥,翠袖双双引玉箫。
但讶游人争辟易,不知夫婿汉嫖姚。

万柳千花巧自妆,春风吹散绮罗香。
谁教月色馍糊甚,恼杀幽并游冶郎。

观灯篇

明·冯琦

帝握千秋历,天开万国欢。
莺花周正月,灯火汉长安。

长安正月旋玑正,万户阳春布天令。
新岁风光属上元,中原物力方全盛。
五都万宝集燕台,航海梯山入贡回。
白环银瓮殊方至,翡翠明珠万里来。
薄暮千门凝瑞霭,当天片月流光彩。
十二楼台天不夜,三千世界春如海。
万岁山前望翠华,九光灯里簇明霞。
六宫尽罢鱼龙戏,千炬争开菡萏花。
六宫千炬纷相似,星桥直接银河起。
赤帝真乘火德符,玉皇端拱红云里。
灯烟散入五侯家,炊金馔玉斗骄奢,
桂烬兰膏九微火,珠帘绣幌七香车。
长安少年喜宾客,驰骛东城复南陌,
百万纵博输不辞,十千沽酒贫何惜,
夜深纵酒复徵歌,归路曾无醉尉诃。
六街明月吹笙管,十里香风散绮罗。
绮罗笙管春加绣,穷檐蔀屋寒如旧。
谁家朝突静无烟,谁家夜色明于昼。
夜夜都城望月新,年年郡国告灾频。
愿将圣主光明烛,并照冰天桂海人。

灯 市

明·袁宏道

一簇香飞紫珞尘,六街花粉蔽蹄轮。
请看楼下呼号者,即是当年楼上人。

十三日看灯市

明·王稚登

瑞气与人烟,纷纷侠少年。
花过楼外看,灯出市中悬。
弦管筵难辨,呼号肆不怜。
可知爱惜月,趁未十分圆。

灯市竹枝词

明·刘侗

貂装骀马象装车,不是勋家是戚家。
笑上街楼帘尽卷,游人团定候琵琶。
田家歌舞魏家浆,海淀园林恭顺香。
桃李莫分先后种,恩波一片是春光。
灯楼弦管欲温人,楼下金珠饱杀春。
老米青煤明日客,片时和哄可怜身。
鳌山一搭岁千金,蠲免争传此玉音。
平买市灯归内里,明明照见市民心。

灯　市

明·范景文

赐酺长安乐事存,千官放假荷君恩。
红云遥望深深处,高架鳌山乐至尊。

壬戌灯市

明·冯元飏

曾传宫里奏云门,今夕还看花事繁。
城月欲随旌旆暗,边声遥带鼓吹喧。
庙堂自肃金吾禁,衢壤犹倾柏叶尊。
驴背冲寒游未罢,几回低首忆开元。

灯　市

明·梁于涘

霜华月彩琉璃瓦,千影万影灯光下。
自出自游各女郎,丛丛自唤街前马。
笼灯喝道金吾来,踏踵挨肩谁走开。
半隐街灯频换曲,傲傲不肯下楼台。

灯市同傅佑君、许朗庵饮

明·王铎

春城真不夜,来醉酒人家。
月照千门雪,星开万井花。
龙围喷火急,鳌路戴山斜。
别有金张约,笙歌簇宝华。

灯 市

明·谭贞默

灯幻银花火幻灯,火花飞趁夜薨薨。
更清月冷迟年少,铙鼓殷阗赛跳绳。

灯市篇

明·倪启祚

律转太簇春之序,北京十日灯市聚。
五剧三条结阵来,众口喧腾祝晴曙。
廊市开廛腾税息,一椽一屋税者密。
湖罗福绢花新样,宣成窑铸薰旧色。
地摊棚卓廊两边,珠宝犀玉客鳞集。
故衣断残蹞卖苦,贵至无芝贱无直。
万钱一楼半日夜,戚内侯伯相邀过。
轿高于车快于马,仍以千金装马驼。
金银钱豆无吝惜,追陪左右人肩摩。
廷尉庭中豪客满,鞑官门下盗雄多。
复有少年轻薄儿,秃袖窄袜随所之。
等闲游戏无一事,前吻后哨如有期。
东市东曲尘络绎,妖童冶女阑街立。
儿孩跃跃鼓太平,挝鼓喧阗无剩隙。

俄见日出西山暮,不待月明争点烛。
楼上楼下眼光亲,帘箔层层作幽曲。
帘帘炬蜡曜几里,香烟出楼若霞绮。
各家宅眷各家郎,互遮互看疏帘里。
处处歌筵调部律,雕桐宝瑟和笙笛。
队伍杂耍南北腔,东楼巧妙西无敌。
　檀香板、鹍筋弦,女姹儿娇小可怜。
教坊教得新杂剧,新箱特地团新年。
花炮轰轰金叶丝,金菊葡萄满树梨。
好事多方构奇制,高作浮屠灯百枝。
此时见灯不见市,嘈嘈失听声音碎。
狂客使酒呼酒频,醉奴狼藉当垆睡。
得意元宵人几时,明月阴晴知未知。
流品不分贯籍合,灯市元宵醉莫辞。

灯　市

明·戴九玄

好逐风光东市去,还看月色禁城来。
年华最胜惟灯节,帝力于人得酒杯。
高阁连云罗绮艳,娇歌入夜管弦催。
绣筵金盏知无分,瘦马行吟日几回。

灯　市

明·石昆玉

灯市百货聚,穹窿象山谷。
波斯细举名,最下亦珠玉。
满城恣意观,履舄时交触。
侧肩趁友朋,转眄遗童仆。
楼上楼下人,徙倚自相瞩。
佻佻白面郎,囊里金如粟。
访古探瑰奇,十仅偿其六。
为君话所从,原出巨家椟。

向购此场中,而今在此鬻。
伫看市道间,何事无翻覆。

灯　市

明·郑友玄

图书兼错珍,灵蠢非一致。
车马兼丝肉,俚韵非一器。
音影浩浩中,行思各有寄。
自是王城大,欢场藏事事。
因知旷士怀,尘中空听视。
不然归路遥,明月发我愧。

灯　市

明·贺世寿

冰条未破玉河流,春气先蒸市上楼。
锦簇花围喧笑语,几门都尉几通侯。

灯　夜

明·宋玫

队拥银红簇,姗姗月不匀。
澹浓皆在夜,衣履已多春。
耳目藏千事,性情归一人。
暗尘随火住,桥畔是天津。

灯市喜逢谭梁生兄弟

明·袁彭年

良友天涯未易寻,相闻各自附知音。
却因鼎沸笙歌地,忽对弦中山水心。
璧琬陈来民力见,花灯暗处主忧深。
偶游默悟乘除理,春入冰凌可自今。

赐午门观灯应制二首

明·陈宗

鳌峰千仞郁嵯峨，万蜡荣春洽太和。
明月只随仙仗转，红云偏近御筵多。
旌旄影飐黄金阙，丝竹声翻白雪歌。
万岁三呼频祝颂，醉归数问夜如何。

白玉仙京上帝家，六云遥驾五云车。
巨鳌此夕移三岛，火树迎春吐万花。
水咽宫壶留夜色，欢腾黎庶乐年华。
承恩尽醉归来晚，一派钧天隔彩霞。

灯 市

明·范文光

争说看灯市里忙，行来片片锦珠光。
长安白昼迷人眼，不见灯场见市场。

灯市竹枝辞

明·汪历贤

丰颐广颡出侯门，熊白方甘狐白温。
闻赐灯棚添彩索，千灯焰焰晓犹存。
长安灯市昼连宵，游女争呈马上腰。
蹑蹑灯光莫归去，前门钉子玉河桥。

灯市竹枝词

明·杨补

风定晴酣午气煎，今朝真个踏灯天。
平添什物三分价，撒尽官儿新俸钱。

皮弦声里识椒房,内语咿哑喝道忙。
楼上眼光楼下落,下头人说上头强。
须知各省计偕来,外职京官杂秀才。
五日假恩中旨出,阁门只有相公开。
犊裤磨着侍中裆,簇簇灯光背月光。
多少侯家花半臂,挝筝打碟舞郎当。

灯市词

明·刘效祖

侯伯皇亲尽夜欢,锦衣走马绣鞯鞍。
千金已自悬灯火,更向谁家席上看。
谁家闺女路傍啼,向人说住大街西。
才随老老桥边过,看放花儿忽失迷。

灯市词

明·赵符庚

乡里儿女十八春,描眉画额点红唇。
灯前忽遇城中女,笑指明妆不可人。
元夜谁家灯最多,五侯七贵席嵯峨。
千金不惯招他客,独据中堂醉绮罗。

长安灯市词

明·徐颖

东掖门东灯市开,千官万姓此尘灰。
悔不多钱买身贵,鞍笼喝道下驴来。
俸禄新关足酒杯,官员五日假恩开。
小珰帽上珠无价,自说承恩赐得来。

减字木兰花　吴门元夕

清·陈文述

月明华屋,夜深犹绕阑干曲。何处清游?一树梅花拥画楼。　参差雁柱,玉筝弦上关山路。四壁宫花,红烛春寒小玉家。

元夕无月

清·丘逢甲

三年此夕月无光,明月多应在故乡。
欲向海天寻月去,五更飞梦渡鲲洋。

【竹枝词】

都门杂咏　　桐城　钱澄之

黑窑灯市早春开,闲看游人拥巷来。惟有关东多买主,家家载得满车回。
古寺松根百货居,珍奇满目价全虚。词林无事逢期到,冷眼闲看指旧书。
孤松野外恣盘桓,屈干回枝绕院寒。却笑慈恩寺里树,根株枯死尚争看。
昨夜西风雨乍收,黑龙潭上看新秋。尚书宾客樽前满,一半词人是白头。

——《北京风俗杂咏》

丙午元宵　　沛　阎尔梅

灯棚十里夜光斜,一半琉丝一半纱。自是燕山春色早,天寒正月放梨花。
东华门外玉绳移,灵佑宫前插彩旗。君过鳌山应见赏,光于明月细于丝。
璇阙星桥路几多,红灯觌出小银河。辽东人喜边关调,不数江南子夜歌。
秦女湘娥杂乱猜,珊瑚楼上绿珠来。霓裳正在云中舞,勒住茅龙看几回。
八宝龙灯舞万回,烟光玓瓅百花台。夜明珠挂通明殿,烧海仙童月下来。
宫灯雕出万年枝,晶阙天开不用披。群玉仙人同醉去,云璈零落步虚辞。

——《北京风俗杂咏》

杂咏篇　　平湖　释元璟

春在京华闹处多,放灯时节踏秧歌。近来供奉红云殿,不怕阑街闯将过。
灯满鳌山月满街,花锣花鼓打如雷。分明唱出田家乐,半是豳风诗句来。

上元词　　勾吴　秦松龄

九衢箫鼓殷晴雷,共道侯家舞队来。已逐西凉狮子去,还逢调象夜深回。
裁纨剪彩贴银纱,灯市争传出米家。花似乍开莺似语,十分春色到京华。
暖窖烘花如锦开,绿沈枝上红玫瑰。排灯斗月密如此,不要天家羯鼓催。
五桥风细月初斜,赤棒金吾坐晚衙。行近禁城人转密,路旁停著七香车。
规模角觝逗鱼龙,匝地秧歌彻九重。邸第传柑人未醉,凤楼潜动五更钟。
琉璃厂东闻踏歌,琉璃厂西纷绮罗。天涯游子醉复醉,独向春风唤奈何。

——《北京风俗杂咏》

上元杂咏　　石门　劳之辨

旧厂鸳鸯瓦,烧成五色窑。华灯珠的的,最闹是元宵。
灵佑宫前市,鳌山万树花。千金争索价,卖入五侯家。
迎春花早发,满担入铜街。二八谁家女,贪看落鬓钗。
角觝互争雄,鱼龙变化工。歌钟繁戚里,百戏月明中。
万烛斗明河,春风艳绮罗。插秧若个解,偏学唱秧歌。
旧有宜男谶,城门踏月过。相邀诸女伴,夜半手摩挲。
几队王孙骑,同寻少妇垆。貂裘买一醉,脱付酒家胡。
佳果新年到,离离自岭南。天恩叨醉饱,令节是传柑。

——《北京风俗杂咏》

灯市竹枝词　　钱塘　高士奇

晴和惬称上元天,灵佑宫西列市廛。莲炬星球张翠幕,喧声直到地坛边。

紫黑貂裘七宝鞯,闹丛丛里要先看。鳌山一盏千金价,止博华堂五夜欢。

堆山掏水米家灯,摹仿黄徐顾陆能。愈变愈奇工愈巧,料丝图画更新兴。(京师米灯,用铁线拗成,衬以细绢,粘贴其上。)

鸦髻盘云插翠翘,葱绫浅斗月华娇。夜深结伴前门过,消病春风去走桥。(正月十六日夜,京师妇女行游街市,名曰走桥,消百病也。多着葱白米色绫衫,为夜光衣。)

火树银花百尺高,过街鹰架搭沙篙。月明帘后灯笼锦,字字光辉写凤毛。(月明帘,灯笼锦,皆盒子内放出者,最后有五夜漏声催晓箭诗,全首字如斗大,光焰荧荧,良久方灭。)

百物争鲜上市夸,灯筵已放牡丹花。咬春萝卜同梨脆,处处辛盘食韭芽。

——《北京风俗杂咏》

帝京踏灯词　　辽海　刘廷玑

为挂纱灯搭小棚,游人香各一枝擎。粗豪紧踏秧歌去,却把新衣向晚更。
高髻轻钿贴翠翎,今宵偏不坐云軿。桥边小步归来喜,摸得城门铁叶钉。
酒家谁复换金貂,火树空悬冻未消。风俗是谁传不改,元宵人各买元宵。
新谱梨园唱几回,都人百万拥高台。忽传南苑张烟火,细马轻车又去来。
春场三市接松坛,有女如云不避官。都说闲行消百病,先拚今夜试轻寒。
剪席沿街结彩棚,孩儿鲍老各分擎。严城不辨今宵柝,兔影沉西是五更。
紫金冠插一枝翎,闹向长街杂翠軿。月下自歌还自舞,满身光烂小银钉。
打块成团暖额貂,薄沾香汗又旋消。九衢百戏人千万,若个先归负此宵。
天主堂前任往回,风琴夜不响高台。但听无数秧歌鼓,打入人家屋里来。
正阳门启接天坛,此夕金吾是备官。一路暗尘星欲曙,重新呼酒御春寒。

——《北京风俗杂咏》

燕城灯市竹枝词　　华亭　赵骏烈

次辛祈谷帝亲临,预禁红尘辇路侵。传谕雅番乌什辈,平泥泼水各担心。
早春凤辇祀天坛,驯象妆成锦绣繁。驮得宝瓶依序出,人山人海满街看。
一轮明月照天街,无复金吾沿户排。彻夜总教催玉漏,任人踏月畅心怀。
西河沿上尽银楼,户户灯屏炫两眸。屏里西洋图画好,骈肩仰面看无休。
鳌山寺观列中庭,晔若凝霞烂若星。宝鼎烟朦神佛相,笙箫歌吹祝升平。
百花灯下满姬妆,云鬟丫鬟逐队行。左手撩衣右手帕,挺胸稳步趁蟾光。
家家烟火祝丰亨,花萼硫黄喜夜晴。行遍九逵争斗胜,雷轰电掣不停声。
梨花一树势霭天,艳雪枝凝蕊著烟。烛影摇红花影乱,风吹片片舞争妍。
狰狞火判列街坊,口吐红烟眼放光。料想热中消不得,甘心毛发尽焦黄。
不用笙箫奏法筵,只闻锣逐鼓喧阗。高腔曲子声如沸,赚得燕人笑语颠。
纷纷锣鼓闹通宵,此处偏能节奏调。七五三声终复始,南音压倒北音高。
花帕缠头锦束腰,不施脂粉颇妖娆。央歌一曲声声媚,月色灯光转助娇。
饮罢归途兴尚豪,歌呼长啸月轮高。巡檐拇战身斜倚,博得输赢解佩刀。

踯躅街坊遇醉徒，狂呼大笑俨痴魔。万人队里横冲去，天子前来亦奈何。
传说元宵许放灯，四方贾客尽欢腾。琉璃厂起东西局，奇巧光华几万层。
举鞭跨马出官衙，番役前呼夹道遮。漫说司坊微末职，沿街辟易亦堪夸。
道上骈车数辆排，笙箫丝管律音谐。一番歌吹一番曲，雨雪兼乘月满街。
九衢处处酒帘飘，涞雪凝香贯九霄。万国衣冠咸列坐，不妨晨夕恋黄娇。
辇毂茶坊尽可观，马思远店尽盘桓。微行显达纷谈笑，各就相知饮凤团。
栴檀寺里看喇嘛，背负长竿手放挔。不念弥陀称打鬼，齐声占得好年华。
京城灯满月同明，照乘珠帘云母屏。天市辉煌朝市集，夜摊头唤卖零星。
灯谜巧幻胜天工，不惜奇珍与酒红。多少人才争夺彩，夸长夸短走胡同。
携筐街市号缝穷，十指纤纤补绽工。五夜艳妆来玩月，自矜织女下天宫。
华筵启处最奢豪，擎出优童不惮劳。节届传柑歌更舞，排场忘却月儿高。
灯市车沟泥水融，步摇拥挤路难通。不愁姊妹途行误，只恐金莲踏淖中。
帝城放夜乐靡休。灯月交辉到处游。毂击肩摩千万辈，不知若个是王侯。

——《北京风俗杂咏》

燕京上元竹枝词　　析津　蒋仁锡

寿昌白塔坤隅耸，璎珞华鬘逼禁门。莫凭危栏望佳气，五云移傍畅春园。
大西天共小西天，更与刘元塑接连。玉蝀桥边人聚蚁，尘蒙宫柳似含烟。
妆成丈六范金身，彩衲毼衫转法轮。忉利天中开色界，依稀秘戏见横陈。
重坡侧岭竞跻攀，顽石森罗插笏般。谁记凄凉南内事，游人但说兔儿山。
祸克式才停礼部，旃檀打鬼又萧条。正阳门外鱼龙盛，火树黏天照走桥。
玉河坊巷列西东，阛阓鱼鳞宛转通。醉控紫骝都潢遍，银盘如镜挂当中。
踏灯女伴竞招携，十五盈盈剪发齐。抬起月华裙百折，红夗终是齼春泥。
摸钉何处竟忘归，剪尽兰釭漏点稀。真个郎心难捉缚，颤摇全似闹蛾飞。
马咽车阗拉杂声，火光照火月光明。一哄拥过谁家第？杀大鳌山屋角擎。
腰鼓声喧雨点椎，朱衣画裤斗新奇。月明归路嫌萧索，更看顽童颠幕儿。
银花爆竹骤于雷，月底行春侧帽来。毕竟风流江左旧，衮衣扑得暗尘回。
歌列前庭舞后房，楼台总把烂银妆。百金那惜中人产，未够铜荷一夜光。

——《北京风俗杂咏》

上元竹枝词　　钱塘　符曾

凤城不信转东风,巧匠能移造化功。二十四番齐在手,一时催放照春红。
珠络流苏照宝灯,星球佳制出时兴。游人竞集琉璃厂,巧样争夸见未曾。
桂花香馅裹胡桃,江米如珠井水淘。见说马家滴粉好,试灯风里卖元宵。
清脆铃声放鸽天,春风流响粉云边。竹筒截出伶伦手,妙法新传绝可怜。
玉河冰泮水潺潺,金柳桥边柳未攀。春到琼华春正好,都人齐唱兔儿山。
星月高高三五明,天街相约上桥行。就中乐事谁知得,暗里春情独自生。

——《北京风俗杂咏》

都门元夕踏灯词　　休宁　程瑞祊

月映红楼火树开,秧歌缓步踏青来。云鬟不怕金吾过,斜卷珠帘看几回。
平台灯火看将阑,车上琵琶缓缓弹。一片清光残雪夜,六街春暖不知寒。
鳌山竞说凰城佳,弓样红灯仿绣鞋。金鼓喧阗声忽寂,豸冠含笑出巡街。
酒社灯屏半料丝,九微悬出一枝枝。侬家剪彩宫灯样,醉问檀郎知不知。
三市风微禁漏迟,醉挝花鼓夜游嬉。太平时节花灯盛,更有鱼龙百戏随。
几盏琉璃敌夜光,灯悬天市数廊房。梨园子弟新翻曲,一样歌喉李八郎。
彩棚红榜庆元宵,蹀躞天街十里遥。今夜蟾光何处满,冰轮高挂御河桥。
缯彩穷工胜偃师,翠环踏月尽肩随。朦胧香雾灯光里,几个双蛾是练槌。
球挂灯楼分外明,珍珠如豆线穿成。箜篌劈罢秦筝歌,遥听云中羯鼓声。
春暖花楼酒未醒,新腔闻演牡丹亭。通侯厂内观灯早,帽上新簪孔雀翎。
禁里龙烟护玉除,玉皇别自有仙居。华灯夜照天宫舞,说与人间总不如。

——《北京风俗杂咏》

元夕前门观灯　　钱塘　梁同书

细马轻车巷陌腾,好春又是一番增。今宵闲杀团团月,多少游人只看灯。
东风此日太豪奢,花底吹笙隔绛纱。芍药牡丹无分见,砂碯儿里看梨花。
人海中间是乐棚,琉璃千点火珠明。金吾抵死催人去,夜半天街打五更。
市门几处郁嵯峨,踏月人归缓缓歌。纸鼓铜环儿女戏,一分春色太平多。

——《北京风俗杂咏》

戏咏火判官　　阳湖　赵翼

满街灯烛正喧阗,变相俄惊地狱开。略似人形泥塑在,是何儿戏火攻来。
漫疑古佛多毫相,翻恐冥官也劫灰。不是禁烟寒食候,莫教错认介之推。

——《北京风俗杂咏》

灯市春游词　　镇洋　汪彦博

琼岛芙蓉水殿开,春风辽后洗妆台。短靴窄袖筵前舞,学得东丹射鹿回。
法曲蛾儿旧乐工,当年传自玉熙宫。一从顿老琵琶歇,北调于今迥不同。
满城貂鬓入年新,七宝香奁胜里人。面洗括萎消尽腊,口含萝卜咬将春。
白塔寺前绕塔去,玉河桥畔走桥来。商量后日寻春伴,岳庙杏花开未开。
丰台输与卖花翁,咒得花儿肉色红。二十四番芳信外,别添一信试灯风。
祈年观外乳莺黄,戏水金鱼尺半长。只许两厢居乐户,蝶仙静对老斋郎。

——《北京风俗杂咏》

帝京踏灯词　　侯官　李彦章

百道银花万影攒,重城灯月写团栾。儿童只解呼卢笑,看惯年年火判官。
红灯对影蜡重糊,照见天街软绣铺。一纸签名夜传入,当关先报大金吾。
画屏深护绿玻璃,小谜灯前密字题。两部清歌十番鼓,春声多在厂东西。
六街人语涌春潮,薄雾侵衣酒易消。十五燕姬高髻样,夜凉乘月走三桥。
红幕重重急鼓催,彩球蝴蝶报花开。簇新五色盘狮舞,传得江南手技来。
连环响鼓互登登,火树高于百丈綗。听遍踏歌归较晚,市楼犹有未收灯。

——《北京风俗杂咏》

【四季货声】

卖元宵：元宵，是农历正月十五日元宵节(也叫"灯节")的应节风味儿食品。清末有小贩挑担叫卖，前设锅炉碗筷，后放做好的生元宵，吆喝：

"津透来，化透了，多半碗来哎元宵唠！""津透了，化透了，桂花的元——宵！"

民国年间卖元宵吆喝：

"筋道嘞，清透嘞，桂花味儿的什锦馅儿的元宵啊！"

正月十五是元宵佳节的正日子，买元宵的人最多，"元宵"与"圆宵"谐音，元宵又是圆形的，取今宵阖家团圆欢聚之意。

——《吆喝与招幌》

津透了，化透了，桂花的元ヶヶ宵！(挑担。前设锅、炉。山楂、白糖、奶油、加果各馅。)

——《一岁货声》

【图片资料】

闹元宵

正月十五民间闹花灯

正月十五闹元宵

汤圆摊

元宵节

灯节

火判儿

元宵节

灯市大观

明元宵行乐图

元宵

庆赏元宵

卖元宵

正月十五闹元宵

踩高跷

北京民俗文化考（上）

春

明元宵行乐图

元宵节彩灯

卖灯笼

明代的民间烟火

放烟火

放烟火

天宫赐福

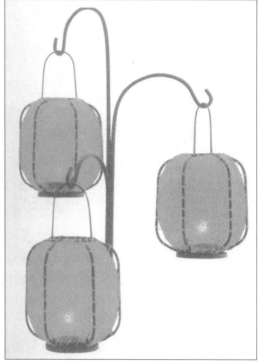
花灯

正月十五逛花灯

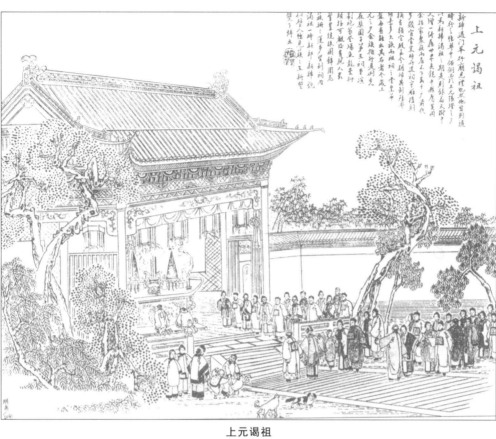

上元谒祖

闹花灯

放烟花炮

花灯

舞龙灯

摇元宵

耍猴

正月观灯

庆赏元宵

宫廷元宵节娱乐图

逛花灯

花灯

花灯

北京民俗文化考（上）

春

正月十六

【文献资料】

(正月)十六日名烧灯节,市人以柳条挂焦馄于上叫卖之。

——《析津志辑佚·岁纪》

走桥摸钉,祛百病,正月十六夜,妇女群游祈免灾咎,前令人持一香辟人,名曰走百病。凡有桥之所,三五相率一过,取度厄之意。或云终岁令无百病,暗中举手摸城门钉一,摸中者,以为吉兆。是夜弛禁夜,正阳门、崇文门、宣武门俱不闭,任民往来。厂卫校尉巡守达旦。

——《宛署杂记·民风一》

打鬼,正月十六日,小儿多群集市中为戏。首以一人为鬼,系绳其腰,群儿共牵之,相去丈余,轮次跃而前,急击一拳以去,名曰打鬼。期出不意,不得为系者所执,一或执之,即谓为被鬼所执,哄然共笑。捉代系者,名曰替鬼。更系更击,更执更代,有久系而不得代者,有得代而又系者,有终日击人而不为所执者,以此占儿轻佻,盖习武之意。

跳百索,十六日,儿以一绳长丈许,两儿对牵,飞摆不定,令难凝视,似乎百索,其实一也。群儿乘其动时,轮跳其上,以能过者为胜,否则为索所绊,听掌绳者绳击为罚。

——《宛署杂记·民风一》

京都元夕,游人火树沿路竞发,而妇女多集玄武门抹金铺。俚俗以为抹则却病产子。彭季篯试礼闱时,与客亦在游中。客曰:"此景象何所似?"彭曰:"放的是银花合,抹的是金铜钉。"乃苏味道"火树银花合",崔融咏张昌宗"今同丁令威"句也。

——《长安客话·卷二》

(正月)十一日至十六日,乡村人缚秫秸作棚,周旋杂灯,地广二亩,门径曲黠,藏三四里,入者误不得径,即久,迷不出,曰黄河九曲灯也。

——《帝京景物略·卷二》

灯市至十六更盛,天下繁华,咸萃于此。勋戚内眷登楼玩看,了不畏人。

——《酌中志·卷二十》

元夕妇女群游,祈免灾咎。前一人持香辟人,曰走百病。凡有桥处,三五相率以过,谓之度厄,俗传曰走桥。又竞往正阳门中洞摸门钉,讖宜男也。

——《帝京岁时纪胜·正月》

正月十六日夜,妇女俱出门走桥,不过桥者云不得长寿。手携钱贿门军摸门锁,云即生男。

——《日下旧闻考·卷一百四七·风俗》

京师妇女以夜出游,至正阳门,手摸门上所著之钉,谓可得佳婿,兆宜男。然顺康间已有此风,惟必在元宵。意谓可以祓除不详,谓之走百病,用意不同耳。

门钉如乳暗触指,摸得今宵心自喜。归来定占男子祥,不管城隍管床第。暗中摸索如有凭,生子生孙丁册增。最怕西法定人税,兵起家家羽檄征,炮弹钉射城先登。

——《王风笺题》

正月十六日之夜,京师妇女结队出游,祈免灾咎。前一人持香辟人,凡有桥处相率以过。名曰走百病。

妇女结队满街走,佳节元宵莫辜负。腰脚特健百病消,袅娜风神道旁柳。大兵而后疫疠多,壮者四散离乡歌。弱小难走转沟壑,行不得也啼哥哥,入天足会奈尔何。

——《王风笺题》

(正月)十六夜,女子出游,谓之走百病;烧金鳌玉蝀石狮牙,以疗牙痛。

——《北平岁时记·正月》

燕京风俗,元夜妇女竞往前门,摸钉为戏,相传讖宜男也。(《陈检讨集》)

——《北平风俗类征》

正月十六日夜,京师妇女,行游街市,名曰"走桥",消百病也,多着葱白米色绫衫,为夜光衣。(《城北集诗注》)

岁时记燕城正月十六夜,妇女群游,其前一人,持香辟人,名为"辟人香"。凡有桥处,相率以过,谓之"走百病"。又暗摸前门钉,中者兆吉宜子,至今犹然。(《言鲭》)

元夕,妇女联臂出游,曰走百病,过桥,谓之度厄。又向正阳门上摸索铜钉,云宜男

也,相习成风,不知何据?(《水曹清暇录》)

——《北平风俗类征》

金国治盗甚严,每捕获论罪外,皆七倍责偿,唯正月十六日则纵偷一日以为戏。妻女、宝货、车马为人所窃,皆不加刑。是日,人皆严备,遇偷至则笑遣之。既无所获,虽畚镢微物亦携去。妇女至显人家,伺主者出接客,则纵其婢妾盗饮器。他日知其主名,或偷者自言,则具茶食以赎,次则携壶,小则打糕取之。亦有先与室女私约,至期而窃去者,女愿留则听之。自契丹以来皆然,今燕亦如此。

——《北京市志稿·礼俗志》

金与元国俗,正月十六日谓之放偷。是日,各家皆严备,遇偷至则而遣之,虽妻女、车马、宝货为人所窃,皆不加罪。闻今扬州尚然,而燕地正月十六夜之走桥,恐亦遗俗也。

——《北京市志稿·礼俗志》

打鬼:明时一种儿戏。明沈榜《宛署杂记·民风》:"正月十六日,小儿多群集市中为戏,首以一人为鬼,系绳其腰,群儿共牵之,相去丈余,轮次跃而前,急击一拳以去,名曰打鬼。期出不意,不得为系者所执,一或执之,即谓为被鬼所执,哄然共笑。捉代系者,名曰替鬼……以此占儿轻佻,盖习武之意。"

——《汉语大词典·6》

耗磨日:指农历正月十六日。唐张说有《耗磨日饮二首》。宋章渊《槁简赘笔·耗磨日》:"正月十六日,古谓之耗磨日……饮酒如今之社日,此日但谓之耗日,官司不开仓库而已。"清褚人获《坚瓠续集·耗磨放偷》:"正月十六日,古谓之耗磨日。官私不开仓库……是日各家皆严备。遇偷至,则笑而遣之,虽妻女车马宝货为人所窃,即获得亦不加罪。闻今扬州及黔中尚然,而燕地正月十六夜之走街,恐亦遗俗也。"亦省称"耗磨"。《骈雅·释天》:"正月十六日为耗磨。"

——《汉语大词典·8》

跳白索:亦称"跳百索"。儿童跳绳游戏。明沈榜《宛署杂记·民风一》:"跳百索,(正月)十六日,儿以一绳长丈许,两儿对牵,飞摆不定,令难凝视,似乎百索,其实一也。群儿乘其动时,轮跳其上,以能过者为胜,否则为索所绊,听掌绳者绳击为罚。"清潘荣陛《帝京岁时纪胜·岁时杂戏》:"博戏则骑竹马,扑蝴蝶,跳白索,藏蒙儿。"阿英《灯市》:"二童子引索略地,如白光轮,一童子跳光中,叫'跳白索'。"

——《汉语大词典·10》

正月十七

【文献资料】

自(正月)十七日至十九日,御前安设各样灯,尽撤之也。

——《酌中志·卷二十》

(正月)初三日至十七日,陈百货于琉璃厂,书画、金玉、骨董,均设地摊,而火神庙尤甚,游人杂沓,名曰逛厂。

——《光绪顺天府志·京师志·风俗》

【图片资料】

老鼠嫁女

正月十八

【文献资料】

正月十八日夜,以棍敲扎房内墙角,诵云:"东觭(犄)角扎,西觭(犄)角扎,十窝耗子九窝瞎。"谓如是可免老鼠繁生也。

——《北京市志稿·礼俗志》

收灯:旧俗农历正月十五为灯节,正月十三日谓上灯,正月十八日谓收灯。宋姜夔《浣溪沙》词序:"己酉岁客吴兴,收灯夜阖户无聊。"宋范成大《浣溪沙·元夕后三日王文明席上》词:"宝髻双双出绮丛,妆光梅影各春风。收灯时候却相逢。"清黄景仁《木兰花慢·十八夜对月》词:"道今夜收灯,半城犹照,剩管残弦。"

——《汉语大词典·5》

雨 水

【文献资料】

雨水：二十四节气之一。在公历二月十九日前后。《逸周书·时训》："雨水之日獭祭鱼。"《礼记·月令》："(仲春之月)始雨水，桃始华。"郑玄注："汉始以雨水为二月节。"

——《汉语大词典·11》

正月十九

【文献资料】

至(正月)十九日,都城人谓之燕九节,倾城士女曳竹杖,俱往南城长春宫、白云观,宫观葳扬法事烧香,纵情宴玩以为盛节,犹有昔日风纪。曳竹之说见于纪遗。

——《析津志辑佚·岁纪》

耍燕丘。阜城(成)门外有白云观,相传金道人丘长春修炼之所,正月十九,飞升。士女往观,许人物下。自是岁以为常,是日天下伎巧毕集,走马射箭,观者应给不暇。

——《宛署杂记·民风一》

京师正月灯市,例以十八日收灯,城中游冶顿寂。至次日,都中士女,倾国出城西郊所谓白云观者,联袂嬉游,席地布饮,都人名为耍烟九。意以为火树星桥甫收声采,而以烟火得名耳。既见友人柬中称为淹九,或云灯事阑珊,未忍遽舍,取淹留之义,似亦近之。既得之都下耆旧则云:全真道人邱元清,以是日就阉,故名阉九。邱初从黄得祯出家,洪武初,以张三丰荐为五龙宫主持,有司又以贤才荐为御史矣。上以二宫人赐之,邱度不能辞,遂自宫,今观其遗像,真俨然一妪也。后转太常卿,封三代,殁于京师。邱之事迹甚著,但自宫之日月不可考。然京师是日不但游人塞途,而四方全真道人,不期而集者不下数万,状貌诡异,衣冠瑰僻,分曹而谈出世之业。中贵人多以是日散钱施斋。闻京师无赖,亦有趁此时腐其童稚者,则阉九之说,亦似不妄。全真有南、北二宗,起于金陵王中孚,其后有谭、马、邱、刘之属,其教始盛,大抵以收摄精气为主。今并阳具去之,不知何以谋长生也。京师自此日后,冠绅闺阁,寻春选胜,继以上塚踏青,宝马钿车,更番杂沓,竞出西闉,水边林下,壶榼无虚日,至端午射柳南郊,而游事渐歇矣。

——《万历野获编续·卷三》

白云观,元太极宫故墟。出西便门,下上古隍间一里,麦青青及门槛者,观也。中塑白皙皴皱(皱)无须眉者,长春丘真人像也。观右有阜,藏真人蜕。像,假也,蜕者,亦假

254

也,真人其存欤？真人名处机,字通密,金皇统戊辰正月十九日生。

——《帝京景物略·卷三》

今都人正月十九,致浆祠下,游冶纷沓,走马蒲博,谓之燕九节。又曰宴丘。相传是日,真人必来,或化冠绅,或化游士冶女,或化乞丐。故羽士十百,结圆松下,冀幸一遇之。

——《帝京景物略·卷三》

(正月)十九日名燕九。是日也,都城之西南有白云观者,云是胜国时邱真人成道处。此日僧道辐辏,凡圣溷杂,勋戚内臣凡好黄白之术者,咸游此访丹诀焉。自十七日至十九日,御前安设各样灯,尽撤之也。

——《酌中志·卷二十》

(正月)十九集白云观,弹射走马,曰耍燕九。

——《大兴县志·卷一·风俗考》

白云观建于金,旧为太极宫,元改名曰长春宫。明正统间重修,改名白云观。出西便门一里。观中塑邱真人像,白皙无须眉。考元大宗师长春真人邱处机赴元太祖召,拳拳以止杀为戒。时有事西征,则云,一天下在不嗜杀人；大猎山东,则云,天道好生,数畋猎非宜；念西河流徙,则持牒招来,全活不下三万人。本朝有圣祖御题额四:曰紫虚真气,曰大智宝光,曰驻景长生,曰琅简真庭。其所以受国朝之旌祀而立庙貌于无穷者,岂异说纷纭飞升黄白之流可拟比于万一也！真人生于宋绍兴戊辰正月十九日,故都人至正月十九日,致酹祠下,为燕九节。车马喧阗,游人络绎。或轻裘缓带簇雕鞍,较射锦城濠畔；或凤管鸾箫敲玉版,高歌紫陌村头。已而夕阳在山,人影散乱,归许多烂醉之神仙矣。

——《帝京岁时纪胜·正月》

白云观在西便门外一里,元太极观故墟。中塑邱真人像,白皙无须眉。都人正月十九日致酹祠下,谓之燕九节。

——《宸垣识略·卷十三》

(正月)十九日,都人集白云观,游冶纷沓,走马蒲博,谓之燕九节,或曰阉邱,或曰宴邱。相传是日真人必来,或化冠绅,或化士女,或化乞丐,于是羽衣十百,结坐松下,冀幸一遇之。按《野获编》：都人名为耍灯九，意以为火树星桥甫收声采，而以灯火得名耳。既见友人柬中称为淹九，或云灯事阑珊，未忍遽舍，取淹留之义，似亦近之。既得之都下耆旧，则云：全真道人邱元清，以是日就阉，故名阉九。京师是日不但游人塞途，而四方全真道人不期而集者，不下数万，状貌诡异，衣冠瑰僻，分曹而谈出世之业，中贵人多以是日散钱施斋，闻京师无赖亦有趁此时腐其童稚者，则阉九之说，亦似不妄。

——《光绪顺天府志·京师志·风俗》

西便门外白云观，元太极观墟。中塑邱真人像，白皙无须眉。本朝乾隆二十一年、五十二年两次敕修。有圣祖暨高宗御书联、额并御制碑。又，真人像前有木钵一，乃刳木瘿为之，上广下狭，可容五斗。内涂以金，恭刻高宗御制诗其中。石座承之，绕以朱栏。为道众聚会之所。每年正月十九日致酹祠下，谓之燕九节。男女至观焚香持斋，彻夜达旦。谓之会神仙，或言十九日神仙必降此观。此风俗之不善也。

正阳门外琉璃厂、西直门内曹公观等处，陈设杂技，锣鼓聒耳，俱于是月。士女车马，蜂拥蚁聚，阗塞街市。

——《京都风俗志》

白云观在阜成门外西南五六里，其基最古，自金元以来即有之。观内万古长春四字，尚传为邱长春所书。每至正月，自初一日起，开庙十九日。游人络绎，车马奔腾，至十九日为尤盛，谓之会神仙。相传十八日夜内必有仙真下降，或幻游人，或化乞丐，有缘遇之者，得以却病延年。故黄冠羽士，三五成群，趺坐廊下，以冀一遇。究不知其遇不遇也。观内老人堂一所，皆道士之年老者居之，虽非神仙而年过百龄者时所恒有，亦修养之明征也。观后有亭园一区，乃近年所构，其先无之。

谨按《日下旧闻考》：白云观乃元太极宫故墟，内塑邱真人像，白皙无须眉。正月十九日，都人致酹祠下，谓之燕九节。真人登州栖霞人，名处机，号长春子。年十九，为全真，学于宁海之昆仑山。岁在己卯，元太祖自奈曼遣使召之；使者未至，真人语其徒曰："速促装，天使召我，我当往。"翌日使者至，乃与弟子十八人同往，经数十国，行万余里，始达雪山。太祖时方西征，日事攻战。真人每言：欲一天下者，必在乎不嗜杀人。及问为治之方，则告以敬天爱民为本。问及长生久世之道，则以清心寡欲为要。太祖大悦，命左史书诸策。真人乞东还，遂赐号曰神仙，封为大宗师，掌管天下道教，使居燕之太极宫。后改为长春宫，即今之白云观也。真人年八十，尸解仙去。

——《燕京岁时记》

（正月）十九日谓之筵九。每至筵九，皇上幸西厂子小金殿筵宴，看玩艺贯跤。蒙古王公请安告归。臣工之得著貂裘者,尽于是日脱去,改穿白锋毛矣。民间无事可纪,游赏白云观者谓之会神仙焉。

按《帝京景物略》曰:燕九又曰宴邱。今则曰筵九,究未知其孰是。

——《燕京岁时记》

开印之期,大约于十九、二十、二十一三日之内,由钦天监选择吉日吉时,先行知照,朝服行礼。开印之后,则照常办事矣。

——《燕京岁时记》

白云观,元之长春宫也。昔在城中,今则为城外巨刹,犹可冠京师。正月十九,俗称阉九。前数日即游人不绝,士女昌丰。而群奄尤所趋附,以邱长春乃自宫者也。

——《天咫偶闻·卷九》

(正月)十九日集白云观,曰耍燕九,弹射走马焉。

——《帝京景物略·卷二》

京师以正月十九日为燕九之会。相传元时丘长春于此日仙去,至今远近道流皆于此日聚城西白云观;观即长春修炼处也。车骑如云,游人纷沓,上自王公贵戚,下至舆隶贩夫,无不毕集,庶几一遇仙真焉。古时都会之地,元日至月晦,士女悉集水湄,湔裙酾酒,以为解除。唐人唯于晦日行之。燕山风沙莽荡,首春率多严冷,冰车雪柱,太液无波,度水濡裳之戏,不可复得。唯燕九之游,差有昔人遗意。是日为陈子健夫见招,走马春郊,开筵茅屋,命筒抽毫,各为十绝句。虽难比于巴渝之歌,或有合于吴越之节,但按之琵琶羌管,恐未有当耳。陈子,关左世胄,豪侠而诗隐者也。

——《清代北京竹枝词》(十三种)

京师西便门外迤西二里许有白云观,为巨刹。花木甚多,祀元之邱真人,其开庙之期为元旦至二十日。真人名处机,号长春子,金皇统戊辰正月十九日生,观即元之长春宫也。都人以是日致浆祠下,而游人纷集,男女杂沓,走马蒲博,谓之燕九节。亦曰阉九,或曰阉邱,或曰宴邱,又谓之曰会神仙。盖相传是日真人必来,或化缙绅,或化士女,或化乞丐,于是羽士十百结坐松下,冀一遇之。至宫监之所以亦多往游者,则以真人昔尝自宫也。

邱真人奉白云观,大会人来快游玩。岁岁燕九真仙临,有缘遇之凡骨换。红十字会善女人,药粉霜白研珠尘。闻声救度战士苦,露滴药水人回春,重建病院洋楼新。

——《王风笺题》

（正月）十九日，集邱长春庙，谓之燕九。

——《北平岁时志·正月》

（正月）十九日为燕九节，人家食品，或面角，或春饼。西便门外白云观，走马博塞，游事最盛，富家士女，多留宿者，曰会神仙；盖以是夕有神仙下降，度化凡人，所幻之状，男女贵贱均有之，迷信者冀得一遇也。

——《北平岁时志·正月》

出西便门八里，有白云观，元时邱真人修道于此，后因其基为庙。上元之日，为真人生辰，其前数日，住持道士即洒扫殿庭，涤除院宇，卖香楮及百货者咸集，游人往来，自朝至暮无停轨。道士之狡黠者，衣衲，手棕尘，或门或廊庑间，注目凝视，不言不笑，终日跌坐蒲团作仙状，而人亦蚁集丛视，俨若真仙降临，惟恐失之交臂，吁！何世人好异而喜于傅会若此也？（《春明丛说》）

长春观在西便门外，今名白云观，每岁正月十九日庙会，名"燕九"。（《燕都杂咏注》）

白云观祀元长春真人邱处机，正月十九，都人游此，名"燕九节"。（《京师地名对注》）

会神仙，游赏白云观之谓。相传十八日夜内必有仙真下降，或幻游人，或化乞丐，有缘遇之，却病延年。（《春明采风志》）

京师西便门外有白云观，每年元宵后开庙十余日，倾城士女皆往游，谓之"会神仙"，住持道士，获赀无数。（《清代野记》）

白云观在西便门外，院落以千数，都门之首观也。相传乃元时邱长春得道处，明季闯乱，为一于道人所保留，虽沧桑频经，而卒未稍受影响。观内多老道，自称年逾百岁，第亦未可尽信。小灵山者，在观东，以碎瓷砌成。养老院居观西，百岁之老人，老猪、鸡、鸭、鹅等，胥荟萃于是。马场在其右侧，风华少年，颇有据鞍游此者。观之外院，有一白石桥，桥下无水，得石室二，东西对向，两老道服蓝布裳，各据其一，不食不饮，闭目枯坐，前悬一钟，钟前一布帏（帷），帏（帷）前一木钱，谓能以钱币击中木钱之方孔，可博一岁之吉利，实则老道藉此敛钱，愚者不察，适中其计耳。其地清幽绝伦，世外桃源，岁首十九日，车尘马迹，络绎不绝，于是幽壑而成人海矣。厥名"燕邱会"，与元旦之厂甸，上元之观灯，同称上林盛举。北里群花，趋者甚众，晓妆初罢，每昵所欢，命驾同往。至则礼神佞佛，以祈默佑，且有自按芳龄，就所司岁神前，虔诚进香，名曰"点星宿"。樱口喃喃，殆皆祝早得如意郎君，拯登彼岸耳。或径叩其意，则含情微诉，欲得星宿作月老。虽为诒词，亦殊动听。（《京华春梦录》）

京师正月十九日，游白云观，曰"燕九节"。《野获编》以为"烟九"，云以烟火得名，又曰"淹九"，则灯市十八日，取淹留之义，又曰"阉九"，相传全真是日就阉。（《骨董琐记》）

郊西白云观供邱真人，相传十九日生辰，亦求赛之会也。桥下悬一铜钱，其大逾盎，凡人祀神毕，皆于桥栏杆上掷钱，如中其孔，则大利市，中与不中，均无下拾之蹊级，十日闭会，而阿堵盈万，则为道人终岁之储。(《旧都文物略》)

十八日为会神仙之日，白云观内最有趣味最热闹的一天，俗传是夕，必有神仙下降；神仙们，照集神仙大成的中国的人的说法，向来是不轻易现露本相的，他们下临人世的时候，或化为缙绅，或化为乞丐，或变成老妪，或变成童稚，唯有缘者能遇之；这晚，神仙们也不会例外，虽然到现在还没有人知道到底变化成什么人物。一般迷信男女，和不迷信男女，如富室妾姬，纨袴子弟，下等痞氓，率宿于观中，彻夜不眠，有的在床上辗转反侧，有的在各偏僻地点藏躲，期与神仙一晤，谓之会神仙。有些老道们喜作狂态奇行，假冒神仙，以钓众愚，迷信男女们除了会着这般假神仙外，不知曾看着真神仙没有？不迷信的男女们，都抱着"醉翁不在酒"之意，因此每每发生了风流趣闻，成就了男女的好事，将一座梵王宫当作了楚阳台，其乐不减于会神仙。会神仙是其假借之名义也，神仙们亦知之乎？十九日为长春真人诞辰，观为邱祖阐教之地，是日当然为一重要纪念日。凡善士檀越，好黄白术者，往往不远千里而来，进香上供。俞樾《茶香室三钞》说："此日僧道辐辏，凡圣溷集，勋臣内戚，凡好黄白之术者，咸游之，访丹诀焉。"可见此日盛况，此风今日稍替。在昔每有不少官富人等在此日散钱布施，动辄耗数万，此类豪举，今日无有矣，即连到处求钱的乞丐也没人理会得，亦人心不古之一证欤？俗称燕九节，或称燕邱、筵九、阎九、淹九，其义多不可考了。观内商贩，摆设席棚，卖食物与玩具者最多，以小漆佛为最出名，游者多乐购之，藉留游观纪念。(《白云观庙市记》)

——《北平风俗类征》

燕九节：旧俗以正月十九日为"燕九节"。明刘侗、于奕正《帝京景物略·白云观》："真人名处机，字通密，金皇统戊辰正月十九日生……今都人正月十九，至浆祠下，游冶纷沓，走马蒲博，谓之燕九节。又曰宴丘。"亦省称"燕九"。明刘若愚《酌中志·饮食好尚纪略》："(正月)十九日，名燕九是也。都城之西南，有白云观者，云是胜国时，邱真人成道处。此日僧道辐辏，凡圣溷杂，勋戚内臣，凡好黄白之术者，咸游此访丹诀焉。"清方文《正月十九日龚孝升都宪社集观灯》诗："京师胜日夸燕九，远近黄冠会白云。"

——《汉语大词典·7》

走解：清无名氏《燕台口号》之十一："白云观里闹无端，走马何曾缚锦鞍。"原注："正月十九日，白云观有走解之戏。"

——《汉语大词典·9》

阉九：北京旧俗以正月十九日为祭祀元道教全真教主长春真人丘处机的节日。此日为丘之生日。又称燕九节。震钧《天咫偶闻·郊坰》："白云观，元之长春宫也。昔在城中，今则为城外巨刹，犹可冠京师。正月十九日，俗称阉九。前数日即游人不绝，士女昌丰，而群奄尤所趋附，以邱长春乃自宫者也。"

——《汉语大词典·12》

【竹枝词】

燕九竹枝词　　曲阜　孔尚任

春宵过了春灯灭，剩有燕京烟九节。才走星桥又步云，真仙不遇心如结。
秧歌忽被金吾革，袖手游春真可惜。留得凤阳旧乞婆，漫锣紧鼓拦游客。
头顶炉香问道妙，村翁扶杖坛边笑。年年来看求仙人，今日不如前日少。
官吃东涞商吃泉，烧刀只赚小民钱。连秋黍贵无乡贩，醉汉不如庚午年。
七贵五侯势莫当，挨肩都是羽林郎。他家吹唱般般有，立马闲看挒戏场。
金桥玉洞隔凡尘，藏得乞儿疥癞身。绝粒三旬无处诉，被人指作丘长春。
结伴儿童裤褶红，手提线索骂天公。人人夸你春来早，欠我风筝五丈风。
凤城城外晴春暖，咫尺仙源路甚坦。不把香车让画船，一般载得笙箫满。
紫云茶社斟甘露，八宝元宵效内做。今日携钱忍饿归，便门不及前门路。
千里仙乡变醉乡，参差城阙掩斜阳。雕鞍绣辔争门入，带得红尘扑鼻香。

——《清代北京竹枝词》(十三种)

同　　咏　　宛平　陈于王

白云观前沙如雪，羊角风吹沾眉睫。可怜游女鬓成丝，绿衫汗污丁香结。
黄冠趺坐围松柏，欲募青蚨谈炼药。好事颇多城阙人，鹑衣皆认为丹客。
小儿花鼓凤阳调，士女周遭拍手笑。又有一班装更奇，十番车上诸年少。
鹄面鸠形大道边，丐儿争取列侯钱。拦街不避青骢马，都道今年胜往年。
锣鼓喧阗满钵堂，鸾弹花旦学边妆。三弦不数江南曲，唯有啰啰独擅场。
观傍培塿甗甗新，酒市争看斗酒人。拇阵狂呼燕赵客，醉中还说看长春。
蹇驴围在众人中，宝马香貂走不通。蒋诩袁昂先合眼，南边人怕北边风。
冢畔虬须撑布伞，尖瓶白酒敲冰盏。喉干较胜渴相如，争奈儿童拥案满。
谁家墓道歌儿聚，击筑吹箫白杨树。筐内桃花应笑人，几回鞭马寻归路。
日斜惟恐醉人狂，草草归来共举觞。最喜眼前无俗物，宣铜炉内海南香。

——《清代北京竹枝词》(十三种)

同　咏　　宣城　袁启旭

城南狭斜车鞯结,城西门外沙如雪。咬春才过踏灯行,更好嬉游燕九节。
青骢油壁阗街陌,罗绮香风娇络绎。年例倾都尽一行,白云观里寻仙客。
谁家儿郎绝纤妙,马上探丸花里笑。翠袖妖娆得得来,星眸偷掷输年少。
五剧三条乍暖天,一重尘起一重烟。路傍故老传遗事,犹说元朝至正年。
秧歌初试内家装,小鼓花腔唱凤阳。如蚁游人拦不住,纷纷挤过蹴球场。
神仙端的是谁人,笑杀黄冠羽服身。一片软红迷去住,白云何处觅长春。
鞭梢乱点出胡同,道遇诸王一阵风。孔雀金翎围小队,珠鞍宝马坐当中。
玉河冰泮春云满,桥上人归歌缓缓,车中打出十番新,日暮影斜声未断。
昨朝海淀城西路,争看君王开火树。今日齐来彰义门,游丝又绊春人住。
燕山正月春茫茫,却道他乡胜故乡。那比江南江水上,绿波双桨野梅香。

——《清代北京竹枝词》(十三种)

同　咏　　宜兴　蒋景祁

飘荡风光首春节,倾城宝马飞香屑。御园昨夜放灯回,未改内家新束结。
长春宫前绣阡陌,结队成行散星奕。金丸绿帻富平侯,击球走马幽凉客。
香幡风曳春坛醮,士女欢腾互调笑。座中白皙是仙人,枉煮丹砂误年少。
银瓶色色斗春妍,竞赛栖霞第一仙。早见碧桃花又放,底须成实六千年。
斋房甘露降何方,花鼓秧歌沸羽觞。薄暮子城斜处立,夕阳一片酒(洒)人场。
雾縠云绡兰麝身,至心稽首礼仙真。风前应遣来蜂蝶,寻向玉钗头上春。
缭绕云烟涨碧空,醮坛西转画桥通。何因到处闻仙乐,天半吹来面面风。
来从群玉山头款,去觅蕊珠宫里伴。鳖面黄冠不记春,鹤归夜静松阴满。
箫鼓声中花似雾,绮罗影里人如鹜。桑田沧海自年年,洞天会有相思路。
天上人间惹恨长,玉尘消散两茫茫。年来洗尽春愁句,深院时飘苍葡香。

——《清代北京竹枝词》(十三种)

同　咏　　嘉善　陆又嘉

帝里盛传燕九节,白云观里人痴绝。神仙那肯降尘凡,枉燃沉檀香篆结。
队队走桥深夜出,小姑双缠纤无力。中途先去又回头,赚杀月明闲步客。
闺梦入春多吉兆,正阳门外相嘲笑。摸钉月下尽宜男,输他夫婿年尤少。
新移灯市近天坛,剔墨堆纱万盏悬。百鸟彩楼曾见惯,玲珑飞舞是今年。
早春戏馆换新腔,半杂秧歌侑客觞。偏是醉归人似蚁,太平鼓闹蹴球场。

彩胜翩翩万户新,堆云桥畔净无尘。天家白塔容凭眺,无限韶光阆苑春。
望里西山雪乍融,玉河冰泮碧流通。春衫骨瘦轻如燕,初试秋千趁暖风。
晓妆结得寻春伴,窄窄金莲行路缓。莫向慈仁看古松,毗卢阁上游人满。
探春开遍香风度,相约买花郊外步。瞥见芦(卢)沟芳草新,青青直透江南路。
琉璃碧瓦法轮光,寺号栴檀凤阙旁。多少结缘求佛度,山门舍豆鬟云香。

——《清代北京竹枝词》(十三种)

同　咏　　嘉善　柯　煜

灵佑宫前灯市歇,白云观里烧香节。宝幡名字绣双双,密愿三生为谁结。
街尘漠漠行无迹,跌宕金鞍连九陌。一曲吴歌泥煞人,心怜君是江南客。
细马钿车香缭绕,飞仙若过应微笑。臂鹰挟弹竞闲游,多半风光赚年少。
碧落层霄事杳然,可怜尘世说神仙。西山不改青青色,亲见飞腾五百年。
秧歌小队闹春阳,毂击肩摩不暇狂。人说太平行乐地,更须千步筑球场。
痴心也学拜仙真,愿出丹砂狡狯新。点就黄金高北斗,随他方便买阳春。
人间若个识方瞳,眯煞风埃十丈红。车马散来深院寂,松巅环佩响天风。
夕阳归路行踪缓,穿遍铜街寻别馆。翠袖无言解劝人,咬春小宴金杯满。
纤腰一束盈盈步,笑折探春携手去。心怯胡同底许长,凤靴不惯春泥路。
云近蓬莱日月长,游仙一枕梦微茫。分明听得朝元引,遥傍金童识异香。

——《清代北京竹枝词》(十三种)

同　咏　　江阴　王位坤

帝城才过元宵节,摩肩击毂何更迭。观前观后笛声高,白云飞去红尘结。
人间天上烟云隔,何事香尘满南陌。长春修炼白云多,长春去后年年客。
梵院联翩含巧笑,御园缥缈凭幽眺。靓妆本为礼仙真,珠帘乍卷逢年少。
宫观巍峨霄汉边,九重当日拜神仙。醮坛鸾鹤知来否,狼籍春风又一年。
旅思偏从春日长,芳郊不自禁游缰。笙歌队里击球社,珠箔丛中走马场。
荷裳芰制道人身,跌坐蒲团不动唇。撒遍金钱叩丹诀,垂头个个是长春。
暖烟终日罩仙宫,牴戏番歌玩不穷。山色紫来归骑沓,夕阳箫鼓酒旗风。
今年燕九春风暖,日暮游人犹未散。传言若个遇仙真,前车不行后车满。
宝马朱轮曳冰雾,游情懊恨阳乌暮。胜会明年须早来,芳心默记归时路。
碧树参差仙柳长,耳边丝管尚悠扬。年年兰麝熏芳草,带着春风异样香。

——《清代北京竹枝词》(十三种)

同　咏　　宜兴　周兹

正月十九燕九节，神仙肯授长生诀。只今留得白云观，峭寒遍地霜花结。
梅花初放游春陌，摁摁游人万千百。手控青丝纵马行，春风闲杀江南客。
故意今朝装束俏，纤纤轻拨琵琶调。一弹弹出有情声，哄尽相思恶年少。
谁家女儿好学仙，宝袜珠围意态便。懊恼仙人看不见，路寻相识拜新年。
道人变态出寻常，龌龊伛偻两眼盲。可惜当年阎立本，如何不睹白云场。
搜奇双足捷于轮，带得葫芦酒入唇。兴到只倾三两盏，当垆争买洞庭春。
苍眉白发已成翁，未免颠狂逐队中。我欲看花花欲笑，骂来只当耳边风。
长裙蹀躞衣衫短，新翻十样装希罕。桃红李白尚迟开，那得花来插鬓满。
绝好春光郊外步，郎心莫被天台误。相逢恰似去年人，去年人踏今年路。
残雪寒云拥大荒，草芽初碧柳芽黄。风飘翠袖人归早，粉腻还留一阵香。

——《清代北京竹枝词》（十三种）

同　咏　　嘉善　曹源邺

柳条漏泄春王节，融和日暖东风屑。及时不共少年游，辜负岁华愁百结。
跨马冲风寄巷陌，小队红装何奕奕。天公不肯放春闲，风信偏催游冶客。
岁岁春来忙设醮，白云深处闻欢笑。人间何地是蓬莱，枉教望断人年少。
红情绿意点春妍，弱态飘飘似欲仙。别有赏心无限事，风光流转自年年。
望美人兮天一方，愁来懒对酒盈觞。伤春独立浑无语，泥杀燕山百戏场。
丹成九转换凡身，自在逍遥乐性真。久住山中忘岁月，琪花开处报新春。
跨鹤腾云四望空，谁言碧落路难通。仙家不弃红尘世，只顾皈依拜下风。
翠袖花钿新样款，春衫叶叶寻春伴。袜尘微步似凌波，铜街初过香风满。
沉沉绿鬓凝香雾，驻马郊西人似鹜。画鼓秧歌不绝声，金钗撒下迷归路。
宠柳娇花日渐长，人疑仙去梦茫茫。归来更有关心处，独向金炉换夕香。

——《清代北京竹枝词》（十三种）

【图片资料】

打金钱眼

摇钱树

正月廿三

【文献资料】

打鬼本西域佛法,并非怪异,即古者九门观傩之遗风,亦所以禳除不祥也。每至打鬼,各喇嘛僧等扮演诸天神将以驱逐邪魔,都人观者甚众,有万家空巷之风。朝廷重佛法,特遣一散秩大臣以临之,亦圣人朝服阼阶之命意。打鬼日期,黄寺在(正月)十五日,黑寺在二十三日,雍和宫在三十日。

按《宸垣识略》:东黄寺在安定门外镶黄旗教场,顺治八年奉敕就普净禅林兴建,康熙二十三年重修。寺西有琉璃门,曰清净化城。后有石坊二座,石台一座,石塔一座,高八丈,雕镂精工,上有金伞,光华夺目。相传为般禅佛塔。般禅佛又曰瘢疹佛,盖因出痘而示寂也。塔傍有经幢四,乃乾隆四十八年彭元瑞书:御制清净化城记,在台东,系满、汉、蒙、梵四体字。塔后有楼曰慧香阁。雍和宫在东直门内北新桥正北里许,乃世宗宪皇帝藩邸也,登极后命名曰雍和宫。黑寺在德胜门外西北三里许,前寺曰慈度,后寺曰察罕喇嘛庙。所谓黑寺者,盖指铁色琉璃而言,今亦无之矣。后寺有铁香亭一,乃康熙乙卯年造。

——《燕京岁时记》

德胜门外黑寺,自(正月)二十三至二十五日打鬼。届期商贾纷集,士女杂沓,亦有走马驰车以为乐者。

——《北京指南·礼俗》

俗传(正月)二十三日为小填仓。

——《北平岁时志·正月》

查得德胜门外黑寺、黄寺两喇嘛庙,每年正月内,各喇嘛等在寺前跳舞撒灰,并舍

给观看人钱文,驱鬼逐疫,原系旧习相沿。每岁逢期,聚众至万余人之多,争接舍钱,拥挤滋事。(《金吾事例》)

黄、黑寺皆有跳步扎之举,金刚力士,天龙夜叉,奉白伞盖佛以游巡。先有黑面如进宝回之状,及白骷髅二人,或四人,到处鞭辟,有傩之遗意焉。每岁正月,黄寺十三日,黑寺十五日,雍和宫二十一日,旃檀寺初六日。绣衣面具,皆由内制,王公大臣,朝服临之,虽近儿戏,典至重也。(《东华琐录》)

黄寺有二,皆在北城附郭,为黄教喇嘛卓锡之所,因以是名(二寺一在安定门外,名普净寺;一在德胜门外,名慈渡寺。或谓慈渡寺俗名黑寺,然予闻之土人,则均称为黄寺,仅别之以东西云)。西黄寺内,华殿五楹,传系辽太后萧氏临政之殿址,予得之于司寺喇嘛所云,姑存此说,以待考证。每届上元节序,各喇嘛演习舞蹈,或戴面具,或击鼗乐,牛鬼蛇神聚在一堂,口唱番歌,似有节奏,名曰"打鬼",能辟不祥。是日万人空巷,裙屐杂沓。按打鬼本西域俗例,今蒙古、西藏多有行之。(《京华春梦录》)

——《北平风俗类征》

(正月)廿三日,德胜门外土城关东北慈度寺,俗呼黑寺,黄衣番僧,诵经送祟,谓之"打鬼"。城中男女出郭争观,寺前教场,游人蚁聚云屯。又有买卖赶趁,香茶食果,乃彩妆傀儡,纸鸢竹马,串鼓蝴蝶,琐碎戏具,以诱悦童曹者,在在成市。至时僧众出寺,装扮牛头鹿面,星宿妖魔等像,旗幡伞扇,拥护如天神,与钟鼓法器之声,聒耳炫目。其扮妖魔像者,皆番僧年少者数人,手执短柄长尾鞭,奔于稠人中乱击之,无赖者谑语戏骂,以激其怒,而僧奔击尤急,以博众笑。喧闹移时,黄衣归寺,则游人星散。紫陌飞尘,轻车骃马,鱼贯入城,而日已近山矣。其浪荡之人或藉看打鬼为名,往往潜入青楼耳。(《京都风俗志》)

——《北平风俗类征》

【图片资料】

镇宅福神

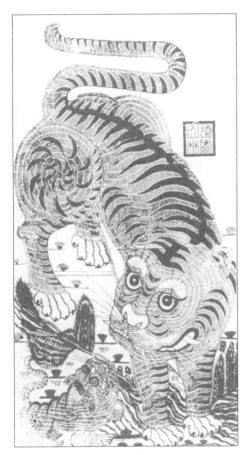

镇宅神虎

凤凰

正月廿五

【文献资料】

(正月)二十五日曰填仓,亦醉饱酒肉之期也。

——《酌中志·卷二十》

(正月)二十五日,大啖饼饵,曰填仓。

——《大兴县志·卷一·风俗考》

(正月)念五日为填仓节。人家市牛羊豕肉,恣餐竟日,客至苦留,必尽饱而去,名曰填仓。惟是京师居民不事耕凿,素少盖藏,日用之需,恒出市易。当此新正节过,仓廪为虚,应复置而实之,故名其日曰填仓。今好古之家,于是日籴米积薪,收贮煤炭,犹仿其遗意焉。

——《帝京岁时纪胜·正月》

(正月)二十五日,人家市牛、羊、豕肉,恣餐竟日,客至苦留,必尽饱而去,名曰填仓。

——《光绪顺天府志·京师志·风俗》

每至(正月)二十五,粮商米贩致祭仓神,鞭炮最盛。居民不尽致祭,然必烹治饮食以劳家人,谓之填仓。

按《北京岁华记》云:二十五日人家市豕牛羊肉,恣餐竟日,客至苦留,必尽饱而去,谓之填仓。此条所记与今大略相同。惟富贵之家从未有食牛肉者,亦未有客至苦留之说,乃记者一隅之论也。

——《燕京岁时记》

(正月)二十五日,谓之填仓日,大小之家,俱治具饱食。

——《北平岁时志·正月》

(正月)二十五日粮商祭仓神,居民亦均治饮食,谓之大填仓。

——《北平岁时志·正月》

是月(正月)也,富贵妇女,以掷骰抓牌,及食瓜子糖品为乐;而风筝、口琴、琉璃喇叭,更为应时玩物。风筝之大者,上缚弓弦锣鼓,风激之则声响齐发,真疑为天上奏乐也,商店于元旦闭户,初六始开,间有迟至元宵者;此半月以内,非贺年游玩,即于肆中敲锣击鼓以为乐。填仓以后,居民辄以佛前供品相馈送,其品或密(蜜)供或月饼,谓之送供尖。

——《北平岁时志·正月》

(正月)二十五日为大填仓,京中人是日宴乐而已。若在乡农,则购米面入囤,犒长工,杀猪羊,敲年鼓,醉饱而歌,尽欢而散。

——《北平岁时志·正月》

(正月)二十五日,人家市牛羊豕肉,恣餐竟日,客至苦留,必尽饱而去,名曰"填仓"。(《北京岁华记》)

京师正月二十五日,进酒食,名曰"填仓",贵贱皆然。(蒋之翘《天启宫词》注)

二十五日粮商米贩致祭仓神,鞭炮相接不断,居民烹治饮食,谓之填仓。(《春明采风志》)

——《北平风俗类征》

添仓:我国北方农村节日。于农历正月二十五日吃黍米糕,过添仓节。赵树理《李有才板话》二:"小顺坐到炕上道:'不多吧,总不能像启昌老婆,过个添仓,派给人家小旦两个糕!'"

——《汉语大词典·5》

【图片资料】

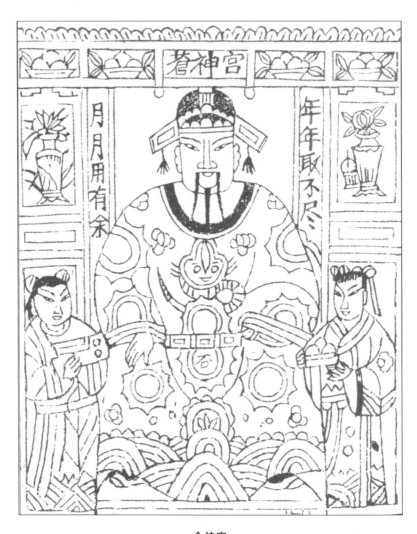

仓神宫

二月

【文献资料】

是月(二月)也,北城官员、士庶妇人女子,多游南城,爱其风日清美而往之,名曰踏青斗草。若海子上,车马杂沓,绣毂金鞍,珠玉璀粲,人乐升平之治,官无风埃之虞,政简吏清,家给人足,亦莫盛于武宗、成宗、仁宗之世。自此后游玩无虚日。上自内苑,中至宰执,下至士庶,俱立秋千架,日以嬉游为乐,红女之事殆庶几焉。然醉卧隔帘,香风并架,花靴与绣鞋同蹴,锦带与珠襦共飘;纵河朔之娉婷,散闺闱之旖旎,此游赏之胜事也。

——《析津志辑佚·岁记》

香会,春秋仲月极胜,惟惜字文昌会为最。俱于文昌祠、精忠庙、金陵庄、梨园馆及各省乡祠,献供演戏,动聚千人。

——《帝京岁时纪胜·二月》

二月,都人进香涿州碧霞元君庙,不论贵贱男女,额贴金字,结亭如屋,坐神像其中,绣旗瓶炉前导,从高梁桥归,有杂伎人腾空旋舞于桥岸,或两马相奔,人互易之,或两弹追击,迸碎空中。

——《光绪顺天府志·京师志·风俗》

丰台芍药,在昔为胜游。今则二三月间,南西门外三官庙海棠开时,来赏者车马极盛。城内龙爪槐,城外极乐寺,皆游春地也。游人皆自携行厨。

——《京尘杂录》

城西花事，近来以冯园为盛。园在广宁寺门外小屯，春月之牡丹、芍药，秋季之鞠（菊）为最。城中士夫联镳接轸，往者麇集，园主人盖隐于花者也。园中又蓄珍禽数头，锦鸡、孔翠之属，飞舞花间，洵谐奇趣。

——《天咫偶闻·卷九》

京城二月淘沟，道路不通马车，臭气四达，人多佩大黄、苍术以避之。正阳门外鲜鱼口，其臭尤不可向迩，触之至有病亡者。此处为屠宰市，经年积秽，郁深沟中，一朝泄发，故不可当也。

——《燕京杂记》

京师街市沟渠以管理沟渠河道大臣总辖之，而俗称街道厅之巡御史，实董其事岁一浚之。谓之曰：开臭沟。例在二三月至四月而毕，开时恶臭触鼻，行人却避，经其旁者，偶不慎即有覆车折足之祸。时人为之语曰：臭沟开，举子来，会墨出，臭沟塞。则指会试之年而言也。

九逵沟洫经界正，沟水郁蒸民疫病。岁岁三月处处开，街道厅来布时令。都城不守我何尤，杀人如麻血水流。弱者为磷毅为厉，晓月悲啸哀芦沟，贤愚千古貉一丘。

——《王风笺题》

二三月，高梁桥踏青，万柳堂听莺，弄箜篌，涿州岳庙进香迎驾。

——《北平岁时志·二月》

京师二月淘沟，秽气触人，南城烂面胡同尤甚，深广各二丈，开时不通车马。（《寄园寄所寄》）

每春，各街挑沟，车马难行，谚云："臭沟开，状元来。"（《燕都杂咏注》）

燕台为帝王之都，而数百年来，街道失修，河渠湮塞，每年二月，各街开沟，臭秽触鼻，夏初始竣，故俗有"臭沟开，举子来；臭沟塞，状元出"之谚。街中泥沙积尺许，没踝胶轮。春间少雨多风，每风起时，黄埃蔽日。易石甫诗"十日九风偏少雨，一春三月总如烟"，真善状燕京风土。光绪季年，始修马路，自是王道荡平，无带水拖泥之苦矣。（《觉花寮杂记》）

——《北平风俗类征》

都门花事，以极乐寺之海棠、枣花寺之牡丹、丰台之芍药、十刹海之荷花、宝藏寺之桂花、天宁寺之菊花为最盛。春秋佳日,挈榼携宾,游骑不绝于道。

——《北京市志稿·礼俗志》

胡瓜即黄瓜。今京师正二月有小黄瓜,细长如指,价昂如米。凡宴贵客,用以示珍也。其实火迫而生耳。

——《北京市志稿·礼俗志》

仲春:春季的第二个月,即农历二月。因处春季之中,故称。《书·尧典》:"日中星鸟,以殷仲春。"

——《汉语大词典·1》

四之日:指周历四月,即夏历二月。周夏两代历法不同,周建子,夏建寅,周历以夏历的十一月为岁首(正月)。《诗·豳风·七月》:"三之日于耜,四之日举趾。"毛传:"四之日,周四月也。"

——《汉语大词典·3》

春中:仲春,农历二月。《宋书·沈攸之传》:"卿春中求伐彭城,吾恐军士疲劳,且去冬奔散,人心未宜复用,不许卿所启,今便不肯为我行耶。"《北史·源贺传》:"每岁秋冬,遣军三道并出,以备北寇,至春中乃班师。"王维《春中田园作》诗清赵殿成题解:"《史记·秦始皇本纪》:'时在春中。'正义曰:'中音仲。'"按,今本《史记》作"时在中春"。

——《汉语大词典·5》

【四季货声】

卖煎糕：清末北京农历二月里有卖煎糕的，它是用黄米加枣儿烙焦而成四方块状，小贩吆喝为：

"好热——煎糕！"

卖果子干儿挑子：清代行商小贩挑担卖果子干儿及其他小食品，带汤儿的用细瓷具盛装，白漆圆笼，周身铜什件带环儿，前设方盘，中置小笼安锅。手敲二铜冰盏，口吆喝：

"带汤儿的，热碗——豆噢！"

以黑豌豆加碱，煮后加糖，二月中撤。果子干，以柿饼、杏干做，带汤，加藕片或梨片，端午撤。玫瑰枣儿，糖饯生老虎眼。带汤酸枣儿。乌豆，以大力丸咸煮晾干。茶豆，带汤。小麻子湿咸花生。交二月中添桃脯、奶子糕、玻璃粉、拨鱼儿。立夏添冰桶酸梅汤，近年添汽水瓶。民国年间多为推两轮木车卖小食品商贩敲铜盏，吆喝：

"果子干儿嘞，玫瑰枣儿喽！"

玫瑰枣儿，也叫木樨枣儿。买时盛小碗儿用竹签儿扎着吃，也有用小匙吃的，北京人也叫"木樨枣儿"，有吆喝：

"玫瑰多，木樨多，玫瑰枣儿给得多！"

这种食品还卖捣碎煮熟加糖的"糊子糕"，用乌梅煮加冰糖、桂花，冰镇的酸梅汤，吆喝：

"又解渴，又带凉，又加玫瑰又加糖，不信您就闹碗尝一尝！——酸梅的汤儿来另一个味儿来！"

"冰嘞，酸了梅的嘞，多加点子桂花嘞，酸酸凉凉的好喝嘞，凉嘞啊！"

"糊子糕来酸梅汤！"

"瓜子儿，咸落花生，冰糖仔儿！"

——《吆喝与招幌》

甜酸来哎，豆汁儿来，麻豆腐！（或推车，或担桶。）

大小黄酒坛子来换钱！

好热ヶヶ煎糕！（黄米面加枣烙焦，四方块。）

约活虾米来！（以秤约其分量，俗作"邀"。）

满糖的驴打滚！（黄米面裹糖蒸，外浮洒干豆面。此乡下人卖。）

一包糖的豆面糕啊！（同上。此城里人卖。）

小鸡儿养活！（席囤鸡雏或小笋鸡。）

卖小鸭子来！（鸭雏。）

卖小猪儿养活！（猪秧。）

糖饽ヶ，澄沙饽ヶ！（别名"蛤蟆吃蜜"，像其形。）

约斤馒头！（挑圆笼或背筐。三角、馒首，大小论斤。）

煎饼大油炸鬼！

水捆的菠菜来，六个大钱一簇！卖韭菜来！两大钱的羊角葱！野鸡脖的盖韭！（街市摆摊）

白糖儿馒头，穗子油韭菜馅柔！（背筐盖布。高庄馒头，脂油方铺千层饼，穗子油韭菜馅包子，攒馅倭瓜随时包子。）

甜浆的粥喂！（带螺丝火烧、油炸果、炸糕。）

豆汁儿粥！（咸菜、酱菜，带马蹄、油果。）

玫瑰多啊ヶヶ来哎，豆糁糕！（一名荷叶糕。）

新鲜的果丹皮呀，开口味去恶味呀，一个大钱一张啊！（一人专卖。）

豌豆哇，怎么香啊！吃茶渗酒哇，盐水花生，和菜来呀！

凉啊凉儿的镟粉来！

卖小盆呕，卖小罐呕，喂猫的浅呕，舀水的罐呕，澄浆的盆啊嚆ヶヶ！（有人卖盆则学一阵老鹳打架，先叫早后争窝，末像群鸦对谈嬉笑，怒骂中有解和意，无不笑者。）

小玩意，独一份，小孩买，真有趣；不给买，噘着嘴，撒泼打滚不愿意，一对一对掉眼泪。（纸彩做随时玩艺。）

——《一岁货声》

二月初一

【文献资料】

二月一日为中和节,国舅族萧氏设宴,以延国族耶律氏,岁以为常。

——《辽史·卷五三》

(二月)初一日为中和节,传自唐始。李泌请以二月朔为中和节,赐民间以囊盛百果谷瓜李种相问遗,号献生子,令百官献农书。京师于是日以江米为糕,上印金乌圆光,用以祀日,绕街遍巷,叫而卖之,曰太阳鸡糕。其祭神云马,题曰太阳星君。焚帛时,将新正各门户张贴之五色挂钱摘而焚之,曰太阳钱粮。左安门内有太阳宫,都人结侣携觞,往游竟日。考春分祭日,秋分祭月,乃国之大典,士民不得擅祀。若以照临恩当思报之,习俗云可。

——《帝京岁时纪胜·二月》

二月初一,俗称为中和节,云起于唐李泌,市中货太阳糕,以祀太阳星君。

——《水曹清暇录·卷十》

二月朔日,唐后为中和节,今废而不举。相传为太阳真君生辰。太阳宫等处修崇醮事,人家向日焚香叩拜,供夹糖糕,如糕干状,上签面作小鸡,或戳鸡形于糕上,谓之太阳糕。亦有持斋诵《太阳经》者。

——《京都风俗志》

二月初一日,市人以米面团成小饼,五枚一层,上贯以寸余小鸡,谓之太阳糕。都人祭日者,买而供之,三五具不等。

——《燕京岁时记》

二月初一日,太阳宫进香。人家以米糕祀日,糕上以彩面作鸡形。

——《天咫偶闻·卷十》

二月初一,街上卖太阳糕,岁一次,买之以祀日也。

——《燕京杂记》

二月初一日,市人以米粉团之成小饼,上贯寸余小鸡,曰太阳糕,居民以之为祭日供品,是日崇文门外太阳宫开庙。

——《北平岁时志·二月》

二月初一日祭太阳,北平旧家尚沿此例;各水屋挑水者,祭井泉龙王,水屋掌柜,犒劳水夫。

——《北平岁时志·二月》

二月初一日,市人以米粉团成小饼,五枚一层,上贯以寸余小鸡,曰"太阳糕",居民祭日者买而供之。(《民社北平指南》)

——《北平风俗类征》

二月初,民间用青囊遗百谷瓜果种,曰"献生子"。(《城北集诗注》)

——《北平风俗类征》

中和节:唐德宗贞元五年,下诏废除正月晦日之节,以二月初一为中和节。是日民间以青囊盛百谷瓜果种互相赠送,称为献生子。里闾酿宜春酒,以祭勾芒神,祈求丰年。百官进农书,表示务本。见《新唐书·李泌传》。宋杨万里《二月一日郡圃寻春》诗:"中和节里半春天,一拂清寒半点暄。"

——《汉语大词典·1》

献生子:唐宋以来的一种民间风俗。在农历二月初一的中和节,以青囊盛五谷瓜果种子,互相赠送。《新唐书·李泌传》:"泌谓:'废正月晦,以二月朔为中和节……民间以青囊盛百谷瓜果种相问遗,号为献生子。'"明田汝成《西湖游览志馀·熙朝乐事》:"二月朔日,唐宋时谓之中和节,今虽不举,而民间尤以青囊盛五谷瓜果之种相遗,谓之献生子。"

——《汉语大词典·5》

【四季货声】

卖太阳糕:相传农历二月初一是太阳的生日,叫中和节。在清代,北京市民有的家里自己制作,有的到街上买太阳糕祭太阳。"以米面团成小饼,五枚一层,上贯以寸余小鸡","都人祭日者,买而供之,三五俱不等。"(《燕京岁时记》)吆喝为:

"供佛的太阳糕!"

太阳糕是用米粉蒸制而成的,顶插江米面捏成的彩鸡象征太阳,中午祭日。人们或在街上串街小贩处买,或去崇文门外太阳宫小摊儿上购买。

——《吆喝与招幌》

供佛的太阳糕!(白米面加糖,初一日祭。)

——《一岁货声》

【图片资料】

皇帝"演耕"

北耕兼种图

二月初二

【文献资料】

二月二日,谓之龙抬头。五更时,各家以石灰于井畔周遭糁引白道,直入家中房内,男子妇人不用扫地,恐惊了龙眼睛。自此后,市人以竹拴琉璃小泡,养数小鱼在内,沿街擎卖。

——《析津志辑佚·岁纪》

二月引龙,熏百虫。宛人呼二月二日为龙抬头。乡民用灰自门外委蜿布入宅厨,旋绕水缸,呼为引龙回。用面摊煎饼。熏床炕令百虫不生。

——《宛署杂记·民风一》

二月二日曰龙抬头,煎元旦祭余饼,熏床炕,曰熏虫儿,谓引龙,虫不出也。燕少蜈蚣而蝎,其为毒倍焉。少蚊而蝇,其为扰倍焉。蚤虱之属,臭虫又倍焉。所苦尤在编户,虽预熏之,实未之有除也。小儿以木二寸,制如枣核,置地而棒之,一击令起,随一击令远,以近为负,曰打柭柭,古所称击壤者耶。其谣云:"杨柳儿活,抽陀螺。杨柳儿青,放空钟。杨柳儿死,踢毽子。杨柳发芽儿,打柭儿。"空钟者,刳木中空,旁口,荡以沥青,卓地如仰钟,而柄其上之平。别一绳绕其柄,别一竹尺有孔,度其绳而抵格空钟,绳勒右却,竹勒左却。一勒,空钟轰而疾转,大者声钟,小亦蟪蛄飞声,一钟声歇时乃已。制径寸至八九寸。其放之,一人至三人。陀螺者,木制如小空钟,中实而无柄,绕以鞭之绳而无竹尺。卓于地,急掣其鞭,一掣,陀螺则转,无声也,视其缓而鞭之,转转无复住。转之疾,正如卓立地上,顶光旋旋,影不动也。

——《帝京景物略·卷二》

(二月)初二日,各宫门撤出所安彩妆。各家用黍面枣糕,以油煎之,或白面和稀,摊为煎饼,名曰熏虫。是月也,分菊花、牡丹,凡花木之窖藏者,开隙放风。清明之前,收藏貂鼠帽套、风领、狐狸等皮衣,食河豚,饮芦芽汤,以解其热。各家煮过夏之酒。此时吃鲊,名曰桃花鲊也。

——《酌中志·卷二十》

二月二日曰龙抬头。因荐韭之余,家各为荤素饭馂,以油烹而食之,曰熏虫儿。谓引龙以出,且使百虫伏藏也。

——《康熙宛平县志·卷一》

二月二日,因荐韭之余,家各为荤素饼馂,以油烹而食之,曰熏虫儿。

——《大兴县志·卷一·风俗考》

(二月)二日为龙抬头日。乡民用灰自门外蜿蜒布入宅厨,旋绕水缸,呼为引龙回。都人用黍面枣糕麦米等物油煎为食,曰熏虫。小儿辈懒学,是日始进书房,曰占鳌头。士民又于是日栉剃,盖取龙抬头之意云。

——《帝京岁时纪胜·二月》

菠薐于风帐下过冬,经春则为鲜赤根菜,老而碧叶尖细,则为火焰赤根菜。同金钩虾米以面包合,烙而食之,乃仲春之时品也。至若丁香紫、寿带黄、杏花红、梨花白,所谓万紫千红总是春。元鸟至,则高堂画栋衔泥结草以居;至秋社,城村燕各将其雏于采育东土阜,名聚燕台,呢喃竟二日而后去。

——《帝京岁时纪胜·二月》

(二月)二日,南北二城游卢师山,如燕九节。

——《光绪顺天府志·京师志·风俗》

二月二日,为土地真君生辰。城内外土地神庙香火不绝,游人亦众。又有放花盒,灯香供献以酬神者。俗谓此日为龙抬头,此日饭食皆以龙名,如饼谓之龙鳞,饭谓之龙子,条面为龙须,扁食为龙牙之类。

——《京都风俗志》

二月二日,古之中和节也。今人呼为龙抬头。是日食饼者谓之龙鳞饼,食面者谓之龙须面。闺中停止针线,恐伤龙目也。

——《燕京岁时记》

二月二日,古之中和节也。京师人士呼之曰龙抬头,是日所食之饼曰龙鳞饼,所食之面曰龙须面,闺人且停止针线,则谓恐损龙目也。

二月二日好时节,老龙抬头雷破蛰。仿佛五月分龙期,大雨时行遍原隰。呜呼龙头属老成,书院殉节囹圄生。死非其地生自出,是非颠倒无公评,南阳高卧宜躬耕。

——《王风笺题》

(二月)初二日,俗呼龙抬头,人家各治饮食,食面角,曰吃龙耳,食春饼,曰吃龙麟(鳞),食面条,曰吃龙须。是日闺禁治针黹,谓恐伤龙目也,伤之则瞽。

——《北京岁时志·二月》

二月二日,为龙抬头,北平风俗,是日以吃喝为事,吃薄饼,曰龙麟(鳞),吃面,曰龙发,吃饭,曰龙子,吃馄饨,曰龙耳,吃水角,曰龙牙,饮龙井茶。妇女放工,曰忌针。

——《北平岁时志·二月》

龙抬头:二月二日,古之中和节也,是日食饼,为龙鳞饼,食面为龙须面。闺中停针,恐伤龙目。又以祭余素烛遍照壁间,有"二月二,照房梁,蝎子蜈蚣无处藏"之语。(《春明采风志》)

——《北平风俗类征》

二月二日,以火照房梁,谓可除蝎蜒等虫,并歌云:"二月二,照房梁,蝎子蚰蜒没处藏。"又有谚云:"二月二,敲锅底,烧存柴,吃存米。"

——《北京市志稿·礼俗志》

【图片资料】

龙抬头

春龙节要大舞龙灯，祈求龙王施雨，保佑新的一年风调雨顺。

舞龙

剃头

土地宫

土地娶妇

日光太阳

土地庙与土地公土地母

二月二龙抬头

二月初三

【文献资料】

二月初三日,为文昌帝君圣诞,开庙演戏。清代帽儿胡同之文昌庙,廷派大臣致祭,民国后,此礼已废。

——《北平岁时志·二月》

【图片资料】

蟠桃大会

每日古事畫

文昌誕辰

《續文獻通考》明景泰五年，勅賜文昌宮額。蓋以二月初三日為帝君誕生之辰，遣官致祭。

按文昌為科舉時代最崇祀之神，歲時致祭錢，將與尼山鄒嶧而並重。今則科舉曉廢，學堂廣興，文昌之香火恐亦將自此寂落矣。

采桑叶

育蚕

文昌诞辰

拴娃娃

弋射

拴娃娃

蟠桃会

二月初五

【文献资料】

(二月)初五十五两日,居人多往涿县碧霞元君庙进香。

——《北平岁时志·二月》

二月初八

【文献资料】

二月八日为悉达太子生辰，京府及诸州雕木为像，仪仗百戏导从，循城为乐。悉达太子者，西域净梵王子，姓瞿昙氏，名释迦牟尼。以其觉性，称之曰"佛"。

——《辽史·卷五三》

(二月)八日，平则门外三里许，即西镇国寺，寺之两廊买卖富甚太平，皆南北川广精麄之货，最为饶盛。于内商贾开张如锦，咸于是日。南北二城，行院、社直、杂戏毕集，恭迎帝坐金牌与寺之大佛游于城外，极甚华丽。多是江南富商，海内珍奇无不辏集，此亦年例故事。开酒食肆与江南无异，是亦游皇城之亚者也。过此，则有诏游皇城，世祖之故典也。其例于庆寿寺都会，先是得旨，后中书札下礼部，行移各属所司，默整教坊诸等乐人、社直、鼓板、大乐、北乐、清乐，仪凤司常川提点，各宰辅自办婶子车，凡宝玩珍奇，希罕蕃国之物，与夫百禽异兽诸杂办，献赏贡奇互相夸耀，于以见京师极天下之壮丽，于以见圣上兆开太平与民同乐之意。下户部关拨钱粮，应付诸该衙门分办社直等用，各投下分办簇马只孙筵会，俱是小小舍人盛饰以显豪奢。凡两京权势之家，所蓄宝玩尽以角富。盖一以奉诏，二以国殷，故内帑所费，动以二三万计。

——《析津志辑佚·岁记》

二月十二

【文献资料】

(二月)十二日传为花王诞日,曰花朝。幽人韵士,赋诗唱和。春早时赏牡丹,惟天坛南北廊、永定门内张园及房山僧舍者最胜。除姚黄、魏紫之外,有殀红、浅绿、金边各种。江南所无也。

——《帝京岁时纪胜·二月》

二月十二日,亦为花朝,早年妇女,多于是日剪彩为花,插于各树,并挂金铃彩幡,此即护花铃护花幡也。是日忌针。

——《北平岁时志·二月》

【图片资料】

庭院观花

惊 蛰

【惊蛰】

【文献资料】

惊蛰：二十四节气之一。在公历三月五、六或七日。此时气温上升，土地解冻，春雷始鸣，蛰伏过冬的动物惊起活动，故名。《逸周书·周月》："春三月，中气，惊蛰、春分、清明。"唐韦应物《田家》诗："微雨众卉新，一雷惊蛰始。"宋苏辙《游景仁东园》诗："新春甫惊蛰，草木犹未知。"

——《汉语大词典·12》

二月十五

【文献资料】

皇城游,二月十五日。累朝故典,事见岁时风纪内。

——《析津志辑佚·岁纪》

(二月)十五日,曰花朝。小青缀树,花信始传,骚人韵士唱和以诗。

——《康熙宛平县志·卷一》

(二月)十五日,曰花朝。小青缀树,花信始传,市所卖花,出自窖藏,已烂熳矣。

——《大兴县志·卷一·风俗考》

(二月)十五日为太上玄元皇帝诞辰,禁止屠割。太清观各道院立坛设醮,谈演道德宝章。

——《帝京岁时纪胜·二月》

(二月)初五十五两日,居人多往涿县碧霞元君庙进香。

——《北平岁时志·二月》

(二月)十五日之道诞,昔禁屠宰;大内皇帝有斋戒牌,中外各大小公署,亦一律有之,至民国则全行开禁。中国从前禁宰耕牛,今此禁亦废矣。

——《北平岁时志·二月》

世祖至元七年,以帝师八思巴之言,于大明殿御座上置白伞盖一顶,用素缎,泥金书梵字于其上,谓镇伏邪魔护安国刹。自后每岁二月十五日,于大殿启建白伞盖佛事,用诸色仪仗社直,迎引伞盖,周游皇城内外,云与众生祓除不祥,导迎福祉。岁正月十五日,宣政院同中书省奏,请先期中书奉旨移文枢密院,八卫拨伞鼓手一百二十人,殿后军甲马五百人，抬舁监坛汉关羽神轿军及杂用五百人。宣政院所辖宫寺三百六十所，掌供应佛像、坛面、幢幡、宝盖、车鼓、头旗三百六十坛，每坛擎执抬舁二十六人，钹鼓僧一十二人。大都路掌供各色金门大社一百二十队，教坊司云和署掌大乐鼓板、杖鼓、筚篥、龙笛、琵琶、筝、篥七色，凡四百人。兴和署掌妓女杂扮队戏一百五十人，祥和署掌杂把戏男女一百五十人，风仪司掌汉人、回回、河西、三色细乐，每色各三队，凡三百二十四人。凡执役者，皆官给铠甲、袍服、器仗，俱以鲜丽整齐为尚，珠玉金绣，装束奇巧，首尾排列三十余里。都城士女，间阎聚观，礼部官点视诸色队仗，刑部官巡绰喧闹，枢密院官分守城门，而中书省官一员，总督视之。先二日，于西镇国寺迎太子游四门，舁高塑像，具仪仗入城。十四日，帝师率梵僧五百人于大明殿内建佛事。至十五日，恭请伞盖于御座，奉置宝舆，诸仪卫队仗列于殿前，诸色社直，暨诸坛面列于崇天门外，迎引出宫。至庆寿寺具素食，食罢起行，从西宫门外垣，海子南岸，入厚载红门，由东华门过延春门而西。帝及后妃公主于五德殿门外，搭金脊五殿彩楼而观览焉。及诸队仗社直送金伞还宫，复恭置御榻上。帝师僧众作佛事，至十六日罢散。岁以为常，谓之"游皇城"。（《元史·祭祀志》）

——《北平风俗类征》

【图片资料】

捉柳花

二月十九

【文献资料】

(二月)十九日为观音大士诞辰。正阳门月城内观音庙香火极胜(盛),城内外白衣庵、观音院、大悲坛、紫竹林,庙宇不下千百,皆诵经聚会。六月十九日登莲台,九月十九日传道妙,如前行之。有善信唪大悲咒戒荤酒者,二、六、九食素三月。

——《帝京岁时纪胜·二月》

(二月)十九日为观音生辰,僧寺建会,诵经斋醮。人家亦有食素唪经者。

——《京都风俗志》

(二月)十九日之观音会,北平各庙宇典礼仍都如故,但无专请善者。而今佛教较盛,人家妇女之信佛者,亦大半是日持斋。

——《北平岁时志·二月》

【图片资料】

观音图

二月廿五

【文献资料】

地漏：俗称阴历二月二十五日下雨为地漏。并谓为多雨之征。

——《汉语大词典·2》

春 分

【文献资料】

春分前后,官中祠庙皆有大臣致祭,世家大族亦于是日致祭宗祠,秋分亦然。

按《月令广义》云:分者半也,当九十日之半也,故谓之分。夏冬不言分者,天地间二气而已,阳生于子,极于午,即其中分也。

——《燕京岁时记》

春分:二十四节气之一。每年在公历三月二十或二十一日。此日,太阳直射赤道,南北半球昼夜长短平分,故称。《逸周书·周月》:"春三月中气:惊蛰,春分,清明。"汉董仲舒《春秋繁露·阴阳出入上下》:"至于仲春之月,阳在正东,阴在正西,谓之春分。春分者,阴阳相半也,故昼夜均而寒暑平。"宋苏轼《癸丑春分后雪》诗:"雪入春分省见稀,半开桃杏不胜威。"明王鏊《震泽长语·象纬》:"二节为一时,阳气上升共四万二千里,正天地之中、春分之节也。"邢树本《二十四节与农事·春分》:"春分时节,河北大地春色更浓,温度升高,雨量增加。"

——《汉语大词典·5》

祭日:古代重要祭礼之一。天子于每年春分设大坛祭祀日神。《管子·轻重己》:"冬尽而春始,天子东出其国四十六里而坛,服青而絻青,搢玉揔,带玉监,朝诸侯卿大夫列士,循于百姓,号曰祭日。"《礼记·祭法》:"埋少牢于泰昭,祭时也;相近于坎坛,祭寒暑也;王宫,祭日也。"郑玄注:"王宫,日坛也。日称君,宫坛,营域也。"孔颖达疏:"王,君也。宫,亦坛也。营域如宫也。日神尊,故其坛曰君宫也。"《史记·封禅书》:"祭日以牛。"

——《汉语大词典·7》

【图片资料】

祭先农坛

土公土母

土地神

春耕畿田

春分祭日

春分祭日

炎帝神农尝百草

骑射图

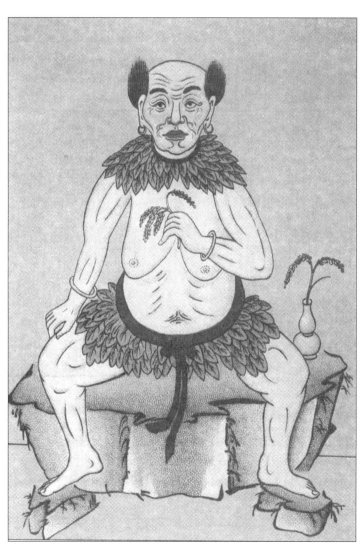

神农

三月

【文献资料】

是月(三月),小儿以钱泥夹穿而干之,剔钱,泥片片钱状,字幕备具,曰泥钱。画为方城,儿置一泥钱城中,曰卯;儿拈一泥钱远掷之,曰撒。出城则负,中则胜,不中而指权相及,亦胜,指不及而犹城中,则撒者为卯。其胜负也以泥钱。别有挑用苇,绷用指者,与撒略同。有撒用泥丸者,与钱略同,而其画城廓远。

——《帝京景物略·卷二》

三月采食天坛之龙须菜,味极清美。香椿芽拌面筋,嫩柳叶拌豆腐,乃寒食之佳品。黄花鱼即江南之石首。至于小葱炒面条鱼,芦笋脍鲥花,勒鲞和羹,又不必忆莼鲈矣。至若桃花历乱,柳絮飞残,红白灿苹婆,荷包挂牡丹。曰西府、曰铁梗、曰垂丝,海棠之妙,韦公寺、慈仁寺,可谓甲于天下矣。蓟门烟树,为金台八景之一。吏部藤花,乃明少宰吴宽之手植也。

——《帝京岁时纪胜·三月》

禳:磔禳,祀除厉殃也。厉殃,谓厉鬼凶害。各本作疠。误。《月令》。三月。命国难。九门磔禳。以毕春气。注。此月之中,日行历昴。昴有大陵积尸气。佚则厉鬼随而出行。命方相氏驱疫。又磔牲以禳于四方之神。所以毕止其灾又十二月。命有司大难旁磔。注。此月之中。日历虚危。虚危有坟墓四司之气。为厉鬼将随强阴出害人也。

——《说文解字注》

每至三月,换戴凉帽,八月换戴暖帽,届时由礼部奏请。大约在二十日前后者居多。换戴凉帽时,妇女皆换玉簪,换戴暖帽时,妇女皆换金簪。

——《燕京岁时记》

黄花鱼，一名黄鱼，每岁三月初，自天津运至京师，崇文门税局必先进御，然后市中始得售卖。都人呼为黄花鱼，即石首鱼也。当卢汉铁路未通时，至速须翌日可达。酒楼得之，居为奇货，居民饫之，视为奇鲜。虽江、浙人士之在京师者，亦食而甘之。虽已馁而有恶臭，亦必诩于人而赞之曰佳，谓今日吃黄花鱼也。

黄鱼或醋搂，或酒蒸，或油炒，以之入馔，闽人皆呼之曰瓜。而滨海之地，终年皆有之。家常日食普通之法，为煎黄鱼，切小块，酱油浸一小时，沥干入锅煎之，使两面黄，加豆豉一杯、甜酒一碗、酱油一小杯同滚，候卤干色红，加糖及瓜姜收起，则沉浸醲郁矣。

——《清稗类钞·饮食类》

松至三月而花，以杖扣其枝，则纷纷坠落，调以蜜，作饼，曰松花饼。

——《清稗类钞·饮食类》

黄鱼即石首鱼，北人呼之曰黄花鱼。当京奉铁路未通时，岁三四月有之。其初自天津至京时，必先由崇文门税局进御大内，市中始得售卖。然亦居为奇货，价至昂贵，非富贵者不易染指。中人之家偶得一馁者，烹而食之，辄以诧人曰吾今日食黄花鱼也。

黄花鱼备上方供，四月津沽飞骑送。黄旗报进崇文门，买夏筵方佐春甕。北门可怜池鱼殃，金鳌玉蝀秋风凉。乐府鱼枯过河泣，羡煞张翰莼鲈乡，众维鱼矣年丰穰。

——《王凤笺题》

天坛之龙须菜，即药中之独活，其根能治中风；罐头中之龙须菜，来自洋广，其味鲜，取其子种于北平，鲜美可食，但不如在南之粗壮也。枸杞头，味苦，取其初生之小芽，香油素炒，或用开水泡过，拌豆腐亦甚佳，人能久食枸杞，可以延年。榆钱糕，或作面汤，味鲜美，但易发病。黄花鱼之外，尚有白骨鱼，又名桐萝鱼，鳞细而白，味则较逊黄花鱼，又有大头鱼，北京呼为海鲫鱼，烟台人呼曰嘉鲫鱼，诗所谓"南有嘉鱼"者也。火车通后，春时即可运至北京。

——《北平岁时志·三月》

上巳日上土谷祠。清明日始卖冰，以两铜盏合而击之。次日，花木皆出窖，播瓜菜种于地。后三日新茶从马上至，至之日，官价五十金，外价三二十金不一，二日，即二三金矣。二十八日赛东岳庙。（《北京岁华记》）

《燕台新月令》三月云："是月也，栾枝红，丁香白，炕火迁于炉，芦芽入馔，蒲根肥，黄瓜重于珍，榆钱为糕，蟠桃会，靴师报祖。"（《水曹清暇录》）

——《北平风俗类征》

京师三月开沟,行者甚苦。考宋世汴京亦然,梅宛陵《淘渠》诗:"开春沟,畎春泥,五步掘一堑,当涂如坏堤。车无行辙马无蹊,遮截门户鸡犬迷。金吾司街务欲齐,不管人死兽颠啼。"宛然今日风景。(《麓潨荟录》)

——《北平风俗类征》

季春:春季的最后一个月,农历三月。《礼记·月令》:"季春之月,日在胃,昏七星中,旦牵牛中。"三国魏曹植《槐赋》:"在季春以初茂,践朱夏而乃繁。"宋孟元老《东京梦华录·驾回仪卫》:"是月季春,万花烂熳。"

——《汉语大词典·4》

末春:春末。指农历三月。汉崔骃《大将军临洛观赋》:"迎夏之首,末春之垂。"《初学记》卷三引南朝梁元帝《纂要》:"三月季春,亦曰暮春、末春、晚春。"

——《汉语大词典·4》

杪春:暮春。唐李端《送友人游江东》诗:"江上花开尽,南行见杪春。"

——《汉语大词典·4》

暮春:春末,农历三月。《逸周书·文傅》:"文王受命之九年,时维暮春。"南朝梁丘迟《与陈伯之书》:"暮春三月,江南草长,杂花生树,群莺乱飞。"《初学记》卷三引南朝梁元帝《纂要》:"三月季春,亦曰暮春。"清王士禛《池北偶谈·谈艺七·王慧诗》:"(王慧)《闺词》云:'轻寒薄暖暮春天,小立闲庭待燕还。'"杨朔《木棉花》:"北方才是暮春,你在这儿却可以听见蝉、蛙,以及其他不知名的夏虫在得意地吟鸣。"

——《汉语大词典·5》

莫春:暮春;晚春。《论语·先进》:"莫春者,春服既成。"《何晏集解》引包咸曰:"莫春者,季春三月也。"清周亮工《送王庭一人楚序》:"予于是年莫春返白门。"

——《汉语大词典·9》

【诗词歌赋】

春日即事

元·黄庚

扶杖行幽径,园林欲暮天。
锦棠红濯雨,丝柳绿缲烟。
春事忽三月,风光又一年。
客怀正愁绝,那复听啼鹃。

【四季货声】

卖茵陈:农历三月长出的野蒿叫"茵陈",过去,北京有泡茵陈酒喝的习俗。俗话儿说:"三月茵陈四月蒿,五月六月砍柴烧。"三月有挖茵陈串街卖的,吆喝:

"茵陈嘞,泡酒喝!"

——《吆喝与招幌》

约干菠菜呀!(论斤。)

约鲜螺蛳来哟!

栽桃杏花来!

琉璃的面来喧,酸来还又辣咧!(清卤。)

拨鱼儿来,又酸又辣!(麻酱、青酱、醋、咸胡萝卜丝,或烂蒜,或芥末。与凉粉绿豆腐皆同。)

花椒盐的蒸饼啊,枣儿澄沙的蒸饼啊!

翠啊花!(翡翠、玉簪各种。)

——《一岁货声》

新鲜的咧,黄花鱼来ヶヶ!

约青蛤咧,小菜毛!

要了糖钱咧,抹糕!

栽花来,栽蝴蝶花来!

灯笼儿、闸草、大田的螺丝来,蛤蟆骨朵儿大眼贼咧!

抓苦曼菜芽!

花红的豆儿来!

藕来哎,白花藕来!(温泉藕,三月初便卖。)

约鲜麻(蘑)来!

好肥骡子来,好热车呀!(南苑蜣螂配小纸车。)

鲜花椒来,嫩了芽的香椿来!(昔果市与菜市讼官,断果市以花椒、香椿开市;菜市,终于葡萄、枣儿。)

风吹燕风车,琉璃喇叭,噗噗噔儿!(此为春季赶庙玩物一派。)

——《一岁货声》

【对　联】

昔我往矣,杨柳依依;
今我来思,雨雪霏霏。

燕入桃花,犹如铁剪裁红锦;
莺穿柳树,却似金梭织翠丝。

——《奇联妙对故事》

三月初一

【文献资料】

京城三月时桃花初出,满街唱卖,其声艳羡。数日花谢将阑。则曼声长哀,致情于不堪经久,燕、赵悲歌之习也。

——《旧京遗事》

蟠桃宫在东便门内,河桥之南,曰太平宫。内奉金母列仙。岁之三月朔至初三日,都人治酌呼从,联镳飞鞚,游览于此。长堤纵马,飞花箭洒绿杨坡,夹岸联舫,醉酒人眠芳草地。

——《帝京岁时纪胜·三月》

朝阳门外二里许,延佑中,建庙以祀东岳天齐仁圣帝。明正统中,改拓其宇,两庑设地狱七十二司,殿后为穿堂寝殿。神像为正奉刘元手塑。寝殿设浴盆二,受水数十石,道士赞目疾入洗。龛前悬金钱一,人争以钱击之,中者宜子。殿前丰碑数十统,内三碑:一为天师神道碑,元赵文敏书;一为仁寿宫碑,虞文靖集隶书;一为昭德殿碑,赵士延书。岁之三月朔至廿八日设庙,为帝庆诞辰。都人陈鼓乐旌旗,结彩亭乘舆,导驾出游,观者塞路。进香赛愿者络绎不绝。南城右安门内横街之东,亦有庙祀,两庑为十地阎君之殿。凡有向涿鹿东山进香者,预期致祭于此,名曰发信。各庙游人了香愿毕,于长松密柳之下取醉而归。

——《帝京岁时纪胜·三月》

太平宫在东便门路南,门临护城河。因庙内有西王母之像,故曰蟠桃宫。每届三月,自初一日起,开庙三日,游人亦多。然较之白云观等,则繁盛不如矣。

——《燕京岁时记》

潭柘寺在浑河石景山西栗园庄北,去京八十余里。每至三月,自初一日起,开庙半月,香火甚繁。庙在万山中,九峰环抱,中有流泉,蜿蜒门外而没。有银杏树者,俗曰帝王树,高十余丈,阔数十围,实千百年物也。其余玉兰修竹、松柏菩提等,亦皆数百年物,诚胜境也。其先戒律极严,荤酒莫入。近则酒炙纷腾,无复向时清净矣。有灵蛇二,曰大青小青,与秘魔崖相仿佛,殊不知是一是二。所谓柘木者,仅存数尺,与元妙严公主拜佛砖同为古迹。凡至寺者必观此数事焉。

谨按《日下旧闻考》:潭柘寺在罗睺岭平原村,去京城西北九十里。晋曰嘉福,唐曰龙泉。京师谚曰:"先有潭柘,后有北京。"盖寺之最古者。本朝康熙间,更名岫云寺。寺故海眼,佛殿基即潭也。唐华严师在山说法,神龙施潭为寺,一夕大风雨,潭成平地。今潭徙而涓涓者不绝。柘久枯,高七八尺,覆以瓦亭。龙去而子犹存,青色,长五尺,大如碗,时出现。

——《燕京岁时记》

京师三月有黄花鱼,即石首鱼。初次到京时,由崇文门监督照例呈进,否则为私货。虽有挟带而来者,不敢卖也。

——《燕京岁时记》

鲜莞(豌)豆,自三月即可食,至四月半后,则黄老矣。

——《北平岁时志·三月》

三月时品中,尚有藤萝花糕、玫瑰花糕、牡丹花糕、玉兰花糕,或作方补,内加香胙油及白糖。

——《北平岁时志·三月》

三月初旬,榆夹方生,时官厨采供御馔,或和以粉,或和以面,内直词臣,每蒙赐食。(《人海记》)

——《北平风俗类征》

【四季货声】

卖豌豆黄儿:豌豆黄儿,是把煮熟了的豌豆去皮捣烂加白糖和小枣,倒在砂锅里沉淀成坨,呈深黄色。从前,北京在农历二三月间卖的最多,特别是三月初一至初三,东便门蟠桃宫庙会卖豌豆黄儿的车摊很多。吆喝为:

"豌豆的黄儿来,好大的块儿来!"

还有吆喝:

"好大块儿的豌豆黄儿,您弄(音念'闹')块儿尝尝吧!"

——《吆喝与招幌》

三月初三

【文献资料】

　　三月三日为上巳，国俗，刻木为兔，分朋走马射之。先中者胜，负朋下马列跪进酒，胜朋马上饮之。国语谓是日为"陶里桦"。"陶里"，兔也；"桦"，射也。

　　　　　　　　　　　　　　　　　　——《辽史·卷五三》

　　三月京师寒食早，苑墙柳色摇宫草，太室荐新皇祖考。培街道，元勋衔命歌天保。紫燕游丝穿翠葆，桃花和馂清明到，追远松楸和泪扫。莺花晓，人心莫逐东风老。是月三日祭三皇，上命函香，遣大臣代之祀。近于庚申年始用雅乐，仿释奠。是月三日，都城风俗，谓此日可脱穷贫者，竞以菽黍秸纽作圆圈，自以此圈套其首自足，掷之水中，云脱穷以讫。

　　　　　　　　　　　　　　　　　——《析津志辑佚·岁纪》

　　三月：三日，风和景丽，载酒出野，临流醉歌，有修禊遗风焉。

　　　　　　　　　　　　　　——《大兴县志·卷一·风俗考》

　　三月三日，相传为西王母蟠桃会之期。东便门内太平宫，俗呼蟠桃宫，所居羽士修建佛事。士女拈香，游人甚众。轻浮纨袴(绔)之徒于郊野驰马驱车，往来冲跑，以夸奇斗胜为乐。

　　　　　　　　　　　　　　　　　　——《京都风俗志》

　　俗谓栽壶卢者，必于三月三日下种，否则结实不繁。

　　　　　　　　　　　　　　　　　　——《燕京岁时记》

　　太平宫，在东便门内，庙极小。岁上巳三日，庙市最盛。盖合修禊、踏青为一事也。地近河埧，了无市廛。春波泻绿，埧土铺红。百戏竞陈，大堤入曲。衣香人影，摇飏春风，凡三里余。余与续耻庵游此，辄叹曰：一幅活《清明上河图》也。按查昌业诗有云：正是兰亭修禊节,好看曲水丽人行。金梁风景真如画,不枉元宫号太平。国初已然矣。

——《天咫偶闻·卷六》

三月初三日为上巳,居民多食豌豆黄,好游者,出城踏青。

——《北平岁时志·三月》

三月三日起,蟠桃宫开庙三日。相传早年天气晴暖,游人戴马连坡草帽,穿两截衫,或单绸衫,挥小扇,赛马城根;五十年来,北方气候骤冷,至三月尚穿棉衣,今昔相较,则大异矣。

——《北平岁时志·三月》

三月三,为蓟菜生日,是日多食蓟菜角子,谚云:"年年三月三,蓟菜开花赛牡丹。"

——《北平岁时志·三月》

三月初三日游蟠桃宫,十五日至二十八日游东岳庙,清明游南城城隍庙厉坛。(《清稗类钞》)

三月初一至初三日,蟠桃宫开庙三日,游人甚多,豌(豌)豆黄与杂抓(糖拌山楂等类各种果品购时各抓少许),为应时之食品,俗又以栽植葫芦必于三月三日下种,否则结实不繁。清明前后多祭扫坟茔,车马往来,不绝于道,辄插柳于车棚以归,儿童多戴柳枝编成之帽圈,谣曰:"清明不戴柳,死后变黄狗。"十八日梨园行祭于精忠庙,戏馆多休息,曰"戏子会"。(《民社北平指南》)

每遇上巳日,令诸嫔妃祓于内园迎祥亭漾碧池,祓毕,则宴饮于中,谓之"爽心宴"。池之旁一潭,曰"香泉潭"。至此日,则积香水以注于池,池中又置温玉狻猊、白晶鹿、红石马等物,嫔妃浴澡之余,则骑以为戏,或执兰蕙,或击球筑,谓之水上迎祥之乐。(《元氏掖庭记》)

三月三日,风和景丽,载酒郊游,有古修禊遗风焉。(《舆地记》)

蟠桃宫,东便门内桥南太平宫俗名,每岁三月初一至初三日有庙市。(《京师地名对注》)

蟠桃宫在东便门内,上巳良辰,倾城士女,毂击肩摩,或挟所欢,或偕巾友,小溪左右,声色顿喧。宫后有广场,五陵豪贵,畿辅游侠,咸盛饰名骥,驰逐于香尘软草间,竞夸捷足,博得美人芳彩,未尝非众香国中之一段韵事也。(《京华春梦录》)

三月里三月三,蟠桃宫外好人烟。作买作卖人人乱,各样玩艺摆的全。冰盘球棒跑旱船,跑热车,一溜烟,睄看人儿站立两边,车上挂着一串大沙雁,扬扬得意跑的欢,车沿上跨着一个小丫鬟。(《北平俗曲十二景》)

——《北平风俗类征》

三巳:即上巳。原指农历三月第一个巳日,魏以后专指农历的三月初三日。晋王廙《洛都赋》:"若乃暮春嘉禊,三巳之辰,丽服靓妆,袚乎洛滨。"唐沈佺期《三月三日梨园侍宴》诗:"九重驰道出,三巳禊堂开。"

——《汉语大词典·1》

三日曲水:指三月三日聚集在环曲水渠之旁进行的流觞宴饮活动。《晋书·束晳传》:"武帝尝问挚虞三日曲水之义,虞对曰:'汉章帝时,平原徐肇以三月初生三女,至三日俱亡,村人以为怪,乃招携之水滨洗袚,遂因水以泛觞,其义起此。'帝曰:'必如所谈,便非好事。'晳进曰:'虞小生,不足以知,臣请言之。昔周公城洛邑,因流水以泛酒,故逸诗云:羽觞流波。又秦昭王以三日置酒河曲,见金人奉水心之剑,曰:令君制有西夏。乃霸诸侯。因此立为曲水。二汉相缘,皆为盛集。'帝大悦,赐晳金五十斤。"南朝宋颜延之、南朝齐王融、南朝梁简文帝均有《三日曲水诗序》。

——《汉语大词典·1》

三月三日:即上巳节。汉以前取农历三月上旬之巳日,三国魏以后改用三月三日,不用上巳。见《晋书·礼志下》。《周礼·春官·女巫》:"女巫掌岁时袚除衅浴。"唐贾公彦疏:"一月有上巳,据上旬之巳而为袚除之事,见今三月三日水上戒浴是也。"《艺文类聚》卷四引《夏仲御别传》:"仲御诣洛,到三月三日,洛中公王以下,莫不方轨连轸,并至南浮桥边禊。"唐杜甫《丽人行》:"三月三日天气新,长安水边多丽人。"

——《汉语大词典·1》

上巳:旧时节日名。汉以前以农历三月上旬巳日为"上巳";魏晋以后,定为三月三日,不必取巳日。《后汉书·礼仪志上》:"是月上巳,官民皆洁于东流水上,曰洗濯袚除去宿垢疢为大洁。"《宋书·礼志二》引《韩诗》:"郑国之俗,三月上巳,之溱洧两水之上,招魂续魄。秉兰草,拂不祥。"唐席元明《三月三日宴王明府山亭》诗:"日惟上巳,时亨有巢。"宋吴自牧《梦粱录·三月》:"三月三日上巳之辰,曲水流觞故事,起于晋时。唐朝赐宴曲江,倾都禊饮踏青,亦是此意。"但也有仍取巳日者。元白朴《墙头马上》第一折:"今日乃三月初八日,上巳节令,洛阳王孙士女,倾城玩赏。"

——《汉语大词典·1》

上除：即上巳。古代风俗，农历三月上巳日，往水边以斋戒沐浴等法去灾求福，故称。汉徐干《齐都赋》："青春季月，上除之良，无大无小，祓于水阳。"南朝齐谢朓《侍宴华光殿曲水奉敕为皇太子作》诗："秋祓濯流，春禊浮醴。初吉云献，上除方启。"唐崔知贤《三月三日宴王明府山亭》诗："影媚元巳，和风上除。"

——《汉语大词典·1》

修禊：古代民俗于农历三月上旬的巳日（三国魏以后始固定为三月初三）到水边嬉戏，以祓除不祥，称为修禊。《世说新语·企羡》："王右军得人以《兰亭集序》方《金谷诗序》。"刘孝标注引晋王羲之《临河叙》曰："永和九年，岁在癸丑，暮春之初，会于会稽山阴之兰亭，修禊事也。"宋张耒《和周廉彦》诗："修禊洛滨期一醉，天津春浪绿浮堤。"冰心《寄小读者》二三："三月三日是古人修禊节，也便是我们绝好的野餐时期。流觞曲水，不但仿古人余韵，而且有趣。"按古人临水修禊不只行于春季三月，亦有行于秋季七月者，然以春禊为常。

——《汉语大词典·1》

元巳：即上巳。阴历三月上旬的巳日。旧俗于此日临水祓除不祥，叫做"修禊"。汉张衡《南都赋》："暮春之禊，元巳之辰，方轨齐轸，祓于阳濒。"自三国魏以后，把这个节日固定为三月三日。《文选·沈约〈三月三日率尔成篇〉诗》："丽日属元巳，年芳具在斯。"张铣注："元巳，上巳也。"

——《汉语大词典·2》

吉巳：古礼，皇后于每年季春三月之巳日躬亲蚕桑之事，其日卜须吉，故称"吉巳"。《旧唐书·礼仪志四》："季春吉巳，祭先蚕于公桑，皇后亲桑。"《宋史·礼志五》："绍兴七年，始以季春吉巳享先蚕。"

——《汉语大词典·3》

春禊：古时民俗，官民于三月上巳（魏以后为三月初三）在水滨举行盥洗祭礼，以除不祥，谓之春禊。禊，洁。南朝齐谢朓《侍宴华光殿曲水奉敕为皇太子作》诗之五："秋祓濯流，春禊浮醴。"隋江总《三日侍宴宣猷堂曲水》诗："上巳娱春禊，芳辰喜月离。"唐王维《奉和圣制与太子诸王三月三日龙池春禊应制》："故事修春禊，新宫展豫游。"清钱泳《履园丛话·谭诗·以人存诗》："兰亭去此一千里，春禊故事知谁修？"

——《汉语大词典·5》

晾夏：谓旧俗在农历三月上巳日起至立夏前曝晒纱葛之类的衣服。《龙游县志·地理考·风俗》："上巳日以纱葛衣出曝,谓之晾夏。"

——《汉语大词典·5》

油花卜：古代民俗,三月上巳节,以油点水占卜,称为"油花卜"。五代张泌《妆楼记·油花卜》："池阳上巳日,妇女以齐花点油,祝而洒之水中,若成龙凤花卉之状,则吉,谓之油花卜。"宋洪迈《夷坚三志己·萧县陶匠》："萧沛土俗,多以上巳节群集郊野,倾油于溪水不流之处,用占一岁休咎,目曰油花卜。"

——《汉语大词典·5》

浮杯：古人每逢三月上旬的巳日集会水渠旁,在上流放置酒杯,任其漂浮,停在谁的面前,谁即取饮,叫做"浮杯",也叫"流觞"。唐孟浩然《上巳日涧南园期王山人陈七诸公不至》诗："上巳期三月,浮杯兴十旬。"五代齐己《答无愿上人书》诗："必有南游山水兴,汉江平稳好浮杯。"

——《汉语大词典·5》

濯禊：古代民俗,于三月上旬巳日(后定为三月三日)在水边洗濯以祓除疾病等不祥之事。南朝梁刘孝绰《三日侍华光殿曲水宴》诗："熏祓三阳暮,濯禊元巳初。"

——《汉语大词典·6》

禊祭：古人在春秋二季所举行的临火祓除不详的祭事。《南齐书·礼志上》："三月三日曲水会,古禊祭也。汉《礼仪志》云：'季春月上巳,官民皆洁濯于东流水上,自洗濯祓除去宿疾为大洁。'不见东流为何水也。晋中朝云,卿巳下至于庶民,皆禊洛水之侧。"

——《汉语大词典·7》

禊饮：谓古时农历三月上巳日之宴聚。南朝齐王融《三月三日曲水诗》序："惟暮之春,同律克和,树草自乐。禊饮之日在兹,风舞之情咸荡。"《旧唐书·中宗纪》："三月甲寅,幸临渭亭修禊饮,赐群官柳棬以辟恶。"宋柳永《笛家弄》词："水嬉舟动,禊饮筵开。"清吴梅村《画兰曲》："何似杜陵春禊饮,乐游原上采兰人。"

——《汉语大词典·7》

禊游：农历三月三日禊祭之游。宋张元干《瑞鹤仙·寿》词："把铜壶，缓浮金杯，禊游行乐。"清赵翼有《金二雅绘禊游图集兰亭字为序》诗。

——《汉语大词典·7》

禊节：指上巳节。宋欧阳修《三日赴宴口占》："赐饮初逢禊节佳，昆池新涨碧无涯。九门寒食多游骑，三月春阴正养花。"

——《汉语大词典·7》

除巳：指农历三月上巳节。旧俗于此日祓除不洁，故称。汉蔡邕《祓禊文》："洋洋暮春，厥日除巳……唯女与士，自求百福，在洛之涘。"

——《汉语大词典·11》

【图片资料】

蟠桃会

曲水流觞

月曼清游图

月曼清游图

展上巳

探石求子

风雨归来　　　　游园

洗脚大会

清明

【文献资料】

　　清明寒食，宫庭于是节最为富丽。起立彩索秋千架，自有戏蹴秋千之服。金绣衣襦，香囊结带，双双对蹴。绮筵杂进，珍馔甲于常筵。中贵之家，其乐不减于宫闱。达官贵人，豪华第宅，悉以此为除祓散怀之乐事。然有无各称其家道也。

——《析津志辑佚·风俗》

　　祭礼，富贵家庙祠如仪。民间多朴野，不知节文，惟遇时节，则市买阡张、纸马焚之而已。岁清明，无贵贱，率持酒肴上坟，男女盛服以往，即古墓祭意。

——《宛署杂记·民风一》

　　三月祭墓，清明日，小民男妇盛服携盒酒祭其先墓，祭毕野坐，醉饱而归。每年是日，各门男女拥集，车马喧阗。

——《宛署杂记·民风一》

　　三月清明日，男女扫墓，担提樽榼，轿马后挂楮锭，粲粲然满道也。拜者、酹者、哭者、为墓除草添土者，焚楮锭次，以纸钱置坟头。望中无纸钱，则孤坟矣。哭罢，不归也，趋芳树，择园圃，列坐尽醉。有歌者，哭笑无端，哀往而乐回也。是日簪柳，游高梁桥，曰踏青。多四方客未归者，祭扫日感念出游。

——《帝京景物略·卷二》

　　清明之前，收藏貂鼠帽套、风领、狐狸等皮衣，食河豚，饮芦芽汤，以解其热。各家煮过夏之酒。此时吃鲊，名曰桃花鲊也。

——《酌中志·卷二十》

清明，则秋千节也，带杨枝于鬓。坤宁宫后及各宫，皆安秋千一架。凡各宫之沟渠，俱于此疏浚之。竹蔑排棚、大木桶及天沟水管，俱于此时油捻之，并铜缸亦刷换以新汲水。凡内臣院大者即制席箔为凉棚，以绳收放，取阴也。

圣驾幸回龙观等处，赏海棠。窖中花树尽出，园圃、台榭、药栏等项，咸此月修饰。富贵人家咸赏牡丹花，修凉棚。

——《酌中志·卷二十》

清明日，男女簪柳出扫墓，担樽榼，挂纸钱，拜者，酹者，哭者，为墓除草添土者，以纸钱置坟巅，既而趋芳树，择园圃，列坐馂余而后归。

——《康熙宛平县志·卷一》

清明日，男女簪柳出扫墓，担樽榼，挂楮钱，既而寻芳择地，欢饮而归。

——《大兴县志·卷一·风俗考》

清明扫墓，倾城男女纷出四郊，担酌挈盒，轮毂相望。各携纸鸢线轴，祭扫毕，即于坟前施放较胜。京制纸鸢极尽工巧，有价值数金者，琉璃厂为市易之。清明日摘新柳佩带，谚云："清明不带柳，来生变黄狗。"又以柳条穿祭余蒸点，至立夏日油煎与小儿食之，谓不齼夏。

——《帝京岁时纪胜·三月》

广宁门外普济堂收养异乡孤贫疾瘵人，冬施粥馆，夏施冰茶。育婴堂收养弃掷婴儿。两堂清明日捡拾暴露骸骨及幼殇小儿殓葬，或化而瘗之，复延僧众施食度荐，名曰赦孤。又祭厉鬼者，是日设仪仗陈鼓吹前导，舁请城隍圣像出巡。于城南隙地奏乐荐享，中设神位，傍列孤魂棚座祭赛，焚其楮帛，名曰济孤魂会。盖仿古厉坛之遗意焉。

——《帝京岁时纪胜·三月》

清明日，各宫安秋千架。

——《日下旧闻考·卷一四七·风俗》

清明，戴柳枝于发。夏至戴蓖麻子叶、长命菜，即马齿苋也。立秋日戴楸叶。

——《日下旧闻考·卷一四七·风俗》

三月上巳日，上土谷祠。清明日始卖冰，以两铜盏合而击之。次日花木皆出窖，播瓜菜种于地，后三日新茶从马上至，至之日，官价五十金，外价三二十金，不一二日即二三金矣。

——《光绪顺天府志·京师志·风俗》

清明，从冬至数至一百五日即其节也。前两日为寒食节，禁烟火等仪，京皆不举。惟清明日妇女、儿童有戴柳条者。斯时柳芽将舒苞如桑椹，谓之柳笋。谚云"清明不戴柳，死后变黄狗"，其意殊不可晓。或曰"清明不戴柳，死在黄巢手"，盖黄巢造反时以清明日为期，带柳为号，故有是谚也。是日，倾城上冢。九门城外，自晨至暮处处飞灰，其野店荒村酒食一罄。或云，此日有风，则过四十五日始止。谚云"清明刮了坟上土，大风刮到四十五"，农家犹多占验。

——《京都风俗志》

清明即寒食，又曰禁烟节。古人最重之，今人不为节，但儿童戴柳祭扫坟茔而已。世族之祭扫者，于祭品之外，以五色纸钱制成幡盖，陈于墓左。祭毕，子孙亲执于墓门之外而焚之，谓之佛多，民间无用者。

按《析津志》云：辽俗最重清明，上自内苑，下至士庶，俱立秋千架，日以嬉戏为乐。自前明以来，此风久革，不复有半仙之戏矣。又《岁时百问》云：万物生长此时，皆清净明洁，故谓之清明。至清明戴柳者，乃唐高宗三月三日被禊于渭阳，赐群臣柳圈各一，谓戴之可免蚕毒。今盖师其遗意也。

——《燕京岁时记》

江南城隍庙在正阳门外南横街之东，先农坛西北。本朝康熙年建，内有城隍行宫。每岁中元及清明、十月一日有庙市，都人迎赛祀孤。

——《燕京岁时记》

清明日，南城城隍庙历坛。人家上冢。

——《天咫偶闻·卷十》

清明，人家上坟，于市上买盒子菜以祀之，即南边之馔盒也。

——《燕京杂记》

都人谓清明日风作，则一月内无日不风，亦无日不沙矣。戊寅清明日风作，余验之良然。

——《燕京杂记》

清明前后,上冢者多,车马往来,不绝于道,辄插柳车棚以归;小儿则以柳枝编圈戴之,谣曰:"清明不戴柳,死后变黄狗。"

——《北平岁时志·三月》

三月清明后,家家晾干菠菜,谷雨则开花结子,老而不堪食矣。所晾之干菜,可以蓄之来春;用时,取开水浸之,加油肉作馅,蒸包子,煮角子,皆别有风味也。

——《北平岁时志·三月》

清明节气有早晚,谚云:"二月清明花开早,三月清明花不开。"在昔太平盛世,清明例有踏青之举,近则城外匪多,游人裹足矣。

——《北平岁时志·三月》

清明前一日,曰寒食节,此风山西最盛,往时北京人家亦有行之者。

——《北平岁时志·三月》

清明节,民国改名植树节,各公署学校,均给假三日,并在天坛及马路道旁添植新树,此新例,昔所无也。

——《北平岁时志·三月》

清明济孤之举,近年仍有,但不若从前之盛,京中富户日少,则捐助之款亦少故也。

——《北平岁时志·三月》

北平各大庙宇,至清明皆有济孤焰口,夜间施食。

——《北平岁时志·三月》

都下寒食,游人于水边以柳圈祓禊。(《研北杂志》)

都人谓清明日风作,则一月内无日不风,亦无日不沙矣。(《辽史·礼志》)

永乐中,禁中有剪柳之戏,即射柳也,元人以鹁鸽贮葫芦中,悬之柳上,弯弓射之,矢中葫芦,鸽飞出,以飞之高下为胜负,往往会于清明、端阳。(《识小编》)

高粱桥在西直门外,京师最胜地也。两水夹堤,垂杨十余里,流急而清,鱼之沉水底者,鳞鬣皆见。精蓝棋置,丹楼珠塔,窈窕绿树中。而西山之在几席者,朝夕设色以娱游人。当春盛时,城中士女云集,缙绅士大夫,非甚不暇,未有不一至其地者也。(《瓶花斋集》)

清时(明)戴柳枝于发,夏至戴莔麻子叶,长命菜,即马齿苋也。立秋日戴楸叶。(《芜史》)

祭礼:士大夫庙祀,率如《文公家礼》,民间不敢立祠堂,礼多简朴。清明祭于墓,七月中旬祭于墓,十月一日祭于家,或祭于墓,冬至、岁暮、忌日,俱祭于家。(《舆地记》)

新葬者祭扫较早,在清明前,俗谓"新坟不过社。"(《燕都杂咏注》)

——《北平风俗类征》

辽俗最重清明,上至内苑,下至士庶,俱立秋千架,日以嬉戏为乐。自前明以来,此风久革,不复有半仙之戏矣。

——《北京市志稿·礼俗志》

一百五:指寒食。冬至后一百零五天即为寒食,故名。唐姚合《寒食诗》之一:"今朝一百五,出户雨初晴。"唐温庭筠《寒食节寄楚望》诗之二:"家乏两千万,时当一百五。"宋苏辙《新火》诗:"昨日一百五,老稚俱寒食。"宋葛立方《韵语阳秋》卷十九:"自冬至一百有五日至寒食,故世言寒食皆称一百五。"元武汉臣《老生儿》第三折:"寒食一百五,家家上坟祭祖。"

——《汉语大词典·1》

上墓:扫墓。宋王溥《唐会要·寒食拜扫》:"开元二十年四月二十四日敕:'寒食上墓,礼经无闻,近世相传,浸以成俗,士庶有不合庙享,何以展孝思?宜许上墓。'"明张萱《疑耀·上墓设乌饭》:"余里中上墓,皆以清明、重阳二节。独清明上墓,必以乌饭。"

——《汉语大词典·1》

佛多:古代官宦人家于清明上坟时,焚烧纸钱制成的旗幡、伞盖,此种祭礼谓之"佛多"。清富察敦崇《燕京岁时记·清明》:"清明即寒食,又曰禁烟节,古人最重之。今人不为节,但儿童带柳,祭扫坟茔而已。世族之祭扫者,于祭品之外,以五色纸钱制成幡盖,陈于墓左。祭毕,子孙亲执于墓门之外而焚之,谓之'佛多'。民间无用者。"

——《汉语大词典·1》

冷节：寒食节。在清明前一日。王谟辑本汉崔寔《四民月令》："齐人呼寒食为冷节。以曲为蒸饼样，团枣附之，名曰枣糕。"唐韩偓《寒食日沙县雨中看蔷薇》诗："何处遇蔷薇，殊乡冷节时。"宋王禹偁《清明日独酌》诗："一郡官闲唯副使，一年冷节是清明。"清黄景仁《摸鱼儿·寒食漫兴》词："梦惊回，今朝冷节，天阴难得窗亮。"

——《汉语大词典·2》

小寒食：寒食的第二天。一说为前一天。唐杜甫有《小寒食舟中作》诗。仇兆鳌题解："《杜臆》：小寒食，注谓寒食前一日，误，盖寒食次日也。《岁时记》：冬至后一百五日为寒食。据历在清明前二日。广义注：禁火三日谓至后一百四日、五日、六日，乃知小寒食是六日，总在三日内，故云佳辰。次日清明，始有新火，故食犹寒；禁火则酒亦寒，故云强饮。诗意甚明。"朱东润《杜甫叙论》："这一年的清明过了，寒食到来，寒食过了，还有小寒食。"

——《汉语大词典·2》

寒食：①节日名。在清明前一日或二日。相传春秋时晋文公负其功臣介之推。介愤而隐于绵山。文公悔悟，烧山逼令出仕，之推抱树焚死。人民同情介之推的遭遇，相约于其忌日禁火冷食，以为悼念。以后相沿成俗，谓之寒食。按，《周礼·秋官·司烜氏》"中春以木铎修火禁于国中"，则禁火为周的旧制。汉刘向《别录》有"寒食蹋蹴"的记述，与介之推死事无关；晋陆翙《邺中记》、《后汉书·周举传》等始附会为介之推事。寒食日有在春、在冬、在夏诸说，惟在春之说为后世所沿袭。南朝梁宗懔《荆楚岁时记》："去冬节一百五日，即有疾风甚雨，谓之寒食。禁火三日，造饧大麦粥。"唐韩翃《寒食》诗："春城无处不飞花，寒食东风御柳斜。"元仙村人《春日田园杂兴》诗："村村寒食近，插柳遍檐牙。"清吴兰修《黄竹子传》："临行，（竹子）执生手曰：'此归又罹虎口！若得了侬业债，则寒食梨花，求麦饭一盂，纸钱一束，上真娘墓一吊，薄命人死无恨耳！'"又，有的地区亦称清明为寒食。明张煌言《舟次清明拈得青字》诗："欲隐尚违惭介子，年年寒食卧江汀。"清富察敦崇《燕京岁时记·清明》："清明即寒食，又曰禁烟节。古人最重之，今人不为节，但儿童戴柳祭扫坟茔而已。"郁达夫《钓台的春昼》："绕了一个大弯，赶到故乡，却正好还在清明寒食的节前。"②吃冷的食物。《后汉书·周举传》："太原一郡，旧俗以介子推焚骸，有龙忌之禁。至其亡月，咸言神灵不乐举火，由是士民每冬中辄一月寒食，莫敢烟爨，老小不堪，岁多死者。"晋陆翙《邺中记》："寒食三日，作醴酪，又煮粳米及麦为酪，杏仁煮作粥。"《北堂书钞》卷一四三引晋孙楚《祭介子推文》："太原咸奉介君之灵，至三月清明，断火寒食，甚若先后一月。"③犹冷食。指寒食节吃的冷的食物。《岁时广记·寒食上·冻姜豉》引宋吕原明《岁时杂记》："寒食:煮豚肉并汁露顿,候其冻取之,谓之姜豉,以荐饼而食之。或剜以匕,或裁以刀,调以姜豉,故名焉。"又:"寒食以糯米合采蒻叶裹以蒸之。或加以鱼鹅肉鸭卵等。又有置艾一叶于其下者。"清潘荣陛《帝京岁时纪胜·时品》:"香椿芽拌面筋,嫩柳叶拌豆腐,乃寒食之佳品。"

——《汉语大词典·3》

杏花雨:谓清明时节所降之雨。时值杏花盛开,故称。宋志南《绝句》:"沾衣欲湿杏花雨,吹面不寒杨柳风。"元陈元靓《岁时广记》卷一:"《提要录》:杏花开时,正值清明前后,必有雨也,谓之杏花雨。"白桦《春潮在望》:"迎着江南绵绵的杏花雨,迎着受尽苦难人民破涕的笑颜。"

——《汉语大词典·4》

杏花风:清明前后杏花开放时的风;春风。唐羊士谔《野望》诗之一:"萋萋麦陇杏花风,好是行春野望中。"元汤式《望远行·四景题情》曲:"杏花风习习暖透窗纱,眼巴巴颙望他。"清李经钰《阙题》诗:"暄晴已报杏花风,忽讶尧年鹤语同。"

——《汉语大词典·4》

桃花粥:旧俗寒食节的食品。煮粳米及麦为酪,捣杏仁,作粥。呈桃花色,称"桃花粥"。元陈樵《寒食词》:"绵上火攻山鬼哭,霜华夜入桃花粥。"清孔尚任《桃花扇·寄扇》:"三月三刘郎到了,携手儿下妆楼,桃花粥吃个够。"

——《汉语大词典·4》

炊熟:宋代称寒食节前一日为炊熟。因寒食禁火,节前一日必须烧好食物,故称。宋孟元老《东京梦华录·清明节》:"寻常京师以冬至后一百五日为大寒食,前一日谓之炊熟。"

——《汉语大词典·7》

禁火:旧俗寒食停炊称"禁火"。南朝梁宗懔《荆楚岁时记》:"去冬节一百五日即有疾风甚雨,谓之寒食,禁火三日。"唐郭郧《寒食寄李补阙》诗:"万井间阎皆禁火,九原松柏自生烟。"《东周列国志》第三回:"至今太原、上党、西河、雁门各处,每岁冬至后一百五日,预作干糒,以冷水食之,谓之'禁火'。"

——《汉语大词典·7》

禁火天：指寒食节。宋万俟雅言《三台·清明应制》词："禁火天已是试新妆，岁华到三分佳处。"

——《汉语大词典·7》

禁火日：指寒食节。唐张说《奉和圣制寒食作应制》："从来禁火日，会接清明朝。"

——《汉语大词典·7》

禁火辰：指寒食节。唐李绅《建元寺》诗："江上物候伤心地，远寺经过禁火辰。"

——《汉语大词典·7》

禁烟节：即寒食节。宋庞元英《文昌杂录》卷二："有唐禁烟节亦宴百官廊下，皆冷食。"清富察敦崇《燕京岁时记·清明》："清明即寒食，又曰禁烟节。"

——《汉语大词典·7》

百五：寒食日。在冬至后的一百零五天，故名。宋程先《锁窗寒·有感》词："叹嘉会难逢，少年几许？纷纷沸鼎，负了青阳百五。"元张国宾《薛仁贵》第二折："今日正百五寒食，上坟的都是同乡共里。"清纳兰性德《秋千索·渌水亭春望》词之一："悠扬扑尽风前絮，又百五，韶光难住。"一说，寒食日在冬至后的一百零六天，故称"百六"。

——《汉语大词典·8》

百五日：指寒食日。清顾炎武《金陵杂诗》之二："重闻百五日，遥祭十三陵。"

——《汉语大词典·8》

【诗词歌赋】

寒食江州满塘驿

唐·宋之问

去年上巳洛桥边,今年寒食庐山曲。
遥怜巩树花应满,复见吴洲草新绿。
吴洲春草兰杜芳,感物思归怀故乡。
驿骑明朝发何处,猿声今夜断君肠。

寒食即事

唐·王昌龄

晋阳寒食地,风俗旧来传。
雨灭龙蛇火,春生鸿雁天。
泣多流水涨,歌发舞云旋。
西见之推庙,空为人所怜。

小寒食舟中作

唐·杜甫

佳辰强饮食犹寒,隐几萧条戴鹖冠。
春水船如天上坐,老年花似雾中看。
娟娟戏蝶过闲幔,片片轻鸥下急湍。
云白山青万余里,愁看直北是长安。

阊门即事

唐·张继

耕夫召募逐楼船,春草青青万顷田。
试上吴门窥郡郭,清明几处有新烟!

寒 食

唐·孟云卿

二月江南花满枝,他乡寒食远堪悲。
贫居往往无烟火,不独明朝为子推。

清 明

唐·杜牧

清明时节雨纷纷,路上行人欲断魂。
借问酒家何处有,牧童遥指杏花村。

寒食前有怀

唐·温庭筠

万物鲜花雨乍晴,春寒寂历近清明。
残芳苒苒双飞蝶,晓睡朦胧百啭莺。
旧侣不归成独酌,故园虽在有谁耕。
悠然便起严滩恨,一宿东风蕙草生。

寒食日题杜鹃花

唐·曹松

一朵又一朵,并开寒食时。
谁家不禁火,总在此花枝。

长安清明

唐·韦庄

蚤是伤春梦雨天,可堪芳草正芊芊。
内官初赐清明火,上相闲分白打钱。
紫陌乱嘶红叱拨,绿杨高映画秋千。
游人记得升平事,暗喜风光似昔年。

寒 食

唐·韩翃

春城无处不飞花,寒食东风御柳斜。
日暮汉宫传蜡烛,轻烟散入五侯家。

菩萨蛮　清明节近

唐·无名氏

　　清明节近千山绿,轻盈士女腰如束。九陌正花芳,少年骑马郎。　罗衫香袖薄,伴醉抛鞭落。何用更回头,漫添春夜愁!

寒食寄郑起侍郎

宋·杨徽之

清明时节出郊原,寂寂山城柳映门。
水隔淡烟修竹寺,路经疏雨落花村。
天寒酒薄难成醉,地迥楼高欲断魂。
回首故山千里外,别离心绪向谁言?

木兰花慢

宋·柳永

　　拆桐花烂漫,乍疏雨,洗清明。正艳杏浇林,缃桃绣野,芳景如屏。倾城。尽寻胜去,骤雕鞍绀幰出郊坰。风暖繁弦脆管,万家竞奏新声。　盈盈。斗草踏青。人艳冶,递逢迎。向路旁往往,遗簪堕珥,珠翠纵横。欢情。对佳丽地,信金罍罄竭玉山倾。拼却明朝永日,画堂一枕春醒。

破阵子

宋·晏殊

燕子来时新社,梨花落后清明。池上碧苔三四点,叶底黄鹂一两声,日长飞絮轻。 巧笑东邻女伴,采桑径里逢迎。疑怪昨宵春梦好,原是今朝斗草赢,笑从双脸生。

木兰花　乙卯吴兴寒食

宋·张先

龙头舴艋吴儿竞,笋柱秋千游女并。芳洲拾翠暮忘归,秀野踏青来不定。行云去后遥山暝,已放笙歌池院静。中庭月色正清明,无数杨花过无影。

寒食许昌道中寄幕府诸君

宋·司马光

原上烟芜淡复浓,寂寥佳节思无穷。
竹林近水半边绿,桃树连村一片红。
尽日解鞍山居雨,晚天回首酒旗风。
遥知幕府清明饮,应笑驱驰羁旅中。

清明后同秦帅端明会饮李氏园池

宋·文彦博

洛浦林塘春暮时,暂同游赏莫相违。
风光不要人传语,·任花前尽醉归。

鹧鸪天　清明

宋·周密

燕子时时度翠帘,柳寒犹未褪香绵。落花门巷家家雨,新火楼台处处烟。
情默默,恨恹恹,东风吹动画秋千。拆桐开尽莺声老,无奈春何只醉眠。

寒 食

宋·王禹偁

今年寒食在商山,山里风光亦可怜。
稚子就花拈蛱蝶,人家依树系秋千。
郊原晓绿初经雨,巷陌春阴乍禁烟。
副使官闲莫惆怅,酒钱犹有撰碑钱。

南柯子　丁酉清明

宋·黄昇

天上传新火,人间试袷衣。定巢新燕觅香泥。不为绣帘朱户说相思。侧帽吹飞絮,凭栏送落晖。粉痕销淡锦书稀。怕见山南山北子规啼。

庚辰西域清明

元·耶律楚材

清明时节过边城,远客临风几许情。
野鸟间关难解语,山花烂漫不知名。
葡萄酒熟愁肠乱,玛瑙杯寒醉眼明。
遥想故园今好在,梨花深院鹧鸪声。

双调　蟾宫曲　寒食新野道中

元·卢挚

柳濛烟梨雪参差,犬吠柴荆,燕语茅茨。老瓦盆边,田家翁媪,鬓发如丝。桑拓外秋千女儿,髻双鸦斜插花枝。转眄移时,应叹行人,马上哦诗。

双调　折桂令　客窗清明

元·乔吉

风风雨雨梨花,窄索帘栊,巧小窗纱。甚情绪灯前,客怀枕畔,心事天涯。三千丈清愁鬓发,五十年春梦繁华。蓦见人家,杨柳分烟,扶上檐牙。

双调　庆东原　晚春杂兴

元·赵善庆

烟中寺,柳外楼,乱随风雪絮飘晴昼。游人陌头,残红树头,流水溪头。百六楚风酸,三月吴姬瘦。

正宫　醉太平　寒食

元·王元鼎

声声啼乳鸦,生叫破韶华。夜深微雨润堤沙,香风万家。画楼洗净鸳鸯瓦,彩绳半湿秋千架。觉来红日上窗纱,听街头卖杏花。

清　明

明·邝露

在家常服食,无怨已经年。
五岳寻师遍,孤琴共影眠。
南魂迷黑齿,北首极幽燕。
未化辽东鹤,何当省墓田。

壬戌清明作

明·屈大均

朝作轻寒暮作阴,愁中不觉已春深。
落花有泪因风雨,啼鸟无情自古今。
故国江山徒梦寐,中华人物又消沉!
龙蛇四海归无所,寒食年年怆客心。

清明前一日

清·李渔

正当离乱世,莫说艳阳天。
地冷易寒食,烽多难禁烟。

战场花是血,驿路柳为鞭。
荒垅关山隔,凭谁寄纸钱?

寒食得花字

清·孔尚任

逃亡屋破夕阳斜,社燕归来不见家。
旧日踏青芳草路,纷纷白骨衬落花。

【图片资料】

清明节放风筝

清明节插柳

清明节踏青

王哀闻雷泣墓

喂蚕

放风筝

放风筝

掷地有金声

舞秋千

坟墓祭祀

斗牛图

古代扫墓图

往生神咒钱

荡秋千

庆清明佳节

游春仕女图

家堂神位

荡秋千

清明节荡秋千

荡秋千

童戏风筝

蚕姑宫

斗鹌鹑

蚕母娘娘

家庙祭祀图

击壤图

育蚕

三月十五

【文献资料】

　　三月十五日起,朝阳门外东岳庙,日日士女拈香供献,放生还愿等诸善事。及各行工商建会,亦于此庙酬神。盖此庙水陆诸天神像最全,故酬神最易。至二十八日为东岳齐天圣帝生辰,特建赏尘等会,其游人与修善事者,较平日称为更胜。

——《京都风俗志》

　　东岳庙在朝阳门外二里许。除朔望外,每至三月,自十五日起,开庙半月。士女云集,至二十八日为尤盛,俗谓之掸尘会。其实乃东岳大帝诞辰也。庙有七十二司,司各有神主之。相传速报司之神为岳武穆,最著灵异。凡负屈含冤心迹不明者,率于此处设誓盟心,其报最速。阶前有秦桧跪像,见者莫不唾之,已不辨面目矣。后阁有梓潼帝君,亦著灵异,科举之年,祈祷相属。神座右有铜骡一匹,颇能愈人疾病,病耳者则摩其耳,病目者则拭其目,病足者则抚其足。阁东有甲胄之像数,半身没于地中,俗传为杨家将云云,究不知其为何神也。庙中道教碑乃元翰林院承旨赵孟𫖯所书,字画虽真,丰神已失,想为俗工凿治矣。

　　谨按《日下旧闻考》:东岳庙乃元延祐中建,以祀东岳天齐仁圣帝。前明正统中,益拓其宇,两庑设七十二司,后设帝妃行宫。本朝康熙三十七年,居民不戒而毁于火。特颁内帑修之,阅三岁而落成。殿阁廊庑,视旧加饬。乾隆二十六年复加修葺,规制益崇。故至今只谒东陵时,必于此拈香用膳焉。

——《燕京岁时记》

　　(三月)十五日至二十八日,游东岳庙。

——《天咫偶闻·卷十》

　　每年三月十五日起,东岳庙有掸尘会;自二十八日,由庙起马,至妙峰山进香,此会乃太监为首。东岳庙例有香会,每年各铺户月助一大盘,共十二盘,润(闰)月则进十三盘;近年十二盘香,往往点之不尽,此则日行月差故也。

——《北平岁时志·三月》

三月十八

【文献资料】

　　天台山在京西磨石口,车马可通。即翠微山之后山也。每岁三月十八日开庙,香火甚繁。寺门在南山之麓,寺在北山之巅,相去几至里许。沿山有流泉三四,涓涓不穷。所谓魔王者,语多荒诞不经,无从考其出处矣。

　　　　　　　　　　　　　　　　　　　　——《燕京岁时记》

　　(三月)十八日,戏园皆辍业,优伶祭精忠庙,休息游乐,曰戏子会。

　　　　　　　　　　　　　　　　　　　　——《北平岁时志·三月》

三月二十

【文献资料】

换季:白锋毛后,换灰鼠袍褂,染银鼠冠;换银鼠袍褂,毡冠,绒领,白袖头;换珍珠毛袍褂,骨种羊冠;换绵袍褂,纵线冠;换夹袍褂,绒冠,缎领,章绒,在绵夹之间;换单袍褂,呢冠。每至三月二十前后,换戴凉帽。(《春明采风志》)

——《北平风俗类征》

三月廿八

【文献资料】

(三月)二十八日,乃岳帝王生辰,自二月起,倾城士庶官员、诸色妇人,酬还步拜与烧香者不绝,尤莫盛于是三日。道途买卖,诸般花果、饼食、酒饭、香纸填塞街道,亦盛会也。太庙荐新:菜、韭、荠、卵、鸭。

——《析津志辑佚·岁纪》

朝东岳。城西有古庙,祀东岳神。规制宏广,神象华丽。国朝岁时敕修,编有庙户守之。三月二十八日,俗呼为降生之辰,设有国醮,费几百金,民间每年各随其地预集近邻为香会,月敛钱若干,掌之会头。至是盛设鼓乐幡幢,头戴方寸纸,名甲马,群迎以往,妇人会亦如之。是日行者塞路,呼佛声振地,甚有一步一拜者,曰拜香庙。有神浴盆二,约可容水数百石,月一易之,病目人虔卜得许,一洗多愈。

——《宛署杂记·民风一》

(三月)二十八日,东岳仁圣帝诞,倾城趋齐化门,鼓乐旗幢为祝,观者夹路。

——《帝京景物略·卷二》

(东岳庙)帝妃前悬一金钱,道士赞中者得子,入者辄投以钱,不中不止,中者喜,益不止,磬所携以出。三月廿八日帝诞辰,都人陈鼓乐、旌帜、楼阁、亭彩,导仁圣帝游。帝之游所经,妇女满楼,士商满坊肆,行者满路,骈观之。帝游聿归,导者取醉松林,晚乃归。

——《帝京景物略·卷二》

(三月)二十八日,东岳庙进香,吃烧笋鹅,吃凉饼,糯米面蒸熟,加糖、碎芝麻,即糍粑也。吃雄猪腰子,大者一对可值五、六分,传云食之补虚损也。

——《酌中志·卷二十》

(三月)二十八日,东岳诞辰,太常寺致祭,民间多结香会,盛陈鼓乐,旗幛前导,亦有装小儿为故事,名台阁者,以彰祭祀之仪,观者夹道。

——《康熙宛平县志·卷一》

(三月)二十八日,太常寺致祭东岳庙,民间结会,盛陈鼓乐,旗幛前导,观者夹路。

——《大兴县志·卷一·风俗考》

三月二十八日,燕京祭岳庙,民间集众为香会,有为首者掌之。盛设鼓乐旗幡,戴甲马,群迎神以往,男妇有跪拜而行者,名曰拜香。

——《日下旧闻考·卷一四七·风俗》

(三月)二十八日,赛东岳庙。

——《光绪顺天府志·京师志·风俗》

三月二十八日,都例祷东岳庙,在东便门外,乘舆杂出,时不能辨。(《查浦辑闻》)

——《北平风俗类征》

暑：热也。暑与热浑言则一。故许以热训暑。析言则二。故《大雅》。温隆虫虫。毛云。温温而暑。隆隆而雷。虫虫而热也。暑之义主谓湿。热之义主谓燥。故溽暑谓湿暑也。《释名》曰。暑,煮也。如水煮物也。热,爇也。如火所烧爇也。

——《说文解字注》

三夏：旧称阴历四月为孟夏,五月为仲夏,六月为季夏,合称三夏。亦指夏季的第三个月。《乐府诗集·清商曲辞一·子夜四时歌·夏歌十八》："情知三夏热,今日偏独甚。"清李颙《夏日》诗："炎光烁南溟,溽暑融三夏。"

——《汉语大词典·1》

中昊：盛夏。宋苏辙《谢入伏早出状》："深念早衰之质,许以中昊之休。"按,《尔雅·释天》："夏为昊天。"

——《汉语大词典·1》

九夏：夏季,夏天。晋陶潜《荣木》诗序："日月推迁,已复九夏。"唐太宗《赋得夏首启节》："北阙三春晚,南荣九夏初。"清李渔《闲情偶寄·颐养·行乐》："九夏则神耗气索,力难支体。"

——《汉语大词典·1》

大夏：指夏季。《管子·轻重乙》："夫岁有四秋……大夏且至，丝纩之所作，此之谓夏之秋。"《汉书·董仲舒传》："阳常居大夏，而以生育养长为事；阴常居大冬，而积于空虚不用之处。"

——《汉语大词典·2》

夏日：①夏天。《孟子·告子上》："冬日则饮汤，夏日则饮水。"《史记·李斯列传》："冬日鹿裘，夏日葛衣。"《晋书·吴猛传》："（猛）少有孝行，夏日常手不驱蚊，惧其去己而噬亲也。"清王士禛《池北偶谈·谈异七·小猎犬》："八座某公，未第时，夏日常昼卧。"②夏昼。南朝宋谢灵运《道路忆山中》诗："不怨秋夕长，常苦夏日短。"唐元稹《遣兴诗》之二："莫厌夏日长，莫愁冬日短。"③夏天的太阳。北周庾信《小园赋》："非夏日而可畏，异秋天而可悲。"唐王贞白《雨后从陶郎中登庾楼》诗："庾楼逢霁色，夏日欲西曛。"

——《汉语大词典·3》

夏月：夏天。《书·君牙》："夏暑雨。"《孔传》："夏月暑雨，天之常道。"《汉书·严助传》："夏月暑时，欧泄霍乱之病，相随属也；曾未施兵接刃，死伤者必众矣。"《晋书·车胤传》："胤恭勤不倦，博学多通。家贫不常得油，夏月则练囊盛数十萤火以照书，以夜继日焉。"宋孟元老《东京梦华录·朱雀门外街巷》："又西曰清风楼酒店，都人夏月多乘凉于此。"

——《汉语大词典·3》

朱明：①夏季。《尸子》卷上："春为青阳，夏为朱明，秋为白藏，冬为玄英。"《汉书·礼乐志》："朱明盛长，敷与万物。"晋潘岳《射雉赋》："于时青阳告谢，朱明肇授。"唐刘禹锡《代谢端午赐物表》："朱明仲月，端午佳辰。"清孙枝蔚《惜夏》诗："我饯朱明后，无衣暗自伤。"②指立夏节。南朝梁萧统《锦带书十二月启·中吕四月》："节届朱明，暑钟丹陆。"《敦煌曲子词·菩萨蛮》："朱明时节樱桃熟，卷帘嫩笋初成竹。"元柯丹邱《荆钗记·绣房》："宝篆香消，绣窗日永，又还节近朱明。"

——《汉语大词典·4》

朱夏：夏季。《尔雅·释天》："夏为朱明。"三国魏曹植《槐赋》："在季春以初茂，践朱夏而乃繁。"《旧五代史·梁书·末帝纪下》："况青春告谢，朱夏已临。"清唐孙华《夏日园居杂咏》之十二："三年客里逢朱夏，一月天边盼素秋。"

——《汉语大词典·4》

四月

【文献资料】

四月赏西湖景，登玉泉山游寺，耍戒坛秋坡。西湖在县西三十里，玉泉山在西湖旁，山水佳丽。碧云、香山二寺，都下称福地。俱详别卷。戒坛在县南七十里，先年僧人法均奏建说法之所，自四月初八说法起，至十五日止。天下游僧毕会，商贾辐辏，其旁有地名秋坡，倾国妓女竞往逐焉，俗云赶秋坡。宛俗是月初八日，耍西湖景、玉泉山，游碧云、香山。十二日耍戒坛，冠盖相望，绮丽夺目，以故经行之处，一遇山坳水曲，必有茶篷酒肆，杂以妓乐，绿树红裙，人声笙歌，如装如应，从远望之，盖宛然图画云。

——《宛署杂记·民风一》

荐新菜果，王瓜、樱桃、瓠丝煎饼，榆钱蒸糕，蚕豆生芽，莴苣出笋，乃时品也。花名玫瑰，色分真紫鹅黄；树长娑罗，品重香山卧佛。青蒿为蔬菜，四月食之，三月则采入药为茵陈，七月小儿取作星灯。谚云："三月茵陈四月蒿，五月六月砍柴烧。"

——《帝京岁时纪胜·四月》

(药王)庙西为金鱼池，育养朱鱼，以供市易。都人入夏，结棚列肆，狂歌轰饮于池沼之上。旧传有瑶池殿，今不可寻矣。居人界池为塘，植柳覆之，岁种金鱼以为业。池阴一带，园亭甚多，南抵天坛，芦苇兼葭，一碧万顷。昔我王父楚吟公曾筑室于此，颜曰芦屋。今虽莫详其处，尚有存图，以示来许。至于游览之地，如西山妙峰弘教、圣感、潭柘、显应、西域、戒坛、香山碧云、法海、卧佛等寺，极称名胜。岁之四月，都人结伴联镳，攒聚香会而往游焉。

——《帝京岁时纪胜·四月》

都中遗老述万历间西山戒坛四月游女之盛，钿车不绝，茶棚酒肆接于路。至有挟妓入寺者。一无名子嘲以诗云：高下山头起佛龛，往来米汁杂鱼篮。不因说法坚持戒，那得观音处处参？

——《日下旧闻考·卷一四七·风俗》

四月末花事将阑，易增惆怅。惟柳阴中莺声婉啭，如鼓笙簧，殊有斗酒双柑之乐。惟月余则去，不能久住耳。古诗云："黄栗留鸣桑椹美。"黄鹂既鸣，则桑椹垂熟，正合今京师节候。

——《燕京岁时记》

北顶碧霞元君庙在德胜门外土城东北三里许。每岁四月有庙市，市皆日用农具，游者多乡人。东顶在东直门外，与北顶同。

——《燕京岁时记》

玫瑰，其色紫润，甜香可人，闺阁多爱之。四月花开时，沿街唤卖，其韵悠扬。晨起听之，最为有味。芍药乃丰台所产，一望弥涯。四月花含苞时，折枝售卖，遍历城坊。有杨妃、傻白诸名色。是二花者，最为应序，虽加以燠煴之力，不能易候而开，是亦花中之强项令矣。

——《燕京岁时记》

四月麦初熟时，将面炒熟，合糖拌而食之，谓之凉炒面。

——《燕京岁时记》

四月以玫瑰花为之者，谓之玫瑰饼。以藤萝花为之者，谓之藤萝饼。皆应时之食物也。

——《燕京岁时记》

四月中芦笋与樱桃同食，最为甘美。古诗云："芦笋生时柳絮飞"，"紫樱桃熟麦风凉"。均与今京师时令最为符合。

——《燕京岁时记》

四月，西山看李花，海棠院看海棠，丰台看芍药，煮豆子结缘，送春赛会。

——《北平岁时志·四月》

是月(四月)也,榆荚生,居民多取以和糖面蒸食之,曰榆钱糕。又以玫瑰藤萝等花,和糖为馅,蒸饼食之,曰玫瑰饼藤萝饼。

——《北平岁时志·四月》

鲥鱼多刺,四月由海入江口者,曰来鲥,至浙江严州府子陵钓台为止,仍从此去之海,其鱼即变为鲞,故谚曰:"来鲥去鲞。"此之谓也。北平近年亦卖鲥鱼,昔年无也。

——《北平岁时志·四月》

京城四月间,芍药开时,卖花者到处成市。(《京师地名对注》)

玫瑰来自北山玫瑰沟,畏冬风,故种沟中,种平处须冬埋之,四月花开,沿街唤卖。(《春明采风志》)

——《北平风俗类征》

四月尝樱桃,以为一岁诸果新味之始。取麦穗煮熟,去芒壳,磨成条,食之,名曰"捻转",以为一岁五谷新味之始。(《烬宫遗录》)

四月中,芦笋与樱桃同食,最为甘美。古诗云:"芦笋生时柳絮飞","紫樱桃熟麦风凉",均与今京师时令最为符合。(《燕京岁时记》)

樱桃、朱樱、蜡樱。方言谓带把为樱桃,无把为山豆。立夏见樱桃,小满见山豆。豆出十三陵者色紫味甜,出北道者色白。(《春明采风志》)

——《北平风俗类征》

乏月:农历四月的别称。其时青黄不接,故名。《太平御览》卷二二引《四时纂要》:"四月也,是谓乏月,冬谷既尽,宿麦未登。"

——《汉语大词典·1》

初夏:夏季的第一个月。又称孟夏。唐孙逖《奉和四月三日上阳水窗赐宴应制得春字》诗:"今日逢初夏,欢游续旧旬。"《古今小说·张道陵七试赵升》:"时值初夏,真人一日会集诸弟子,同登天柱峰绝顶。"

——《汉语大词典·2》

孟夏:夏季的第一个月,农历四月。《礼记·月令》:"孟夏之月,日在毕。"《楚辞·九章·抽思》:"望孟夏之短夜兮,何晦明之若岁。"晋陶潜《读〈山海经〉》诗之一:"孟夏草木长,绕屋树扶疏。"唐韩愈《与大颠师书》:"孟夏渐热,惟道体安和。"

——《汉语大词典·4》

春首：春头，初春。唐韩愈《为宰相贺雪表》："去岁冬间，雨雪颇少，今年春首，宿麦未滋。"宋吴自牧《梦粱录·祠祭》："郊祀在嘉会门外三里净明院左右，春首上辛祈谷、四月夏雩、冬至冬报，皆郊坛行礼。"《宋史·河渠志·五》："兴元府褒斜谷口古有六堰，浇溉民田，顷亩浩瀚，每春首随食水户田亩多寡，均出夫力修葺。"

——《汉语大词典·5》

荒月：指农历四月。时青黄不接而农事日忙，市场面临淡季，俗称"荒月"。查慎行《得树楼杂钞》引宋王炎《上卢岳州书》："临湘入四月以后，民在田野，县市寂然，谓之荒月。"叶紫《丰收》："把债统统还清楚，剩下来的留着过年，还要预备过明年的荒月。"

——《汉语大词典·9》

【四季货声】

卖青杏儿蘸蜜：从前，一进农历四月北京街头就有卖这种小吃物了。青杏儿又小又硬又酸，小贩从果子市批发来洗净出售。有买的，除按钱给杏儿以外，小贩还拿起准备好的一根约二寸长的小秫秸棍儿，一端在装有白色麦芽糖蜜的瓦盆儿里裹上一团白糖蜜给买者。用青杏儿粘裹糖蜜吃，甜酸爽口，小孩子们最喜吃。吆喝：

"水杏儿来，杏儿蜜来哟！"

"咦来，水哟杏儿哦！"

"水哎呀，杏儿来喂，一大钱碟儿的藕蘸蜜！"

"清水嘞，杏儿嘞，不酸嘞，蘸了蜜嘞，里头还有个小鸡儿嘞！"

卖杏儿：这是指农历四月底开始有大杏儿上市街上卖的。有黄白二种，以八达岭一带的杏儿最有名。吆喝有：

"好烂糊杏儿来，酸来换唠来，酸了味儿换来杏儿来八达唠哦！"

"杏儿来——熟又烂来 酸来还又管换来！"

"烂杏儿八达来，杏儿八达！"

"杏儿嘞，不酸的嘞，酸了还要管换嘞，八达嘞！"

——《吆喝与招幌》

水哎呀,杏儿来喊,一大钱碟的藕蘸蜜。

栽蜀葵花来!

花儿呀,玫瑰花呀,抓玫瑰瓣!

芍药来,杨妃来,赛牡丹来,芍药花ケケ!(杨妃傻白、千叶蓬、南红。)

赛了虎眼的来,带把来甜樱桃!

面淡的慈姑来!

约海鲫鱼来!

约火芽菠菜呀!

杏儿来,熟又烂来,酸来还又管换来呀,烂杏儿巴达来!

小葱儿来,莴苣菜呀!嫩水萝卜来,白菜呀!蒿子杆来,蒜苗来!豌豆角儿来,黄瓜来!勾葱辣秦椒来!

卖粉皮儿一大钱一张!

——《一岁货声》

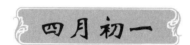

四月初一

【文献资料】

四月一日至十八日，倾城趋马驹桥，幡乐之盛，一如岳庙，碧霞元君诞也。

——《帝京景物略·卷二》

是月（四月），榆初钱，面和糖蒸食之，曰榆钱糕。

——《帝京景物略·卷二》

是月（四月）也，尝樱桃，以为此岁诸果新味之始。吃笋鸡，吃白煮猪肉，以为冬不白煮，夏不㸇也。又以各样精肥肉，姜蒜剉如豆大，拌饭，以莴苣大叶裹食之，名曰包儿饭。造甜酱豆豉。初旬以至下旬，耍西山、香山、碧云寺等，耍西直门外之高梁桥，涿州娘娘、马驹桥娘娘、西顶娘娘进香。

——《酌中志·卷二十》

又有涿州北关、怀柔县之丫髻山，俱为行宫祠祀。圣祖御题丫髻山天仙殿扁曰敷锡广生，玉帝殿扁曰清虚真宰。每岁之四月朔至十八日，为元君诞辰。男女奔趋，香会络绎，素称最胜。

——《帝京岁时纪胜·四月》

京都花木之盛，惟丰台芍药甲于天下。旧传扬州刘贡父谱三十一品，孔常父谱三十三品，王通叟谱三十九品，亦云瑰丽之观矣。今扬州遗种绝少，而京师丰台，于四月间连畦接畛，倚担市者日万余茎。游览之人，轮毂相望。惜无好事者图而谱之。如宫锦红、醉仙颜、白玉带、醉杨妃等类，虽重楼牡丹亦难为比。考丰台本无台。金时郊台在南城外，丰宜门者金之南门也。丰台疑即拜郊台，因门曰丰宜，故目为丰台云耳。今右安门外十里草桥，唐时有万福寺，寺废而桥存。明天启间，建碧霞元君庙，其北，土近泉宜花，居人以种花为业。

——《帝京岁时纪胜·四月》

四月初一日，戒坛开，城中人多往西山。

——《日下旧闻考·卷一四七·风俗》

四月初一日至十五日，京西妙峰山娘娘庙，男女答赛拈香者一路不断。由德胜门外迤西，松林闸东，搭盖茶棚，以达山上。曲折百余里，沿途茶棚凡十数处。其棚内供奉神像、悬挂旗幡、花红绫彩外，列牌棍瓜钺。昼则施茶，夜则施粥，以备往来香客之饮。灯烛香火日夜不休。助善人等于焚香献供时，或八人或六人、四人，皆手提长绳大锣，约重数十斤，以小棒击之，其音如钟，声闻远近，在神前起站跪拜，便捷自若，其式同仪，其音同节，亦彼之小技也。至于施粥茶之际，数人同声高唱"虔诚太们，落座喝粥"等辞，与钟磬之声远闻数里，以令香客知所憩息。而香客多有裹粮登山，不但粥茶憩息得所，及遇风雨，亦资休避。其豪富者乘车至山下，则易二人肩椅，谓之爬山虎。夜间灯笼火炬照耀山谷。城内诸般歌舞之会必于此月登山酬赛，谓之朝顶进香，如开路、秧歌、太少狮、五虎棍、杠箱等会。其开路，以人扮蓬头涂面，赤脊舞义。秧歌，以数人扮头陀、渔翁、樵夫、渔婆、公子等相，配以腰鼓、手锣，足皆登竖木，谓之高脚秧歌。太少狮，以一人举狮头在前，一人在后为狮尾，上遮阔布，彩色绒线如狮背皮毛状。二人套彩裤作狮腿，前直立，后偻伛。舞动如生，有滚球、戏水等名目。五虎棍，以数人扮宋祖、郑恩等相，舞棍如飞，分合中式。其杠箱，一人扮幞头玉带，横踏杠上，以二人肩抬之。好事者拦路问难，则谑浪判语，以致众人欢笑。凡此等会，以曾经朝顶者为贵。外此，则西直门外斗府闸之万寿寺、五塔寺等，及西山中碧云寺诸禅林名刹者亦同时拈香。游人麇集于山林木间，实京都一巨观也。

——《京都风俗志》

妙峰山碧霞元君庙在京城西北八十余里。山路四十余里，共一百三十余里。地属昌平。每届四月，自初一日开庙半月，香火极盛。凡开山以前有雨者谓之净山雨。庙在万山中，孤峰矗立，盘旋而上，势如绕螺。前可践后者之顶，后可见前者之足。自始迄终，继昼以夜，人无停趾，香无断烟。奇观哉！庙南向，为山门，为正殿，为后殿。后殿之前有石凸起，似是妙峰之巅石。有古柏三四株，亦似百年之物。庙东有喜神殿、观音殿、伏魔殿，庙北有回香亭。庙无碑碣，其原无可考。然自雍乾以来即有之，惜无记之者耳。进香之路日辟日多。曰南道者，三家店也。曰中道者，大觉寺也。曰北道者，北安合也。曰老北道者，石佛殿也。近日之最称繁盛者，莫如北安合，人烟辐辏，车马喧阗，夜间灯火之繁，灿如列宿。以各路之人计之，共约有数十万。以金钱计之，亦约有数十万。香火之盛，实可甲于天下矣。

——《燕京岁时记》

丫髻山碧霞元君庙在京城东北怀柔县界。每至四月,自初一日起,开庙半月,繁盛亚于妙峰,而山景过之。都人谓之东山。

——《燕京岁时记》

西顶娘娘庙在万寿寺西八九里。每至四月,自初一日起,开庙半月,繁盛与万寿寺同。山门中四天王像,神气如生,狰狞可畏。座下八鬼怪,尤觉骇人。凡携小儿者多掩其目而过之。庙有七十二司神,皆绘画,非塑像也。每开庙时特派大臣拈香,与丫髻山同,他处无之。

谨按《日下旧闻考》:西顶碧霞元君庙在京西蓝靛厂前,明万历年建,国朝康熙五十一年重修,改名曰广仁宫。

——《燕京岁时记》

万寿寺在西直门外五六里,门临长河,乃皇太后祝厘之所。每至四月,自初一日起,开庙半月。游人甚多,绿女红男,联蹁道路。柳风麦浪,涤荡襟怀,殊有天朗气清,惠风和畅之致。诚郊西之胜境也。

谨按《日下旧闻考》:万寿寺在广源闸西。明万历五年建,本朝乾隆十六年、二十六年两次重修。寺门内为钟鼓楼、天王殿,殿后为万寿阁,再后为禅堂。堂后有假山,假山上为大士殿,下为地藏洞。山后为无量寿佛殿、三圣殿,又后为后楼。楼前松桧皆数百年物。光绪初年毁于火。最后为菜圃,圃有水车二。光绪二十年重修行宫,并菜圃而圈入矣。

——《燕京岁时记》

广仁宫,岁四月庙市半月,土人称西顶。盖北方多山,庙必在山极顶,因连类而及,谓庙亦曰顶,此土语也。

——《天咫偶闻·卷九》

四月初一日至十五日,蓝靛厂广仁宫进香。西直门外万寿寺有庙市。

——《天咫偶闻·卷十》

四月初一日,戒坛寺开庙,居民多往游者。京西万寿寺,西顶,碧云寺,妙峰山,均开庙半月。中以妙峰山娘娘庙游人为最盛,且有至自天津保定者,而都城之茶会,及秧歌,狮子,开路,五虎棍,少林棍,双石杠子等会,结队前往者,亦不可胜数。山腰一带,有供客饮憩之茶棚。游人之归也,率购桃棍麦草帽花蓝(篮)悬于车棚。而信神男女之一步一拜,直至山巅拜香者,近亦罕矣。永定门外马驹桥南顶,则自初一日至十八日开庙,幡乐之盛,一如岳庙,盖碧霞元君诞辰也。俗传是日神仙下降,故士女往而祈灵祈子者甚多。

——《北平岁时志·四月》

西顶正名广仁宫,在蓝靛厂东首。每年四月初一日起,至十五日止开庙,香火极盛,盖宫之左近各营房,及海甸(淀)村民,来游者甚多,宫门内外赶集设摊极夥。

——《北平岁时志·四月》

京师西有妙峰山,绵亘数千里,高不可以寻丈计。山腰有庙,路极纡徐,由南而上,计程四十里。庙貌巍峨,金碧辉映。庙供天仙圣母,灵应素著,上而王公,下而士庶,奉之甚虔。每岁四月朔日开庙,望日始闭,半月中进香者,西直门起,终海淀,南至大觉寺,数十里,车殆马烦,络绎不绝。山上之路有二:北道距庙较近,径逼仄,下临无际,自上而下,壁立千仞,步履固难,由上而下,临崖勒马,收束尤不易,偶一失足,粉首碎身,土人以轿椅便客,四人舁之以行,时亦有倾跌之患,然男女老少,来往不息者,固不畏也。其南道则途坦而远,相距五六里,即有茶棚小憩,所由上下,而至磨刀石,而双龙岭,而仙花洞,而大风口,而磕头岭,无不有茶棚瀹茗焉,棚内供庄严宝相,磬声清越,凡想顿消。过此,睹庙门,路仍缭曲,往复不可以一蹴几,檀烟缭绕,楮帛满积庭除,香客皆屏足息气,无敢少哗云。(《壶天录》)

夏

——《北平风俗类征》

妙峰山,京西,山有娘娘庙,每四月初一至十五,昼夜香客不断。(《京师地名对注》)
——《北平风俗类征》

善会又名文会,每值妙峰山庙会时,北平慈善家组织大规模之善会沿路分设下处,以供香客休息之所。善会名目有八九种,兹述如下:(一)粥茶老会,专施粥施茶,所搭茶棚甚多,备香客人等之需要,粥茶棚内供娘娘驾(即布质图画),施粥茶者皆身穿黄衣,并呼口号,如:"先参驾来,然后再喝粥来,哎哎!"香客入棚参驾后,即随意取粥取茶食用,作临时休息,夜间并可住宿。(二)献盐老会,此会备有大批官盐,在山道各茶棚中,随时供献盐食,以备茶棚中应用,及香客在善会之有施助者,在茶棚中亦可随时用饭,故此种盐食,在山道上甚为需要。(三)拜席老会,此会备有新席若干领,施给茶棚,如瞻拜用,香客之睡眠,各棚之贴补等,需用甚广,有此会则大感便利矣。(四)巧炉老会,此会为旧京之踞(锔)碗匠所合组而成者,在山上专修各茶棚之碗具,及各瓷器之破烂者。(五)茶叶老会,此会备有大批茶叶,供给各茶棚，以便香客之饮用。(六)盘香老会，此会备有各种大香盘，除自供外，并在各茶棚悬挂，每盘燃点数日。(七)缝绽老会，此会为旧京之皮匠所组合而成，在山道傍立候香客之鞋破者，担任缝补，概不收费。(八)燃灯老会，此会备有大批纸灯笼及蜡烛，除担任山路之燃灯外，并随时施给茶棚香客灯笼蜡烛。(九)除以上八会，当年丰的时代，尚有一种馒头会，似附属于粥茶棚内，香客入粥茶之时，并施馒头，任香客取用，惟此会须有较多之资本，皆赖各大善士布施，近年则施主零落，已无此会矣。各善会皆有会规，在山上取合作精神，互助帮忙，于接交之际，各道"虔诚"，每善会俱有会号，如"子孙"、"万代"、"公益"、"长善"等词，事虽涉迷妄，然亦末俗中所仅见者欤。(《民社北平指南》)

——《北平风俗类征》

中顶、西顶、南顶皆有祀神之会，而四月妙峰山之娘娘顶，则香火之盛，闻于远迩，环畿三百里间，奔走络绎，方轨叠迹，日夜不止。好事者沿路支棚结彩，盛供张之具，以待行人少息，辄牟厚利。车夫脚子，竟日奔驰，得佣值倍他日。而乡社子弟，又结队扮演灯火杂剧，藉娱神为名，歌舞于途，谓之"赶会"。会期之前，近畿各乡城镇，皆有香会之集团，首事者制本会之旗，绣某社名称，旗后则金漆彩绘之笼幰，以数人担之而行，笼上缀彩旗鸾铃，导以鼓锣，担者扎黄巾，衣黄色褂，喧然过市。凡在会之户，闻声纳香烛茶资如例，首事则簿记之，至期香客入山，各认所隶之旗，趋入队中，一切瞻拜、休息、饮食、住所、由首事者指导招待，诚敬将事，从无欺蒙之弊，故旗字均标明"某某老会"云。凡祭赛事毕，先后散，于庙内外肆摊购绒绫花朵，插帽而归，谓之"戴福"。遥望人群，则炫烂缤纷，招飐于青峰翠陌间，其风物真堪入画也。(《旧都文物略》)

——《北平风俗类征》

四月初一日，礼神于通州丫髻山。(《金台残泪记》)

丫髻山，京东，山有娘娘庙，每四月初一至十五，香火极盛。(《京师地名对注》)

——《北平风俗类征》

京师右安门外十里曰草桥，居人以花为业，都人卖花担，每辰千百，散入都门。(《帝京景物略》)

丰台种花人，都中目为花儿匠。每月初三、十三、二十三日，以车载杂花，至槐树斜街市之。桃有白者，梨有红者，杏有千叶者，索价恒浮十倍，日昳则虽不得善价亦售矣。(《六街花事》)

出南西门外数里，曰丰台，居民咸以种花为业，四时红白相间，芬芳袭人，而惟春夏时之芍药为最盛，连畦接陇，一望无际，皆婪尾春也。(《春明丛说》)

丰台在右安门外八里,前后十八村,泉甘土沃,养花最宜,故居民多以种花为业,而花又以芍药为最。(《鸿雪因缘图记》)

花市今在上斜街土地庙,逢月之初三、十三、二十三日,草桥居民,肩担而市。(《光绪顺天府志》)

芍药皆丰台种,花时担入城卖之以插瓶。(《都门琐记》)

草桥,右安门外十里,众水所归,种水田者资以为利,居人多以莳花为业。(《京师地名对注》)

丰台,右安门外十八里,居民皆以艺花为业,丰台芍药最著名。(《京师地名对注》)

——《北平风俗类征》

四月初一日,戒坛开,城中人多往西山。初八日,各寺浴佛。十三日,上药王庙。诸花盛发,白石庄、三里河、高梁桥外皆贵戚花场,好事邀宾客游之。(《北京岁华记》)

《燕台新月令》四月云:"是月也,民禁屠,佛豆出,芍药王于街,茉莉出窖,马虎卖,戒坛开,酒肆临池,妓携伴了愿,兰蕙来。"(《水曹清暇录》)

四月初一日游西山(亦名妙高峰),山有天仙圣母庙,同治间,孝钦后曾为穆宗祈痘于此,先期预诏庙祝,必俟宫中进香后,始行开庙,谓之头香。初一日至十五日,蓝靛厂广仁宫进香,游西直门外万寿寺。二十八日游北顶。(北方多山,庙必在山极顶,连类而及,故谓庙亦曰顶。)(《清稗类钞》)

四月初一日起,妙峰山开庙半月。开庙前有雨者,谓之"净心雨"。香火之盛,甲于天下。庙址虽属昌平,而平市之往拈香者,昔时真有万人空巷之势,今非昔比也。初八各寺浴佛,曰"浴佛会",佞佛者于是日济贫、放生,并取青黄豆数升,宣佛号而拈之,拈毕煮熟,散之市人,谓之"舍缘豆"。受者亦每食一豆一念佛,谓可结来世缘,他生不为人所弃。是月也,榆荚生,居民多取以和糖面,蒸食之,曰"榆钱糕"。又以玫瑰、藤萝等花和糖为馅,蒸饼食之,曰"玫瑰饼","藤萝饼"。(《民社北平指南》)

——《北平风俗类征》

【图片资料】

踩高跷

妙峰山朝顶

四月初四

【文献资料】

(四月)初四日,宫眷内臣换穿纱衣。钦赐京官扇柄。牡丹盛后,即设席赏芍药花也。

——《酌中志·卷二十》

里二泗河神祠,四月四日有庙会,祠在张家湾运河之滨,昔年江浙两省糟运,皆由内河,粮船至此停泊者数十艘,醵费演戏酬神。远近游人,或泛舟,或骑驴,或坐车,或步行,年必万人攒动,红男绿女,少长咸集,庙外有百货摊。

——《北平岁时志·四月》

四月初八

【文献资料】

四月八日浴佛。宫庭自有佛殿,是曰喇嘛。送香水黑糕斋食奉上,有佛处咸诵经赞庆。国有清规,一遵西番教则。京城寺宇进有等差。

——《析津志辑佚·岁纪》

四月吾皇天寿旦,丹墀华盖朝仪粲,警跸三声严外辩。听呼赞,千官虎拜咸欢忭。礼毕相君擎玉盏,云和致语昌宫宴,十六天魔呈舞旋。大明殿,齐称万寿祈请晏。是月八日,帝师剌麻堂下暨白塔、青塔、黑塔,两城僧寺俱为浴佛会,宫中佛殿亦严祀云。初一日,各衙门大小官员于中书省誓苾。二日,降御香入太庙。三日,省官与祭官入庙行祭祀礼,太常礼仪院司之。初四日,蒸饼行赛北岳菩萨胜会,用花兹大羊,无主庙,有案,轮流马会首。十七日天寿圣节,太史院涓吉日,大驾幸滦京,遵成宪也。火室房子,即累朝老皇后传下宫分者,先起本位,下官从行。国言火室者,谓如世祖皇帝以次俱承袭皇后职位,奉宫祭管一斡耳朵怯薛女孩儿,关请岁给不阙。此十一宫在东华门内向北,延春阁东偏是也。自驾起后,都中止不过商贾势力,买卖而已。惟留守司官主禁苑中贵怯薛者职。其故典,所谓闭门留守,开门宣徽。是已各行省宣使并差官起解一应钱粮。常典,至京又复驰驿上京飞报,住夏宰臣多取禀于滦都。两京使臣交驰不绝,声迹无间,直至八月中秋后,车驾还宫,人心始定。太庙荐新:羔、冰。

——《析津志辑佚·岁纪》

宛俗是月(四月)初八日,耍西湖景、玉泉山,游碧云、香山。十二日耍戒坛,冠盖相望,绮丽夺目,以故经行之处,一遇山坳水曲,必有茶篷酒肆,杂以妓乐,绿树红裙,人生笙歌,如装如应,从远望之,盖宛然图画云。

《宛署杂记·民风一》

游高梁桥。高梁桥在县西五里,有娘娘庙。塑像如妇人育婴之状,备极诸态。桥适当前,即西湖水流入禁城口也。俗传四月八日,娘娘神降生,妇人难子者宜以是日乞灵,滥觞遂至倾城妇女,无长少竞往游之。各携酒果音乐,杂坐河之两岸,或解裙系柳为围,妆点红绿,千态万状,至暮乃罢。

——《宛署杂记·民风一》

观佛蛇,县西潭柘寺有二青蛇,与人相习,每年以四月八日来见,寺中僧人函盛事之。事传都下,以为神蛇,游人竞往施钱,手摩之,以祈免厄。僧人因而致巨富云。

——《宛署杂记·民风一》

扒竿者,立竿三丈,裸而缘其顶,舒臂按竿,通体空立移时也。受竿以腹,而项手足张,轮转移时也。衔竿,身平横空,如地之伏,手不握,足无垂也。背竿,髀夹之,则合其掌,拜起于空者数ши。盖倒身忽下,如飞鸟堕。筋斗者,拳据地,俯而翻,反据,仰翻,翻一再折,至三折也。置圈地上,可指而仆尔,翻则穿一以至乎三,身仅容而圈不动也。叠案焉,去于地七尺,无所据而空翻,从一至三,若旋风之离于地,已则手两圈而舞于空,比卓于地,项膝互挂之,以示其翻空时,身手足尚余间也。倒喇者,掐拨数唱,谐杂以诨焉,鸣哀如诉也。筒子者,三筒在案,诸物械藏,示以空空,发藏满案,有鸽飞,有猴跃焉。已复藏于空,捷耳,非幻也。解数者,马之解二十有四,弹之解二十有四。马之解,人马并而驰,方驰,忽跃而上,立焉,倒卓焉,鬣悬,跃而左右焉,掷鞭忽下,拾而登焉,镫而腹藏焉,秋而尾赘焉,观者岌岌,愁将落而践也。弹之解,凡空二三,及其坠而随弹之,叠碎也,置丸童顶,弹之碎矣,童不知也。踵丸,反身弹之,移踵则碎,人见其碎,不见其移也。两人相弹,丸适中,遇而碎,非遇,是俱伤也。烟火者,鱼、鳖、凫、鹭形焉,燃而没且出于溪,屡出则爆,中乃其儿雏,众散,亦没且出,烟焰满溪也。是日,游人以万计,簇地三四里。浴佛、重午游也,亦如之。

——《帝京景物略·卷五》

(四月)初八日,进不落夹,用苇叶方包糯米,长可三、四寸,阔一寸,味与粽同也。

——《酌中志·卷二十》

四月:一日至八日,游戒坛、潭柘、香山、卧佛、碧云、玉泉、天宁寺诸名胜,为浴佛会也。

——《大兴县志·卷一·风俗考》

(四月)八日为浴佛会。街衢寺院搭苫棚座,施茶水盐豆,以黄布帛为悬旌,书曰普结良缘。禁屠割。都人多于悯忠寺游玩,施斋饭僧,讲经于讲堂,听讲者甚夥。又为赴龙华大会。

——《帝京岁时纪胜·四月》

京师香会之胜,惟碧霞元君为最。庙祀极多,而著名者七:一在西直门外高梁桥,曰天仙庙,俗传四月八日神降,倾城妇女往乞灵佑;一在左安门外弘仁桥;一在东直门外,曰东顶;一在长春闸西,曰西顶;一在永定门外,曰南顶;一在安定门外,曰北顶;一在右安门外草桥,曰中顶。又有涿州北关、怀柔县之丫髻山,俱为行宫祠祀。圣祖御题丫髻山天仙殿扁曰敷锡广生,玉帝殿扁曰清虚真宰。每岁之四月朔至十八日,为元君诞辰。男女奔趋,香会络绎,素称最胜。惟南顶于五月朔始开庙,至十八日。都人献戏进供,悬灯赛愿,朝拜恐后。有御题扁曰神烛碧虚,岳殿扁曰功成出震。

——《帝京岁时纪胜·四月》

(四月)初八日,各寺浴佛。

——《日下旧闻考·卷一四七·风俗》

先是,四月八日,梵寺食乌饭,朝廷赐群臣食不落夹,盖缘元人语也。嘉靖十四年,始赐百官于午门食麦饼宴。

——《日下旧闻考·卷一四七·风俗》

朝廷每年四月八日赐百官午门外食不落夹。曹御史宏云,是面食也,医官张天民云,即今之粽子。

——《日下旧闻考·卷一四七·风俗》

四月八日,燕京高梁桥碧霞元君庙,俗传是日神降。倾城妇女往乞灵祈生子,西湖玉泉碧云香山游人相接。又旁近有地名秋坡,都中伎女竞往逐焉,俗云赶秋坡。

——《日下旧闻考·卷一四七·风俗》

(四月)八日为释迦文佛生日。僧尼香花灯烛,置铜佛于水盆,妇女争舍钱财,曰"浴佛"。居人持斋礼忏,结众为放生会,或小舟买龟、鱼、螺、蚌,口诵往生咒放之,竟日不绝。

——《清嘉录》

四月八日,都人之好善者,取青黄豆数升,宣佛号而拈之。拈毕煮熟,散之市人,谓之舍缘豆。预结来世缘也。

——《燕京岁时记》

(四月)初八日,各寺浴佛。人家煮青、黄豆结缘。

——《天咫偶闻·卷十》

南城悯忠寺,岁之四月八日为放生大会,豪商妇女、显官妻妾凝妆艳服,蜂屯蚁集。轻薄少年如作狭邪之游,车击毂,人摩肩。寺僧守门,进者索钱二百,否则拒之。于是品绿题红,舄交履错,遗珠落翠,粉荡脂流,招提兰若,竟似溱洧濮上矣。寺僧又于妇女所携之小儿女各与一扑满,诱他带回满载,令明年赴会输之。以是一日间获金至数千。其谓放生大会者仅买数雀放之,实则一无所观。后有某御史陈奏禁之,遂绝。

——《燕京杂记》

茹素,谓菜食无肉也。世人于诸神佛诞日及斗降、三八、庚申、甲子、本命日茹素,谓之吃斋,妇女尤多。

——《清稗类钞·饮食类》

京城僧俗宣佛号者,有拈豆念佛之风。每一豆诵佛号一声,至四月八日佛诞生之辰,煮豆微撒以盐,邀人于路请食之,谓为结缘。人家亦多效之,云起于如来命目连榽也。

一声佛号一粒豆,煮粥济贫度昏昼。中原可采后世缘,拄腹撑肠佛保佑。如何撒豆幻成兵,白刃可蹈神不惊。家家催备得胜饼,鼓腹舍死轻其生,我佛不管人世争。

——《王凤笺题》

四月初八日,各寺浴佛,曰浴佛会,信佛者多于是日济贫放生,又于十八日有于街头舍豆子者,曰舍缘豆;先是拈豆念佛,每拈一豆,宣佛号一声;至期,即将熟豆逢人舍之,受者每食一豆,一念佛,谓可结人世缘,他生不为人所弃也。

——《北平岁时志·四月》

四月初八日浴佛会,近亦不若昔年之盛,然北京内外八大名刹,仍十是日念经搭衣展裙。施缘豆,今尚有之,相传治豆之法,先期僧人每捡黄豆一粒,必一念阿弥陀佛,明晨送人食之,受缘豆者,亦念佛号一声,谓接佛之善缘也。

——《北平岁时志·四月》

是日(四月初八日)之结缘,清时大内不独行之,自亲王贝勒贝子,至公爵以上各府第,皆于清晨有此礼节。豆则青黄二种,加以红胡萝蔔,在门外施送。民国以来,则甚少矣。

——《北平岁时志·四月》

清代例于四月初八日,进鲜王瓜,扁豆,西葫芦,东瓜,蓁艽,蚕豆,皆以小蒲包盛之,价亦不昂。

——《北平岁时志·四月》

高梁桥北,精蓝棋置,每岁四月八日为浴佛会,幡幢铙吹,蔽空震野,百戏毕集,四方来观,肩摩毂击,浃旬乃已,盖若狂云。(《长安客话》)

——《北平风俗类征》

京师僧俗念佛号者,辄以豆识其数,至四月八日,佛诞生之辰,煮豆,微撒以盐,邀人于路,请食之,以为结缘也。(《陕志》)

四月八日,都人煮豆,任人掬取之,谓之"结缘"。(《查浦辑闻》)

京都浴佛日,内城庙宇及满洲宅第,多煮杂色豆,微漉盐豉,以豆笭列于户外,往来人撮食之,名"结缘豆"。(《余墨偶谈》)

——《北平风俗类征》

不落夹:以苇叶包糯米或桐叶摊卷白面蒸煮而成的食品。四月初八日用以供佛,朝廷亦以赐百官。明刘若愚《明宫史·饮食好尚》:"(四月)初八日,进不落夹。用苇叶方包糯米,长可三四寸,阔一寸,味与粽同也。"清王士禛《香祖笔记》卷三:"明大内英华殿,供西番佛像……四月八日,供大不落夹四百对,小不落夹三百对。叔祖季木考功诗云:'慈宁宫里佛龛崇,瑶水珠灯照碧空。四月虔供不落夹,内官催办小油红'盖纪此事也。"亦作"不落荚"。清王棠《燕在阁知新录·不落荚》:"四月八日用白面调蔬品摊桐叶上,合叶蒸食,名不落荚。"

——《汉语大词典·1》

佛生日:释迦牟尼的诞生日。又称"佛诞日"。佛教一般认为是农历四月初八日。一说为二月八日。见《长阿含经》卷四。古代此日行灌佛会,因此又名"浴佛节"。宋孟元老《东京梦华录·四月八日》:"四月八日佛生日,十大禅院各有浴佛斋会,煎香药糖水相遗,谓之'浴佛水'。"《二刻拍案惊奇》卷一:"后来,每年逢诞日或佛生日,便到寺中瞻礼白香山手迹一遍,即行持念一日,岁以为常。"

——《汉语大词典·1》

浴佛：相传农历四月八日为释迦牟尼的生日，每逢该日，佛教信徒用拌有香料的水灌洗佛像，谓"浴佛"。亦称"灌佛"。《后汉书·陶谦传》："每浴佛，辄多设饮饭，布施于路。"《岁华纪丽·四月八日》："浴释迦"。注引南朝梁宗懔《荆楚岁时记》："荆楚以四月八日，诸佛寺各设会，香汤浴佛，共作龙华会，以为弥勒下生之征也。"宋苏轼《兴龙节集英殿宴教坊词·女童致语》："瑞乞来翔，共纪生商之兆；群龙下集，适同浴佛之辰。"清王策《天香》词："浴佛西庵，放生东寺，信步东西闲适。"

——《汉语大词典·5》

浴佛节：即佛诞节。佛教节日。中国汉族地区相传农历四月初八日为释迦牟尼生日。佛寺于此日诵经，并用名香浸水，灌洗佛像。取法传说中龙王以香水洗灌悉达多太子的故事，以纪念佛的诞生，称为浴佛节。清叶廷琯《鸥陂渔话·王惕甫夫妇合璧书卷》："此卷前段惕翁书杂帖诗十二首，行楷相间，款题癸丑四月浴佛节前一日。"

——《汉语大词典·5》

乌漉秃：形容天气阴晦。明徐应秋《玉芝堂谈荟·岁时杂占》："四月初八晴料峭，高田好张钓……四月初八乌漉秃，不论上下一齐熟。二麦不怕神共鬼，只怕四月八日雨。"

——《汉语大词典·7》

结缘豆：旧时寺庙于农历四月初八日作佛会，煮豆施人，称"结缘豆"。清富察敦崇《燕京岁时记·舍缘豆》："谨按《日下旧闻考》：京师僧人念佛号者，辄以豆记其数。至四月八日佛诞生之辰，煮豆微撒以盐，邀人于路请食之，以为结缘。今尚沿其旧也。"

——《汉语大词典·9》

【图片资料】

承美放生

进香庙会

送子观音

佛诞进香

碧霞元君

四月初十

【文献资料】

(四月)十日至十八日,游高梁桥、西顶、草桥之中顶、弘仁桥、里二泗、丫髻山。

——《大兴县志·卷一·风俗考》

四月十三

【文献资料】

都城药王庙极多,其著名者四:一在东直门内,曰东药王庙;一在地安门外西步量桥,曰西药王庙;一在安定门内之西,曰北药王庙;一在天坛之北,曰南药王庙,为明武清侯李诚铭立也。岁之四月中旬至廿八日为药王诞辰,香火极胜;惟除夕至元旦彻夜不断。拜庙进香者多不得入庙,于神路街外设香池数处,焚香遥拜。庙西为金鱼池,育养朱鱼,以供市易。都人入夏,结棚列肆,狂歌轰饮于池沼之上。旧传有瑶池殿,今不可寻矣。居人界池为塘,植柳覆之,岁种金鱼以为业。池阴一带,园亭甚多,南抵天坛,芦苇兼葭,一碧万顷。昔我王父楚吟公曾筑室于此,颜曰芦屋。今虽莫详其处,尚有存图,以示来许。至于游览之地,如西山妙峰弘教、圣感、潭柘、显应、西域、戒坛、香山碧云、法海、卧佛等寺,极称名胜。岁之四月,都人结伴联镳,攒聚香会而往游焉。

——《帝京岁时纪胜·四月》

(四月)十三日,上药王庙。诸花盛发,白石庄、三里河、高粱桥外皆贵戚花场,好事邀宾客游之。

——《日下旧闻考·卷一四七·风俗》

(四月)十三日都人多游药王庙,兼赏花。

——《北平岁时志·四月》

药王庙会,会期,京中各药铺,皆减价,有配合丸膏,用是日者,谓其圣灵也。

——《北平岁时志·四月》

药王庙之酬神戏,首事为同仁堂乐家。次则为西鹤年堂,同济堂,千芝堂,体乾堂,延龄堂。内城则永安堂,同善药栈,万春堂,太和堂,仁一堂,天一堂,仙芝堂,橘井堂,德安堂,广济堂。再次者如天沛堂,广育堂,济生堂,广生堂,同诚堂,鹤龄堂。余则小药肆也。

——《北平岁时志·四月》

【图片资料】

香会上的顶杆表演

感应药圣韦真人

药王

神医华佗

神捡药

立 夏

【文献资料】

立夏日,启冰,赐文武大臣,编氓得卖买,手二铜盏叠之,其声磕磕,曰冰盏。冰着湿乃消,畏阴雨天,以绵衣盖护,燠乃不消。

——《帝京景物略·卷二》

立夏取平日曝晾之米粉春芽,并用榆面煎作各式果叠,往来馈遗。仍将清明柳穿之,点煎作小儿食之,谓曰宜夏。

——《帝京岁时纪胜·四月》

凉帽者,夏秋之礼冠也,立夏前数日戴之。无檐,形如覆釜。有二大别。一曰纬帽,初热时,用白色或湖色之罗胎者。极热时,用黄色纱胎之内有竹丝者,曰卍丝胎,上缀红缨,丝所织也。

有三年之丧者,戴羽缨帽,形亦如覆釜,惟无缘,籐织品也。以其一名凉篷而出于山东之德州也,故又称德州篷,上缀黑色缨,不用顶带。

行装所用之帽,亦籐织品,缨以红色氂牛毛为之,其最佳者曰铁杆缨。

——《清稗类钞·服饰类》

京师夏日之宴客,钉盘既设,先进冰果。冰果者,为鲜核桃、鲜藕、鲜菱、鲜莲子之类,杂置小冰块于中,其凉彻齿而沁心也。此后则继以热荤四盘。

——《清稗类钞·饮食类》

冷布,经纬极疏之布也,作深绿色,红者亦有之。夏日用以糊窗通风,透明且辟蚊蚋,京师士大夫家多用之。朱竹垞《曝书亭集》有冷布联句。

高粱棚架遮炎暑,绿窗如烟有人语。风尘遥隔碧纱笼,台榭高明乐居处。夕烽一旦飞红灯,绮户雕栊赤焰腾。蓝布行衣灰布甲,能恶衣服轻罗绫,函关紫气如云蒸。

——《王凤笺题》

京师街衢不洁,夏日尤甚。人皆掩鼻而过,或携药肆所售之七香散于身,时时嗅以鼻。谓能辟秽,实则鼻窍大开,恶臭入腹,转至有碍卫生,人不知也。

争名夺利心愤懑,万应通灵七香散。此身一踏软红尘,素衣化缁莫能浣。刚毅木讷原近仁,愎者其行足丧身。通灵达窍救不得,良药有负千金珍,国医著手难回春。

——《王凤笺题》

海淀在京城西北,即畅春、圆明、颐和三园所在之处,亦称海甸。咸丰以前,每岁之夏,上喜园居,大小各官之入直者辄以晨往。都人谓往某处曰:上某处,故曰:上海淀。光绪朝孝钦后驻跸颐和园时亦如之。

水聚为海浅为淀,玉泉百折回复漩。离宫高起万寿山,春人远眺酣春燕。鲸鱼跋浪海上来,兵气卷尽金银台。金鳌负山镇西岳,劫灰洗出昆明开,曲江春望如蓬莱。

——《王凤笺题》

严缁生《忆京都词》注云:"京都夏日,荷花最盛,御沟无处无荷,尤以金鳌玉蝀为胜,不过遥望而已。德胜门内积水潭之荷,则可约客往观,且有酒家,卖荷叶粥,清香可口。宴客之筵,必有四冰果,以冰拌食,凉沁心脾。且冰亦可以煮食,谓之'冰核'。冰核开后,儿童舁卖于市,只须数文钱,购一巨冰,置之室中,顿觉火宅生凉,余尝戏呼为水晶山,南中无此物也。"(《春明采风志》)

冰核:酷暑日贫儿上窖趸冰,沿街卖之,硕亭诗谓"正阳门外喊冰核",方言也。(《春明采风志》)

——《北平风俗类征》

冰核,京师读其音曰冰壶。

——《北京市志稿·礼俗志》

朱明节:立夏节。汉代皇帝于立夏日迎夏神于南郊,唱《朱明》歌,故称。南朝梁武帝《首夏泛天池》诗:"薄游朱明节,泛漾天渊池。"《天雨花》第一回:"明朝乃是朱明节,回家吩咐众家人。各家节礼俱已送,惟有桓家尚未行。"

——《汉语大词典·4》

立夏：二十四节气之一。在阳历五月五、六或七日。《逸周书·时训》："立夏之日，蝼蝈鸣；又五日，蚯蚓出；又五日，王瓜生。"《礼记·月令》："（孟夏之月）立夏之日，天子亲帅三公、九卿、诸侯、大夫，以迎夏于南郊。还反，行赏，封诸侯，庆赐遂行，无不欣说。"清潘荣陛《帝京岁时纪胜·立夏》："立夏取平日曝晾之米粉春芽，并用榻面煎作各式果叠，往来馈遗。"

——《汉语大词典·8》

【四季货声】

又解渴，又带凉，又加玫瑰又加糖，不信您就闹碗尝一尝。酸梅的汤儿来哎，另一个味呀！（自立夏卖到西瓜季。）

——《一岁货声》

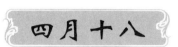

四月十八

【文献资料】

(四月)八日,舍豆儿,曰结缘,十八日,亦舍。先是拈豆念佛,一豆,佛号一声,有念豆至石者。至日熟豆,人遍舍之,其人亦一念佛,啖一豆也。凡妇不见容于夫姑婉若者,婢妾摈于主及姥者,则自咎曰:身前世不舍豆儿,不结得人缘也。是日,耍戒坛,游香山、玉泉,茶酒棚、妓棚,周山湾涧曲。闻初说戒者,先令僧了愿如是,今不说戒百年,而年则一了愿。是月,榆初钱,面和糖蒸食之,曰榆钱糕。

——《帝京景物略·卷二》

(四月)十八日,为北顶东顶开庙之期,售农器者咸集庙外。

——《北平岁时志·四月》

四月二十

【文献资料】

　　四月二十日以后,隆福寺庙会,即有卖抽葫芦者,卖纸花摊上,即有绒毛制虎形,红石榴花,五毒,买来与小姑娘戴之。街头又卖天师符,火判官,纸作三棱六棱之葫芦,并用五色纸条编方胜,及福儿,亦有编成老虎者。街上者粗人家自作者精细,青年妇女头戴者最精巧,即古时之艾虎也。

——《北平岁时志·四月》

四月廿二

【文献资料】

(四月)二十二日,城内宛平县城隍神为出巡之日,官隶迎祭,准令士女拈香。县役扮判官、鬼卒抬神游街,故谓之出巡。或枷锁红衣为罪人者,或露臂挂灯者,或扮马僮者,还愿酬赛,以答神庥者,种种异常。鼓乐笙簧,喧振数武。观者丛头,挥汗如雨,竟日始散。二十九,大兴县城隍神亦如此仪。

——《京都风俗志》

四月二十二,宛平县城隍出巡。

——《燕京岁时记》

(四月)二十二日,地安门外迤西,有庙会,香火不绝。清光绪庚子前有城隍出巡之举,观者如堵;至五月初一日,则异至西城都城隍庙,翌晨始返。较南下洼之城隍庙尤盛。

——《北平岁时志·四月》

四月廿八

【文献资料】

(四月)二十八日,药王庙进香。吃白酒、冰水酪,取新麦穗煮熟,剁去芒壳,磨成细条食之,名曰稔转,以尝此岁五谷新味之始也。司礼监有一种扇,以墨竹为骨,色浅笺纸面,两面楷书写《论语》内六字一句成语,极易脆裂。不知费多少工价,方成一把,似此损耗无益,宜裁省可也。

——《酌中志·卷二十》

(四月)二十八日,彰仪门外造甲庙,南西门外看丹庙,均有庙会。

——《北平岁时志·四月》

酸梅汤,以酸梅泡汁,和冰糖水,调以玫瑰、木樨,冰傍振之。以九龙斋及西单邱家为最佳。自四月底便添售者,幌插铜月牙,手敲铜冰盏二个。

——《北京市志稿·礼俗志》

五月

【XD】【XP】【五月】

【文献资料】

长安四、五月之交，市上担卖茉莉，清远芬馥。冬日盆盆种丁香花，花小而香，结子鸡舌香也。丁香花不甚剪佩，惟茉莉花雅客以点茶，妇人以耀首，为用百端矣。

京城五月，辐辏佳蔬名果，随声唱卖，听唱一声而辨其何物品者、何人担市也。唱卖麸，旧有四句，比叫成诗，巡城者加之以杖。于今惟卖麸者一声，而他物重叠，其词不止一句，盖此以曼声为招，彼以感耳而引。岂市之变端亦随俗为迁徙耶？

——《旧京遗事》

五月喜旱，六月喜雨。谚云："有钱难买五月旱，六月连阴吃饱饭。"

——《帝京岁时纪胜·五月》

小麦登场，玉米入市。蒜苗为菜，青草肥羊。麦青作撵转，麦仁煮肉粥。豇豆角、豌豆角、蚕豆角、扁豆角，尽为菜品；腌稍瓜、架冬瓜、绿丝瓜、白茭瓜，亦作羹汤。晚酌相宜。西瓜、甜瓜、云南瓜、白黄瓜、白樱桃、白桑葚。甜瓜之品最多，长大黄皮者为金皮香瓜，皮白瓤青为高丽香瓜，其白皮绿点者为脂麻粒，色青小尖者为琵琶轴，味极甘美。桃品亦多，五月结实者为麦熟桃，尖红者为鹰嘴桃，纯白者为银桃，纯红者为五节香，绿皮红点者为秋秸叶，小而白者为银桃奴，小而红绿相兼者为缸儿桃，扁而核可作念珠者为柿饼桃。更有外来色白而浆浓者为肃宁桃，色红而味甘者为深州桃。杏除香白、八达杏之外，有四道河、海棠红等杏，仁亦甘美。李柰则有御黄李、麝香红，又有黄皮红点者为梅杏。又杏质而李核者，为胡撕赖蜜淋嚌。至若榴花似火，家人摘以簪头；凤草飞红，绣女敲而染指；江西腊五色芬芳，虞美人几枝娇艳，则又为端阳之佳卉也。

——《帝京岁时纪胜·五月》

京俗五月不迁居，不糊窗槅，名之曰恶五月。以艾叶贴窗牖，谓之解厄。五月多不剃头,恐妨舅氏。五月昼长,神祠祖堂供净水,焚午香。五月喜旱,六月喜雨。谚云:"有钱难买五月旱,六月连阴吃饱饭。"端阳日,蒲艾曝干存贮,生子用以沐浴,兼洗冻疮。午日冰和土粉晒干,擦小儿热痱。

——《帝京岁时纪胜·五月》

五月玉米初结子时,沿街吆卖,曰五月先儿。其至嫩者曰珍珠笋。食之之法,与豌豆同。

——《燕京岁时记》

京师五月榴花正开,鲜明照眼。凡居人等往往与夹竹桃罗列中庭,以为清玩。榴竹之间必以鱼缸配之,朱鱼数头游泳其中。几于家家如此。故京师谚曰:"天篷鱼缸石榴树。"盖讥其同也。

——《燕京岁时记》

京师谚曰:善正月,恶五月。
按《荆楚岁时记》:五月俗称恶月,多禁忌。忌曝床荐席及修盖房屋。夫荆楚之与燕京,相去远矣,而自昔风俗有相同者。

——《燕京岁时记》

瑶台即窑台,在正阳门外黑窑厂地方。时至五月,则搭凉篷,设茶肆,为游人登眺之所。亦南城之一古迹也。
谨按《日下旧闻考》:黑窑厂为明代制造砖瓦之所。本朝均交窑户备办,此厂遂废。其地坡垄高下,蒲渚参差,都人士登眺,往往而集焉。

——《燕京岁时记》

凤仙花即透骨草,又名指甲草。五月花开之候,闺阁儿女取而捣之,以染指甲,鲜红透骨,经年乃消。

——《燕京岁时记》

宫中于五月食椴木饺。《尔雅·释草》:"椵,木槿。"《方言》:"燕之东北、朝鲜洌水之间谓之椴。"此关外旧俗,尚沿古时名称也。又有苏造糕、苏造酱诸物。相传孝全后生长吴中,亲自仿造,故以名之。

——《清稗类钞·饮食类》

京师鲜烟水之乐有之,惟昆明湖、十刹海及距东便门二里惠通河之二闸耳。然昆明湖例禁行舟,十刹海仅有踏藕小船,而二闸遂为游人荟萃之所。每岁自五月朔至七月望,青帘画舫,酒肆歌台,令人疑在秦淮河上。游人之居内城者,则自齐化门外登舟至东便门,易舟前往。居外城者,则自东便门外登舟前往,谓之逛二闸。闸有小肆可沽饮。

丛芦战风声猎猎,驴作纤夫鸥是鸭。方舟容与宾主欢,风景江南大通闸。决堤淹敌兵法夸,若涉大水无津涯。泉源易竭海容纳,十日不雨坚流沙,车辙渡河成修蛇。

——《王凤笺题》

时品在近年新增者,计有洋扁豆,美国长冬瓜,洋龙须菜,张家口外之萝菔,西洋生菜花,菜番芋,西红柿,过泉藕,美国大蓁艽,又名登笼艽,近在天津静海县种有哈蜜瓜,其形则细长,皮青肉黄子赤,味极甘美,以其子种于南苑者,其味则减矣。香瓜中之白羊角密,及小金坠,均味甘,又有抱猴者,香则有余,实不堪食也。五月节送礼之花,则有红白夹竹桃,又有温州新来之丁冬花,又名百日红,都人又谓之洋海棠,其叶似桐,味则臭,温人谓之臭桐花,本地不值钱,运至北京,则每株可售一圆,小者亦须五角。又有扁竹,即药中之玉竹,又名女葳蕤,此处价亦甚昂,南方如广东之茉莉,白玉兰,安南之月桂,棕榈,凤尾蕉,又名钱(铁)树,福建之兰花,湖南江西之山茶花,瑞香花,皆由船车运之而来,交通便利故也。

——《北平岁时志·五月》

《燕台新月令》五月云:"是月也,灵符发,贩蒜有税,天坛摸壁,官捕蟾,城隍庙有市,神盆添水,甜瓜始脆,角黍弄丸。"(《水曹清暇录》)

——《北平风俗类征》

五月先儿:方言。五月间刚成熟的玉米。清富察敦崇《燕京岁时记·五月先儿》:"五月玉米初结子时,沿街吆卖,曰五月先儿。其至嫩者曰珍珠笋。"

——《汉语大词典·1》

仲夏:夏季的第二个月,即农历五月。因处夏季之中,故称。《书·尧典》:"日永星火,以正仲夏。"《北齐书·方伎传·宋景业》:"还至并,显祖令景业筮,遇《乾》之《鼎》。景业曰:《乾》为君,天也。《易》曰:'时乘六龙以御天。《鼎》,五月卦也。宜以仲夏吉辰御天受禅。'"清洪昇《长生殿·闻乐》:"呀,时当仲夏,为何这般寒冷。"王西彦《乡下朋友》:"于一个仲夏的早晨,坐上一辆驶往数百里外的小城镇的长途汽车。"

——《汉语大词典·1》

剃头：剃发，理发。清潘荣陛《帝京岁时纪胜·宜忌》："五月多不剃头，恐妨舅氏。"王西彦《寻常事》："就只有一家矮门边立着一根纸糊的红绿柱子的剃头店里，似乎还有人在扯闲天。"

——《汉语大词典·2》

午月：夏历以寅月为岁首（正月），所以称五月为午月。

——《汉语大词典·2》

恶月：古代迷信称农历五月为恶月。《太平御览》卷二二引汉董勋《问礼俗》："五月俗称恶月。俗多六斋放生。"南朝梁宗懔《荆楚岁时记》："五月，俗称恶月，多禁忌，忌曝床荐席及修盖房屋。"清富察敦崇《燕京岁时记·恶月》："京师谚曰：'善正月，恶五月'。"

——《汉语大词典·7》

毒月：俗称农历五月为毒月。

——《汉语大词典·7》

蒲月：指农历五月。旧俗端午节，悬菖蒲艾叶等于门首，用以辟邪。因称五月为"蒲月"。

——《汉语大词典·9》

【竹枝词】

燕京杂咏　　云间　王鸿绪

燕京五月好风光,芍药盈筐漫市香。试解杖头分数朵,宣窑瓶插砚池旁。
慈仁寺里海榴红,却与江南色相同。移向小庭闲伫立,绛唇微语曲栏风。
易酒当炉斗十千,南人下马口流涎。尽教李白思吞海,况有燕姬夸数钱。
皇姑寺外行人忙,皇姑寺里秋花香。下马看花者谁子,金弹雕弓七宝装。
燕赵娇姿堕马妆,五花驮出万人狂。不知紫塞明妃去,可用垂肩三两裆。
悯忠古刹读唐碑,将士征辽实可悲。纵有番僧施梵咒,沙场那得髑髅知。
金鱼池畔艳阳时,夹岸人家颭酒旗。何处香车来女伴,银筝低唱白翎词。
中顶元君旧有名,家家士女竞春晴。钿车金驳花间去,芳草随轮似有情。
慈仁每月初兼五,松下朱栏列百廛。亦有公卿来问直,试评程尉几文钱。
底事京尘动客吟,故园佳景忆登临。无风无雨春三月,携酒携琴花一林。
官厂玲珑百物奇,琢成冰玉竞春嬉。豪家买得琉璃扇,珍重风前付雪儿。
吴侬只惯忆莼鲈,岂晓甘珍满帝都。入馔辽鱼飞白雪,盈尊羔酒滴红酥。

——《北京风俗杂咏》

【四季货声】

卖煮毛豆:农历五月,市上有卖毛豆的,人们多买回家剪去毛豆的两角儿,用花椒、盐煮熟,稍凉用手捏毛豆向嘴里挤着吃。也有小贩串胡同儿卖的,吆喝:

"刻光板的豆角儿!"

卖汤儿豌豆:农历五月,北京庙会卖里边搁红糖、桂花带汤儿的煮豌豆,吆喝:

"带着汤儿嘞,哎热豌豆!"

卖凉炒面:旧时北京农历五月有卖凉炒面的小贩,吆喝:

"凉炒面来!"

夏

卖煮玉米：从前，一过了端午节不久街上就有推车卖煮玉米的。北京管玉米都叫老玉米。刚下来的玉米，非常鲜嫩，北京人叫它"五月鲜儿"。吆喝：

"新鲜活秧儿嫩来蒸化来老玉米，仨大钱儿俩大钱儿呀！"

"活了秧儿嫩来啵，老玉米来，仨大钱儿俩大钱儿来！"

到农历五月底摘煮的玉米是已经完全成熟的了，叫"珍珠米"，吆喝：

"活秧儿的老玉米来——珍珠米的好吃啊！"

再往后，玉米就有老一些的了。不管早上市还是晚上市的，都吆喝："活秧儿的"，意思是告诉人们所卖的玉米都是在玉米活棵秧上摘煮的。

卖香瓜儿：香瓜儿，北京也叫"甜瓜儿"，农历五月即有卖的，吆喝：

"香瓜儿来，甘蔗味儿来，旱秧儿的来，个个儿好吃唠啊！"

"甘蔗味儿来，旱秧儿来，白沙蜜的好吃来！"

"蛤蟆酥的旱香瓜儿来！犄角儿蜜的好甜瓜来！青——皮儿脆来，旱香瓜儿另个味儿来！老头儿乐的甜瓜儿来！"

```
2·2  22·2  25  22·  33 2  3 2  1 2
甘蔗 味儿的买好    吃的羊 犄角 蜜的 竹叶儿

3 2  3 2  3 2  1 2  3 2  1 6  3·3  3—
青的 一窝 猴儿的 芝麻 叶的 旱  甜瓜 嘞！
```

——《吆喝与招幌》

供佛的哎，桑椹来、大樱桃来！

收拾雨伞、旱伞！

活了秧儿嫩来啵，老玉米来！三大钱、两大钱来！（五月鲜。）

凉炒面来！

卖大蒜咧！（编辫老蒜，每辫百头。）

大海茄，卖架冬瓜呀！

汤布冷布！（摇长把小鼗，卖零尺。）

粘扇子！（挎小柜，上悬小铃数串。粘一切折纸扇。）

卖蒲扇,卖毛扇!(挑担。大小羽扇,多鹅雁翎。)

大小的斑竹的帘子来,大小的凉席来!

栗子瓢儿的来,卖老倭瓜来,约茴香菜呀!马兰韭菜,约青豇豆喂!抓小白菜来,约豆芽菜来!

栽石榴花来!

嗳ヶヶ十朵,花啊晚香啊,晚香的玉来,一个大钱十五朵!

烧羊脖子来,烧羊ヶ肉来哟!

甘蔗味来,旱秧儿来,白沙蜜的好吃来!(甜瓜。)

李子来喊,卖水果来!

青ヶヶ皮脆来,旱香瓜儿另个味呀!

刻光板的豆角儿!(椒盐煮毛豆角儿,俗谓一文钱为"光板"。)

——《一岁货声》

夏

五月初一

【文献资料】

　　五月女儿节,系端午索,戴艾叶、五毒灵符,宛俗自五月初一至初五日,饰小闺女,尽态极妍。出嫁女亦各归宁,因呼为女儿节。端午日,集五色线为索,系小儿胫。男子戴艾叶,妇女画蜈蚣、蛇、蝎虎、蟾,为五毒符,插钗头。

——《宛署杂记·民风一》

　　五月一日至五日,家家妍饰小闺女,簪以榴花,曰女儿节。五日之午前,群入天坛,曰避毒也。过午出,走马坛之墙下。无江城系丝投角黍俗,而亦为角黍,无竞渡俗,亦竞游耍。南则耍金鱼池,西耍高梁桥,东松林,北满井,为地不同,饮醲熙游也同。太医院官,旗物鼓吹,赴南海子,捉虾蟆,取蟾酥也。其法,针枣叶,刺蟾之眉间,浆射叶上,以蔽人目,不令伤也。渍酒以菖蒲,插门以艾,涂耳鼻以雄黄,曰避虫毒。家各悬五雷符。簪佩各小纸符,簪或五毒,五瑞花草。项各彩系,垂金锡,若钱者,若锁者,曰端午索。十三日,进刀马于关帝庙,刀以铁,其重以八十斤,纸马高二丈,鞍鞯绣文,辔衔金色,旗鼓头踏导之。

——《帝京景物略·卷二》

　　五月初一日起至十三日止,宫眷内臣穿五毒艾虎补子蟒衣,门两旁安菖蒲、艾盆,门上悬挂吊屏,上画天师或仙子、仙女执剑降五毒故事,如年节之门神焉。悬一月方撤也。

——《酌中志·卷二十》

　　惟南顶于五月朔始开庙,至十八日。都人献戏进供,悬灯赛愿,朝拜恐后。有御题扁(匾)曰神烛碧虚,岳殿扁(匾)曰功成出震。

——《帝京岁时纪胜·四月》

五月朔日、端阳日，俱不汲泉水，于预日争汲，遍满缸釜，谓避井毒也。

——《帝京岁时纪胜·五月》

五月朔，家家悬朱符，插蒲龙艾虎，窗牖贴红纸吉祥葫芦。幼女剪彩叠福，用软帛缉逢老健人、角黍、蒜头、五毒老虎等式，抽作大红朱雄葫芦，小儿佩之，宜夏避恶。家堂奉祀，蔬供米粽之外，果品则红樱桃、黑桑椹、文官果、八达杏。午前细切蒲根，伴以雄黄，曝而浸酒。饮余则涂抹儿童面颊耳鼻，并挥洒床帐间，以避虫毒。饰小女尽态极妍，已嫁之女亦各归宁，呼是日为女儿节。

——《帝京岁时纪胜·五月》

都城隍庙在都城之西，明永乐中建。中为大威灵祠，后为寝祠，两庑十八司，前为阐威门，塑十三省城隍对立，望之俨然，酷肖各方仪表。前为顺德门，左右钟鼓楼，再前为都城隍门。前明于朔望廿五日为市。郎曹入直之暇，下马巡行，冠履相错不禁也。初四、十四、廿四等日则于东皇城之北有集，谓之内市，不及庙中之多也。每岁正月十一日至十八日止，则在东华门外，迤逦极东，陈设十余里，谓之灯市，则视庙中又盛，即今之灯市口矣。国朝崇隆祀典，岁之春秋，遣员致祭，祈雨占风，亦虔荐享。惟于五月朔至八日设庙，百货充集，拜香络绎。至于都门庙市，朔望则东岳庙、北药王庙，逢三则宣武门外之都土地庙，逢四则崇文门外之花市，七、八则西城之大隆善护国寺，九、十则东城之大隆福寺，俱陈设甚夥。人生日用所需，以及金珠宝石、布匹绸缎、皮张冠带、估衣骨董，精粗必备。羁旅寄客，携阿堵入市，顷刻富有完美矣。

——《帝京岁时纪胜·五月》

里二泗近张湾，有佑民观，中建玉皇阁醮坛，塑河神像。明世宗十四年，道士周从善乞宫观名，赐额曰锡禧。前临运河，五月朔至端阳日，于河内斗龙舟，夺锦标，香会纷纭，游人络绎。

——《帝京岁时纪胜·五月》

五月朔日至旬杪，女儿艳服，戴花满头。五日前，民间不得市苏州席子。

——《日下旧闻考·卷一四七·风俗》

五月初一日为端阳节，又曰端午，即古天中节也。人家、铺肆买粽子、樱桃、桑椹，以献神佛。买蒲艾插于门旁，贴画虎、蝎、虾蟆或天师等图，揭之楹间，谓之神符。道家亦有书符以送檀越者。人家妇女以花红绫线结成虎形、葫芦、樱桃、桑椹及蒲艾、瓜豆、葱蒜之属，以彩绒贯之成串，以细小者为最，缀于小儿辫背间。或剪纸、或镂纸、折纸作葫芦、蝙蝠、卍字各式，总谓之福儿。杂五色彩纸以衬之，总谓之曰葫芦儿。妇女买通草小虎、彩绒福儿带钗簪头上。至初五日，惟神符、福儿留之，其葫芦等物尽抛街巷，谓之扔灾。是日，小儿额上以雄黄画王字，又以雄黄涂小儿鼻耳之孔，谓如此夏月能辟诸虫。亦有饮雄黄酒者。此日，食黑色桑椹，或云夏月无食蝇之患。富家买糕饼，上有蝎、蛇、虾蟆、蜈蚣、蝎虎之像，谓之五毒饽饽。馈送亲友，称为上品。

——《京都风俗志》

每至端阳，自初一日起，取雄黄合酒晒之，用涂小儿额及鼻耳间，以避毒物。

——《燕京岁时记》

五月初一日，大兴县城隍出巡。出巡之时，皆以八人肩舆，舁藤像而行。有舍身为马僮者，有舍身为打扇者，有臂穿铁钩悬灯而导者，有披枷带锁俨然罪人者。神舆之旁，又扮有判官鬼卒之类，彳亍而行。亦无非神道设教之意。

——《燕京岁时记》

都城隍庙在宣武门内沟沿西，城隍庙街路北。每岁五月，自初一日起，庙市十日。市皆儿童玩好，无甚珍奇，游者鲜矣。

谨按《日下旧闻考》：都城隍庙，在前明时以每月朔望及二十三日有庙市。市之日，陈设甚夥，人生日用所需，精粗毕备。羁旅之客，持阿堵入市，顷刻富有完美。书画古董，真伪错陈，其他剔红填漆旧物，自内廷阑出者，尤为精好。其初所索甚微，后其价十倍矣。至于窑器，最贵成化，次则宣德。杯盏之属，初不过数金，嗣则成窑酒杯至博银百金。宣德香炉，所酬亦略如之。庙系元世祖至元十七年创建，前明重修之，本朝雍正四年、乾隆二十八年又重修之。光绪初年，庙毁于火，碑皆煅裂。所谓各直省城隍像者，零落殆尽。近惟将正殿修复，以便春秋祭享，余尚残破如故也。

——《燕京岁时记》

南顶碧霞元君庙在永定门外五六里，西向。左右有牌坊二，左曰广生长养，右曰群育滋藩。皆乾隆三十八年重修时御书。每至五月，自初一日起，开庙十日，士女云集。庙虽残破，而河中及土阜上皆有亭幛席棚，可以饮食坐落。至夕散后，多在大沙子口看赛马焉。

按《宸垣识略》云：南顶以南之河名凉水河，桥名永定桥。土阜名九龙山，乃乾隆间疏浚凉水河时堆成。环植桃柳万株，开庙时游人皆敷席携榼，群饮其下。近则土阜虽存而桃柳零落矣。

——《燕京岁时记》

永定门外碧霞元君庙，俗称南顶。旧有九龙冈，环植桃柳万株。南邻草桥河，五月朔游人麇集，支苇为棚，饮于河上。亦有歌者侑酒，竟日喧阗。后桃柳摧残，庙亦坍破，而游者如故。近年有某侍御奏请禁止，遂废其事，与昔日金鱼池相仿佛。

——《天咫偶闻·卷九》

五月初一日至初五，崇文门外游卧佛寺。初一日至初十日，都城隍庙庙市。初一日至十五日，南顶庙市。

——《天咫偶闻·卷十》

南顶为都城四顶之一，与西顶皆称极盛，祀碧霞元君。岁五月初一日，进香者络绎不绝，辄以苇席藉地，杂坐轰饮，而招妓侑觞者亦有之。

凉水河上市集闹，中有碧霞元君庙。土人进香南顶来，避暑余情乐渔钓。行人怕过马驹桥，车轨融铁车轮焦。元君不问教邪正，但爱香蜡人来朝，劫火上卷南风烧。

——《王凤笺题》

五月游金鱼池，中顶进香，药王庙进香。

——《北平岁时志·五月》

（四月）二十二日，地安门外迤西，有庙会，香火不绝。清光绪庚子前有城隍出巡之举，观者如堵；至五月初一日，则舁至西城都城隍庙，翌晨始返。较南下洼之城隍庙尤盛。

——《北平岁时志·五月》

五月初一日至初五日，为端阳节，又称端午，家家于门前插蒲艾，贴五雷天神符，供角黍樱桃桑椹等于佛前，亦以之相馈赠。闺人皆以绫罗巧制小虎桑椹葫芦之类，以彩线串之，悬于钗头，或系之儿背，谓可避鬼，且不病瘟，曰长命缕，一曰续命缕。又以雄黄酒书王字于小儿之额，或且涂其七孔及墙壁，谓可避毒虫。又有于是日午时，以朱墨画钟馗像，俗称朱砂判者，悬屋中，谓能驱鬼避邪。亦有纳古墨于蟆腹，向日晒之，云其墨可疗疾，故都中有癞蛤蟆脱不过五月单五之语，单五者，端午之讹音也。此五日中，居民商店，皆盛治酒食，曰过端阳节。

——《北平岁时志·五月》

五月初一日，西城都城隍庙，永定门外南顶，均开庙十日，南顶较盛，士女云集，赛马皆在大沙子口一带，观者尤多。卧佛寺城隍庙行宫，德胜门外北顶，均开庙五日。

——《北平岁时志·五月》

都城隍庙，在宣武门内沟沿西偏，每年五月初一日至初六日，照例开庙五日，烧香许愿者，不计其数，每届开庙期，叫卖估衣者最夥，余则普通货摊，如扇子凉席竹帘香面等，以夏令货物为多，并儿童妇女玩物用品，及中下级社会之食物而已。四十年前，除普通烧香之男女外，亦有扮演罪囚还愿之怪现象，男则桁杨相望，铁锁琅珰(银铐)，女则红衣红裙，仆仆道涂，三步一磕头，五步一叩首者，尤难胜数，同时江南城隍庙，亦有庙会，情景相同。

——《北平岁时志·五月》

旧京商店，每于四月下旬，即将欠内账簿，详查一次，依照各欠户住址，将其欠款若干，开一清单，尽于初一日前分送，盖取通知之意也，京俗曰节帖子。初一以后二三日间，各派伙友分别索讨，惟对于平素爱惜信用之赊户，并节帖子，亦不开送，名为奉承面子，但有此资格者，甚为寥寥。

——《北平岁时志·五月》

卧佛寺在广渠门内迤西路北，历年由五月初一日开庙，至初六日止，庙不甚大，正殿供释迦卧像，谒庙烧香及游逛之男女儿童，甚为众多。盖以节令关系，学生工人商店，均值休息放假之期，东南城一带，又无佳处可以游逛，只可来此一游。于是各种赶庙售货者与江湖艺人，亦皆纷纷并集。惟所售之货，大致均粗劣食品及儿童玩具，与蟠桃宫东岳庙情形大致相若，不过多数处粽子摊及香面子摊而已。庙后墙外，有跑马场，旧时各旗富豪子弟，纷纷急驰，以争一时之胜，游人既多，观者如堵，曝立于狂飙烈日之下，虽挥汗如雨，垢痕满面，亦弗顾也。今虽按期开庙，然近二十年来，游者日少矣。

——《北平岁时志·五月》

永定门外迤南官道上，有庙，俗呼南顶者，每年五月初一日起，至十五日止，开庙半月，虽亦有往而烧香者，然不甚兴旺，远非西顶之比。惟旧式之跑车跑马者，非常繁盛。京人素有此癖，凡养车养马之人，均视此期决赛为极关重要，若蟠桃宫等庙期，尚可以托故不到，惟一届此期，则不能不到，有不到者，不惟该会将彼除名，且表示此人家已衰落，而无豢养车马之力矣，故凡养有车马者流，每值此期，莫不竞盛争强，驰驱而至，即或经济衰落，亦必勉强拼凑，争此胜气，虽设法典贷，亦所弗恤也。赛马者，既如此踊跃，旁观者，亦自必繁多，此期决赛，较之其他各处兴盛情形，奚啻十倍，仿佛此期庙会，完全为赛马而来者也。所有游人，可不至南顶烧香游玩，断不能不看胞（跑）马，马场地点，在永定门外迤南大道上，布置甚为简单，大道两旁，各搭席棚两行，临时售卖茶点，凡参与赛马之主人眷属与参观者，均列座茶棚，凭轼而观，茶棚最大而著名者，曰四合号，至今该处即以四合号为地名。茶棚顾客，均富有之人，若穷苦游客，无资品茶者，只可分立大道两旁，万头攒动，互相拥挤于火热骄阳之下。当时虽有营汛弁兵，临时弹压，不过官样文章而已，参观游人，不时有被车马撞踏毙命者。若为普通车马主人，尚可拘送法庭，如为当权贵胄子弟，于撞倒游人后，亦不问起其生死，即急而去，无人敢出而质问也，亦有互争先后，而斗殴以伤毙人命者。此种赛马，与外洋人赛马规则不同，外洋人赛马，以速为贵，马之奔走形式，概不计及，而旧式之赛马，并不专尚其速，必以马之姿式为重，如蹲跳颠蹦等项，均为下等马形，虽速亦无取，无论急驰至如何程度，皆须直走平行，骑乘者丝毫不动，始为上乘。至跑车，则与赛马微异，车式虽亦与北方旧式轿车相同，而装饰则非常精美，车围棚帐，多为绸缎所制，并镶以白铜什件各种花纹，两旁五窗，后面三窗，共十三窗，故别称曰十三太保，冬嵌玻璃，夏嵌黑纱，车之轴轮，较普通稍精细，别称曰山西鞘，大约系山西所发明者，普通谓之耍车。乘此车者，多数用于赛跑之途，平日乘坐者，尽为纨绔子弟，土匪地痞，若缙绅先生，官僚商贾，均不肯乘坐也。车马入场，决赛时，谓之曰下道，每届下道，并无指挥及标准，亦无监视发令者，均系自由加入，任意急驰，毫无秩序，若下道车马迅速平稳，骑乘姿式亦佳，则两旁观众大声呼好，于是车马主人，圉人御者，都心身愉快，荣于华衮，若驰骋不速，落于人后，或姿式不良，则观众冷笑，而揶揄之，而车马主人等，即羞赧（涩）无地，在势力微弱者，即由他处潜逃入城，不敢再入茶棚，如系当权子弟，土豪劣绅，则不能容忍此羞，必迁怒观众，报以谩骂，如仍不能制止，则嗾令恶奴，以马鞭为武器，乱施捶挞，至于头破血出而不顾，此种热闹场所，实为最危险之是非地，有阅历能慎重之人，多不往观，今则南顶跑马，已取消矣。

——《北平岁时志·五月》

五月初一日，家家门口挂葫芦插蒲子艾叶，至初五日午刻，将葫芦摘下，弃之街心，名曰散灾。

——《北平岁时志·五月》

五月初一日，城隍出巡大兴县者，夫役抬之，至宛平县城隍庙少停，同抬之，至西城之都城隍庙，参谒毕，始各抬回原庙，前有仪仗卤簿，与外官无异，且有人许愿，身穿红衣为男女犯人者，是日游人观者极多，沿路多卖食物，及冰水酸梅汤者，彼时尚无汽水冰激凌雪花酪也。

——《北平岁时志·五月》

五月朔日至旬杪,女儿艳衣,戴花满头。五日前,民间不得市苏州席子。端午,用角黍、杏子相遗。挈酒游高粱或天坛,坛中有决射者,盖射柳遗意。薄暮争门入,无赖子弟以是日刺臂作字,或木石鸟兽形。民间是日生子,束一木或荆条祭于堂,斩其木五六尺许,祝曰:"如是止,勿长抵户。"(《北京岁华记》)

——《北平风俗类征》

端一、端五两日,内外京城居民不汲井泉,云避井毒也,日须皆预汲储。(《水曹清暇录》)

——《北平风俗类征》

永定门外迤南,有积潦一区,名曰"南汀,"京音讹为"南顶,"有庙市,每年五月初一日开市,至十五日闭止。市中茶棚栉比,履舄交错,伊其相谑,比诸溱洧,实海淀所也。旧有天桥跑飞车之习,近更拓辟广场,供人跑马,竞夸身手,迭起争端。(《新燕语》)

南汀俗名南顶,在永定门外。向例五月有庙市,自朔迄望,喧异恒时。城中少年,辄多往游,且有天桥跑飞车之陋习。今自汽车通行,旧俗遂不复再举矣。(《京华春梦录》)

——《北平风俗类征》

五月初一日,大兴县城隍出巡,八人肩舆,舁藤像而行。男女因病还愿,有打扇者,扮马童者,赭衣枷锁如囚者,臂穿铁钩悬灯者,扮一切判官鬼卒者,游观随行如堵,绕交道口回署。宛平县四月二十二日出巡亦同。(《春明采风志》)

五月初一,换实地纱袍褂,再换芝麻漏纱,便章,著两截衫,湖色洋绉春罗,土色绵绸,各下襟衬衣也。(《春明采风志》)

——《北平风俗类征》

五月初五

【文献资料】

五月五日午时，采艾叶与绵相和，絮衣七事，国主著之，番汉臣僚各赐艾衣三事。国主及臣僚饮宴，渤海厨子进艾糕，各点大黄汤下。北呼此节为"讨赛篱"。又以杂丝结合欢索，缠于臂膊，妇人进长命缕，宛转皆为人象，带之。

——《契丹国志·卷二七·岁时杂记》

五月重五日，午时，采艾叶和绵著衣，七事以奉天子，北南臣僚各赐三事，君臣宴乐，渤海膳夫进艾糕。以五彩丝为索缠臂，谓之"合欢结"。又以彩丝宛转为人形簪之，谓之"长命缕"。

——《辽史·卷五三》

金因辽旧俗，以重五、中元、重九日行拜天之礼。重五于鞠场，中元于内殿，重九于都城外。其制，刳木为盘，如舟状，赤为质，画云鹤文。为架高五六尺，置盘其上，荐食物其中，聚宗族拜之。若至尊则于常武殿筑台为拜天所。

——《金史·卷三五》

凡重五日拜天礼毕，插柳球场为两行，当射者以尊卑序，各以帕识其枝，去地约数寸，削其皮而白之。先以一人驰马前导，后驰马以无羽横镞箭射之，既断柳，又以手接而驰去者，为上。断而不能接去者，次之。或断其青处，及中而不能断，与不能中者，为负。每射，必伐鼓以助其气。

已而击球，各乘所常习马，持鞠杖。仗长数尺，其端如偃月。分其众为两队，共争击一球。先于球场南立双桓，置板，下开一孔为门，而加网为囊，能夺得鞠击入网囊者为胜。或曰："两端对立二门，互相排击，各以出门为胜。"球状小如拳，以轻韧木枵其中而朱之。皆所以习跷捷也。

既毕赐宴，岁以为常。

——《金史·卷三五》

击球者，今之故典。而我朝演武亦自不废。常于五月五日、九月九日，太子、诸王于西华门内宽广地位，上召集各衙万户、千户，但怯薛能击球者，咸用上等骏马，系以雉尾、缨络，紫缀镜铃、狼尾、安答海，装饰如画。玄其障泥，以两肚带拴束其鞍。先以一马前驰，掷大皮缝软球子于地，群马争骤，各以长藤柄球杖争接之。而球子忽绰在球棒上，随马走如电，而球子终不坠地。力捷而熟娴者，以球子挑剔跳掷于虚空中，而终不离于球杖。马走如飞，然后打入球门中者为胜。当其击球之时，盘屈旋转，倏如流电之过目，观者动心骇志，英锐之气奋然。虽耀武者，捷疾无过于是，盖有赏罚不侔耳。如镇南王之在扬州也，于是日王宫前列方盖，太子、妃子左右分坐，与诸王同列。执艺者上马如前仪，胜者受上赏；罚不胜者，若纱罗画扇之属。此王者之击球也。其国制如此。

——《析津志辑佚·风俗》

五月天都庆端午，艾叶天师符带虎，玉扇刻丝金线缕。怀荆楚，珠钿彩索呈宫籞。进上凉糕并角黍，宫娥彩索缠鹦鹉，玉屑蒲香浮绿醑。葵榴吐，銮舆岁岁先清暑。节前三日，中书礼部办进上位御扇，扇面用刻丝作诸般花样、人物、故事、花木、翎毛、山水、界画，极其工致，妙绝古今。若退晕、淡染如生成，比诸画者反不及矣。仍有金线戏绣出升降二龙在云中。以玉为柄，长一尺，琢云龙升。上以赤金填于刻文内，又用金线条缚之如线系，或扇团以银线缠之，如是者凡数样，制俱不同。有串香柄、玛瑙、犀角，成雕龙凤，金涂其刻。又有拂子，用洁白细冗软牛毛，亦有染色者不一。资正院、中正院进上，系南城织染局总管府管办，金条、彩索、金珠、翠花、面靥、花钿、奇石、戒止、香粉、胭脂、洗药，各各精制如扇拂。一如上位仪式。太子詹事院并如上仪进。将作院进彩画扇、翠扇、金碧山水扇、金纱、金罗、白索等。如凉糕、粽饼并同。典饮局并同。光禄寺酒、凉糕、密枣糕、糠米粽、金桃、御黄子、藕、甜瓜、西瓜，并同各大衙，并依上年故事。宣徽院为首，领八作司等院，其三官詹事院属司，并如上年式。是节诸项进呈，所费五千余定。滦都行在资正院、织染总管府，差官一员，乘传赴上都，进上位及三宫后，以表里答劳之，此常典也，或在中途不可定止。是节上自三公宰辅、省院台，俱有画扇、彩索、拂子、凉糕之礼；中贵官同，故其费厚也。都中于节前二三日，小经纪者于是中角头阛阓处，芦苇架棚挂画，发卖诸般凉糕等项。市中卖艾虎、泥大师、彩线符袋牌等，大概江南略同。南北城人于是日赛关王会，有案，极侈丽。貂鼠局曾以白银鼠染作五色毛，缝砌成关王画一轴，盘一金龙，若鼓乐、行院，相角华丽，一出于散乐所制，宜其精也。太庙荐新：果：桃、李、御黄子、甜瓜、西瓜、藕、林檎、李子，菜：胎心菜、蒜、茄、韭、葱、玉瓜、苦菜。神位前，凉糕、糠米粽、香枣糕、扇拂百索，一如所进仪式。无敢有忒酒、马奶子、笋、蒲、含桃。

——《析津志辑佚·岁记》

斫柳者于端午日,质明镇南王于府前张方盖,与王妃偕坐焉。是时覃王妃同在,诸王妃咸坐,仍各以大红销金伞为盖,列坐于左;诸王列坐于右。诸王行觞为节令寿。前列三军,旗帜森然。武职者咸令斫柳,以柳条去青一尺,插入土中五寸。仍各以手帕系于柳上,自记其仪。有引马者先走,万户引弓随之,乃开弓斫柳。断其白者,则击锣鼓为胜,其赏如前。不胜者亦如前罚之。仪马匹咸与前饰同,此武将耀武之艺也。

——《析津志辑佚·风俗》

踏青。端午日,士人相约携酒果游赏天坛松林、高粱桥柳林、德胜门内水关、安定门外满井,名踏青。妇女如之,比之南京雨花台更盛。

——《宛署杂记·民风一》

(五月)五日之午前,群入天坛,曰避毒也。过午出,走马坛之墙下。无江城系丝投角黍俗,而亦为角黍,无竞渡俗,亦竞游耍。南则耍金鱼池,西耍高粱桥,东松林,北满井,为地不同,饮醵熙游也同。太医院官,旗物鼓吹,赴南海子,捉虾蟆,取蟾酥也。其法,针枣叶,刺蟾之眉间,浆射叶上,以蔽人目,不令伤也。渍酒以菖蒲,插门以艾,涂耳鼻以雄黄,曰避虫毒。家各悬五雷符。簪佩各小纸符,簪或五毒,五瑞花草。项各彩系,垂金锡,若钱者,若锁者,曰端午索。

——《帝京景物略·卷二》

扒竿者,立竿三丈,裸而缘其顶,舒臂按竿,通体空立移时也。受竿以腹,而项手足张,轮转移时也。衔竿,身平横空,如地之伏,手不握,足无垂也。背竿,髁夹之,则合其掌,拜起于空者数也。盖倒身忽下,如飞鸟堕。筋斗者,拳据地,俯而翻,反据,仰翻,翻一再折,至三折也。置圈地上,可指而仆尔,翻则穿一以至乎三,身仅容而圈不动也。叠案焉,去于地七尺,无所据而空翻,从一至三,若旋风之离于地,已则手两圈而舞于空,比卓于地,项膝互挂之,以示其翻空时,身手足尚余间也。倒喇者,掐拨数唱,谐杂以诨焉,鸣哀如诉也。筒子者,三筒在案,诸物械藏,示以空空,发藏满案,有鸽飞,有猴跃焉。已复藏于空,捷耳,非幻也。解数者,马之解二十有四,弹之解二十有四。马之解,人马并而驰,方驰,忽跃而上,立焉,倒卓焉,鼧悬,跃而左右焉,掷鞭忽下,拾而登焉,镫而腹藏焉,秋而尾赘焉,观者岌岌,愁将落而践也。弹之解,凡空二三,及其坠而随弹之,叠碎也,置丸童顶,弹之碎矣,童不知也。踵丸,反身弹之,移踵则碎,人见其碎,不见其移也。两人相弹,丸适中,遇而碎,非遇,是俱伤也。烟火者,鱼、鳖、凫、鹥形焉,燃而没且出于溪,屡出则爆,中乃其儿雏,众散,亦没且出,烟焰满溪也。是日,游人以万计,簇地三四里。浴佛、重午游也,亦如之。

——《帝京景物略·卷五》

（五月）初五日午时，饮朱砂、雄黄、菖蒲酒，吃粽子，吃加蒜过水面。赏石榴花、佩艾叶，合诸药，画治病符。圣驾幸西苑，斗龙舟划船，或幸万岁山前插柳，看御马监勇士跑马走解。

——《酌中志·卷二十》

五月：五日，悬蒲插艾，幼女佩灵符，簪榴花，曰女儿节。日午，具角黍，渍菖蒲酒，阖家饮食之。以雄黄涂耳鼻，避虫毒。天坛墙下，走马为戏。金鱼池、草桥、聚水潭，皆有树荫可醵饮，相望不绝。

——《大兴县志·卷一·风俗考》

帝京午节，极胜游览。或南顶城隍庙游回，或午后家宴毕，仍修射柳故事，于天坛长垣之下，骋骑走解。更入坛内神乐所前，摸壁赌墅，陈蔬肴，酌余酒，喧呼于夕阳芳树之下，竟日忘归。

——《帝京岁时纪胜·五月》

五月朔，家家悬朱符，插蒲龙艾虎，窗牖贴红纸吉祥葫芦。幼女剪彩叠福，用软帛缉逢老健人、角黍、蒜头、五毒老虎等式，抽作大红朱雄葫芦，小儿佩之，宜夏避恶。家堂奉祀，蔬供米粽之外，果品则红樱桃、黑桑葚、文官果、八达杏。午前细切蒲根，伴以雄黄，曝而浸酒。饮余则涂抹儿童面颊耳鼻，并挥洒床帐间，以避虫毒。饰小女尽态极妍，已嫁之女亦各归宁，呼是日为女儿节。

——《帝京岁时纪胜·五月》

五月朔日、端阳日，俱不汲泉水，于预日争汲，遍满缸釜，谓避井毒也。

——《帝京岁时纪胜·五月》

五月五日午时，采艾摘叶与绵相和，絮衣七事，辽主著之。番臣汉僚各赐艾衣三事。渤海厨子进艾糕。

——《日下旧闻考·卷一四七·风俗》

金因辽俗，重五日插柳球场为两行，当射者以尊卑序，各以帕识其枝，去地约数寸，削其皮而白之。先以一人驰马前导，后驰马以无羽横镞箭射之，既断柳又以手接而驰去者为上，断而不能接去者次之，或断其青处及中而不能断与不能中者为负。每射必伐鼓以助其气。已而击球，各乘所常习马，持鞠杖，杖长数尺，其端如偃月，分其众为两队，共争击一球。先于球场南立双桓置板，下开一孔为门，而加网为囊，能夺得鞠击入网囊者为胜。球状如小拳,以轻韧木枵其中而朱之。

五月朔日至旬杪,女儿艳服,戴花满头。五日前,民间不得市苏州席子。端午,用角黍杏子相遗,挈酒游高梁或天坛,坛中有决射者,盖射柳遗意。薄暮争门入,无赖子弟以是日刺臂作字,或木石鸟兽形。民间是日生子,束一木或荆条祭于堂,斩其木五六尺许,祝曰:如是止,勿长抵户。

午节,宣徽院进宝扇、彩索、珠花、金罗、酒醴、凉糕、香粽,中正院三后所属衙门各有故典仪物以次进献,礼部亦然,盖以此为大节故耳。

击球者,今之故典。五月五日、九月九日,太子诸王于西华门内召集各衙万户、千户能击球者,咸用上等骏马,系以雉尾缨络,紫缀镜铃,装饰如画。一马前驰,掷大皮缝软球子于地,群马争骤,各以长藤柄球杖争接之,而球子忽绰在球棒上,随马走如电,终不坠地。力捷而熟闲者,以球子挑剔跳踯于虚空中而终不离于球杖,然后打入球门,中者为胜。

京师最重午节,天坛游人极盛,联镳飞鞚。豪门大估之外,则中官辈竞以骑射为娱。盖皆赐沐请假而出者。内廷自龙舟之外,则修射柳故事,其名曰走骠骑,盖沿金元之俗。命御马监勇士驰马走解,不过御前一逞迅捷而已。惟阁部大老及经筵日讲词臣,得拜川扇、香果诸赐,视他令节独优。

端午,赐京官宫扇,竹骨纸面,俱画翎毛不工。彩绦一条,五色线编者,须头作虎形。彩仗二根,长丈许,五色线缠绕。艾虎纸二幅,方尺许,俱画虎并诸毒虫。

京城端午,贵贱人等必买新蒲鞋穿之过节,岁以为常。

五月五日,赐文武官走骠骑于后苑。其制,一人骑马执旗引于前,一人驰骑出呈艺于马上,或上或下,或左右腾掷趫捷,人马相得,如此者数百骑,后乃衣蕃(番)服,臂鹰走犬,围猎状终场,俗名曰走解。观毕,赐宴而回。

永乐时,禁中有剪柳之戏,即射柳也。

故事,五月五日,太医院官具旗物鼓吹赴南海子捉虾蟆,取蟾酥,以针刺其两眉,蟾多死。吾乡朱公儒为院使,俾两眉止刺其一,蟾虽被刺,得活,后遂因之。

燕都自五月一日至五日,饰小闺女尽态极妍,已出嫁之女亦各归宁,俗呼是日为女儿节。

五月五日,渍酒以菖蒲,插门以艾,涂耳鼻以雄黄,曰避毒虫。家各悬五雷符,簪佩各小纸符簪,或五毒五瑞花草,项各彩系,垂金锡若钱者、若锁者,曰端午索。

端阳节,中官于端门罃内造紫金锭。

踏青本清明故事,独燕京以五月五日游天坛松林、高梁桥、柳林、满井,藤阴结伴携觞者甚众。近咸集于金鱼池上,他处皆阒(阒)寂矣。

——《日下旧闻考·卷一四七·风俗》

（五月）五日，俗称端五。瓶供蜀葵、石榴、蒲蓬等物，妇女簪艾叶、榴花，号为"端五景"。人家各有宴会，庆赏端阳。药市、酒肆、馈遗主顾，则各以其所有雄黄、芷术、酒糟等品。百工亦各辍所业，群入酒肆哄饮，名曰："白赏节"。

案：《荆楚岁时记》："京师以五月一日为端一，二日为端二，三日为端三，四日为端四，五日为端五。"张表臣《珊瑚钩诗话》谓："端五之号同于重九。世以五为午，误。"长、元、吴志皆载："端午，簪榴花、艾叶以辟邪。"《昆新合志》云："五月五日端阳节，瓶供蜀葵、石榴、蒲蓬等物，曰'端阳景'，簪艾叶、榴花于头，以辟邪。"而江、震志皆云："儿女辈之长者，则簪艾叶、榴花。"又云："医家亦以雄黄、衣香送于常所往来之家。家买葵榴、蒲艾，贮之堂中。"《常昭合志》亦载是俗。江、震志谓："端午日晴，主年丰，谚云：'端午晴干，农人喜欢。'"

——《清嘉录》

研雄黄末，屑蒲根，和酒以饮，谓之"雄黄酒"。又以余酒染小儿额及手足心，随洒墙壁间，以祛毒虫。蔡云《吴歈》云："称锤粽子满盘堆，好侑雄黄入酒杯。余沥尚堪祛五毒，乱涂儿额噀墙隈。"

案：孙思邈《千金月令》："端五，以菖蒲或缕或屑以泛酒。"而冯慕冈《月令广义》则云："五日，用朱砂酒辟邪、解毒，余酒染额、胸、手足心，无虺蛇之患。又以洒墙壁、门窗，以避毒虫。实丹砂也。"

——《清嘉录》

五月五日赐文武官走骠骑于后苑。其制：一人执旗引于前，二人驰马继出，呈艺于马上。或上或下，或左或右，腾跃跷捷，人马相得。如此者数百骑，后乃为胡服臂鹰、走犬围猎状终场，俗名曰走解。而不知所自。岂金元之旧俗欤？今每岁一举，盖以训武也。观毕，赐宴而回。

——《人海记》

端午用角黍、杏子相遗，挈酒游高粱或天坛，坛中有决射者，盖射柳遗意。
（五月）五日游为耍青，十日游为送青。

——《光绪顺天府志·京师志·风俗》

五月五日，赐文武官走骠骑于后苑。其制，一人骑马执旗引于前，一人驰骑出呈艺于马上，或上或下，或左或右，腾挪趫捷，人马相得，如此者数百骑，后乃衣蕃服，臂鹰，走犬，围猎状终场。俗名曰走解，观毕，赐宴而回。

——《光绪顺天府志·京师志·风俗》

五月初一日为端阳节，又曰端午，即古天中节也。人家、铺肆买粽子、樱桃、桑葚，以献神佛。买蒲艾插于门旁，贴画虎、蝎、虾蟆或天师等图，揭之楣间，谓之神符。道家亦有书符以送檀越者。人家妇女以花红绫线结成虎形、葫芦、樱桃、桑葚及蒲艾、瓜豆、葱蒜之属，以彩绒贯之成串，以细小者为最，缀于小儿辫背间。或剪纸、或镂纸、折纸作葫芦、蝙蝠、卍字各式，总谓之福儿。杂五色彩纸以衬之，总谓之曰葫芦儿。妇女买通草小虎、彩绒福儿带钗簪头上。至初五日，惟神符、福儿留之，其葫芦等物尽抛街巷，谓之扔灾。是日，小儿额上以雄黄画王字，又以雄黄涂小儿鼻耳之孔，谓如此夏月能辟诸虫。亦有饮雄黄酒者。此日，食黑色桑葚，或云夏月无食蝇之患。富家买糕饼，上有蝎、蛇、虾蟆、蜈蚣、蝎虎之像，谓之五毒饽饽。馈送亲友，称为上品。

——《京都风俗志》

　　每至端阳，市肆间用尺幅黄纸，盖以朱印，或绘画天师钟馗之像，或绘画五毒符咒之形，悬而售之。都人士争相购买，粘之中门，以避祟恶。

　　按《后汉礼仪志》：五月五日朱索五色印为门户饰，以止恶气。是即天师符之由来欤！

——《燕京岁时记》

　　每至端阳，闺阁中之巧者，用绫罗制成小虎及粽子、壶卢、樱桃、桑葚之类，以彩线穿之，悬于钗头，或系于小儿之背。古诗云："玉燕钗头艾虎轻。"即此意也。

　　按《风俗通》云：五月五日以彩丝系臂，辟鬼及兵，令人不病瘟。一名长命缕，一名续命缕。

——《燕京岁时记》

　　端午日用菖蒲、艾子插于门旁，以禳不祥，亦古者艾虎蒲剑之遗意。

——《燕京岁时记》

　　又端阳日用彩纸剪成各样壶卢，倒粘于门阑之上，以泄毒气。至初五午后，则取而弃之。

——《燕京岁时记》

　　京师谓端阳为五月节，初五日为五月单五，盖端字之转音也。每届端阳以前，府第朱门皆以粽子相馈贻，并副(附)以樱桃、桑葚、荸荠、桃、杏及五毒饼、玫瑰饼等物。其供佛祀先者，仍以粽子及樱桃、桑葚为正供。亦荐其时食之义。

　　按《续齐谐记》：屈原以五月初五日投汨罗江，楚人哀之，至此日，以竹筒子贮米，投水以祭之,以楝叶塞其上,以彩丝缠之,不为蛟龙所窃。是即粽子之原起也。

——《燕京岁时记》

每至端阳,自初一日起,取雄黄合酒晒之,用涂小儿额及鼻耳间,以避毒物。

——《燕京岁时记》

内廷王公大臣至端阳时,皆得恩赐葛纱及画扇。

——《燕京岁时记》

五月五日,多集天坛。

——《燕京杂记》

京师及边镇最重午节,至今各边,是日俱射柳较胜,士卒命中者,将帅次第赏赉。京师惟天坛游人最胜,连钱障泥,联镳飞鞚,豪门大估之外,则中官辈竞以骑射为娱,盖皆赐沐请假而出者。内廷自龙舟之外,则修射柳故事,其名曰"走骠骑"。盖沿金元之俗,命御马监勇士驰马走解,不过御前一逞迅捷而已。惟阁部大老,及经筵日讲词臣,得拜川扇香药诸赐,视他令节独优。

——《北平岁时志·五月》

五月初一日至初五日,为端阳节,又称端午,家家于门前插蒲艾,贴五雷天神符,供角黍樱桃桑葚等于佛前,亦以之相馈赠。闺人皆以绫罗巧制小虎桑葚葫芦之类,以彩线串之,悬于钗头,或系之儿背,谓可避鬼,且不病瘟,曰长命缕,一曰续命缕。又以雄黄酒书王字于小儿之额,或且涂其七孔及墙壁,谓可避毒虫。又有于是日午时,以朱墨画钟馗像。俗称朱砂判者,悬屋中,谓能驱鬼避邪。亦有纳古墨于蟆腹,向日晒之,云其墨可疗疾,故都中有癞蛤蟆脱不过五月单五之语,单五者,端午之讹音也。此五日中,居民商店,皆盛治酒食,曰过端阳节。

——《北平岁时志·五月》

端节虽不如年节之重要,亦皆重视,最欢迎者,厥为儿童妇女,学房放假数日,妇女亦不工作,或更换衣履,欢欣鼓舞,预备赴各处游逛,及共享其应时食品,京俗名之曰过节,男女儿童,肩背上,多用绿线穿成一串奇巧手工品,其做法,用各色绫绸,缝捆粘糊,成为应节食品之模型,体积甚小,如樱桃、桑葚、青蒜、扁豆、粽子、王瓜、茄子等,最下端或用一黄色小虎,并用一红色之小葫芦,以为坠,手工之拙巧不一,街市间亦有贫家妇女,预行做出,沿街售卖者,亦一种临时生意,佩戴者,多为龄十左右之稚儿幼女,红红绿绿，迎风飘荡，颇有逸趣。又儿童额颡之间，多于是日用雄黄蘸酒，画一王字，取其似虎头额纹之意，鼻眼耳各孔边，亦皆涂抹雄黄少许，其意为避免毒虫，因蛇、蝎、蜈蚣、虎、蛤蟆等毒虫，京俗呼之为五毒，因此五毒性畏雄黄，闻其气味，立即远避，俗传是日儿童涂抹雄黄，则一年间可免毒虫蛰（蜇）刺之灾，若在年龄稍大之女孩，多于辫发上，或小髻上，钳带一符儿（按符儿之制，系用红纸穿条，编叠一方胜之形，亦有硬白纸条编线，再裹以各色彩绒者，原本道士驱逐邪鬼灵符之遗制，故名符儿），小儿女佩带鬓边脑后，亦甚娇俏可爱，青年妇女，亦于髻上插带花朵，有用黄绒制成小虎之形者，有于柘（石）榴花上，附加以五毒虫形者，以为点染时令之妆饰。至于各家庭街门内旁，皆钳带鲜蒲鲜艾两束，门楣之上，高贴一张黄纸图画，所绘之画，其形不一，大致胥为天师，有袍笏雍容，怀抱一盒者，有武装雄纠，抚剑疾视者，上端有红色方印一颗，文曰天师之印，有点缀以五个雷形者，有旁绘五个毒虫者，有绘以黄虎而衔踏各毒虫者，亦有大书敕令符咒一道者，又于上端书九天应元雷音普化天尊字样，此种图画，多系出卖于街市之间，为一种临时营业。蒲艾鲜草，多附卖于菜摊菜担之上，亦有乡民刈诸河边郊野，入城叫卖者，然贴插此种者，多为中下级之普通商店家庭，盖以为若不应节点缀，即招邻友讪笑也。至于应食之食物，凡各住户商店，各依经济能力，分备鸡鸭鱼肉，以享宴其家人伙友，亦有在烧酒以内少加雄黄者，名之曰雄黄酒，亦取避虫毒之意也。至若应时特有食品，首则为粽子，各处做法虽小有不同，大致并无大异。兹专就北京一隅言之，自二三月间，即有售卖者，直至六七月间而止，惟以端阳前后数日，为最应时。京中无论贫富贵贱，住户商店，莫不竞购，在亲友间，亦用以互相馈赠。售卖之场所，首为各炉食铺（即糕点店），再其次则为各蒸锅铺（即专卖馒首等类之笼蒸食物者），各烧饼包子铺，再次则为车推担挑沿街叫卖者。其造法均相仿佛，用芦苇叶数个，折为三角式之包，再将用水淘净之米，及小枣二枚，入之即成，如为各种糖馅者，则将砸成小方块形之各种糖馅加入，即不用小枣矣，然后包裹严整，用马兰或麻绳以捆之，累累然十个或五个不等，然后煮之，煮至八成或熟后，即行起出，再投之冷水涌（桶）内以浸之，而粽子成矣。又每届端午之晨，市井贫儿，以丁香之圆绿叶，托樱桃桑葚十余枚，沿街叫卖，其声清脆可听，京俗传云，于端阳日如曾食樱桃桑葚，此一年中可免误食苍蝇之事，是则近于妈妈大全，等诸齐东野人之语也。又有五毒饼者，系各炉食铺出售，与藤萝玫瑰等饼相类，不过饼皮之花纹为五种毒虫耳，亦专供亲友间投赠之礼品也。又早年各戏园中，每届此际，多演唱全本连台之混元盒，即表演张天师捉妖神话，连演十余日，颇得一部分京人之热烈欢迎，因此数日间，各学房之儿童，及各商店商人，工场工人，俱在休假，正好即时行乐，观此神怪热闹武剧，故梨园人乘时，作此投机营业也。

——《北平岁时志·五月》

都城隍爷，历年在五月初五日，须出巡街市一次，前一夜，恭办出巡之各大善士，多齐集庙中筹备。据闻此种承办之善士，多系当步军统领，刑部，顺天府，大宛两县各营翼司坊之牢头皂隶，京谚称之为六扇门儿的人，又称为吃黑门坎儿饭的，为京中官场最凶狠之职务，诉讼者，多受若辈之凌虐，若辈亦知其行为恶劣，必得孽报，遂思献媚城隍，以冀轻减罪状，故多数舍身服务，糜费金钱，在所不计。次日黎明，先将所备之銮驾仪仗等类，陈列庙外，如开道锣，肃静回避牌，都城隍及别种封号之官衔牌，旗灯伞扇，迎娶所用之金执事，莫不应有尽有。起驾之法定时间，大约在上午十时左右，燃放鞭炮，鸣锣开道，即将都城隍爷，由神龛移置官轿，京中各庙神像，均系泥塑，亦兼有木雕铜铸者，惟此城隍像，为备出巡，特用藤条编制，再以布帛糊褙而成，然后加以衣冠，可以任意移动，亦不沉重，便于抬扛也。前部执事，依次而行，由西城而东城，绕一大圈，仍返回本庙，称之曰回宫，出巡之举，如是而已。事实上不过无聊之举，一般迷信者之点缀，则异常有趣，各项手续，俨同儿戏。盖除所有执事仪仗外，更有神役多人，均以各衙之皂隶牢头充之，手执皮鞭竹板木枷锁诸刑具，为神前驱，既可驱逐闲人，并兼服务神役。又有妙龄少女，青年童男，身服鲜丽彩衣，手提香炉，焚烧各香，排行神轿之前，仿佛戏班上扮演之仙童仙女，八仙人物。又有步行者，乘马者，此等扮演人，多系因病愈而许愿者，此中品类极为复杂，有良家子弟，亦有非良善子弟。又清音细乐数班，行于轿前，随行随奏，此中人多系戏班之乐工，及喜轿铺中之乐工，许愿而来者。又有还愿之男女老弱，犯衣囚服，披枷带锁，扮成罪囚，成群结伙，行于轿前。更有许愿为都城隍爷打扇者，是皆因自身疾病，或为亲属疾病，遂许此愿，盖因每年城隍出巡，正值天气炎热，所有随驾烧香之人，莫不喘息苦热，挥汗如雨，人犹如此，神何以堪，乃逐队成群，跟从神舆以后，手执扇子，用以扇神像，此中以少妇为多，而一班无识少年，参杂其中，持扇乱扇，藉施儇薄者，往往有之。庙祝道士，更于未起驾前，潜以冰块安置于神冠以内，故不久即有冰水，由神冠边津津流出，于是群众哗言曰：天气太热，城隍爷头上出汗了，追随围绕诸男女，乃争先恐后，扇扇益力，有明知个中玄虚，故意起哄者，亦有愚昧无知，深信不疑者，号呼奔走，直同儿戏。又传城隍之所以出巡者，乃稽察各处游魂怨鬼邪魔外祟，所巡各街市及附近地方，倘有死于非命之人，居民多深信必有冤魂作祟，以缠人求替，即须仰赖城隍出巡公差之便，而拘缉之，如某处曾有一缢死之女人，即预先用纸糊一自缢女鬼之形，安置原处，某井内曾有一淹毙之男尸，亦须预糊一淹毙男鬼之形，悬于井内，其他非正命而死者，大致皆如此办，俟城隍驾将到时，此等扮演之神役，手执拘牌，寻至安放纸鬼地点，与之谈判，略谓你死了多日，为什么还不归庙报到，任意在外，游荡祟人，今奉城隍爷谕，派前来拿你云云，言毕，即出铁练（链），将此纸鬼锁住，置于预备之大车上，此车亦系大车运脚之人家，自甘许愿，充此神差，不取车资，侪辈称之曰鬼囚车，俟回庙后，即统聚庙中烧之，从此即不惧闹鬼，遂真认为此冤魂已被城隍爷拘去，永久再无祟人之事矣。

——《北平岁时志·五月》

端阳午时前,写催生符,画火判,至正午,以针刺鸡冠血,研辰砂新笔蘸而点睛,颇有灵应云。

——《北平岁时志·五月》

端五日午时所取之蒲艾,蒲则弃,艾则留,盖妇人产后,用此艾洗下体,可无子寒之疾也。

——《北平岁时志·五月》

五月五日午时,采艾摘叶与棉相和,絮衣七事,辽主著之,番汉臣僚各赐艾衣三事,渤海厨子进艾糕。(《燕北杂记》)

——《北平风俗类征》

京城端午,贵贱人等必买新蒲鞋,穿之过节,岁以为常。《暖姝由笔》

——《北平风俗类征》

鱼藻池在崇文门外西南,俗呼曰金鱼池,畜养朱鱼,以供市易。都人入夏至端午,结篷列肆,狂歌轰饮于秽流之上,以为愉快。(《燕都游览志》)

五月五日游天坛松林、高梁桥柳林、满井藤阴,结伴携觞者甚众。近咸集于金鱼池上,他处皆阒寂矣。(《咏归录》)

金鱼池,崇文门外西南,畜养金鱼,以供市易,都人夏日多轰饮于此。(《京师地名对注》)

——《北平风俗类征》

五月五日,家悬五雷符,插门以艾,午具角黍,渍蒲酒,阖家饮食之。以雄黄涂耳鼻,取避虫毒之义也。(《舆地记》)

——《北平风俗类征》

五月初一至初五日为端阳节,又称端午,家家于门前插蒲艾,贴五雷天师符,以禳不祥,亦古者艾虎蒲剑之遗意也。供角黍(即粽子)、樱桃、桑葚、五毒饼、玫瑰饼等于佛前,祀祖先亦如之,亦荐其时食之义也,并有以之相馈送者。巧妇秀女,以绫罗制成小虎、桑葚、葫芦之类,以彩线串之,悬于钗头,或系于儿背,谓可避鬼,且不染瘟,曰"长命缕",一曰"续命缕",又曰"葫芦",正午弃之,谓之"扔灾"。以雄黄酒书"王"字于小儿之额,或涂其鼻耳,或墙壁,以避毒虫。又有于是日午时以朱墨画钟馗像,以鸡血点眼,俗称"朱砂判"者,悬屋中,谓能驱避邪。亦有纳古墨于蟆腹,向日晒之,谓其墨可疗疾,故有"癞蛤蟆脱不过五月五"之谚语。此五日中,居民商肆,皆盛治酒馔,曰过端阳节。夏至日,人家多食面条,且制糖蒜,以是时蒜适成熟也。又谚称是月为"恶五月",禁造作等事。(《民社北平指南》)

——《北平风俗类征》

太医院例于端阳日差官至南海子捕虾蟆挤酥,以合药,制紫金锭。某张大其事,备鼓吹旗旛,喧阗以往,或嘲以诗曰:"抖擞威风出凤城,喧喧鼓吹拥霓旌。穿林披莽如虓虎,捉得虾蟆剜眼睛。"(《长安客话》)

故事,五月五日,太医院官具旗物鼓吹赴南海子捉虾蟆,取蟾酥,以针刺其两眉,蟾多死。吾乡朱公儒为院使,俾两眉止刺其一,蟾虽被刺,得活,后遂因之。(《闻史掇遗》)

——《北平风俗类征》

都门习俗,每岁自五月初一日起,各宅结艾蒲于门旁,悬黄纸朱符于门首,其符或绘钟进士,或绘张天师,或绘五毒虫,奇形怪状,极为可哂,至初六日始揭去。《都门纪略》诗云:"樱桃桑葚与菖蒲,更买雄黄酒一壶,门外高悬黄纸帖,却疑债主怕灵符。"盖讥之也。(《新燕语》)

——《北平风俗类征》

端阳节彩壶卢:闺阁剪绫罗做成樱、葚、扁豆、小儿骑虎、壶卢诸状,以线穿之,系于小儿女之胸背。街头亦有系于横竿卖者,又有剪红纸作花壶卢式,粘于屋门水缸者,皆以避毒物也。(《春明采风志》)

——《北平风俗类征》

从前都中最讲应时戏,如逢端午,各园必演雄黄阵;逢七夕,各园必演鹊桥会,此亦荆楚岁时之意,犹有古风。自庚子以来,专讲新异,此等剧不演者多矣。(《梨园佳话》)

——《北平风俗类征》

(五月)午日,士人结伴携觞游天坛松林,高梁桥柳林、满井,名踏青。

——《北京市志稿·礼俗志》

京中皮货店,岁必占重阳晴雨,是日晴则皮货贵,是日雨则皮货贱;晴则铺长请伙计,雨则伙计请铺长。此皮货店之规例也。

——《北京市志稿·礼俗志》

五日：指农历五月初五,端午节。唐冯贽《云仙杂记·灵运须》："中宗时,安乐公主五日斗百草。"宋姜夔《诉衷情·端午宿合路》词："石榴一树浸溪红,零落小桥东。五日凄凉心事,山雨打船篷。"

——《汉语大词典·1》

五月子：亦作"五日子"。农历五月初五所生之子,古人迷信,以是日多禁忌,有生子不长养之陋俗。《史记·孟尝君列传》："文（孟尝君）以五月五日生。婴告其母曰：'勿举也。'其母窃举生之。及长,其母因兄弟而见其子文于田婴。田婴怒其母曰：'吾令若去此子,而敢生之,何也？'文顿首,因曰：'君所以不举五月子者,何故？'婴曰：'五月子者,长与户齐,将不利其父母。'"司马贞索隐："《风俗通》云：'俗说五月五日生子,男害父,女害母。'"《西京杂记》卷二："王凤以五月五日生,其父欲不举,曰：'俗谚举五日子,长及户则自害,不则害其父母。'"《宋书·王镇恶传》："镇恶以五月五日生,家人以俗忌,欲令出继疏宗。猛见奇之,曰：'此非常儿,昔孟尝君恶月生而相齐,是儿亦将兴吾门矣。'故名之为镇恶。"

——《汉语大词典·1》

五月节：端午节的俗称。萧红《生死场》七："忙乱的叫卖童,手中花色的葫芦,随着空气而跳荡,他们为了'五月节'而癫狂。"

——《汉语大词典·1》

九子粽：粽子名。《乐府诗集·清商曲辞六·月节折杨柳歌五》："折杨柳,作得九子粽,思想劳欢手。"唐玄宗《端午三殿宴群臣》诗："四时花竞巧,九子粽争新。"《山堂肆考》卷十一引宋王曾《皇后阁帖子》诗："争传九子粽,皇祚续千春。"

——《汉语大词典·1》

午日：端午,即农历五月初五日。晋周处《风土记》："午日烹鹜,又以菰叶裹粽黍,以象阴阳相包裹未分也。"宋梅尧臣有《午日》诗。清潘荣陛《帝京岁时纪胜·宜忌》："午日冰和土粉晒干,擦小儿热痱。"

——《汉语大词典·2》

午节：端午节的省称。明王屋《辛酉端阳日》诗："午节今朝是,开尊召酒徒。"清焦循《忆书》五："督家人治角黍为午节用。"

——《汉语大词典·2》

地腊：道家五斋祭日之一,指农历五月五日。《云笈七签》卷三七："正月一日名天腊，五月五日名地腊……此五腊日并宜修斋，并祭祀先祖。"明叶宪祖《碧莲绣符》诗："天中令节欣相迓，地腊灵辰福转加。"明夏完淳《端午赋》："地腊谁传，方舟不渡。"

——《汉语大词典·2》

天中节：端午节的别称。宋陈元靓《岁时广记·趁天中》："《提要录》：'五月五日，乃符天数也，午时为天中节。'"《水浒传》第一一〇回："正值五月五日天中节，宋江教宋清大排筵席。"苏曼殊《与高天梅柳亚子书》："天中节奉上一笺，托哲子转交，想已尘清鉴矣。"

——《汉语大词典·2》

插艾：古代端午节的一种风俗。《岁时广记·端午·插艾花》引宋吕原明《岁时杂记》："端五京都士女簪戴，皆剪缯楮之类为艾，或以真艾，其上装以蜈蚣、蚰蜓、蛇蝎、草虫之类。"《随园诗话补遗》卷五引清陈鹏《端午》诗："插艾儿时事，而今两鬓华。"

——《汉语大词典·6》

皋阴：五月的寒气。明夏完淳《端午赋》："度九夏之逝光，忽五日之令序。晞光拂其蕙畹，皋阴沐于蒲塘。"

——《汉语大词典·8》

端五：即端午。唐李匡乂《资暇集·端午》："端午者，案周处《风土记》：'仲夏端五，烹鹜角黍。'端，始也。谓五月初五日也。今人多书'午'字，其义无取焉。余家元和中端五诏书并无作'午'字处。"宋陆游《过邻家》诗："端五数日间，更约同解粽。"

——《汉语大词典·8》

端午：①农历五月初五日。我国传统的民间节日。亦以纪念相传于是日自沉汨罗江的古代爱国诗人屈原，有裹粽子及赛龙舟等风俗。《初学记》卷四引晋周处《风土记》："仲夏端午，烹鹜角黍。"南朝梁吴均《续齐谐记·五花丝粽》："屈原五月五日投汨罗水，楚人哀之，至此日，以竹筒子贮米，投水以祭之……今世五月五日作粽，并带楝叶五色丝，皆汨罗遗风也。"南朝梁宗懔《荆楚岁时记》："五月五日四民并蹋百草……采艾以为人，悬门户上，以禳毒气。"清赵翼《陔余丛考·端午》："古时端午亦用五月内第一午日，《后汉书·郎𫖮传》以五月丙午遣太尉，又《论衡》曰：'五月丙午日日中之时铸阳燧。'是午节宜用午日或丙日，后世专用五日，亦误。按《周官·壶涿氏》'午贯象齿'郑注：'午故书为五。'然则午五本通用……后世以五月五日为午节，盖午五相通之误。"②泛指农历每月初五日。宋洪迈《容斋随笔·八月端午》："唐玄宗以八月五日生，以其日为千秋节。张说《上大衍历序》云：'谨以开元十六年八月端午赤光照室之夜献之。'《唐类表》有宋璟《请以八月五日为千秋节表》云：'月惟仲秋，日在端午。'然则凡月之五日，皆可称端午也。"

——《汉语大词典·8》

端午索：古代儿童于端午节所系的项索。明刘侗、于奕正《帝京景物略·春场》："五月五日之午前……项各彩系，垂金锡若钱者、若锁者，曰端午索。"

——《汉语大词典·8》

端阳：即端午。明冯应京《月令广义·岁令一·礼节》："五月初一至初五日名女儿节，初三日扇市，初五日端阳节，十三日龙节。"清孔尚任《桃花扇·闹榭》："节闹端阳只一瞬，满眼繁华，王谢少人问。"清富察敦崇《燕京岁时记·端阳》："京师谓端阳为五月节，初五日为五月单五，盖端字之转音也。"

——《汉语大词典·8》

竞渡：亦作"竞度"。划船比赛。相传战国楚屈原于农历五月五日投汨罗江以死，民俗因于是日举行龙舟竞渡，以示纪念。一说竞渡之戏始于越王勾践，为纪念伍子胥。其他传说尚多。南朝梁宗懔《荆楚岁时记》："按五月五日竞渡，俗为屈原投汨罗日，伤其死所，故并命舟楫以拯之。邯郸淳《曹娥碑》云：'五月五日，时迎伍君，逆涛而上，为水所淹。'斯又东吴之俗，事在子胥，不关屈平也。《越地传》云起于越王勾践，不可详矣。"《隋书·地理志下》："屈原以五月望日赴汨罗，土人追至洞庭不见，湖大船小，莫得济者，乃歌曰：'何由得渡湖！'因尔鼓棹争归，竞会亭上，习以相传，为竞渡之戏。"《新唐书·杜亚传》："方春，南民为竞度戏，亚欲轻驶，乃鬃船底，使篙人衣油彩衣，没水不濡，观沼华邃，费皆千万。"清张岱《陶庵梦忆·金山竞渡》："看西湖竞渡十二三次，己巳竞渡于秦淮，辛未竞渡于无锡，壬午竞渡于瓜州，于金山寺。"

——《汉语大词典·8》

筒粽：亦称"筒米"、"筒饭"。食品名。以菰叶裹黏米，类似后世的粽子。《初学记》卷四引晋周处《风土记》："仲夏端午，烹鹜角黍，进筒粽，一名角黍。"《岁时广记》卷二一引宋吕原明《岁时杂记》："端午因古人筒米，而以菰叶裹黏米，名曰角黍，相遗。俗作粽。"元费著《岁华记丽谱》："五月五日，宴大慈寺，设厅，医人鬻艾，道人卖符，朱索彩缕，长命辟灾之物，筒饭角黍，莫不咸在。"

——《汉语大词典·8》

襞方：旧时端午节风俗之一。谓用五色丝缠纸帛折成菱角方片，然后按一定方位

(青、赤、白、黑为四方,黄居中央)缀于胸前,以示妇人养蚕之功。南朝梁宗懔《荆楚岁时记》:"五色丝,一名朱索,名拟甚多,青赤白黑以为四方,黄为中央,襞方缀于胸前,以示妇人计功也。"宋程大昌《演繁露·端午彩索》:"裁色缯为方片,各案四色位而安之于衣,而黄缯居四色缯之中,以此缀诸衣上,以表蚕工之成,故名襞方。襞者,积而会之也;方者,各案其方以其色配之也。今人用彩线系臂益文也。"乌丙安《民俗学丛话·〈五彩丝·粽子·龙舟〉》:"至于彩丝缠折方,正是《荆楚岁时记》所说:'襞方缀于胸前,以示妇人计功也。'"

——《汉语大词典·9》

艾子:方言。艾草。清富察敦崇《燕京岁时记·菖蒲艾子》:"端午日用菖蒲、艾子插于门旁,以禳不祥,亦古者艾虎、蒲剑之遗意。"老舍《四世同堂》三八:"为了补救吃不上粽子什么的,她想买两束蒲子、艾子,插在门前。"

——《汉语大词典·9》

艾衣:古俗,端午日采艾叶合绵制衣,谓服之能祛毒。《辽史·礼志六》:"五月重五日午时,采艾叶和绵著衣,七事以奉天子,北南臣僚各赐三事。"宋叶隆礼《契丹国志·岁时杂记》:"五月五日午时,采艾叶与绵相和絮衣,七事国主著之,番汉臣僚各赐艾衣三事。"

——《汉语大词典·9》

艾虎:古俗,端午日采艾制成虎形的饰物,佩戴之谓能辟邪祛秽。宋陈元靓《岁时广记·掺艾虎》:"《岁时杂记》:'端五以艾为虎形,至有如黑豆大者,或剪彩为小虎,粘艾叶以戴之。'王沂公《端五帖子》云:'钗头艾虎辟群邪,晓驾祥云七宝车。'"清潘荣陛《帝京岁时纪胜·五月端阳》:"五月朔,家家悬朱符,插蒲龙艾虎,窗牖贴红纸吉祥葫芦。"

——《汉语大词典·9》

艾符:古俗,端午日悬艾蒿于门户,并黏贴符箓以祛邪恶。唐殷尧藩《端午日》诗:"不效艾符趋习俗,但祈蒲酒话升平。"

——《汉语大词典·9》

艾糕:古俗,以艾汁和粉制糕,端午食之谓可祛毒。《辽史·礼志六》:"五月重五日,君臣宴乐,渤海膳夫进艾糕。"宋叶隆礼《契丹国志·岁时杂记》:"五月五日午时……国主及臣僚饮宴,渤海厨子进艾糕。"

——《汉语大词典·9》

蒲艾：菖蒲与艾草。明徐复祚《投梭记·出关》："佳节端阳蒲艾荐，此情谁与展。"《红楼梦》第三一回："这日正是端阳佳节，蒲艾簪门，虎符系臂。"

——《汉语大词典·9》

走解：骑者在马上表演技艺。清潘荣陛《帝京岁时纪胜·五月·天坛》："帝京午节，极胜游览。或南顶城隍庙游回，或午后家宴毕，仍修射柳故事，于天坛长垣之下，骋骑走解。"

——《汉语大词典·9》

走骠骑：骑者在马上表演技艺。明沈德符《野获编·列朝二·端阳》："京师及边镇最重午节，至今各边，是日俱射柳较胜。士卒命中者，将帅次第赏赉。京师惟天坛游人最胜。连钱障泥，连镳飞鞚，豪门大估之外，则中官辈竞以骑射为娱，盖皆赐沐请假而出者，内廷自龙舟之外，则修射柳故事，其名曰走骠骑。盖沿金元之俗。"

——《汉语大词典·9》

赤口白蛇：古代迷信谓主口舌争讼的恶神。旧俗多于端午节书帖悬门以禳之。《京本通俗小说·菩萨蛮》："又是五月五日到，可常取纸墨笔来，写下一首《辞世颂》：'……五月五日午时书，赤口白舌尽消除。五月五日天中节，赤口白舌尽消灭。'"宋周密《武林旧事·端午》："又以青罗作'赤口白舌'帖子，与艾人并悬门楣，以为禳檜。"

——《汉语大词典·9》

重五：农历五月初五日。即端午节，又称重午。宋王茂《野客丛书·重三》："今言五月五日曰重五，九月九日曰重九。"明袁宏道《和伯修家字》："京师盛重五，所在竞繁华。"清姚鼐《祭侍潞川文》："重五泛舟，万夫呼噪。"

——《汉语大词典·10》

重午：指重五。宋李之仪《南乡子·端午》词："小雨湿黄昏，重午佳辰独掩门。"《宋史·刘温叟传》："明年重午，又送角黍、纨扇。"清王应奎《箬包船纪事》诗："重午暨中秋，庙门搴灵旗。"

——《汉语大词典·10》

辟兵缯：旧俗端午节时系绕臂上的五彩丝线。谓可防避兵灾瘟疫，故名。《事类赋》卷四引汉应劭《风俗通》："五月五日以五彩丝系臂，名长命缕，一名续命缕，一命辟兵缯，一名五色缕，一名朱索。"一说，谓以始出茧为丝织成，染以日月星辰鸟兽之状之绢。

——《汉语大词典·11》

斗百草：一种古代游戏。竞采花草，比赛多寡优劣，常于端午行之。南朝梁宗懔《荆楚岁时记》："五月五日，四民并踏百草，又有斗百草之戏。"

——《汉语大词典·12》

【诗词歌赋】

竞渡曲

唐·刘禹锡

沅江五月平堤流，邑人相将浮彩舟。
灵均何年歌已矣，哀谣振楫从此起。
杨桴击节雷阗阗，乱流齐进声轰然。
蛟龙得雨鬐鬣动，螮蝀饮河形影联。
刺史临流褰翠帏，揭竿命爵分雄雌。
先鸣余勇争鼓舞，未至衔枚颜色沮。
百胜本自有前期，一飞由来无定所。
风俗如狂重此时，纵观云委江之湄。
彩旂夹岸照蛟室，罗袜凌波呈水嬉。
曲终人散空愁暮，招屈亭前水东注。

竞渡时在湖外偶为成章

唐·李群玉

雷奔电逝三千儿，彩舟画楫射初晖。
喧江擂鼓鳞甲动，三十六龙衔浪飞。
灵均昔日投湘死，千古沉魂在湘水。
绿草斜烟日暮时，笛声幽远愁江鬼。

五日观妓

唐·万楚

西施漫道浣春纱，碧玉今时斗丽华。
眉黛夺将萱草色，红裙妒杀石榴花。

新歌一曲令人艳,醉舞双眸敛鬓斜。
谁道五丝能续命,却令今日死君家。

端　午

唐·文秀

节分端午本谁言,万古相闻为屈原。
堪笑楚江空浩浩,不能洗得直臣冤。

五月五日

宋·梅尧臣

屈氏已沉死,楚人哀不容。
何当奈谗谤,徒欲却蛟龙。
未泯生前眼,而追没后踪。
沅湘碧潭水,应自照千峰。

端午遍游诸寺得禅字

宋·苏轼

肩舆任所适,遇胜辄流连。
焚香引幽步,酌茗开净筵。
微雨止还作,小窗幽更妍。
盆山不见日,草木自苍然。
忽登最高塔,眼界穷大千。
卞峰照城郭,震泽浮云天。
深沉既可喜,旷荡亦所便。
幽寻未云毕,墟落生晚烟。
归来记所历,耿耿清不眠。
道人亦未寝,孤灯同夜禅。

端　午

宋·张耒

竞渡深悲千载冤,忠魂一去讵能还。
国亡身殒今何有?只留离骚在世间。

减字木兰花　竞渡

宋·黄裳

红旗高举,飞出深深杨柳渚。鼓击春雷,直破烟波远远回。 欢声震地,惊退万人争战气。金碧楼西,衔得锦标第一归。

临江仙

宋·陈与义

高咏楚词酬午日,天涯节序匆匆。榴花不似舞裙红。无人知此意,歌罢满帘风。万事一身伤老矣,戎葵凝笑墙东。酒杯深浅去年同。试浇桥下水,今夕到湘中。

竹枝词

宋·范成大

五月五日岚气开,南门竞船争看来。
云安酒浓曲米贱,家家扶得醉人回。

端午丰宅之提举送酒

宋·戴复古

海榴花上雨萧萧,自切菖蒲泛浊醪。
今日独醒无用处,为公痛饮读《离骚》。

澡兰香　淮安重午

宋·吴文英

盘丝系腕,巧篆垂簪,玉隐绀纱睡觉。银瓶露井,彩箑云窗,往事少年依约。为当时曾写榴裙,伤心红绡褪萼。黍梦光阴,渐老汀洲烟蒻。 莫唱江南古调,怨抑难招,楚江沉魄。薰风燕乳,暗雨梅黄,午镜澡兰帘幕。念秦楼也拟人归,应剪菖蒲自酌。但怅望、一缕新蟾,随人天角。

贺新郎　端午

宋·刘克庄

深院榴花吐,画帘开、綀衣纨扇,午风清暑,儿女纷纷夸结束,新样钗符艾虎。早已有游人观渡,老大逢场慵作戏,任陌头,年少争旗鼓。溪雨急,浪花舞。　灵均标致高如许,忆生平、既纫兰佩,更怀椒醑。谁信骚魂千载后,波底垂涎角黍。又说是、蛟馋龙怒。把似而今醒到了,料当年、醉死差无苦。聊一笑,吊千古。

五日次韵

宋·林景熙

客乡吊古重登临,隔水斜阳鸟语深。
赐葛尚余唐阙梦,倾葵犹抱楚臣心。
蒲边腊酿供华发,楝后春风在绿荫。
桃印灵符何必佩,乾坤正气古犹今。

端午竞渡棹歌

宋·黄公绍

看龙舟,看龙舟,两堤未斗水悠悠。
一片笙歌催闹晚,忽然鼓棹起中流。

青哥儿　五月

元·马致远

榴花葵花争笑,先生醉读《离骚》,卧看风檐燕垒巢。忽听得江津戏兰桡,船儿闹。

中吕　喜春来　四节之二

元·无名氏

垂门艾挂狰狰虎,竞水舟飞两两凫。浴兰汤斟绿醑泛香蒲。五月五,谁吊楚三闾?

端午食赐粽有感

明·庄昶

蓬莱宫中悬艾虎,舟满龙池竞箫鼓。
千官晓缀紫宸班,拜向彤墀贺重午。
大官角黍菰蒲香,彩绳万缕云霞光。
天恩敕赐下丹陛,琼筵侑以黄金觞。
东南米价高如玉,江淮饿莩千家哭。
官河戍卒十万艘,总向天厨挽飞粟。
君门大嚼心岂安,谁能持此回凋残。
小臣自愧悠悠者,无术救时真素餐。

甲寅端午拟白

明·祝允明

少小喜时节,而今一掷梭。
真欢妻举案,宜耳子工歌。
天地清明少,人生辛苦多。
问他痴祝老,不醉待如何?

端阳奉邀藩臬诸司观龙舟有作

明·戚继光

参差飞鹢集中流,震地欢声竞楚舟。
宪纪高悬明法象,海氛常净见皋筹。
江潭独抱孤臣节,身世何须渔父谋。
一片丹心风浪里,心怀击楫敢忘忧!

许长卿水亭五日

明·顾起元

久缘起色倦登楼,善向高阳得胜游。
为有蒲葵开令序,况逢箫鼓沸中流。

千峰忽送朱帘雨，一水先回碧树秋。
坐惜主人投辖意，夜深灯火下沧州。

丁酉五日

清·章有渭

又听龙舸泛江浔，隐隐笙歌画阁深。
臂系五丝儿女乐，盘供百索岁时心。
闲阶萱草薰风袭，小院榴花昼雨沉。
回想先朝颁扇日，香罗细葛遍朝簪。

摸鱼儿　午日雨眺

清·纳兰性德

　　涨痕添、半篙柔绿，蒲梢荇叶无数。台榭空蒙烟柳暗，白鸟衔鱼欲舞。红桥路，正一派、画船箫鼓中流住。呕哑柔橹，又早拂新荷，沿堤忽转，冲破翠钱雨。　兼葭渚，不减潇湘深处。霏霏漠漠如雾，滴成一片鲛人泪，也似汨罗投赋。愁难谱，只彩线、香菰脉脉成千古。伤心莫语，记那日旗亭，水嬉散尽，中酒阻风去。

齐天乐　端午雨

清·蒋景祁

　　连绵梅雨交重五，榴红半含将吐。恨断沉湘，风余竞渡，酒醒一篇怀古。灵均太苦，只怅望王孙，行吟渔父。试问而今，几番不是旧荆楚？　空遗怨情难数，对眼前风物，似续《骚》谱。自古如斯，干卿何事？偏觉安排没处。且簪艾虎。听莺啼深柳，一天无暑。莫遣愁来，赚人肠断句。

玉楼春　五日饮虎丘山下题壁

清·彭孙遹

　　越衣当暑清风至，芒鞋偶过云岩寺。虎丘山下故人家，能倒金樽留我醉。　醉后难平多少事，仰天欲问天何意？偏使鸡鸣狗盗生，却令赋客骚人死。

乙巳五日舟中

清·黎简

水吼青鼍浪作烟,万人迷眩失龙船。
飘风骤雨随龙尾,才及还离五尺天。

五日吊古

清·孙淑

田文五日生,屈原五日死。
吉凶同此日,理固难推详。
原与国休戚,一死兮所当。
渔父枻自鼓,詹尹龟宜藏。
抱石投湘流,心与日月光。
文从狡兔计,高枕乐未央。
后合魏秦赵,伐齐何披猖。
身死薛随灭,高户仍不祥。
文生鸡狗雄,原死荃蘅芳。
世人何梦梦,悲屈羡孟尝。
我心独不然,临风慨以慷。
抚时怀往事,聊进菖蒲觞。

【四季货声】

卖粽子:端午节街上卖粽子的很多,北京以小枣粽子为主,过去小贩多背圆扁桶串街卖。吆喝为:

"粽子儿来,好大的粽子唠,江米小枣儿的唠,大粽子唠!"

"江米的,小枣儿的,凉凉的——大粽子来哎!"

过去还有卖黄黏米粽子的,小贩推车沿街吆喝:

"黄米小枣儿——筋道儿的粽子!"

卖江米藕、粽子:农历五月初五是传统的端午节,北京人和其他各地人一样,每年

到了这个节日要吃粽子。过去端午节街上卖粽子的,常带卖江米藕;就是把洗干净的藕,在藕孔里放进江米蒸熟。小贩是这样吆喝的:

"江米的,小枣儿的粽子嘞,藕嘞,江米藕嘞!"

卖蒲艾:农历五月初五端午节,北京的住家儿房门外两侧要插挂菖蒲和艾子,以示驱邪。每年端午节前街上就有小贩挑筐卖菖蒲和艾子的。串胡同儿吆喝:

"菖蒲来,艾子!"

"好蒲子来,好艾子!"

卖神符儿:农历五月初五端午节,北京市民多买神符儿帖,表示驱邪迎福。神符儿,是在黄表纸上木刻水印钟馗掌剑指蝠的图像,"蝠"与"福"谐音;图像四周为蛇、蝎、壁虎儿、蜈蚣、蛤蟆"五毒儿",叫"避五毒儿"。端午节前有小贩走街串巷叫卖,吆喝:

"买神符儿!"

"买神符儿来!恨福来迟避五毒儿哇!"

卖葫芦儿:农历五月初五端午节,也叫女儿节。从前北京姑娘们用绫罗缝制成小老虎儿、樱桃、桑葚儿、黄瓜、茄子、辣椒、豆角儿、葫芦儿等,拿彩线穿成一串儿,别在姑娘、小孩儿胸襟或肩背之上,说可避瘟、长寿,也叫"长命缕",于五月初五日中午抛扔到街头称作"扔灾"。小贩把各种各样儿的"葫芦儿"挑挂在竹竿儿上,串街吆喝:

"葫芦儿呀——避五毒儿的葫芦儿!"

——《吆喝与招幌》

好蒲子,好艾子!

江米儿的,小枣儿的,凉凉儿的,大粽子来哎!

买神符!

葫芦花呀,拣样儿挑!

——《一岁货声》

【图片资料】

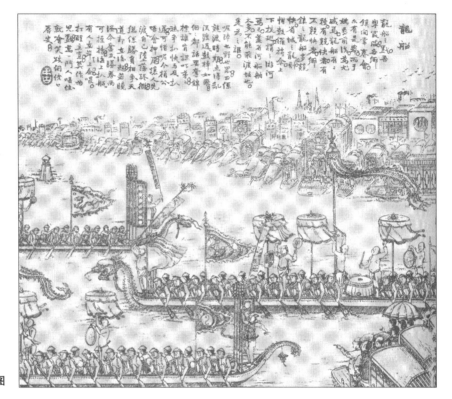

龙船图

卖蒲艾

艾虎和五毒兜肚、五毒衣

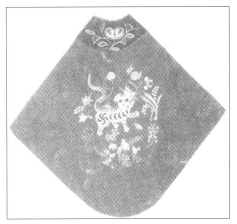

肚兜

端阳龙舟图

端午节挂艾草

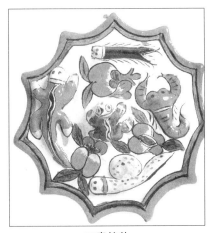

五毒挂片

粽子

卖香包

镇宅神虎

卖粽子

采药图

挂香囊

龙舟竞渡图

端午避邪五毒图

童戏斗草

卖蒲艾

裹角黍

钟馗镇宅

虎头帽

龙舟竞渡

五月五竞渡

观龙舟年画

端午采药

五毒螃蟹

粽子

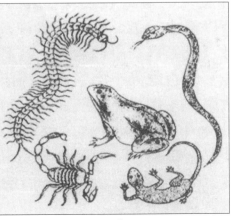

五毒图

《箧岁时记》曰：端午以菖蒲或缕或屑，食之。荆楚记曰五月五日采艾悬户上。今浙江风俗端午人皆市菖蒲斩如束杂雄黄食之，并作艾虎戴小儿头上，谓取者艾之意。

卖菖蒲草

端阳节闹龙舟

粽子

悬艾草

五月十一

【文献资料】

(五月)十一日都城隍诞,太常寺预日致祭,居民香火之盛,不减于东岳之祀。
——《康熙宛平县志·卷一》

十里河关帝庙在广渠门外。每至五月,自十一日起,开庙三日,梨园献戏,岁以为常。
——《燕京岁时记》

永定门外关帝庙,自(五月)十一日始,开庙五日,跑马赛车演剧诸事,岁以为常。
——《北平岁时志·五月》

都城隍,位最尊,神又最灵,降祥殃,告吉凶,其应如响。都人士于国家秩祀外,诞辰有进香之会,盛夏又有浴堂换水之会,老幼男女,奔走惟恐后时。(《以学集》)
——《北平风俗类征》

五月十三

【文献资料】

(五月)十三日,进刀马于关帝庙,刀以铁,其重以八十斤,纸马高二丈,鞍鞯绣文,辔衔金色,旗鼓头踏导之。

——《帝京景物略·卷二》

关圣庙遍天下,而京师尤胜。入祀典者,地安门外西步量桥白马庙,正阳门月城右之庙,春秋致祭。除夕开正阳内门,由内城居人瞻拜;夜子后开西门,城外居人瞻拜。香火极胜。岁之五月十三日为单刀会,是日多雨,谓天赐磨刀水云。殿祀精严,朱楹黄覆,绮槛金龛,中奉圣祖御书额曰忠义。西庑下有明董文敏书焦太史所撰碑记,传为二绝。

——《帝京岁时纪胜·五月》

京师谚曰:"大旱不过五月十三。"盖五月十三乃俗传关壮缪过江会吴之期,是日有雨者谓之磨刀雨。

——《燕京岁时记》

(五月)十三日,安定门内雍和宫,以烧猪祀神,有番僧诵经,士女多往观。

——《北平岁时志·五月》

拜愿:旧时迷信习俗,农历五月十三日,从自己家门且行且拜到城隍庙拜祷,祈求降福消灾,称为"拜愿"。清翟灏《通俗编·神鬼》:"《宣府志》:市人于五月十三日,为父母妻子或己身疾病具香纸牲醴于城隍庙拜祷,自其家门,且行且拜,至庙乃止,谓之拜愿。"

——《汉语大词典·6》

磨刀水：旧指农历五月十三日所下的雨。清潘荣陛《帝京岁时纪胜·关圣庙》："岁之五月十三日为单刀会，是日多雨，谓天赐磨刀水云。"

——《汉语大词典·7》

磨刀雨：即磨刀水。清富察敦崇《燕京岁时记·磨刀雨》："京师谚曰：'大旱不过五月十三。'盖五月十三乃俗传关壮缪过江会吴之期，是日有雨者谓之磨刀雨。"

——《汉语大词典·7》

夏至

【夏至】【夏至】【夏至】

【文献资料】

夏至之日，俗谓之"朝节"，妇人进彩扇，以粉脂囊相赠遗。

——《辽史·卷五三》

夏至伏日，戴蓖麻子叶，吃长命菜，即马齿苋也。

——《酌中志·卷二十》

夏至大祀方泽，乃国之大典。京师于是日家家俱食冷淘面，即俗说过水面是也。乃都门之美品。向曾询及各省游历友人，咸以京师之冷淘面爽口适宜，天下无比。谚云："冬至馄饨夏至面。"京俗无论生辰节候，婚丧喜祭宴享，早饭俱食过水面。省妥爽便，莫此为甚。

——《帝京岁时纪胜·五月》

酸梅汤以酸梅合冰糖煮之，调以玫瑰木樨冰水，其凉振齿。以前门九龙斋及西单牌楼邱家者为京都第一。

——《燕京岁时记》

盛夏时，有跑热车之戏，贵介公子，疾驰为乐，以骏马驾轻车，使仆夫痛箠之，瞬息百里。猝不及避者，立毙于道。

——《燕京杂记》

酸梅汤，夏日所饮，京、津有之。以冰为原料，屑梅干于中，其味酸。京师卖酸梅汤者，辄手二铜盏，颠倒簸弄之，声锵锵然，谓之敲冰盏，行道之人辄止而饮之。

——《清稗类钞·饮食类》

夏至日,人家多食面条,且制糖蒜,以是时蒜适成熟也。

——《北平岁时志·五月》

每年夏至,方泽大祀。方泽者,乃地坛也。坛在安定门外不及一里。昔年皇帝祀方泽,由礼部会同太常、光禄两寺筹备,帝则先期斋戒,入斋宫看祝版。至日寅刻,朝服乘轿,全份仪仗,由銮驾库及銮舆卫两处办理。祭品为牛、羊、猪、鸡、鹿、兔、雉、盐、米、粱、韭。三献九叩首,太常寺赞礼读祝,奠酒焚帛。陪祀者自亲郡王以下,六部及翰詹科道俱派有人员。帝行礼时,有导引大臣、前引大臣随之。升降进退,满汉御史纠仪。祀典之隆,与天坛圜丘大祀无异。民国只袁大总统亲临一祭,其后则内务总长或国务总理代祭而已。

——《北平市志稿·礼俗志》

夏至:二十四节气之一。在公历六月二十一日或二十二日。这天北半球昼最长,夜最短;南半球则相反。至,指阳气至极,阴气始至和日行北至。《周礼·春官·冯相氏》:"冬夏致日。"汉郑玄注:"夏至,日在东井,景尺五寸。"《逸周书·时训》:"夏至之日,鹿角解;又五日,蜩始鸣。"南朝梁宗懔《荆楚岁时记》:"夏至节日食粽。"

——《汉语大词典·3》

长日:指夏至。夏至白昼最长,故称。《礼记·郊特牲》:"郊之祭也,迎长日之至也。"郑玄注:"此言迎长日者,建卯而昼夜分,分而日长也。"孔颖达疏:"迎长日之至也者,明郊祭用夏正建寅之月,意以二月建卯,春分后日长,今正月建寅,郊祭通而迎此长日之将至。"北周庾信《周圆丘歌》之八:"乘长日,坏蛰户。"倪璠注:"又按《月令·仲夏》云:'是月也,日长至。'《正义》曰:'长至者,谓此月之时日长之至极。太史漏刻,夏至昼漏六十五刻,夜漏三十五刻,是日长至也。'"一说指冬至。《孔子家语·郊问》:"郊之祭也,迎长日之至也。"王肃注:"周人始以日至之月。冬日至而日长。"

——《汉语大词典·11》

长至:指夏至。夏至白昼最长,故称。《礼记·月令》:"(仲夏之月)是月也,日长至,阴阳争,死生分。"孙希旦集解:"孔氏曰:长至者,谓日长之至极。太史漏刻,夏至昼漏六十五刻,夜漏三十五刻。愚谓以昏明为限,则夏至昼六十五刻,夜三十五刻;以日之出入为限,则昼六十刻,夜四十刻也。"一说指冬至。自夏至后日渐短,自冬至后日又渐长,故称。《太平御览》卷二八引后魏崔浩《女仪》:"近古妇人常以冬至日上履袜于舅姑,践长至之义也。"唐戎昱《谪官辰州冬至日有怀》诗:"去年长至在长安,策杖曾簪獬豸冠。"清钱谦益《小至日京口舟中》诗:"偶逢客酒浇长至,且拨寒炉泥孟光。"

——《汉语大词典·11》

养日:指夏至。白昼最长,故称。养,通"羕"。《大戴礼记·夏小正》:"时有养日。养,长也。"孔广森补注:"(黄尚书曰)此即《月令》所谓日长至也。"清马瑞辰《毛诗传笺通释·周南·汉广》"江之永矣":"《夏小正》'时有养日','时有养夜',养亦羕也。"

——《汉语大词典·12》

夏至节在汉代已有,宋代官员还放假三天。《辽史·礼志》记载:"夏至之日俗谓之'朝节',妇人进彩扇,以粉脂囊相赠送。"关于这个节日,宋人周遵道《豹隐纪谈》载有"夏至九九歌":

夏至后,一九二九,扇子不离手。三九二十七,吃茶如蜜汁。

四九三十六,争向路头宿。五九四十五,树头秋叶舞。

六九五十四,乘凉不入寺。七九六十三,入眠寻被单。

八九七十二,被单添夹被。九九八十一,家家打炭壑。

——《中国节》

【图片资料】

京师求雨

北京民俗文化考（上）

【夏】

扫晴娘

祈求风调雨顺

品茶

瓜棚乘凉

凉亭赏夏

卖扇

童戏荷灯

夏猎

五月廿三

【文献资料】

京师谓五月二十三日为分龙兵。盖五月以后,大雨时行,隔辙有雨,故须将龙兵分之也。

按宋陆佃《埤雅》云:世俗五月谓分龙雨曰隔辙雨,言夏雨多暴至,龙各有分域,雨旸往往隔辙而异也。是分龙之说已见于宋,但为日不同耳。宋谓四月二十日为小分龙,五月二十日为大分龙。大晴主旱,大雨主涝。

——《燕京岁时记》

五月下旬则甜瓜已熟,沿街吆卖。有旱金坠、青皮脆、羊角蜜、哈密酥、倭瓜瓤、老头儿乐各种。

——《燕京岁时记》

分龙雨:即隔辙雨。夏季所降对流雨,有时一辙之隔,晴雨各异。古人以为由于龙分管不同区域的降雨使然,故谓之"分龙雨"。此种情况始出之时日,宋时吴越之俗谓在夏历五月二十日,清时燕地之俗谓在五月二十三日,即称此日为"分龙日",亦称"分龙兵"、"分龙"。宋陆佃《埤雅·释天》:"今俗五月谓之分龙雨,曰隔辙,言夏雨多暴至,龙各有分域,雨旸往往隔一辙而异也。"宋叶梦得《避暑录话》卷下:"吴越之俗,以五月二十日为分龙日。"宋庄季裕《鸡肋编》卷中:"(二浙)以五月二十日为分龙,自此雨不周遍,犹北人呼隔辙也。"清富察敦崇《燕京岁时记·分龙兵》:"京师谓五月二十三日为分龙兵。"

——《汉语大词典·2》

六 月

【文献资料】

  盛暑食饮，最喜清新，是以公子调冰，佳人雪藕。京师莲实种二：内河者嫩而鲜，宜承露，食之益寿；外河坚而实，宜干用。河藕亦种二：御河者为果藕，外河者多菜藕。总以白莲为上，不但果菜皆宜，晒粉尤为佳品也。且有鲜菱、芡实、茨菇、桃仁，冰湃下酒，鲜美无比。其莲藕芡菱，凉水河最胜，有坊曰十里荷香。避暑山庄金莲映日处，广庭数亩，金莲万本，天下无二。茉莉花、福建兰，摘以熏茶；六月菊、白凤仙，俱堪浸酒。夜兰香、晚香玉，落日香浓；勤娘子、马缨花，平明蕊放。

——《帝京岁时纪胜·六月》

  帝京莲花盛处，内则太液池金海；外则城西北隅之积水潭，植莲极多，名莲花池。或因水阳有净业寺，名为净业湖。三伏日，上驷苑官校于潭中浴马。岸边柳槐垂荫，芳草为茵，都人结侣携觞，酌酒赏花，遍集其下。六月朔日，各行铺户攒聚香会，于右安门外中顶进香，回集祖家庄回香亭，一路河池赏莲，箫鼓弦歌，喧呼竟日。

——《帝京岁时纪胜·六月》

  六月进肴蔬果。京都六月内，月日不等，进桃、李、瓜、莲，俱用红油漆木架，蔬菜、茄、匏、瓠、青瓜、西瓜、甜瓜、葡萄、核桃等，凡果菜新熟者，次第而进。

——《日下旧闻考·卷一四八·风俗》

  六月，京师中多市麻泥、科斗粉、煎茄、炒韭、煎饼。五更汲水，以备合酱之用，咸谓此日水与腊水相同。仍以此日晒干肉，犹腊味也。

——《日下旧闻考·卷一四八·风俗》

  雹：雨仌也。仌旧作冰。今正。雨仌，谓自上而下之仌也。曾子曰。阴之专气为雹。

刘向曰。盛阳雨水。温暖而汤热。阴气胁之不相入。则转而为雹。故沸汤之在闭器而湛于甘泉则为冰。此其验也。左氏《传》曰。圣人在上。无雹。虽有,不为灾。

——《说文解字注》

零:徐雨也。徐各本作余。今依《玉篇》,《广韵》及《太平御览》所引纂要订。谓徐徐而下之雨。《小雅》。兴云祁祁。传曰。祁祁,徐也。笺云。古者阴阳和。风雨时。其来祁祁然而不暴疾。引申之义为零星。为凋零。

——《说文解字注》

雩:夏祭乐于赤帝以祈甘雨也。《公羊传》曰。大雩者何。旱祭也。《月令》。仲夏之月。大雩帝。用盛乐。乃命百县。雩祀百辟卿士有益于民者。以祈谷实。注曰雩,吁嗟求雨之祭也。雩帝,谓为坛南郊之旁。雩五精之帝。配以先帝也。自鼗鞞至柷敔皆作曰盛乐。凡他雩用歌舞而已。《春秋传》曰。龙见而雩。雩之正当以四月。按郑言五精之帝。高诱注时则训曰。帝,上帝也。许独云赤帝者,以其为夏祭而言也。以祈甘雨,故字从雨。以誉而求,故从亏。服虔曰。雩,远也。亦于从于得义也。

——《说文解字注》

六月初旬,西瓜已登,有三白、黑皮、黄沙瓤、红沙瓤各种。沿街切卖者,如莲瓣,如驼峰,冒暑而行,随地可食。既能清暑,又可解酲,故予尝呼为清凉饮。

——《燕京岁时记》

十刹海俗呼河沿,在地安门外迤西,荷花最盛。每至六月,士女云集,然皆在前海之北岸。他处虽有荷花,无人玩赏也。盖德胜桥以西者谓之积水滩,又谓之净业湖,南有高庙、北有汇通祠者,是也。德胜桥以东,昔成亲王府、今醇亲王府前者,谓之后海,即所谓十刹海者是也。三座桥以东、响闸迤左者,谓之前海,即所谓莲花泡子者是也。今之游者但谓之十刹海焉。凡花开时,北岸一带风景最佳:绿柳垂丝,红衣腻粉,花光人面,掩映迷离,直不知人之为人花之为花矣。

谨按《日下旧闻考》:积水滩净业湖一带,古名海子。园亭极多,有莲花社、虾菜亭、镜园、漫园、杨园、定园诸胜,今皆析为民居矣。前明李东阳西涯故居似在今恭亲王府东南隅,前海北岸,非净业湖也。盖鼓楼响闸正在其左右耳。

——《燕京岁时记》

六月,宣武门看洗象,西湖赏荷。

——《北平岁时志·六月》

近年种莲之处，内则首推中央公园，外则齐化门外之菱角坑。玉泉山之西南洋涉湖亦多莲花，惟多白莲，取其藕好，不取其花之色也。

——《北平岁时志·六月》

二闸在东便门外，循运河而东，三里余之水闸也。从前此河为转运皇粮之要路，自东便门至通州，共计水程四十余里，因预防河水淤浅，不能行船，共设水闸五处以蓄水，所谓二闸者，即二道水闸也。闸前有一水搭浮桥，闸堤甚高，由上至下，成一十余丈之瀑布，河身深阔，河水清漪，两岸芦草蒲荷，一望无际。每际夏日，都人咸往纳凉，一班投机营业者，于闸头两岸，建设房屋，临时售卖茶酒菜殽(肴)，以便游人，惟小商居奇，乘机大敲竹杠，盖各物均无定价，因人而施，对普通顾客，售价较城市，高四五倍。如系携带妓女优伶，及陪奉戚友上司之女眷者，照例以多费为荣，往往清茶一壶，糖果蜜枣瓜子花生三四小品，即须银数两，若再饮酒小吃，则更多矣。本地居民，均习游泳，时有十余岁小孩，赤条条一丝不挂，头包猪尿包，由闸上顺瀑布跳至闸下，以为游戏，喊令游人掷钱于水，伊等入水摸之，百不一失，亦有投掷鼻烟壶戒止，令其摸取者，亦均能立即寻获，不过须多与之钱耳，京人称此种小孩，名水耗子。又由齐化门至东便门，及东便门至二闸，备有小船多艘，任人乘逛二闸，其船可容五六十人，以一人掌舵，二三人拉纤以行，亦有用一小驴拉之者，若公共乘坐，每人仅收当十铜钱六枚，如包赁一次，亦不过京钱十吊而已。最讨厌者，每一船上，必有一衣衫蓝(褴)缕之穷汉，手打竹板，大唱莲花落曲子，向乘客索讨钱文，惟包船可以驱逐不用。大约每年六月一日至七月十五日，游人极为繁盛，七月十五后，天气渐凉，游人即逐渐减少矣。闸口之东约半里许，有森林数处，营业者借树林支搭席棚，围以花杖，临时售茶，其第一处名大花杖，第二处名二花杖，数十年前，游人极多，生意甚盛，该处又邀女子多名，演唱大鼓，时调小曲，及二黄小戏，遂更热闹。每届七月十五左右，该处各酒馆茶肆之商人，联合船主，为昌盛其营业起见，在城中邀请各会，如狮子秧歌开路五虎棍杠子双石头等，先在船上演唱，至二闸时，即在闸头演唱，最后在闸南龙王庙降香，以符香会之意，因之引动城内四乡喜于游乐之观众，万人空巷，纷至沓来，过此时期，则日趋冷落矣。

——《北平岁时志·六月》

十刹海：地安门外迤西，荷花最盛，六月间士女云集，然皆在前海之北岸。同治中忽设茶棚，添各玩艺及人景。曹张叟于翔凤别墅之谜社中，谈及莲塘即事诸咏，惜稿久失，仅记其少半也。《莲塘即事》："岁岁荷花娇不语，无端斗茗乱支棚。斜阳到处人如蚁，谁解芳心似水清。"《什不娴(闲)》："作媚装腔百样贫，连敲竹板扭腰身。开言就是莲花落，落了莲花那有人。"《酸梅糕》："翠幰车前冰盏鸣，碧油桶上月牙横。梅糕不解何班次，拣选而今也列名。"《卖茶叟》："行步蹒跚肩膀斜，有人一碰就欹茶。翻来复去尘浮碗，染指

徒悲公子家。"《托偶戏》:"过去场头云探母,归时探母又翻新;洋布坎肩洋布褂,青莲公主特清贫。"《炸糕摊》:"老头小本为生意,紧靠墙根倒把牢;就怕人多车卸满,炸糕有信要糟糕。"四十年复为临时市业场,何日得往游,为张叟补足数首以偿之耶。(《春明采风志》)

十刹海地接喧市,游踪较便,裙屐争趋,咸集于斯。长夏夕阳,火伞初敛,柳阴水曲,团扇风前,几席纵横,茶瓜狼藉,琉璃十顷,卷浪溶溶,菡萏一池,飘香冉冉,想唐代曲江,景亦不过如是。(《京华春梦录》)

六月三伏好热天,十刹海前正赏莲。男男女女人不断,听完大鼓书,再听十不闲。逛河沿,果子摊儿全,西瓜香瓜杠口甜,冰儿镇的酸梅汤打冰乍,买了把子莲蓬,转回家园。(《北平俗曲十二景》)

——《北平风俗类征》

大暑:①二十四节气之一。在农历六月中,阳历七月二十三日或二十四日,一般为我国气候最热的时候。《逸周书·周月》:"夏三月中气:小满,夏至,大暑。"②极热,酷暑。《山海经·大荒西经》:"寿麻正立无景,疾呼无响。爰有大暑,不可以往。"郭璞注:"言热炙杀人也。"宋文莹《玉壶清话》卷六:"时暑中,公执一叶素扇,偶写'大暑去酷吏,清风来故人'。"

——《汉语大词典·2》

小暑:二十四节气之一,在阳历七月六、七或八日。《逸周书·时训》:"小暑之日,温风至。"《汉书·律历志下》:"鹑火,初柳九度,小暑。"唐张说《端午三殿侍晏》诗:"小暑夏弦应,微阴商管初。"

——《汉语大词典·2》

季夏:夏季的最后一个月,农历六月。《礼记·月令》:"季夏之月,日在柳,昏火中,旦奎中。"汉桓宽《盐铁论·散不足》:"诸生独不见季夏之螇乎?音声入耳,秋风至而声无。"唐韩愈《贺雨表》:"伏以季夏以来,雨泽不降。"

——《汉语大词典·4》

暑月:夏月。约相当于农历六月前后小暑、大暑之时。《南齐书·州郡志下》:"汉世交州刺史每暑月辄避处高,今交土调和,越瘴独甚。"《左传·襄公二十一年》:"重茧衣裘。"唐孔颖达疏:"暑月多衣,所以示疾。"明张居正《论边事疏》:"暑月非戎骑狂逞之时,料无大事,请宽圣怀。"

——《汉语大词典·5》

焦月：指旧历六月。因其在一年中气温最高，故称。清厉荃《事物异名录·岁时·六月》："《尔雅》：'六月为且。'按且月，或云：'一作焦月。'六月盛热，故曰焦。"

——《汉语大词典·7》

象房：养象之所。明蒋一葵《长安客话·洗象》："象房在宣武门西城墙北。"徐珂《清稗类钞·动物·象》："京师象房之象，至六月，辄出而浴于河。"

——《汉语大词典·10》

长夏：①指阴历六月。《素问·六节藏象论》："春胜长夏。"王冰注："所谓长夏者，六月也。"②指夏日。因其白昼较长，故称。唐沈佺期《有所思》诗："坐看长夏晚，秋月照罗帏。"金蔡珪《寄通州王倅》诗："长夏少人事，官闲帘户深。"清刘大櫆《游百门泉记》："亭外廊四，周廊之内，老柏十数株蔽日，长夏坐其内不知有暑也。"

——《汉语大词典·11》

【四季货声】

卖冰核儿：过去到了农历六月天儿，老北京街上有穷孩子推一个小轱辘儿的小地车儿卖碎冰的，冰窖藏的河冰，不卫生。吆喝：

"咦来冰核（音"胡"）儿来噢！"

"哩来喂咳，冰核儿来哎！"

"甜核儿嘞哎！"

卖梨膏糖：农历六月天多雨，贫穷的孩子挎筐串胡同儿叫卖梨膏糖。这种糖是用小糖加芝麻制成的有小指甲盖大小成百块连成板儿，可以按多少数儿掰下。剪许多约一寸长的小白纸条儿，用白矾蘸水在上面写上"一千块"、"五百块"、"一百块"、"五十块"、"三十块"、"二十块"等字样，把这些纸条儿穿起来挂在筐上札架上。谁要买，就交一个铜元摘一张纸条儿，把纸条儿放在卖梨膏糖提着的小水筒儿里，纸上就显出了白矾写的数字。一般都是二三十块儿的多，小贩照纸条儿上数字给梨膏糖。又玩儿又吃，很受小孩儿们的喜爱。吆喝：

"大块儿的梨膏，越嚼越香噢！"

"大梨膏哎，蘸帖儿嘞大梨膏！"

卖桃儿：桃子熟了上市在农历六月，过去北京有卖大白桃、深州蜜桃儿的等等，吆喝：

"来喝了水儿来樱桃嘴儿的桃儿来！李子来！冰糖味儿的水果儿呀哦！"

"樱桃嘴儿的桃儿嗷嗷噎啊！"

"喝了水儿的来,蜜桃儿来喂！一汪水儿的大蜜桃,酸的肉来,还又换来！玛瑙红的蜜桃来噎哎！"

"深州大蜜桃！"

"喝了水儿来蜜桃来、蜜节梨呀有来炸又换来！"

"一兜儿水的哎嗨大蜜桃！"

卖沙果儿:农历六月间,沙果儿上市,吆喝:

"沙果儿来,脆又甜沙果儿呀哦！"

"沙果儿来哎,脆又甜来,红沙果儿来哎！"

卖鲜花儿:过去,到了农历六月间儿,北京街头卖鲜花儿的就多了起来。卖花儿的小贩多是穿着干净,挎着筐走街串巷叫卖。筐里放着内装鲜花儿的铁盒儿、小剪子、小钳子、筐上挂着细铜丝。卖花儿的能用细铜丝穿制不同鲜花儿,做成小巧的装饰品,如双排玉兰花儿、多层茉莉花儿球,别挂在胸前,香气袭人;玉兰花儿还可装于细竹篾编的筒笼中,玉簪棒儿折成鸭鹅形,香蓉花儿供插花瓶儿用。吆喝声最为悦耳动听,如:

"来晚香玉噢,俩大钱二十朵噢,江西腊的、矮康尖儿钎了花瓶儿香蓉花儿哦呀！"

"晚香玉的、矮康尖儿哦！"

"哎——十朵,花儿啊晚香啊,晚香的玉来,一个大钱十五朵！"

"卖玉兰花儿咧,茉莉花儿哟！"

"玉兰花儿嘞,晚香玉哎！"

有时吆喝一大长串所卖的鲜花名吸引顾客:

"玉兰花儿来！茉莉花儿来！玉簪棒儿来！香蓉花儿来！叫唧嘹儿！七个须、八个瓣儿的晚香玉来——大朵！"

"买花儿来,玉兰花儿、茉莉花儿、江西腊、矮康尖儿！"

"玉兰花儿嘞,——茉莉花儿——啊,套花瓶儿,江西腊哎哎大红花儿、哎矮康尖儿嘞！"

侯宝林、郭启儒相声《卖布头》中北京挑挑儿卖鲜花儿的吆喝声:

"晚——香玉——矮康尖儿——。"

"玉兰花——茉——莉花儿——嗦啊！"

这些花儿或别戴在身上或插放房中,都散发出各自不同的香味。

——《吆喝与招幌》

块又大,瓢儿又高咧,月饼的馅来,一个大钱来!(西瓜。)

喝了水的来,蜜桃来喊ヶヶ!一汪水的大蜜桃,酸来肉来,还又换来!玛瑙红的蜜桃来噎哎ヶヶ!

块儿大,瓢儿就多,错认的蜜蜂儿去搭窝,亚赛过通州的小凉船儿来哎!一个大,一个大,一个大的钱来!

白花藕来,河鲜来,卖老莲蓬来呀!

鲜菱角来哎,卖老嫩菱角ヶヶ来哟ヶヶ!

熟海棠,一大碗!(当十钱一文,谓之"一大"。)

抓鲜榛子!

老鸡头,才上河!

管打破的,西瓜呀哎!(推车、挑筐,整卖;买,定打开。)

哩唻喊咳,冰核儿唻哎!

你要喝,我就盛,解暑代凉冰镇凌!

沙果来哎,脆又甜来,红沙果来哎!

来哎!约老黄豆来,抓小芥菜!

叫聒聒,抓油壶卢来!

冰镇的凌啊,雪花的酪,城里关外拉主道!

————《一岁货声》

六月初一

【文献资料】

六月朔日,各行铺户攒聚香会,于右安门外中顶进香,回集祖家庄回香亭,一路河池赏莲,箫鼓弦歌,喧乎竟日。

——《帝京岁时纪胜·六月》

中顶碧霞元君庙在右安门外十里草桥地方,每岁六月初一日有庙市。市中花木甚繁,灿如列锦,南城士女多往观焉。

按《宸垣识略》:草桥在右安门外十里,众水所归。种水田者资以为利。土近泉宜花,居人以莳花为业。有莲花池,香闻数里。牡丹芍药,栽如稻麻。桥去丰台十里,元明时多贵家园亭,如廉右丞之万柳堂、赵参谋之匏瓜亭,均在其左右,今已无考。吴岩诗注谓四月初一开庙,今改六月矣。

——《燕京岁时记》

六月初一日,草桥中顶进香。

——《天咫偶闻·卷十》

(六月)初一日中顶有庙会,售花木者甚多。

——《北平岁时志·六月》

中顶在右安门外(俗名南西门)一里许,大道之旁,亦娘娘庙,殿宇在三十年前已剥落,今则成一瓦砾场矣。历年于六月初一开庙一日,游者甚众,惟游人目标,既非因神之灵迹而烧香,亦非因景之清幽而玩赏,盖仅醵会而已。所谓会者,京俗又名曰高乡会,即南方社火之意也。太平无事,生计充裕,一班社会青年,八旗子弟,职务上之相当工作已了,饱食终日,无所用心,于是互相集聚,而为排会之游戏,如中幡会,狮子会,五虎棍,开路,少林棍,双石头杠子,挎鼓,什不闲,杠箱,均于是日进香。各会常因细故,而演成凶殴。按：此等娱乐，虽无关生计，然若辈视之，直同生命，譬如今日之会，共为数十档，某档在某档之前，某档居某档之后，秩序均须大费斟酌，尤以同样之会为最费踌躇，倘或安排不当，即发生冲突，好勇斗狠，牺牲生命者，往往有之。会期多在暑天，天晴则更暑气蒸熏，汗流浃背，会中人常常晕倒。一班观众，拥挤鹄立于暴日之下，益以饮食冰水，及污滥食物，充杂肠腹，尤易生时症。如遇暴雨，则会众观众，又均立于露天广场之下，无可藏避，淋漓尽如水鸡，妇女尤所难堪，故当时所谓瞧会，均无何种好收场也。

——《北平岁时志·六月》

六七月间，满街卖蟹，新肥而价廉，八月渐稀，待到重阳，几几乎物色不得矣。(《京华百二竹枝词注》)

——《北平风俗类征》

六月初六

【文献资料】

六月京师日逢六,五更汲水劳童仆,豆面油盐香馥馥。经三伏,晨昏鼎蕭调和足。垂舌狮庞伸复缩,榴花喷火蒲翻绿,雨过藉田苗秀育。皇家福,更期四海俱丰熟。是月也,京师中多市麻泥、科斗粉、煎茄、炒韭、煎饼。五更竞汲水,以备合酱之用,咸谓此日水与猎水相同,仍以此日晒干肉,犹腊味也。丁酉年重五日制此词。是日西北行枢密院遗金字圆牌使臣,管绊靺鞨一人,同列呼为圣人。蓬头垢腻身,无裳衣,口食泥土,不通言语,就令其居枢密院,就令其人祈雨,至昏得一小雨,雷电交作,次夜又雨,后以无足取财,太师汪家奴却之,大慊众望。太庙荐新,瓜果、尫、大下麦。

——《析津志辑佚·岁记》

六月藏水曝衣,六月六日,各家取井水收藏,以造酱醋,浸瓜茄。水取五更初汲者,即久收不坏。曝所有衣服。是日朝内亦晒銮驾。

——《宛署杂记·民风一》

观洗象。每年初伏起,锦衣卫官校,日用旗鼓迎象出宣武门外濠内洗濯,至三伏而止,观者如堵。

——《宛署杂记·民风一》

六月六日本非令节,但内府皇史宬晒曝列圣实录,列圣御制文集诸大函,则每岁故事也。至于时俗,妇女多于是日沐发,谓沐之则不皋不垢。至于猫犬之属亦俾浴于河。京师象只皆用其日洗于郭外之水滨,一年惟此一度,因相交感,牝仰牡俯,一切如人,翾于波浪中,毕事精液浮出,腥秽因之涨腻,居人他处远汲,必旬日而始澄澈。又憎人见之,遇者必触死乃已。间有黠者预升茂树浓阴之中,俯首密窥,始得其情状如此。又象性最警,入朝迟误,则以上命赐杖,必伏而受箠如数,起又谢恩。象平日所受禄秩,俱视武弁有等差,遇有罪贬降,即退立所贬之位,不复敢居故班。排列定序,出入缀行,较人无少异,真物中之至灵者。穆宗初登极,天下恩贡陛见,朝仪久不讲,诸士子欲瞻天表,必越次入大僚之位，上玉色不怡，朝退欲行谴责，赖华亭公婉解之而止。时谓明经威仪，曾群象之不若。象初至京，传闻先于射所演习，故谓之演象所。而锦衣卫自有驯象所，专管象奴及象只。特命锦衣指挥一员提督之，凡大朝会役象甚多，及驾辇驮宝皆用之，若常朝则止用六只耳。遇有疾病不能入朝，则倩下班暂代，象奴牵之彼房，传语求替，则次早方出。又能以鼻作觱栗铜鼓诸声，入观者持钱畀象奴，如教献技，又必斜睨奴受钱满数，而后昂鼻俯首，呜呜出声，其在象房间亦狂逸，至于撤屋倒树，人畜遇之俱糜烂。当其将病，耳中先有油出，名曰山性，发则预以巨缪縻禁之。亦多畏寒而死者，管象房缇帅申报兵部，上疏得旨，始命再验发光禄寺，距其毙已旬余。秽塞通衢，过者避道，且天庖何尝需此残脔，京师弥文，大抵皆然。

——《万历野获编·卷二四》

六月六日，晒銮驾，民间亦晒其衣物，老儒破书，贫女敝缊，反覆勤日光，晡乃收。三伏日洗象，锦衣卫官以旗鼓迎象出顺承门，浴响闸。象次第入于河也，则苍山之颓也，额耳昂回，鼻舒斜吸嘘出水面，矫矫有蛟龙之势。象奴挽索据脊，时时出没其髻。观者两岸各万众，面首如鳞次贝编焉。然浴之不能须臾，象奴辄调御令起，云浴久则相雌雄，相雌雄则狂。

——《帝京景物略·卷二》

六月初六日，皇史宬、古今通集库、銮驾库晒晾。吃过水面，嚼银苗菜，即藕之新嫩秧也。初伏日造曲，惟以白面用绿豆黄加料合成晒之。

——《酌中志·卷二十》

六月：六日，晒晾銮驾，民间衣物悉曝之。三伏日洗象，銮仪卫官以旗鼓迎象出宣武门，浴响闸。象次第入河，如苍山之颓也。额耳轩昂，舒鼻吸嘘水面，矫若蛟龙。象奴挽索据脊，时时出没，观者如堵。浴未须臾，象奴辄调御令起，云浴久则相雌雄致狂。是月海淀莲其盛，就莲而饮者，采莲而市者，络绎交错焉。

——《大兴县志·卷一·风俗考》

内府鸾驾库、皇史宬等处，晒晾鸾舆仪仗及历朝御制诗文书集经史。士庶之家，衣冠带履亦出曝之。妇女多于是日沐发，谓沐之不腻不垢。至于骡马猫犬牲畜之属，亦沐于河。

——《帝京岁时纪胜·六月》

銮仪卫驯象所，于三伏日，仪官具履服，设仪仗鼓吹，导象出宣武门西闸水滨浴之。

城下结彩棚,设仪官公廨监浴,都人于两岸观望,环聚如堵。

——《帝京岁时纪胜·六月》

洗象诗,名家集中歌行词赋,无美不备。独渔洋《竹枝》一绝云:"玉水轻阴夹绿槐,香车笋轿锦成堆。千钱更赁楼窗坐,都为河边洗象来。"可作图画。

——《藤阴杂记·卷七》

朱竹垞《曹赞善鉴伦移居》诗:"后园虚阁压城濠,溅瀑跳珠闸口牢。正好凭栏看洗象,玉河新水一时高。"今洗象在宣武门西河内,其居必是上斜街。

——《藤阴杂记·卷七》

葵:菜也。崔寔曰:六月六日可种葵。中伏后可种冬葵。九月可作葵菹,干葵。《齐民要术》有种葵法,种冬葵法。

——《说文解字注》

三伏日洗象,内务府官以旗鼓迎象出顺承门,浴响闸,象奴挽索据脊,时时出没其髻,观者两岸各万众。《都门杂记》王士禛《洗象行》:水关苍苍柳阴碧,宝马流苏分络绎。日中传呼洗象来,玉河波射珊瑚赤。须臾钲鼓干云霄,万夫声寂如秋宵。虎毛蛮奴踞象顶,邱山不动何岩峣。岸边突兀二十四,直下波涛若崩坠。纵横欲蹴鼋鼍宅,腾达还成鹅鹳队。乍如昆明习斗战,万乘旌旗眼中见。又如列阵昆阳城,雷雨行天神鬼惊。奴子胡旋气遒壮,忽没中流跃巨浪。撇波一跃万人呼,幡然却出层霄上。今年宰相收夜郎,扶南盘况求王章。远随方物贡天阙,屹然立仗金阶旁。圣朝自不贵异物,致此亦足威遐荒。黄门鼓吹暮复动,海立山移浩呼汹。大秦狮子多威神,山林岂是天家珍。

——《光绪顺天府志·京师志·风俗》

六月六日,佛寺有晒经者。自是出郭游览者亦众。城外一二里,茶轩酒舍,上罩芦棚,下铺阔席,围遮蜜树,远护疏篱,游人纳凉其中,皆觉有趣。而市中敲铜盏卖梅汤者,与卖西瓜者铿耾远近。或深树坦腹者,或柳荫垂钓者,或浴于溪、卧于林者,盖皆寻清凉而避炎热也。

——《京都风俗志》

京师于六月六日抖晾衣服书籍,谓可不生虫蠹。

——《燕京岁时记》

象房有象时，每岁六月六日牵往宣武门外河内浴之，观者如堵。后因象疯伤人，遂不豢养。光绪十年以前尚及见之。象房在宣武门内城跟迤西，归銮仪卫管理。有人观者，能以鼻作觱篥铜鼓声。观者持钱畀象奴，如教献技，又必斜睨象奴受钱满数，而后昂鼻俯首，鸣鸣出声。将病，耳中出油，谓之山性发。象寿最长，道光间有老象，牙有铜箍，谓是唐朝故物，乃安史之辈携来者。后因象奴等克扣太甚，相继倒毙。故咸丰以后十余年象房无象。同治末年、光绪初年，越南国贡象二次，共六七只，极其肥壮。都人观者喜有太平之征，欣欣载道。自东长安门伤人之后，全行拘禁，不复应差，三二年间饥饿殆尽矣。

谨按《日下旧闻考》：象房系前明弘治八年修。盖象至京，先于射所演习，故谓之演象所。而锦衣卫自有驯象所，专管象奴及象只，特命锦衣指挥一员提督之。凡大朝会，役象甚多，驾车驮宝皆用之。若常朝止用六只耳。所受禄秩俱视武弁，有差等。国朝因之，一如其旧，但改锦衣卫为銮仪卫耳。

——《燕京岁时记》

凡游潭柘者，必至戒台。盖戒台无定期，惟六月六日有晾经会，纵人游观，而游者卒鲜。盖天气既热，又多大雨也。寺名万寿，在潭柘东南，以松胜。故京师论游者，必与潭柘并称焉。

谨按《日下旧闻考》：万寿寺在马鞍山，唐武德中建，曰慧聚寺。明正统间改今名。有康熙、乾隆御书联额。寺有戒台，乃辽咸雍间僧法均始开，明正统中敕如幻律师说戒立坛焉。坛在殿内，以白石为之。寺后有太古、观音、化阳、庞涓、孙膑五洞，寺西五里有极乐峰。

——《燕京岁时记》

善果寺，在慈仁寺后，完然无恙。山门内左右廊有悬山，大殿颇卑，与蓝淀厂广仁宫相类，疑此皆金元旧宇。每六月六日有晾经会，实无所晾，士女云集，骈闐竟日而已。

——《天咫偶闻·卷七》

每岁初伏日，浴象西濠，观者近万人。按《客滇偶笔》及《露书》、《赤雅》诸书，皆谓象浴于水必交，雄俯雌仰，浮合如人，但必择人迹不到处，如见人，则羞而止。今京师洗象悉无交者，岂以人迹所在乎？象之知耻又如此。

——《燕京杂记》

象皆暹罗所贡，置象房于京师以居之，房在宣武门内西城下，象房桥侧属内务府之驯象所。所为明洪武八年所建，国朝因之。象以先后为序，皆有位号、食几品料。上每视朝则立午门之左右。驾未出时纵游龁草，及钟鸣鞭响，则肃然翼侍。俟百官毕入，则以鼻相交而立，无一人敢越而进矣。朝毕则如常，其在象房也，人有入观者，能以鼻作觱篥铜鼓声，以娱乐之。观者持钱畀象奴，如命献技，然必睨象奴俟其人所出钱已满，象奴意而后扬鼻摇首鸣鸣作声。有病时耳中出油，俗谓之曰山岁。六月初伏，官校用旗鼓迎象出宣武门，濠内洗之。王文简公士禛尝有洗象行，同末光初仅有六七头，不二三年尽矣。

白象俸食三品禄，旌仗导行玉河浴。都城士女饱看来，赤日炎炎正初伏。日蹙百里国不支，庞然自大痛莫知。西人虐谑若警觉，一洗积习仁政施，以齿焚身悔已迟。

——《王凤笈题》

善果寺在京师彰义门内宣武门外大街路北。其二门内两廊下有悬山，上悬之石有三四百斤，年久不坠，绘以彩色，石隙之上层嵌以神仙，中层为僧侣，有唪经、看经、静坐及打包行路诸式。庙宇桥梁因形势曲折而点缀之各尽其妙。每岁六月六日晾经时，游人往观，谓之看悬山。

彰义门里善果寺，两壁悬山有奇致。巧匠莫是杨惠之，地狱天宫分位置。高山仰止思贤人，鸿毛泰山同一身。填泥实草被衣绣，安如磐石皆庸臣，悬空夏云奇峰新。

——《王凤笈题》

六月六日，妇女多沐发，谓可不腻不垢。士大夫则晒书籍，谓可不生蠹。善果寺，戒台寺晒经。

——《北平岁时志·六月》

六月六日，称天贶节，北京八大刹均晾经。喜轿铺杠房晾软片。皮货店晾皮毛。书店晾书。笔店晾笔。

——《北平岁时志·六月》

六月初六日，抖晾衣服、书籍，谓可不生虫蠹，妇女多沐发，谓可不腻不垢。二十三日祭马王火神，焚香礼拜，以鸡羊面桃为祭品。二十四日祭关公，祀品亦如之。入伏亦有饮食期，初伏水饺，二伏面条，至三伏则为饼，而佐以鸡蛋，谓之"贴伏膘"。谚云："头伏饽饽(煮饽饽之简易称也)二伏面，三伏烙饼摊鸡蛋。"乡村农民，则初伏种萝卜，二伏种菜，三伏种荞麦。(《民社北平指南》)

——《北平风俗类征》

吴伟业《题崔青蚓洗象图》诗有云："京师风俗看洗象，玉河春水涓流洁。赤脚乌蛮缚双寻，六街士女车填咽。"(《梅村家藏稿》)

六月十日,与紫垣观洗象于宣武城西,至则游骑纷沓,列车如阵,如蜂房,如文闱号舍。车中人襜帷半掩,只露头面,如牡丹,如绣球。道中食货络绎,百戏如云,喧扰间,忽见数人高与檐齐,冉冉前进,众人左右辟易,有执红棍者前导,则象奴雄踞象背,邱山不动,次第缓步而来。及河,伏其前足,俟象奴既下,司事者鸣鼓数通,然后入水。计先后二十有四。游戏征逐,浪沸波腾,钱塘射潮,昆明习战,不是过也。洗毕,鸣金登岸,犹以鼻卷水射人。都人知其驯习,畀钱象奴,教以献技,象必斜睨奴,钱数满意,乃俯首昂鼻,呜呜然作鬐栗铜鼓等声,万众哄笑而散。(《金壶浪墨》)

——《北平风俗类征》

每岁六月六日,中贵人用仪仗鼓吹导引,洗马于德胜桥之湖上,三伏皆然。(《燕都游览志》)

六月十二日,御厩洗马于积水潭,导以红仗,中有数头,锦帕覆之,最后独角青牛至,诸马莫能先也。(《北京岁华记》)

《燕都杂咏》:"古潭连内苑,御马洗清流,夹岸人如蚁,争看独角牛。"自注云:"德胜门内积水潭,伏日洗御厩马,末有独角青牛。"(《历代旧闻》)

——《北平风俗类征》

六月六日,民间衣服悉曝之。是日海淀莲盛,采而市于城者络绎。(《舆地记》)

六月六,是日抖晾衣物书籍,可去虫蠹。估衣、皮货、喜轿等铺,傍晚吹晾,一切犒劳伙友。(《春明采风志》)

——《北平风俗类征》

洗象为北京应时风俗之一,于每年六月初六日举行之,地点则在顺治门外迤西响闸地方。是日晨,由象奴从顺治门内西城根象房(即在众议院地方,故附近地名仍有象坊桥、象来街等称)将各象率至响闸地方之河中洗之。斯时銮舆卫之堂官,驯象所之所官及地方官吏,均齐集监临。象至河中,异常高兴,由上午至下午始能毕事。是日也,无论老幼贫富,倾城而至,沿河两岸,皆极拥挤。流氓地痞,藉端调戏妇女;扒手小绺,相机绺窃财物;遗儿失女者有之,叫骂斗殴者有之。象奴故使河中之象用鼻吸水向两岸喷之,适当其冲之男女,头面淋漓,异常狼狈。如遇晴天,该处并无树阴,亦无棚帐,均系曝晒于骄阳之下,因而有罹病者。倘暴雨骤来,毫无避处。而年年满坑满谷,观者不为少减,京人固游荡成习矣。

——《北京市志稿·礼俗志》

六月观看谷子之穗,以卜年之丰歉,谚云:"六月六,看谷秀。"

——《北京市志稿·礼俗志》

【图片资料】

数罗汉

浴马图

洗象

天庆节

玄女授书

碧池采莲

纺织图

暑 伏

【暑伏】【暑伏】【暑伏】

【文献资料】

观洗象。每年初伏起，锦衣卫官校，日用旗鼓迎象出宣武门外濠内洗濯，至三伏而止，观者如堵。

——《宛署杂记·民风一》

初伏日造曲，惟以白面用绿豆黄加料和成晒之。

——《酌中志·卷二十》

帝京莲花盛处，内则太液池金海；外则城西北隅之积水潭，植莲极多，名莲花池。或因水阳有净业寺，名为净业湖。三伏日，上驷苑官校于潭中浴马。岸边柳槐垂荫，芳草为茵，都人结侣携觞，酌酒赏花，遍集其下。

——《帝京岁时纪胜·六月》

六月十二日，御厩洗马于积水潭，导以红仗，中有数头，锦帕覆之，最后独角青牛至，诸马莫能先也。

——《日下旧闻考·卷一四八·风俗》

三伏日洗象，内务府官以旗鼓迎象出顺城门，浴响闸，象奴挽索据脊，时时出没其鬐，观者两岸各万众。

——《光绪顺天府志·京师志·风俗》

伏日，人家有食盛馔异于平日者，谓之贴伏膘。或以此日起有舍冰水者，或有煎苏叶、藿香叶、甘草等汤，于市中舍之，谓之暑汤。

——《京都风俗志》

京师自暑伏日起至立秋日止,各衙门例有赐冰。届时由工部颁给冰票,自行领取,多寡不同,各有等差。

按《帝京景物略》:前明于立夏日启冰赐文武大臣。编氓卖者,手二铜盏叠之,其声嗑嗑,曰冰盏。是物今尚有之,清泠可听,亦太平之音响也。

——《燕京岁时记》

每至六月,自暑伏日起至处暑日止,百官皆服万丝帽、黄葛纱袍。

——《燕京岁时记》

京师暑伏以后,则寒贱之子担冰吆卖,曰冰胡儿。胡者核也。

——《燕京岁时记》

六月初伏日浴象,浴毕,象向官折半膝谢焉。

——《燕京杂记》

京师旧卖冰者,以二铜盏叠之作响以为号,故谓之冰盏。今卖果食亦用冰盏,失其旨矣。觚不觚,夫子所以叹也。

——《燕京杂记》

夏日,京师市中有设摊卖冰者,辄以两铜盏颠倒击之,其声铿铿然。

翻云覆雨调冰手,相击丁丁和铜斗。梅汤解暑溅齿牙,唤卖街头味适口。冰消瓦解十团营,盐梅相业空有声。果然大家吃一盏,千年老冰成水精,童谣成谶闻而惊。

——《王凤笺题》

自初伏日,换万丝冠、葛纱袍、亮纱褂,凡御前差免褂。(《春明采风志》)

——《北平风俗类征》

岁初伏日,御马监内监,旗帜鼓吹,导御马数百洗水次。(《帝京景物略》)

——《北平风俗类征》

《燕都杂咏》:"磕磕敲铜盏,街头听卖冰。浮瓜沈李脆,三伏绝炎蒸。"注云:"夏日沿街卖冰核,铜盏声磕磕然。"(《都门琐记》)

——《北平风俗类征》

骆驼于暑月出口牧养,以避炎暑,秋凉始归。(《燕都杂咏注》)

——《北平风俗类征》

入伏亦有饮食期:初伏水饺,二伏面条,至三伏则为饼,而佐以鸡蛋,谓之贴伏膘。谚云:"头伏饽饽,二伏面,三伏烙饼摊鸡蛋。"

——《北京市志稿·礼俗志》

三伏:①即初伏、中伏、末伏。农历夏至后第三庚日起为初伏,第四庚日起为中伏,立秋后第一庚日起为末伏。是一年中最热的时候。《初学记》卷四引《阴阳书》:"从夏至后第三庚为初伏,第四庚为中伏,立秋后初庚为后伏,谓之三伏。"南朝梁萧统《锦带书十二月启·林钟六月》:"三伏渐终,九夏将谢。"宋梅尧臣《中伏日永叔遗冰》诗:"日色若炎火,正当三伏时。"清方文《张道人园居歌》:"今年暑热何太酷,五月中旬似三伏。"王西彦《福元佬和他戴白帽的牛》:"三伏之后,还有三八二十四个秋老虎哩。"②指末伏。农谚:"头伏芝麻二伏豆,三伏里头种绿豆。"

——《汉语大词典·1》

下伏:三伏中的末伏。唐姚合《酬光禄田卿末伏见寄》诗:"下伏秋期近,还和扇渐疏。"

——《汉语大词典·1》

中伏:三伏的第二伏。也称二伏。通常指从夏至后第四个庚日起到立秋后第一个庚日前一天的一段时间。唐皎然《五言奉和陆使君长源水堂纳凉》:"六月正中伏,水轩气常凄。"宋惠洪《夏日陪杨邦基烹茶分韵得嘉字》:"炎炎三伏过中伏,秋光先到幽人家。"宋曾巩《苦热》诗:"忆初中伏时,怫郁炎气升。"

——《汉语大词典·1》

伏日:三伏的总称,一年中最热的时候。古代亦指三伏中祭祀的一天。《汉书·东方朔传》:"伏日,诏赐从官肉。"颜师古注:"三伏之日也。"南朝梁宗懔《荆楚岁时记》:"六月伏日,并作汤饼,名为辟恶。"宋高承《事物纪原·正朔历数》:"立秋以金代火而畏火,故至庚日必伏,故谓之伏日。"

——《汉语大词典·1》

伏中：指三伏期间。明李贽《答周柳塘书》："伏中微泄，秋候自当清泰。"

——《汉语大词典·1》

伏火：农历六月黄昏大火(古星名，即心宿二)的位置在中天，大暑后逐渐向西退伏，古谓"伏火"。北周庾信《奉和初秋》诗："落星初伏火，秋霜正动钟。"

——《汉语大词典·1》

伏暑：指炎热的夏天。清黄六鸿《福惠全书·邮政·喂养》："若伏暑之鞍，又宜急卸。"

——《汉语大词典·1》

伏景天：即伏天。一年中天气最热的时期。

——《汉语大词典·1》

冰核儿：亦作"冰胡儿"。供暑天食用的洁净小冰块。清富察敦崇《燕京岁时记·冰胡儿》："京师暑伏以后，则寒贱之子担冰吆卖，曰冰胡儿。胡者核也。"

——《汉语大词典·2》

出伏：出了伏天；伏天结束。元竹蓑笠翁逸句："蚕一二眠催出伏，秧三四叶尚忧风。"

——《汉语大词典·2》

初伏：即头伏。夏至后的第三个庚日，或指从夏至后第三个庚日到第四个庚日之间的十天时间。《史记·秦本纪》："二年，初伏，以狗御蛊。"裴骃集解引孟康曰："六月伏日初也。周时无，至此乃有之。"晋潘岳《在怀县作》诗之一："初伏启新节，隆暑方赫羲。"唐萧颖士《游马耳山》诗："我来疑初伏，幽路无炎精。"

——《汉语大词典·2》

庚伏：即三伏。因三伏中的初伏、中伏分别自夏至后的第三、第四个庚日开始，而末伏自立秋后的第一个庚日开始，故三伏亦称"庚伏"。宋苏辙《谢入伏早出状》之二："候极南讹，日临庚伏。"宋朱熹《次韵秀野署中》："病随庚伏尽，尊向晚凉开。"《宋史·职官志四》："祕书监岁于仲夏曝书，则给酒食费……遇庚伏则前期遣中使谕旨，听以早归。"

——《汉语大词典·3》

数伏：进入伏天；伏天开始。《醒世姻缘传》第二六回："又说那些替人做短工的人，若说这数伏天气，赤日当空的时候，那有钱的富家，便多与他个把钱也不为过。"

——《汉语大词典·5》

暑伏：夏季伏天。北魏郦道元《水经注·夷水》："(杨溪)北流注于夷水，此水清泠甚于大溪，纵暑伏之辰，尚无能澡其津流也。"宋郭若虚《图画见闻志·刘彦齐》："其所藏名迹，不啻千卷。每暑伏晒曝，一一亲自卷舒，终日不倦。"元刘祁《归潜志》卷十三："其山暑伏有蓄雪。"

——《汉语大词典·5》

夏

【图片资料】

收仓

渔樵耕读

收割

打场

六月廿二

【文献资料】

(六月)二十二日,俗称虫王生日,相传虫王为掌管虫蝗之神。北京西郊各农圃,多于是日祀之。

——《北平岁时志·六月》

六月廿三

【文献资料】

(六月)二十三日为马明王生辰,二十四日为关圣帝君生辰。此两日,官府、人家、铺户多焚香叩祭竟日。

——《京都风俗志》

马王者房星也,凡营伍中及蓄养车马人家均于六月二十三日祭之。

——《燕京岁时记》

(六月)二十三四两日,西便门外白云观,祭火神及马王。关帝庙开庙两日,进香者甚多。

——《北平岁时志·六月》

祭马王:凡营伍及武职。有马差者,蓄养车马者,均于二十三日,以羊祭之。(《春明采风志》)

南中于岁之六月二十三日恒祭炎帝,而都城内外骡车夫,皆醵钱以祭马王。是日车价昂至数倍,向客婪索,名曰"乞福钱"。其祭品用全羊一腔,不用猪,谓马王在教,不享黑牲肉也。其像则四臂三目,狰狞可怖,其神牌则书"水草马明王"字样。(《新燕语》)

——《北平风俗类征》

六月二十三日祭马王,京中畜养骡马之人家、铺家及各机关皆举行之。马王纸像,纸店皆有,往购者名曰请。请至则供于桌台前,列钱粮(即元宝、黄千章),及腊(蜡)烛、香炉、水果、鸡、鱼、羊头之类。马王像红面多须,三目,一目竖立额际,六臂交叉,各执刀、枪、剑、戟,身披铠甲,神码上书"水草马明王之神位"字样。神像之下绘一供桌,供桌以前绘一小马,故又于供品中加清水一碗,净草一小斗,即示专诚供此马也。在三十年前之北京城郊,每届此时,极为热闹。内务府之上驷院、太仆寺,以及素有骑兵之营翼、衙门官吏,均躬与祭事,至王公府邸大官富人,豢养多数骡马之公馆,与素喜跑马之家。其举行祀马王,均在马号,不在正宅,与祭者皆为仆役、牧卒。盖每届此期,不啻为仆役等醉餍酒肉,照例要求主人发给银钱,以为置备祭品之要,至下午祀毕,所有供献酒肉、果品,即由仆役享受,是名为供马王,实则赐宴仆役也。他如养畜、运货与有轿车之家,以及专倚车马为生者,几莫不视此祭祀为特要,即磨面、磨油之一类铺店,亦并不敢轻此典礼,以为凡驴、马等之健肥、疲羸、死亡、疾病,莫不归马王主之。享祀丰洁,则牲畜蕃庶,营业顺利,否则灾病交侵,营业亦大蒙其损焉。至期祀典,亦甚单简,由各仆役等在供桌前烧香、叩头后,即移请神码于庭而焚诸门外,再燃神鞭一挂,即为了事。随将供品撤下,无论祭者或未与祭者,团团围坐大享祭余。此风近已逐渐消灭,盖豢养车马者日少矣。

——《北京市志稿·礼俗志》

六月廿四

【文献资料】

六月二十四日致祭关帝，岁以为常。鞭炮之多，与新年无异。盖帝之御灾捍患有德于民者深也。

——《燕京岁时记》

(六月)廿四日，各关帝庙赛会。

——《天咫偶闻·卷十》

六月二十四，祭关帝，有谓是日为关帝诞日者，有谓为关帝单刀赴会之期者。早年京中步统领所辖之五营两翼，八旗各都统公署，以及护军前锋神机火器等营，内务府各机关，于是日无不争先恐后，敬谨供奉。有用牛羊三牲而祭者，亦有仅以点心数盘者。惟须于供神之门外，竖立以纸糊成之三角式大皂旗一，上粘镶白色七星一串，仿佛此旗即为神灵所凭也者。祀毕，燃长鞭一挂，立将神码皂旗等焚化，祀事即为告成矣。

——《北平岁时志·六月》

六月廿五

【文献资料】

岁之六月二十五日,则为祭虫王之期,四郊农民,焚香顶礼,受胙饮福,极其虔敬。(《新燕语》)

——《北平风俗类征》

昊：秋天也。此《尔雅·释天》及欧阳尚书说也。《释天》曰。春为昊天。夏为苍天。秋为旻天。冬为上天。许，郑本如是。孙炎，郭朴本乃作春苍夏昊。仁覆闵下则称旻天。覆闵各本作闵覆。误。今依《玉篇》《广韵》皆作仁覆悯下谓之旻天订。此古《尚书》说也。与毛诗王风传同。五经异义天号。今尚书欧阳说。《尧典》钦若昊天。春曰昊天。夏曰苍天。秋曰旻天。冬曰上天。总为皇天。《尔雅》亦云。古《尚书》《毛诗》说。天有五号。各用所宜称之。尊而君之则曰皇天。元气广大则称昊天。仁覆悯下则称旻天。自天监下则称上天。据远视之苍苍然则称苍天。许君曰。谨按《尧典》。羲和以昊天总敕以四时。故昊天不独昊春也。《左传》。夏四月孔丘卒。称曰旻天不吊。非秋也。玄之闻也。《尔雅》者，孔子门人所作。以释六艺之言。盖不误也。春气博施。故以广大言之。夏气高明。故以远言之。秋气或生或杀。故以闵下言之。冬气闭藏而清察。故以监下言之。皇天者，至尊之号也。六艺之中诸称天者。以情所求言之耳。非必于其时称之。浩浩昊天。求天之博施。苍天苍天。求天之高明。旻天不吊。求天之生杀当其宜。上天同云。求天之所为当顺其时也。此之求天。犹人之说事各从其主耳。若察于是。则尧命羲和钦若昊天。孔丘卒称旻天不吊。无可怪尔。按许作《五经异义》。不从《尔雅》从《毛诗》。造说文兼载二说。而先《尔雅》于毛。与郑说无不合。盖异义早成。说文后出。不待郑之驳正。而已权衡悉当。观此及社下姓下皆与异义不同。与郑说相合。可证。

——《说文解字注》

秋：禾谷孰也。其时万物皆老。而莫贵于禾谷。故从禾。言禾复言谷者，晐百谷也。《礼记》曰。西方者秋。秋之为言揪也。

——《说文解字注》

三秋：①谓九个月。一秋三月，三秋为九月。《诗·王风·采葛》："一日不见，如三秋兮。"孔颖达疏："年有四时，时皆三月，三秋谓九月也。"一说指三年。见清俞樾《古书疑义举例·以小名代大名例》。晋陆机《挽歌》之一："三秋犹足收，万世安可思！"宋李弥逊《水调歌头·次向伯恭芗林见寄》词："不见隐君子，一月比三秋。"《燕山外史》卷二："室迩人遐，每切三秋之感。"②指秋季。七月称孟秋、八月称仲秋、九月称季秋，合称三秋。晋陶潜《闲情赋》："愿在莞而为席，安弱体于三秋。"《文选·王融〈永明十一年策秀才文〉》："四境无虞，三秋式稔。"李善注："秋有三月，故曰三秋。"宋柳永《望海潮》词："重湖叠巘清佳，有三秋桂子，十里荷花。"清纳兰性德《与顾梁汾书》："天清气朗，时值三秋。"③指秋季的第三月，即农历九月。北周庾信《至仁山铭》："三秋云薄，九日寒新。"唐白行简《李都尉重阳日得苏属国书》诗："三秋异乡节，一纸故人书。"④秋收、秋耕、秋种的统称。

——《汉语大词典·1》

九和：指秋天。《管子·幼官》："九和时节，君服白色，味辛味，听商声，治湿气，用九数。"尹知章注："金成数九，金气和，君则顺时节而布政。"

——《汉语大词典·1》

九秋：①指秋天。晋张协《七命》："晞三春之溢露，溯九秋之鸣飙。"南朝宋谢灵运《善哉行》："三春燠敷，九秋萧索。"唐杜甫《月》诗："斟酌姮娥寡，天寒奈九秋。"华罗庚《病中斗·寄老战友》诗："我身若蒲柳，难经九秋风。"②指九月深秋。唐陆畅《催妆五首》之一："闻道禁中时节异，九秋香满镜台前。"元无名氏《看钱奴》第一折："为什么桃花向三月奋发、菊花向九秋开罢？"清何焯《义门读书记·昌黎集》："菊有黄华则九秋矣，故秋怀以是终也。"

——《汉语大词典·1》

大秋：①指秋收季节。孔厥袁静《新儿女英雄传》第十回："大水的病慢慢的好起来，大秋以后，伤也好的差不多了。"峻青《壮志录》："大秋已过，地了场光。"②指大秋作物或大秋的收成。王安友《协作》："全社正在进行大秋追肥，白天忙活没有空。"孙犁《风云初记》三："大秋都扔了，正南巴北的钱粮还拿不起，那里的这些外快。"

——《汉语大词典·2》

爽节:天高气爽的季节。指秋天。南朝齐谢朓《奉和随王殿下》诗之一:"渊情协爽节,咏言兴德音。"隋炀帝《与释智顗书》:"既乘爽节,因得顺风。去留之宜,事理咸会。"唐虞世南《秋赋》:"观四时之代序,对三秋之爽节。"

——《汉语大词典·2》

七月

【文献资料】

是月(七月)始斗促织,壮夫士人亦为之。斗有场,场有主者,其养之又有师,斗盆筒罐,无家不贮焉。

——《帝京景物略·卷二》

永定门外五里,禾黍巍巍然被野者,胡家村。禾黍中,荒寺数出,坟兆万接,所产促织,矜鸣善斗,殊胜他产。秋七八月,游闲人提竹筒、过笼、铜丝罩,诣蓁草处,缺墙颓屋处,砖甓土石堆磊处,侧听徐行,若有遗亡,迹声所缕发而穴斯得。乃捩以尖草,不出,灌以筒水,跃出矣,视其跃状而佳,逐且捕之。捕得,色辨、形辨之、辨审,养之。养得其性若气,试之,试而才,然后以斗。《促织经》曰:虫生于草土者,身软;砖石者,体刚;浅草瘠土者,性和;砖石、深坑及地阳向者,性劣,若是者穴辨。凡促织,青为上,黄次之,赤次之,黑又次之,白为下(号红麻头、白麻头、青项金翅、金丝额、银丝额,上也。黄麻头,次也。紫金、黑色又次也),若是者色辨。首项肥,腿胫长,背身阔,上也,不及斯次,反斯下也(其号之油利挞、蟹壳青、枣核形、土蜂形、金琵琶、红沙、青沙、绀色为一等,长翼、梅花翅、土狗形、螳螂形、飞铃为一等,皂鸡、蝴蝶形、香狮子为一等),若是者形辨。养有饲焉,有浴焉,有病用医焉(鳗鱼、稻撮虫、水蜘蛛、匾担虫、沟红虫、蟹白、栗黄、米饭,食养也。榨小青虫汁而糖调之以浴,随净甜水以涤,水养也。虫病而治之,水畔红虫主积食,蚊带血者主冷,蛆蜕厕上曰棒槌虫,主热,粉青小青虾主斗后,自然铜浸水点者主斗损,茶姜点者主牙损,童便调蚯蚓粪点者主咬伤,竹蝶主气弱,蜂主身瘢,医养也)。如是,促织性良气全矣。中则有材焉者,间试而亟蓄其锐,以待斗。初斗,虫主者各内虫乎比笼,身等,色等,合而内乎斗盆。虫胜,主胜,虫负,主负。胜者,翘然长鸣,以报其主,然必无负而伪鸣,与未斗而已负走者,其收辨,其养素,其试审也。虫斗口者,勇也。斗间者,智也。斗间者,俄而斗口,敌虫弱也。斗口者,俄而斗间,敌虫强也。考促织,《尔雅》曰:蟋,天鸡。李巡曰:酸鸡。郭璞曰:莎鸡,一曰樗鸡。方言曰:虮蚰,一曰蜻蚓。《尔雅翼》曰:蟋蟀生野中,好吟于土石砖甓下,斗则矜鸣,其声如织,故幽州谓之促织也。促织感秋而生,其音商,其性胜,秋尽则尽。今都人能种之。留其鸣深冬。其法,土于盆,养之,虫生子土中。入冬以其土置暖炕,日水洒绵覆之,伏五六日,土蠕蠕动,又伏七八日,子出白如蛆然。置子蔬叶,仍洒覆之,足翅成,渐以黑,匝月则鸣,鸣细于秋,入春反僵也。凡都人斗促织之俗,不直闾巷小儿也,贵游至旷厥事,豪右以销其资,士荒其业,今亦渐衰止。惟娇姹儿女,斗嬉未休。然嬉之虫,又不直促织。有虫黑色,锐前而丰后,须尾皆岐,以跃飞,以翼鸣,其声蹬棱棱,秋虫也。暗即鸣,鸣竟刻,明即止。瓶以琉璃,饲以青蒿,状其声名之,曰金钟儿。有虫,便腹青色,以股跃,以短翼鸣,其声聒聒,夏虫也,络纬是也。昼而曝,斯鸣矣,夕而热,斯鸣矣,秸笼悬之,饵以瓜之瓤,以其声名之,曰聒聒儿。其先聒聒生者,曰叫蚂蚱,以比于聒聒,腹太似,恨骞;翅太似,恨长;鸣太似,恨细。有蟛蚏者,蜩也。马螂蟛者,蝉也。名以听者之所为情,寂寥然也。鸣盖呼其候焉。三伏鸣者,声躁以急,如曰伏天、伏天。入秋而凉,鸣则凄短,如曰秋凉、秋凉,取者以胶首竿承焉。惊而飞也,鸣则攸然。其粘也,鸣切切,如曰吱、吱。入乎手而握之,鸣悲有求,如曰施、施。促织之别种三:肥大倍焉者,色泽如油,其声呦、呦、呦,曰油胡卢。其首大者,声梆、梆,曰梆子头。锐喙者,声笃、笃,曰老米嘴。三者不能斗而能声,摈于养者,童或收之,食促织之余草具。蚂蚱之种三:俱不鸣,青翼而黄身,跃近而飞远,飞则见其袭羽,或红焉,或黄焉,曰蚂蚱。其青而长身者,曰匾蜑,嬉者股系而提之,使飞不止,以观其袭羽。其扁身长胫,昂首出目者,刀郎,螳螂也,性怒无所畏让,嬉者亦股系而触之,以观其怒也。蜻蜓之类三:大而青者,曰老青。红而黄者,曰黄儿。赤者,曰红儿。好击水而飞飞,童圈竹结彩线网,曰絃。循水次,群逐而扑之,名呼以祝,曰栖栖。扑着,曰絃着。得一,曰一朵,以色玩如花也。别有鳖身象鼻而贝色,大如朱樱,曰椿象。生椿,其臭椿也,不可触。有若半赤豆而蓖麻点者,曰瓢儿,生蔬畦,捉之,则溺腥黄,污不可脱,而童手之不已也。有金光而绿色,甲坚而须劲以动,曰金牛儿。黑色白点,曰春牛儿。无所可娱也,系而毙之则已。有玄身而两截,形刚而性媚,掏其后,首则前顿,声嚗嚗然,仰置之,弹而上,还复其故处,不能遂覆而走也,曰叩头虫,一曰捣碓虫焉。

——《帝京景物略·卷三》

是月(七月)也,吃鲥鱼,为盛会,赏桂花。斗促织,善斗者一枚可值十余两不等,各有名色,以赌博求胜也。秉笔唐太监之征、郑太监之惠,最识促织,好蓄斗为乐。

——《酌中志·卷二十》

禾黍登,秋蟹肥,苹婆果熟,虎嚼槟香。都门枣品极多,大而长圆者为缨络枣,尖如橄榄者为马牙枣,质小而松脆者为山枣,极小而圆者为酸枣。又有赛梨枣、无核枣、合儿枣、甜瓜枣。外来之密云枣、安平枣、博野、枣强等处之枣。其羊枣黑色,俗呼为软枣,即丁香柿也。红子石榴之外有白子石榴者,甘如蜜蔗,种出内苑。梨种亦多,有秋梨、雪梨、波梨、密梨、棠梨、罐梨、红绡梨,外来则有常山贡梨、大名梨、肉绵梨、瀛梨、洺梨。其能消渴解醒者,又莫如西苑之截梨,北山之酸梨也。山楂种二,京产者小而甜,外来者大而酸,可以捣糕,可糖食。又有蜜饯榅桲,质似山楂,而香美过之,出自辽东。楸叶鸣秋,葵花向日,鸡冠分五色,高逾檐,多如林,秋日盛开,若百鸟朝凤,芬芳艳丽,乃秋色中之绝品也。至于剪秋罗、玉簪花、芙蓉花、雁来红,又不若秋海棠,虽西府铁梗木本之花,亦难比其娇媚也。老来少由青而碧,碧而黄,黄而红,如暮霞照紫,睹此则不必西山问霜叶矣。

——《帝京岁时记胜·七月》

都人好畜蟋蟀,秋日贮以精瓷盆盂,赌斗角胜。有价值数十金者,为市易之。

——《帝京岁时纪胜·七月》

七月中旬则菱芡已登,沿街吆卖,曰:"老鸡头才上河。"盖皆御河中物也。

——《燕京岁时记》

七月下旬则枣实垂红,葡萄缀紫,担负者往往同卖。秋声入耳,音韵凄凉,抑郁多愁者不禁有岁时之感矣。

——《燕京岁时记》

金钟儿产于易州,形如促织。七月之季,贩运来京,枕畔听之,最为清越,韵而不悲,似生为广厦高堂之物。金钟之号,非滥予也。

——《燕京岁时记》

是月(七月)也,蟋蟀鸣,人多养而斗之,曰斗蛐蛐,或以之博钱。遇立秋日,有贴秋膘之俗,盖例于是日食肉,或面食也。

——《北平岁时志·七月》

北京人家,养蟋蟀者,不尚瓷盆;此虫乃土中所产,瓷盆无土气,甚不相宜,故必用澄泥者。士大夫好养蟋蟀者,多争购赵子玉之澄泥罐,罐以厚为佳,以其寒热之气,皆能隔之;又有大而扁者曰排盆,排演时用之。起蟋蟀用泥过笼,又有青花白地之小瓷水池。斗时有小天秤,等两蟋蟀之轻重,相差一二厘者,方可相斗。斗时两虫之主人,手中各执一木棒敲盆助威,虫盛(胜)则振羽以鸣,败者杀尾而遁。未斗时先议彩若干圆,以作赌盛(胜)之资。平日养虫有秘本之谱,手自抄写,耳有所闻,即行录入。蟋蟀有病,亦有医治之法,斗过劳,亦有培养之法,购买者亦有相虫之法;曰快口,曰轻口,曰线口,曰坚牙,分青黄黑三种;曰朱砂头,曰宝石头,曰独须,曰八足,皆上品也,曰蟹青,次之曰大翅,曰梆头。秋分后,始下三尾,使之过子,寒后始开斗,霜降则停止,冬至前,则选各人之精锐打大将。

——《北平岁时志·七月》

七月,人民多用竹床露宿。(《大中华京兆地理志》)

——《北平风俗类征》

金钟儿,续耻庵有《齐天乐》一词,序甚详。金钟儿,虫名,出明陵,秋虫之善鸣者,古无考,仅见刘侗《帝京景物略》。山中人于七八月间,笼取卖于市,京师人家多喜蓄之,购数头,贮以瓷瓶,置屏几间,长夜幽扬可听。(《春明采风志》)

——《北平风俗类征》

秋后斗蟋蟀,开场赌彩,街巷或书"某处秋色可观"。(《燕都杂咏注》)

——《北平风俗类征》

京师有草虫,状如蟋蟀,肥大而青,生于夏秋间,声唧唧,甚聒耳,京师人多笼以佩之,佳者十余金一头,其笼以小葫芦去其上截为之,四围雕花鸟以通气,精细工绝,价有贵至百金者。八旗满洲妇人,多有空其鞋底以纳之,使其声与履声相应,若行肆夏趋采齐者然,俗名此虫为咽咽。(《燕京杂记》)

晚秋,少年多畜咕咕,形类螽斯而善鸣,天寒则渐僵,刳瓠藏之于身,得暖,呱呱而啼,饲以银朱,通体皆红,争夸笑乐,竟有能过冬者。(《水曹清暇录》)

聒聒,北地多有,好事者率盛以葫芦,置暖处,可经冬不死。葫芦长者如鸡心,截其半,嵌以象牙,或紫檀为盖;其扁者旁拓玻璃窗,以刀刻诸花卉,都下尤贵重之。(《蝶阶外史》)

雏伶尤好蝈蝈,形如络纬,以羽作声,饲以丹砂,腹赤有光,能耐寒,恒以葫芦贮之。葫芦以色似蜜蜡者佳,雕刻花鸟,精致绝伦,有贵值数十金者。每当酒热香温,诸伶出自绣襦,比较优劣,或口作琤琤细响,蝈蝈即应声欢鸣。(《侧帽余谭》)

——《北平风俗类征》

初秋:秋季的第一个月。又称孟秋。三国魏曹植《赠丁仪》诗:"初秋凉气发,庭树微销落。"《宋史·儒林传二·胡旦》:"今年初秋至六年,镇在燕分。"

——《汉语大词典·2》

巧月：俗称农历七月。

——《汉语大词典·2》

孟秋：秋季的第一个月，农历七月。《礼记·月令》："孟秋之月，日在翼。"《北史·燕凤传》："每岁孟秋，马常大集，略为满川。"唐韩愈《柳州罗池庙碑》："三年孟秋辛卯，候降于州之后堂。"

——《汉语大词典·4》

凉月：①秋月。南朝齐谢朓《移病还园示亲属》诗："停琴伫凉月，灭烛听归鸿。"宋苏舜钦《和彦猷晚宴明月楼》之二："绿杨有意檐前舞，凉月多情海上来。"清纳兰性德《河渎神》词："凉月转雕栏，萧萧木叶声干。"②七月的异名。《事物异名录·岁时·七月》引南朝梁元帝《纂要》："七月曰首秋、初秋、上秋、肇秋、兰秋、凉月。"

——《汉语大词典·5》

火逝：犹流火。指旧历七月。南朝宋谢灵运《七夕咏牛女》："火逝首秋节，新明弦月夕。"

——《汉语大词典·7》

炎气：暑气。《后汉书·马援传》："会暑甚，士卒多疫死，援亦中病，遂困。乃穿岸为室，以避炎气。"南朝陈后主《七夕》诗："殿深炎气少，日落夜风清。"唐韩愈《丰陵行》："是时新秋七月初，金神按节炎气除。"

——《汉语大词典·7》

肇秋：初秋。指阴历七月。三国魏曹植《离思赋》："在肇秋之嘉月，将曜师而西旗。"《初学记》卷三引南朝梁元帝《纂要》："七月：孟秋、首秋、上秋、肇秋、兰秋。"

——《汉语大词典·9》

兰月：指农历七月。南朝齐王融《法乐辞》之二："恒曜掩芳宵，熏风动兰月。"清厉荃《事物异名录·岁时·秋》："《提要录》：'七月为兰月。'"

——《汉语大词典·9》

兰秋：指农历七月。南朝宋谢惠连《与孔曲阿别》诗："凄凄乘兰秋，言饯千里舟。"南朝梁元帝《纂要》："七月孟秋、首秋、上秋、肇秋、兰秋。"

——《汉语大词典·9》

霜月：指农历七月。《隶释·汉鲁相韩敕造孔庙礼器碑》："叹霜月之灵，皇极之日。"王念孙《读书杂志·汉隶拾遗》："引之曰：弟一行'霜月之灵'，霜月即《尔雅》之'七月为相'也。霜相古同声，故霜字以相为声……《集古录》以霜月为九月，非是。"

——《汉语大词典·11》

首秋：指农历七月。南朝梁元帝《纂要》："七月孟秋，亦曰初秋、首秋。"南朝梁王僧孺《秋日愁居答孔主簿》诗："首秋云物善，昼暑旦犹清。"

——《汉语大词典·12》

【四季货声】

藕芽嫩的，鸭梨呀哎！大叶白的蜜桃呀！

约跟头菜呀，鸡头米呀！

听叫的，金钟儿！

有那破缸瓦来换钱！

虎拉槟的闻香果，嫩白梨噎！赛过豆腐的，沙果梨呀！

深州的大蜜桃！（山背子。）

抓菜心来！

磁实来，大苹果呀哎！

脆瓤的落花生啊，芝麻酱的一个味来！

抓半空儿的，多给！

约生白薯来！

卖呀嗳ㄍ螃蟹来！

干火绳啊！（艾火绳。）

约芋头来！

约干葡萄来，脆枣儿来！

赛过木瓜的鸭广梨来,蜜节梨来,有了渣还有(又)换来,大果子来!

山里红啊,还有十挂啊,大山里红!

枣儿来,糖的疙瘩喽,尝一个再买来哎,一个光板喽!

——《一岁货声》

立秋

【文献资料】

京师人至七八月,家家皆养促织。余至郊野,见健夫小儿群聚草间,侧耳往来,面貌兀兀,若有所失者。至于溷厕污垣之中,一闻其声,涌身疾趋,如馋猫见鼠。瓦盆泥罐,遍市井皆是,不论老幼男女,皆引斗以为乐。又有一种似蚱蜢而身肥大,京师人谓之聒聒,亦捕养之。南人谓之纺织娘,食丝瓜花及瓜瓤,音声与促织相似而清越过之。又一种亦微类促织,而韵致悠扬,如金玉中出,温和亮彻,令人气平,京师人谓之金钟儿。见暗则鸣,遇明则止。两种皆不能斗,故未若促织之盛。有观斗蟋蟀诗,失其名:"蟋蟀著《豳风》,泉壤乃食息。迎阴已振羽,欲鸣先鼓翼。薜墙催络纬,床下入促织。气候感化机,吟秋式其职。于世无所争,岂有刚膂力?都忘一点形,自负万夫特。见敌竖两股,怒须如卓棘。昂藏忿塞胸,膨脖气填臆。将搏气蹲踞,思奋却匍匐。盘珊勇回旋,唐突势凌逼。唊噬屡吐吞,桔斗几翻覆。既却还复前,已困未甘踣。雄心期决胜,壮志必在克。依希触与蛮,蜗角并开国。干戈日相寻,拓地互逐北。螳臂当辙横,怒蛙致凭轼。亦似蜉蝣生,驹隙竞矢得。智哉刘伯伦,韬精比鸡肋。知雄守其雌,老聃亦渊识。一笑披陈编,冥洞古颜色。"

——《长安客话·卷二》

立秋日相戒不饮生水,曰呷秋头水,生暑痱子。

——《帝京景物略·卷二》

立秋之日,戴楸叶,吃莲蓬、藕,晒伏姜,赏茉莉、栀子、兰芙蓉等花。先帝爱鲜莲子汤,又好用鲜西瓜种微加盐焙用之。

——《酌中志·卷二十》

秋前五日为大雨时行之候,若立秋之日得雨,则秋田畅茂,岁书大有。谚云:"骑秋一场雨,遍地出黄金。"立秋预日陈冰瓜,蒸茄脯,煎香薷饮,院中露一宿,新秋日阖家食饮之,谓秋后无余暑疟痢之疾。

——《帝京岁时纪胜·七月》

京师小儿懒于嗜学,严寒则歇冬,盛暑则歇夏,故学堂于立秋日大书秋爽来学。

——《帝京岁时纪胜·七月》

金风渐起,嘶柳鸣蜩,家家整缉秋衣,砧杵之声远近相接。教场演武开操,鼙箫鸣于城角。更有檐前铁马,砌下寒蛩,晨起市潮,声达户牖。此城阙之秋声也。

——《帝京岁时纪胜·七月》

车驾自四月内幸上都。太史奏,某日立秋,乃摘红叶。涓日张燕,侍臣进红叶。秋日,三宫太子诸王共庆此会,上亦簪秋叶于帽,张乐大燕,名压节序,若紫菊开及金莲开,皆设燕。盖宫中内外官府饮宴必有名目,不妄为张燕也。

——《日下旧闻考·卷一四八·风俗》

立秋日,人家亦有丰食者,谓之贴秋膘。亦有以大秤称人,记其轻重,或以为有益于人。

——《京都风俗志》

虫鸟之鸣,最关时令。而人力所至亦能与时令相转移,是亦有关时令矣。京师五月以后,则有聒聒儿沿街叫卖,每枚不过一二文。至十月,则煤爥者生,每枚可值数千矣。七月中旬则有蛐蛐儿,贵者可值数金(有白麻头、黄麻头、蟹胲青、琵琶翅、梅花翅、竹节须之别),以其能战斗也。至十月,一枚不过数百文,取其鸣而已矣。蛐蛐儿之类,又有油壶卢。当秋令时,一文可买十余枚。至十月,则一枚可值数千文。盖其鸣时铿锵断续,声颤而长,冬夜听之,可悲可喜,真闲人之韵事也。故秋日之蛐蛐罐有永乐官窑、赵子玉、淡园主人、静轩主人、红澄浆、白澄浆之别,佳者数十金一对。冬月之聒聒儿壶卢、油卢壶卢,佳者亦数十金一对,以紫润坚厚者为上,即所谓壶卢器者是也。是故京师世族,贫者居多,耗财之道实不止声色珠玉而已也。

谨按《日下旧闻考》:永定门外五里胡家村产促织,善斗,胜他产。促织者,感秋而生,其音商,其性胜。今都人能种之,留其鸣深冬。其法实土于盆养之,虫生子土中,入冬,以其土置暖炕,日水洒绵覆之。伏五六日上蠕蠕动,又伏七八日如蛆然。置子蔬叶,仍洒覆之,足翅成,渐以黑,匝月则鸣细于秋,入春反僵也。促织即蟋蟀别种,有三:肥大而色泽如油者曰油壶卢,首大者曰梆子头,锐喙者曰老米嘴云云。总而言之,促织,蟋蟀、蛐蛐儿之正名;络纬,聒聒儿之正名。或又谓聒聒儿者即蜥蜊也。

——《燕京岁时记》

西山翠微山也,亦名小清凉。众山连接,山名甚多,总名曰西山,在顺天府宛平县西三十里,即西黄村之西。每大雪初霁,积素凝华,天然入画,为京都八景之一,曰西山霁雪。山有名刹八,俗称为八大处,每岁之秋贵人多游之。

都门之西山不少,香山塔耸碧云表。戒坛古松潭柘泉,十日句留逛不了。各邦雕剿土匪来,十室九空无货财。西山遍地薇与蕨,夷齐不顾如草莱,救济善会书告哀。

——《王风笺题》

立秋日戴楸叶,七夕穿针乞巧。(《燕都杂咏注》)

——《北平风俗类征》

咬秋:旧时北方京津等地于立秋日有食瓜的习俗,称为"咬秋"。清张焘《津门杂记·岁时风俗》:"立秋之时食瓜,曰咬秋,可免腹泻。"

——《汉语大词典·3》

秋老虎:比喻立秋以后依然炎热的天气。

——《汉语大词典·8》

秋伏:夏至后第三个庚日为初伏,第四个庚日为中伏,立秋后第一个庚日为末伏,末伏亦称秋伏。唐曹松《夏日东斋》诗:"三庚到秋伏,偶来松槛立。"

——《汉语大词典·8》

立秋:二十四节气之一。在阳历八月七、八或九日,农历七月初。《逸周书·时训》:"立秋之日,凉风至;又五日,白露降;又五日,寒蝉鸣。"《礼记·月令》:"(孟秋之月)立秋之日,天子亲帅三公、九卿、诸侯、大夫,以迎秋于西郊。还反,赏军帅、武人于朝。"《后汉书·鲁恭传》:"旧制至立秋乃行薄刑,自永元十五年以来,改用孟夏。"清潘荣陛《帝京岁时纪胜·立秋雨》:"若立秋之日得雨,则秋田畅茂,岁书大有。"

——《汉语大词典·8》

【图片资料】

蟋蟀会

七月初七

【文献资料】

　　七月皇朝祠巧夕,化生庭院罗金璧,彩线金针心咫尺,堪怜惜。星前月下遥相忆,钿盒蛛丝觇顺逆,觚棱萤度凉生腋,天巧不如人巧怪。年光掷,长生殿里空尘迹。都中人民,此日迎二郎神赛愿。富人家祀,先用麻秸奠酒为诚,买纸钱冥衣烧化于坟。谓云送寒衣,仍以新土覆墓。市中小经纪者,仍以芦苇夹棚,卖摩诃罗巧神泥塑,人物大小不等,买者纷然。宫庭宰辅、士庶之家咸作大棚,张挂七夕牵牛织女图,盛陈瓜、果、酒、饼、蔬菜、肉脯,邀请亲眷、小姐、女流,作巧节会,称曰女孩儿节。觇卜贞答,饮宴尽欢,次日馈送还家,亦古今之通俗也。上京于是日命师婆涓吉日,敕太史院涓日洒马厩,洒后车,辕軏指南,以俟后月。太庙荐新:果、菜、鷦鷯。

——《析津志辑佚·岁纪》

　　七月浮巧针,七月七日,民间有女家各以碗水暴日下,令女自投小针泛之水面,徐视水底,日影或散如花,动如云,细如线,粗如槌,因以卜女之巧。

——《宛署杂记·民风一》

　　(七月)挂地头,宛农家岁以是月祈祷年丰,各用面果送纸钱,挂田禾之上,号曰挂地头。

——《宛署杂记·民风一》

　　七月七日之午,丢巧针,妇女曝盆水日中,顷之,水膜生面,绣针投之则浮。则看水底针影,有成云物、花头、鸟兽影者,有成鞋及剪刀、水茄影者,谓乞得巧。其影粗如槌,细如丝,直如轴蜡,此拙征矣。妇或叹,女有泣者。

——《帝京景物略·卷二》

　　七月初七日,七夕节,宫眷穿鹊桥补子,宫中设乞巧山子,兵仗局伺候乞巧针。

——《酌中志·卷二十》

七月:七日,妇女曝水日中,水膜生,投以绣针则浮,视水底针影,巧则喜,拙则叹矣。

——《大兴县志·卷一·风俗考》

七月朔至七夕,各道院立坛祀星,名曰七星斗坛,盖祭北斗七星也。天坛之南北廊及斗母宫尤胜。

——《帝京岁时纪胜·七月》

七夕前数日,种麦于小瓦器,为牵牛星之神,谓之五生盆。幼女以盂水曝日下,各投小针,浮之水面,徐视水底日影,或散如花,动如云,细如线,粗如椎,因以卜女之巧。街市卖巧果,人家设宴,儿女对银河拜,咸为乞巧。

——《帝京岁时纪胜·七月》

七夕宫中最重,市上卖巧果,人家设宴,儿女对银河拜。

——《日下旧闻考·卷一四八·风俗》

九引台,七夕乞巧之所。至夕,宫女登台,以五采丝穿九孔针,先完者为得巧,迟完者谓之输巧,各出资以赠得巧者。

——《日下旧闻考·卷一四八·风俗》

七夕,各宫供像生牛郎、织女、从人、麒麟、象、羚羊、海马、狮子、獬豸、兔、海味、糖果、糖菜,俱用白糖浇成。

——《日下旧闻考·卷一四八·风俗》

七夕节,宫中立巧山子,衣鹊桥补,初一起至十四日止。中元节食银苗菜及水鸭。菜乃藕之嫩芽。鸭乃先一日煮熟凝成膏。甜食房供佛波罗蜜。西苑作法事,放河灯。

——《日下旧闻考·卷一四八·风俗》

都中人民七月祀先,用麻秸奠酒为诚,买纸钱冥衣烧化于坟,谓之送寒衣,仍以新土覆墓。市中卖摩诃罗巧神、泥塑人物大小不等。宫庭宰辅士庶之家咸作大棚,张挂七夕牵牛织女图,盛陈瓜果酒饼蔬菜肉脯,邀请女流作巧节会,称曰女孩儿节,砚卜贞咎,饮宴尽欢,次日馈送还家。

——《日下旧闻考·卷一四八·风俗》

七日前夕,以杯盛鸳鸯水,掬和露中庭,天明日出晒之,徐俟水膜生面,各拈小针投之使浮,因视水底针影之所似以验智鲁,谓之"磐巧"。

案:沈榜《宛署杂记》:"燕都女子,七日以碗水暴日中,各投小针,浮之水面,徐视水底日影,或散如花,动如云,细如线,粗如椎,因以卜女之巧。"刘侗《帝京景物略》谓之"丢巧针"。

——《清嘉录》

捣凤仙花汁,染无名指尖及小指尖,谓之"红指甲"。相传留护至明春元旦,老年人阅之,令目不昏。

案:周密《癸辛杂志》:"凤仙花,红者捣碎,入明矾少许,染指甲,用片帛缠定过夜,如此三四次,则其色深红,洗涤不去,日久渐退,回人多喜之。"《花史》:"李玉英秋日捣凤仙花染指甲。"又明瞿佑《红甲》诗云:"金盆和露捣仙葩,解使纤纤玉有瑕。一点愁凝鹦鹉喙,十分春上牡丹芽。娇弹粉泪抛红豆,戏掬花枝镂绛霞。女伴相逢频借问,几回错认守宫砂。"但不定在七夕耳。惟《崑新合志》则云:"七夕,少女捣凤仙花汁染指尖。"

——《清嘉录》

七月七夕,人家多谈牛女渡河事,或云是夜三更于葡萄架下静听,能闻牛女隐隐哭声。而穿针乞巧,今皆不举。惟六日晚间设水碗于花下,七日午中,妇女以细枝抛水中,视其影形,以占拙巧,此亦乞巧之别义也。

——《京都风俗志》

京师闺阁,于七月七日以碗水暴日下,各投小针,浮之水面,徐视水底日影,或散如花,动如云,细如线,粗如椎,因以卜女之巧拙。俗谓之丢针儿。

——《燕京岁时记》

七月七日,清晨乌鸦喜鹊飞鸣较迟,俗谓之填桥去。

谨按《日下旧闻考》:金元宫中于七月七日穿鹊桥补子,上元日穿灯景补子,端阳日穿壶卢补子。盖亦点缀节景之意。

——《燕京岁时记》

七月初七日,俗称牛郎会织女,闺人盛陈瓜果酒饵肴馔,邀请女眷作巧节,曰女儿节。是夕小女子以碗水曝月下,各投小针,浮之水面,徐视水底月影,则散如花,动如云,细如线,粗如椎,因以卜女工之巧拙焉。

——《北平岁时志·七月》

七夕，暑退凉至，自是一年佳候，至于曝衣穿针，鹊桥牛女所不论也。宋世禁中，以金银摩睺罗为玩具，分赐大臣，今内廷虽尚设乞巧山子，兵仗局进乞巧针，至宫嫔辈，则皆衣鹊桥补服，而外廷侍从，不及拜赐矣，惟大珰辈，以瓜果相饷遗。民间则闺阁儿女，尚修乞巧故事，而朝家独无闻。意者孟兰会近，道俗共趋，且中元遗祭陵寝，尤国家重典，无暇他及耳。江南李煜，以七夕生，至期其弟从益自润州赴贺，乃先一日乞巧，江浙间俱化之，遂以成俗。直至宋淳化间，始诏更定，仍为七夕，亦奇事也。

——《北平岁时志·七月》

北京女儿乞巧之风，甚为简单，并不供神，亦不上供，仅于是夕，用大碗盛清水一碗，放于空庭之中，以接清露，禁止摇荡，至次日，碗中即可结成一层极轻薄之水皮，俟至次日日中，另备一种极轻细之黍苗（京中人家所用笤帚，多黍苗捆成，故此物甚易觅），用小刀削成针形，此苗质轻，投之水面，可以不沉。小女儿环立水碗四围，轻以黍苗投于碗中，而查看碗底之影，如为细长，而宛似针形者，则谓织女已与巧矣，设为粗短等形，则谓未能得巧。其实全为日影方向之关系，乞得巧者，则舞蹈，未乞得者，则号泣，要皆小女儿常态，无足为怪。又有窃听哭声之说，据闻必须童男女于更阑夜静之时，潜赴古井之旁，或葡萄架下，屏息静听，能隐隐闻牛郎织女之哭声，谓能闻得者，此人必巧。又戏园每至七日，亦多演应时之戏，乃唐明皇与杨贵妃故事。民国十年前，王蕙芳王瑶卿又编演牛女嫁娶升天老牛破车故事，一时哄动，近年几无一处戏园不演此戏，鹊桥密誓之昆腔，无从得闻矣。

——《北平岁时志·七月》

七夕之乞巧，风俗最古，明清两朝，宫中亦举行之。王公百官以及人民之家，青年妇女，有月下穿针，花间斗草，水中泛花针，自作巧果，各出心才，以视巧拙者。又传有小儿在蒲桃（葡萄）架下井栏前，偷听牛女哭声。又传喜鹊搭桥，次日视庭院喜鹊，头必无毛，此说殊不可信。

——《北平岁时志·七月》

七月七日，俗称牛郎会织女，闺阁女子，邀请女眷作巧节，曰"儿女节"。是日小女子以碗水曝日下，各投小针（以新筱帚苗折为小段），浮之水面，徐视水底影，则散如花，动如云，细如线，粗如椎，因以卜女工之巧拙，谓之乞巧，又曰丢针。十三日至十五日为中元节，俗称鬼节，祭扫坟茔，一如清明，僧寺设盂兰会，谓之超度孤魂，糊纸为舟，长数丈，或丈余，以鬼王、鬼判官、鬼兵、鬼役乘之，寺僧相对诵经，至夜焚之，谓之"烧法船"。近年军界超度阵亡将士，多在北海举行，至夜深，于船上诵经，尤为热闹。小儿则于是夕各执纸制莲花，燃烛其上，亦有密缚香火于蒿棵之上，或执长柄荷叶，上插以烛而举之者,绕街而走,群歌曰:"莲花灯,莲花灯,今日点了明日扔。"盖留之恐不祥也。东便门外二闸,亦于中元设盂兰会,扮演秧歌狮子诸杂技,入暮,河沿燃灯,谓之放河灯。二十九日,相传为地藏王诞辰,插香于地而燃之,并有放花灯于河心,任其浮游者。是月也,蟋蟀鸣,人多养而斗之,曰"斗蛐蛐",或以之博钱。遇立秋日,有"贴秋膘"之俗,盖例于是日食肉或水饺也。(《民社北平指南》)

——《北平风俗类征》

九引堂台,七夕乞巧之所,至夕,宫女登台,以五采丝穿九尾针,先完者为得巧,迟完者谓之输巧,各出资以赠得巧者焉。(《元氏掖庭记》)

——《北平风俗类征》

七夕,各宫供象生牛郎织女,从人、麒麟、象、羚羊、海马、狮子、獬豸、兔、海味、糖果、糖菜、俱用白糖浇成。(《光禄寺志》)

——《北平风俗类征》

五生盆:种五生的盆。亦称生花盆。清潘荣陛《帝京岁时纪胜·七夕》:"七夕前数日,种麦于小瓦器,为牵牛星之神,谓之五生盆。"

——《汉语大词典·1》

七夕:农历七月初七之夕。民间传说,牛郎织女每年此夜在天河相会。旧俗妇女于是夜在庭院中进行乞巧活动。见南朝梁宗懔《荆楚岁时记》。南朝梁庾肩吾《奉使江州舟中七夕》诗:"九江逢七夕,初弦值早秋。"唐杜甫《牵牛织女》诗:"牵牛在河西,织女处其东;万古永相望,七夕谁见同!"明谢谠《四喜记·巧夕宫筵》:"时当七夕,鹊渡银河。天上人间,良宵第一。"阿英《女儿节的故事》:"农历七月七日乞巧节,又称七夕或女儿节。"

——《汉语大词典·1》

七月七:农历七月初七日。是夜为七夕。唐白居易《长恨歌》:"七月七日长生殿,夜半无人私语时。"宋王禹偁《七夕·商州作》诗:"去年七月七,直庐开独坐。"元孟汉卿《魔合罗》第四折:"你若是到七月七,那其间乞巧的将你做一家儿燕喜,你可便显神通百事依随。"

——《汉语大词典·1》

乞巧:旧时风俗,农历七月七日夜(或七月六日夜)妇女在庭院向织女星乞求智巧,称为"乞巧"。南朝梁宗懔《荆楚岁时记》:"七月七日为牵牛织女聚会之夜。是夕,人家妇女结彩缕,穿七孔针,或以金银鍮石为针,陈瓜果于庭中以乞巧,有喜子网于瓜上则以为符应。"唐林杰《乞巧》诗:"家家乞巧望秋月,穿尽红丝几万条。"元乔吉《金钱记》第二折:"秋乞巧穿针会玉仙,冬赏雪观梅到玳筵。"欧阳山《三家巷》三:"这七月七日是女儿的节日,所有的女孩子家都要独出心裁,做出一些奇妙精致的巧活儿,在七月初六晚上拿出来乞巧。"

——《汉语大词典·1》

乞巧节:我国传统节日,又名女儿节。阿英《女儿节的故事》:"农历七月七日乞巧节,又称七夕或女儿节。"

——《汉语大词典·1》

乞巧楼:乞巧的彩楼。唐王建《宫词》之九二:"每年宫女穿针夜,敕赐诸亲乞巧楼。"五代王仁裕《开元天宝遗事》卷下:"宫中以锦结成楼殿,高百尺,上可以胜数十人,陈以瓜果酒炙,设坐具以祀牛女二星,嫔妃各以九孔针五色线向月穿之,过者为得巧之候,动清商之曲,宴乐达旦,谓之乞巧楼。"宋孟元老《东京梦华录·七夕》:"至初六日七日晚,贵家多结彩楼于庭,谓之乞巧楼。"明梁辰鱼《普天乐·咏时序悼亡》曲:"羡谁家乞巧楼头,笑声喧玉倚香隁。"

——《汉语大词典·1》

丢巧针:亦称"丢针儿"。旧时七月七日乞巧的风俗。明刘侗、于奕正《帝京景物略·春场》:"七月七日之午,丢巧针。妇女曝盎水日中,倾之,水膜生面,绣针投之则浮;则看水底针影,有成云物、花头、鸟兽影者,有成鞋及剪刀、水茄影者,谓乞得巧。"清富察敦崇《燕京岁时记·丢针》:"京师闺阁,于七月七日以碗水暴日下,各投小针,浮之水面,徐视水底日影,或散如花,动如云,细如线,粗如椎,因以卜女之巧拙。俗谓之丢针儿。"又旧时宫廷习俗,则以五彩丝穿九孔针,先穿完的为得巧,迟为输巧。

——《汉语大词典·2》

巧夕:即七夕,农历七月七日之夜。古代妇女于是夜穿针乞巧,故称。宋刘克庄《即事》诗之三:"粤人重巧夕,灯火到天明。"明何景明《七夕》诗:"楚客旅魂惊巧夕,燕京风俗斗穿针。"

——《汉语大词典·2》

星桥:神话中的鹊桥。北周庾信《舟中望月》诗:"天汉看珠蚌,星桥似桂花。"宋李清照《行香子》词:"星桥鹊驾,经年才见,想离情、别恨难穷。"陶牧《七夕和傲庐》:"只有星桥仍可渡,天孙日守岁寒盟。"

——《汉语大词典·5》

洗车雨:旧称"七夕"前后下的雨。一说专指农历七月初六日下的雨。唐杜牧《七夕》诗:"最恨明朝洗车雨,不教回脚渡天河。"《岁时广记·七夕上·洒泪雨》引宋吕原明《岁时杂记》:"七月六日有雨,谓之洗车雨。七日雨则云洒泪雨。"清黄景仁《七月八日夜雨偶成》诗:"今年洗车雨,应作洗尘看。"

——《汉语大词典·5》

洒泪雨:农历七月七日所下之雨。《岁时广记·七夕上》引宋吕原明《岁时杂记》:"七月六日有雨,谓之洗车雨。七日雨则云洒泪雨。"

——《汉语大词典·6》

牛郎织女:牵牛星(俗称牛郎星)和织女星。两星隔银河相对。神话传说:织女是天帝孙女,长年织造云锦,自嫁河西牛郎后,就不再织。天帝责令两人分离,每年只准于七月七日在天河上相会一次。俗称"七夕"。相会时,喜鹊为他们搭桥,谓之鹊桥。古俗在这天晚上,妇女们要穿针乞巧。见《月令广义·七月令》引南朝梁殷芸《小说》、南朝梁宗懔《荆楚岁时记》《岁华纪丽》卷三引汉应劭《风俗通》。明汪廷讷《种玉记·赴约》:"牛郎织女图欢会,蜂喧蝶嚷须回避。"清郑燮《范县署中寄舍弟墨第四书》:"尝笑唐人七夕诗,咏牛郎织女,皆作会别可怜之语,殊失命名本旨。"

——《汉语大词典·6》

乌鹊桥:即鹊桥。神话传说,旧历七月初七之夜,乌鹊填天河成桥,以渡牛郎、织女相会。唐李郢《七夕》诗:"乌鹊桥头双扇开,年年一度过河来。莫嫌天上稀相见,犹胜人间去不回。"后以喻指男女相会或相会处。唐刘商《送女子》诗:"青娥宛宛聚为裳,乌鹊桥成别恨长。"唐宋之问《明河篇》:"鸳鸯机上疏萤度,乌鹊桥边一雁飞。"宋贺铸《减字浣溪沙》词之九:"乌鹊桥边河络角,鸳鸯楼外月西南。门前嘶马弄金衔。"

——《汉语大词典·7》

斜汉:指秋天向西南方向偏斜的银河。《文选·谢庄〈月赋〉》:"斜汉左界,北陆南躔。"李善注:"汉,天汉也。"李周翰注:"秋时又汉西南斜,远于左界。"宋王禹偁《七夕应制》诗:"斜汉横空瑞气浮,桥边乌鹊待牵牛。"清陆圻《七夕有感》诗:"黄姑鸹鹊通斜汉,明月婵娟照戍楼。"

——《汉语大词典·7》

相连爱：汉时习俗，七夕以彩线相缚，表示相爱。《西京杂记》卷三："(高祖)七月七日临百子池，作于阗乐，乐毕，以五色缕相羁，谓为'相连爱'。"宋曾慥《类说》录《西京杂记》作"相怜爱"。

——《汉语大词典·7》

秋期：指七夕。牛郎织女约会之期。唐沈佺期《牛女》诗："粉席秋期缓，针楼别怨多。"唐杜甫《月》诗："天上秋期近，人间月影清。"唐崔涂《七夕》诗："年年七夕渡瑶轩，谁道秋期有泪痕。"

——《汉语大词典·8》

穿针：旧时风俗，农历七月七日夜妇女穿七孔针向织女星乞求智巧。唐王勃《七夕赋》："海人支石之机，江女穿针之阁。"明何景明《七夕》诗："闺中捣素思关塞，楼上穿针待女牛。"冰心《寄小读者》二四："席散后，我忽忆未效穿针乞巧故事，否则也在黑暗中撮弄她们一下子，增些欢笑。"

——《汉语大词典·8》

穿针戏：旧时风俗，农历七月七日夜，妇女竞穿七孔针为戏，谓可从织女星求得智巧。唐沈亚之《为人撰乞巧文》："邯郸人妓妇李容子，七夕祀织女，作穿针戏。"

——《汉语大词典·8》

绮节：七夕之别称。南朝梁武帝《七夕》诗："妙会非绮节，佳期乃良年。"明夏完淳《秋怀》诗之五："佳期非绮节，妙会乃凉夕。"《渊鉴类函·岁时·七月七日》："绮节，是夕乃罗织之节也。"

——《汉语大词典·9》

输巧：元代宫女于七夕乞巧，穿针落人后者为"输巧"。明陶宗仪《元氏掖庭记》："九引堂，七夕乞巧之所。至夕，宫女登台，以五采丝穿九尾针，先完者为得巧，迟完者谓之输巧，各出资以赠得巧者焉。"

——《汉语大词典·9》

贺双星：民间传说农历七月七日夜牛郎织女相会于天河。习俗以是夕供设花果，穿针乞巧，谓之"贺双星"。清李光庭《乡言解颐·天部·星》："七夕，陈瓜果，祀牛郎织女，谓之贺双星。"

——《汉语大词典·10》

赐巧：传说七夕，天上牛郎织女相会，赐人间妇女以智巧。《剪灯余话·贾云华还魂记》："夫人曰：'世谓今宵天孙赐巧，小女辈未能免俗，谩设瓜果之筵，亦尝命之赋小诗，以纪佳节。'"

——《汉语大词典·10》

双七：指农历七月初七日。明黎遂球《素馨赋》："于是重五之昼，双七之宵，或张翠幄于龙舫，或方兰舟为鹊桥。"

——《汉语大词典·11》

双夕：指七夕。南朝宋鲍照《和王义兴七夕》："匹命无单年，偶影有双夕。"

——《汉语大词典·11》

魔合罗：旧俗农历七月初七用以表示送子的吉祥物。亦作为玩偶。元孟汉卿《魔合罗》第一折："每年家赶这七月七日入城来卖一担魔合罗。"明沈自征《霸亭秋》："牛表弟，许我一个魔合罗，至今不曾讨得。"引身为漂亮、可爱。元马致远《任风子》第三折："将来魔合罗孩儿，知他谁是谁。"元杨暹《西游记》第五本第十九出："（行者云）小鬼，对恁公主说，大唐三藏国师魔合罗俊徒弟孙悟空来求见。"

——《汉语大词典·12》

鹊填河：俗传七夕喜鹊填河成桥以渡牛郎、织女。唐白居易《和微之诗·和祝苍华》："秃似鹊填河，堕如乌解羽。"清叶衍兰《菩萨蛮·甲午感事》词："珊瑚金翡翠，滴尽鲛人泪。遗恨鹊填河，波斯得宝多。"

——《汉语大词典·12》

鹊填桥：俗传农历七月初七，清晨乌鹊飞鸣较迟，谓之填桥去。比喻撮合男女婚事。清李渔《蜃中楼·训女》："你休得要怨波涛，却不道时来自有鹊填桥。"

——《汉语大词典·12》

鹊驾：犹鹊桥。明王錂《春芜记·团圆》："度春风欢娱百年，星河鹊驾高悬。"清刘遵燮《疏影·七夕分得牵牛花》词："明河鹊驾今河夕，可记否，迢迢星路，恁锦秋，翠瘦凉添，但放小斋幽处。"

——《汉语大词典·12》

鹊驾银河：俗传七夕鹊鸟架桥于银河以渡牛郎、织女。借指婚配。清蒲松龄《八月为李大厅复孙俊服启》："因而春行宝帐，赤绳自生前系定，遂教鹊驾银河。"

——《汉语大词典·12》

鹊桥：民间传说天上的织女七夕渡银河与牛郎相会，喜鹊来搭成桥，称鹊桥。常用以比喻男女结合的途径。唐韩鄂《岁华纪丽·七夕》："七夕鹊桥已成，织女将渡。"原注引《风俗通》："织女七夕当渡河，使鹊为桥。"明陆采《怀香记·相思露意》："若得鹊桥通一渡，管教织女会牛郎。"

——《汉语大词典·12》

【诗词歌赋】

迢迢牵牛星

东汉·佚名

迢迢牵牛星，皎皎河汉女。
纤纤擢素手，札札弄机杼。
终日不成章，泣涕零如雨。
河汉清且浅，相去复几许？
盈盈一水间，脉脉不得语。

七月七日夜咏牛女

南朝·宋·谢惠连

落日隐櫩楹，升月照帘栊。
团团满叶露，析析振条风。
蹀足循广除，瞬目瞩曾穹。
云汉有灵匹，弥年阙相从。
遐川阻昵爱，修渚旷清容。
弄杼不成藻，耸辔骛前踪。

昔离秋已两,今聚夕无双。
倾河易回斡,欸情难久惊。
沃若灵驾旋,寂寥云幄空。
留情顾华寝,遥心逐奔龙。
沉吟为尔感,情深意弥重。

七夕穿针

南朝·梁·柳恽

代马秋不归,缁纨无复绪。
迎寒理衣缝,映月抽纤缕。
的皪愁睇光,连娟思眉聚。
清露下罗衣,秋风吹玉柱。
流阴稍已多,余光亦难取。

奉使江州舟中七夕

南朝·梁·庾肩吾

九江逢七夕,初弦值早秋。
天河来映水,织女欲攀舟。
汉使俱为客,星槎共逐流。
莫言相送浦,不及穿针楼。

七 夕

南朝·陈·江总

汉曲天榆冷,河边月桂秋。
婉娈期今夕,㲉飙渡浅流。
轮随列宿转,路逐彩云浮。
横波翻泻泪,束素反缄愁。
此时机杼息,独向红妆羞。

七 夕

隋·王眘

天河横欲晓,凤驾俨应飞。
落月移妆镜,浮云动别衣。
欢逐今宵尽,愁随还路归。
犹将宿昔泪,更上去年机。

牛 女 星

唐·宋之问

粉席秋期缓,针楼别怨多。
奔龙争渡月,飞鹊乱填河。
失喜先临镜,含羞未解罗。
谁能留夜色,来夕倍还梭。

七 夕

唐·沈佺期

秋近雁行稀,天高鹊夜飞。
妆成应懒织,今夕渡河归。
月皎宜穿线,风轻得曝衣。
来时不可觉,神验有光辉。

天 河

唐·杜甫

常时任显晦,秋至辄分明。
纵被微云掩,终能永夜清。
含星动双阙,伴月照边城。
牛女年年渡,何曾风浪生?

七 夕

唐·李贺

别浦今朝暗,罗帷午夜愁。
鹊辞穿线月,萤入曝衣楼。
天上分金镜,人间望玉钩。
钱塘苏小小,又值一年秋。

七 夕

唐·白居易

烟霄微月澹长空,银汉秋期万古同。
几许欢情与离恨,年年并在此宵中。

秋 夕

唐·杜牧

银烛秋光冷画屏,轻罗小扇扑流萤。
天阶夜色凉如水,卧看牵牛织女星。

二 郎 神

宋·柳永

　　炎光谢。过暮雨、芳尘轻洒。乍露冷风清庭户,爽天如水、玉钩遥挂。应是星娥嗟久阻,叙旧约、飚轮欲驾。极目处、微云暗度,耿耿银河高泻。　闲雅。须如此景,古令无价。运巧思、穿针楼上女,抬粉面、云鬟相亚。钿合金钗私语处,算谁在、回廊影下。愿天上人间,占得欢娱,年年今夜。

鹊 桥 仙

宋·欧阳修

　　月波清霁,烟容明淡,灵汉旧期还至。鹊迎桥路接天津,映夹岸、星榆点缀。云屏未卷,仙鸡催晓,肠断去年情味。多应天意不教长,恁恐把、欢娱容易。

鹊桥仙 七夕

宋·秦观

纤云弄巧,飞星传恨,银河迢迢暗渡。金风玉露一相逢,便胜却人间无数。
柔情似水,佳期如梦,忍顾鹊桥归路!两情若是久长时,又岂在朝朝暮暮。

鹊桥仙 七夕送陈令举

宋·苏轼

缑山仙子,高情云渺,不学痴牛騃女。凤箫声断月明中,举手谢、时人欲去。
客槎曾犯,银河微浪,尚带天风海雨。相逢一醉是前缘,风雨散,飘然何处?

行香子 七夕

宋·李清照

草际鸣蛩,惊落梧桐。正人间、天上愁浓。云阶月地,关锁千重。纵浮槎来,浮槎去,不相逢。　星桥鹊驾,经年才见,想离情、别恨难穷。牵牛织女,莫是离中。甚霎儿晴,霎儿雨,霎儿风。

鹊桥仙 七夕

宋·范成大

双星良夜,耕慵织懒,应被群仙相妒。娟娟月姊满眉颦,更无奈、风姨吹雨。
相逢草草,争如休见,重搅别离心绪。新欢不抵旧愁多,倒添了、新愁归去。

鹧鸪天

金·党怀英

云步凌波小凤钩,年年星汉踏清秋。只缘巧极稀相见,底用人间乞巧楼。
天外事,两悠悠。不应也作可怜愁。开帘放入窥窗月,且尽新凉睡美休。

中吕　喜春来　四节之三

元·无名氏

天孙一夜停机暇,人世千家乞巧忙。想双星心事密话头长。七月七,回首笑三郎。

七　夕

明·冯琦

天空露下夜如何?漫道双星已渡河。
见说人间方恤纬,可知天上不停梭。

白门七夕　时将入燕

明·李流芳

旧日维舟处,悬情独柳条。
秋风又京国,客思正江潮。
长路有时到,欢期难再邀。
徘徊望牛女,愁绝向中宵。

咏牛女

明·叶小鸾

碧天云散月如眉,汉殿新张翠锦帷。
只恐夜深还未睡,双双应话隔年悲。

鹧鸪天　七夕后一日咏织女

明·杨宛

迢递佳期又早休,鹊桥无计为迟留。临风吹散鸳鸯侣,对月空思鸾凤俦。
从别后,两悠悠,封题锦字倩谁投?金梭慵懒添愁绪,泪逐银河不断流。

七 夕

清·陈确

天上佳期隔岁遥,悠悠那得至今宵。
人皆乞巧穿新月,我独如痴拜碧霄。
织女长年嗟汉广,耕夫迄日痛禾焦。
若为尽泻银河水,夜夜相逢不待桥。

浪淘沙 七夕

清·董元恺

新月一弓弯,乌鹊桥环,云辀缥缈度银湾。天上恐无莲漏滴,忘却更残。
莫为见时难,锦泪潸潸,有人犹自独凭栏。如果一年真一度,还胜人间。

七夕次嶰筠韵

清·林则徐

金风吹老鬓边丝,如此良宵醉岂辞?
莫说七襄天上事,早空杼柚有谁知。

鹊桥仙 七夕 时苦久旱

清·何采

每年乞巧,今年乞雨,望断穿针眼角。田头无黍陌无桑,梭和轭、一时齐阁。
萤辉乱点,蛛丝忙缀,闲煞填桥乌鹊。双星欲渡但蹇裳,趁此夕、银河水涸。

【图片资料】

七夕节

年画牛郎织女

织女

比巧图

穿针乞巧

乞巧图

牛郎相配

牛郎织女

六夕乞巧

织布

牛郎织女

牛郎会

牛郎搬家

天河相隔

七月七

文窗刺绣

天河洗浴

乞巧果

弹琴

桐荫乞巧

七月十三

【文献资料】

七月十三日,夜,天子于宫西三十里卓帐宿焉。前期,备酒馔。翼日,诸军部落从者皆动蕃乐,饮宴至暮,乃归行宫,谓之"迎节"。

——《辽史·卷五三》

七月十三日至十五日,迎节、送节、笑节。

——《日下旧闻考·卷一四八·风俗》

七月十四

【文献资料】

秋禊:亦作"秋禊"。古人于农历七月十四日至水滨举行的祓除不祥的祭祀活动。清钱泳《履园丛话·谭诗》:"中丞尝于九峰园作秋禊之会。"清龚自珍《贺新凉》词:"病蝶凉蝉狂不得,还许虎丘秋禊。"诸宗元《答刘三见怀》诗:"小饮尚思秋禊乐,狂歌不畏市人讥。"

——《汉语大词典·8》

七月十五

【文献资料】

(七月)十五日中元,动汉乐,大宴。

——《辽史·卷五三》

金因辽旧俗,以重五、中元、重九日行拜天之礼。重五于鞠场,中元于内殿,重九于都城外。其制,剡木为盘,如舟状,赤为质,画云鹤文。为架高五六尺,置盘其上,荐食物其中,聚宗族拜之。若至尊则于常武殿筑台为拜天所。

——《金史·卷三五》

祭麻谷。宛平西山一带,乡民以(七月)十五日取蜀黍苗、麻苗、粟苗,连根带土,缚竖门之左右,别束三丛,立之门外,供以面果,呼为祭麻谷。

——《宛署杂记·民风一》

岁中元夜,盂兰会,寺寺僧集,放灯莲花中,谓灯花,谓花灯。酒人水嬉,缚烟火,作凫、雁、龟、鱼,水火激射,至菱花焦叶。是夕,梵呗鼓铙,与宴歌弦管,沉沉昧旦。

——《帝京景物略·卷一》

(七月)十五日,诸寺建盂兰盆会,夜于水次放灯,曰放河灯。最胜水关,次泡子河也。上坟如清明时,或制小袋以往,祭甫讫,辄于墓次掏促织,满袋则喜,秫竿肩之以归。

——《帝京景物略·卷二》

崇文门东城角,洼然一水,泡子河也。……岁中元鬼节,放灯亦如水关。

——《帝京景物略·卷二》

(七月)十五日中元,甜食房进供佛波罗蜜,西苑做法事,放河灯;京都寺院咸做盂兰盆追荐道场,亦放河灯于临河去处也。是月也,吃鲥鱼,为盛会,赏桂花。斗促织,善斗者一枚可值十余两不等，各有名色，以赌博求胜也。

——《酌中志·卷二十》

七月：十五日，诸寺建盂兰会，放灯度鬼，祭扫如清明时。

——《大兴县志·卷一·风俗考》

中元祭扫，尤胜清明。绿树阴浓，青禾畅茂，蝉鸣鸟语，兴助人游。庵观寺院，设盂兰会，传为目莲僧救母日也。街巷搭苫高台、鬼王棚座，看演经文，施放焰口，以济孤魂。锦纸扎糊法船，长至七八十尺者，临池焚化。点燃河灯，谓以慈航普渡。如清明仪，异请都城隍像出巡，祭厉鬼。闻世祖朝，曾召戒衲木陈玉林居万善殿。每岁中元建盂兰道场，自十三日至十五日放河灯，使小内监持荷叶燃烛其中，罗列两岸，以数千计。又用琉璃作荷花灯数千盏，随波上下。中流驾龙舟，奏梵乐，作禅诵，自瀛台南过金鳌玉𬭎桥，绕万岁山至五龙亭而回。河汉微凉，秋蟾正洁，至今传为胜事。都中小儿亦于是夕执长柄荷叶，燃烛于内，青光荧荧，如磷火然。又以青蒿缚香烬数百，燃为星星灯。镂瓜皮，掏莲蓬，俱可为灯，各具一质。结伴呼群，邀游于天街经坛灯月之下，名斗灯会，更尽乃归。

——《帝京岁时纪胜·七月》

七月十五日，燕城乡民，蜀黍苗、麻粟苗连根及土缚竖门之左右，别束三丛立之门外，供以面果，呼为祭麻谷。

中元节前，上冢如清明，各寺设盂兰会，以长椿寺为盛。晦日谓是地藏佛诞，供香烛于地，积水潭、泡子湖各有水灯。

燕市七月十五夜，儿童争持长柄荷叶，然灯其中，绕街而走，青光荧荧若磷火然。欧阳原功《渔家傲》词：七月都城争乞巧。荷花旖旎新棚笊。龙袖娇民儿女狡。偏相搅，穿针月下浓妆佼。　碧玉莲房和柄拗。晡时饮酒醒时卯。淋罢麻秸秋雨饱。新凉稍，夜灯叫买鸡头炒。

——《日下旧闻考·卷一四八·风俗》

中元节食银苗菜及水鸭。菜乃藕之嫩芽。鸭乃先一日煮熟凝成膏。甜食房供佛波罗密。西苑作法事，放河灯。

——《日下旧闻考·卷一四八·风俗》

七月十五为中元节，时俗多以是日祀其先世。

——《水曹清暇录·卷九》

(七月)十五夜,儿童争持长柄荷叶,然灯其中,绕街而走,青光荧荧,若磷火然。

——《光绪顺天府志·京师志·风俗》

七月十五日为中元节,俗传地官赦罪之辰。人家上塚,奠先人如清明仪。僧家建盂兰盆会,诵经斋醮,焚化纸船,谓之法船,以为渡幽冥孤独之魂。市中卖各种花灯,皆以纸作莲瓣攒成,总谓之莲花灯。亦有卖带梗荷叶者,谓之荷叶灯。晚间,小儿三五成群,各举莲花、荷叶之灯,绕巷高声云"莲花灯,莲花灯,今天点了明天扔"。或以短香遍粘蒿上,或以大茄满插短香,谓之蒿子灯、茄子灯等名目。此燃香之灯于暗处,如万点萤光、千星鬼火,亦可观也。

——《京都风俗志》

中元黄昏以后,街巷儿童以荷叶燃灯,沿街唱曰:"荷叶灯,荷叶灯,今日点了明日扔。"又以青蒿粘香而燃之,恍如万点流萤,谓之蒿子灯。市人之巧者,又以各色彩纸制成莲花、莲叶、花篮、鹤鹭之形,谓之莲花灯。

谨按《日下旧闻考》:荷叶灯之制,自元明以来即有之,今尚沿其旧也。

——《燕京岁时记》

中元日各寺院制造法船,至晚焚之。有长至数丈者。

——《燕京岁时记》

中元日各寺院设盂兰会,燃灯唪经,以度幽冥之沉沦者。按释经云:目连以母生饿鬼中不得食,佛令作盂兰盆会,于七月十五日以五味百果著盆中,供养十方大德,而后母得食。目连白佛,凡弟子行孝顺者亦应奉盂兰盆供养。佛言大善。后世因之。又《释氏要览》云:盂兰盆乃天竺国语,犹华言解倒悬也。今人设盆以供,误矣。

——《燕京岁时记》

运河二闸,自端阳以后游人甚多。至中元日例有盂兰会,扮演秧歌、狮子诸杂技。晚间沿河燃灯,谓之放河灯。中元以后,则游船歇业矣。

按《宸垣识略》:大通桥在东便门外,至通州石坝计四十里。地势高下四丈,中间设庆丰等五闸以蓄水。每闸各设官吏,编夫一百八十名,造驳船三百只。大通河旧名通惠河,元郭守敬所凿。

——《燕京岁时记》

江南城隍庙在正阳门外南横街之东,先农坛西北。本朝康熙年建,内有城隍行宫。

每岁中元及清明、十月一日有庙市,都人迎赛祀孤。

——《燕京岁时记》

钓鱼台,俗名望海楼,即金代同乐园,又名鱼藻池,今为行宫。每岁中元节日,游人多聚此。名为观河灯,实无灯可观。

——《天咫偶闻·卷九》

七月十五日,城隍庙赦孤。钓鱼台看河灯。各寺烧法船。阜成门内荷花灯市。儿童点蒿灯、荷叶灯。人家上冢。

——《天咫偶闻·卷十》

岁中元,京师各庙必陈设火戏。其资以点缀灯景者,有火判。盖即黄泥所塑之鬼判官也。高可径丈,其中枵然,空其口耳,燃以煤火焰,炎炎须舌奋张,殊可吓人。

花灯夜明香不散,家家出游拜火判。善恶在簿出入权,出世衙门充掌案。看尔有火自烧身,无火冷落便不神。可怜兵燹图籍毁,六部老例成灰尘,泥塑不动踞要津。

——《王凤笺题》

京师儿童于七月望,每以巨本之蒿植于庭上,系香而燃之。谓之点蒿灯。

蒿子灯然千万点,城南夜碧鬼燐焰。荷灯更放泡子河,盂兰会赀僧伽敛。兵轮球上电气灯。百里远视西月升。熏蒿九庙罢享祀,背灯大典相因仍,蒿宫端拱当中兴。

——《王凤笺题》

七月中元夜,街市放焰口,点蒿子香,燃荷叶灯。

——《北平岁时志·七月》

(七月)十五日为中元节,俗称鬼节,上冢者多,一如清明。僧寺设盂兰会,拯救孤魂,糊纸为舟,长数丈或丈余,以鬼官鬼兵鬼役乘之,寺僧相对讽经,至夜焚之,谓之烧法船。小儿则于是夕各执长柄荷叶,及纸制莲花,燃烛其上,亦有密缚香火于蒿稞之上,而举之者,绕街而走,群歌曰:"莲花灯,今日点了明日扔。"盖以留之为不祥也。东便门外二闸,亦于中元设盂兰会,扮演秧歌,狮子诸杂技,入暮,沿河燃灯,谓之放河灯。

——《北平岁时志·七月》

七月十五日,为江南城隍庙庙会,居民多于此赛神。

——《北平岁时志·七月》

南下洼之江南城隍庙,西城之都城隍庙,及东岳庙,是日均开庙。三十年前,京中大庙,多于是日高搭法台,放焰口以超渡孤苦游魂,居民于此日,亦替亡者焚化纸包裹等冥物,以尽慎终追远之意,惟烧纸多在寓所门外,不必远赴坟茔,与清明上坟,微有别耳。是日夕阳初下,灯火齐张之时,则街巷儿童,结伙成群,高举纸莲花灯一枝,中燃小蜡,万盏争辉,盈满街市,并高喊小歌云:"莲花灯,莲花灯,今儿点了明儿扔。"随喊随游,次日即弃之矣。灯用五色纸,绉作莲花瓣形,攒成莲花一朵,上方有可燃小蜡之处,下部以秫秸杆擎之,手工不甚精致。制卖者为一种临时营业,自七月初,即有于各处摆售者,至十五日为止。从前经营此种营业,除另有手巧之人,再即为冥衣铺,于长夏无事之时,多预制此项纸灯,以为临时投机之买卖,因价值甚低(从前每枝售京钱五六文,近则已涨一角左右),制造不甚精巧,仅具模型而已。此外别种之灯,各色甚多,有所谓荷叶灯者,乃选鲜荷叶一枝,叶心钳以小蜡,入夜燃之,绿光莹莹外映,如翡翠半笼,颇可爱也。又有蒿子灯者,系以大青蒿子一棵,在各旁枝上,用纸条粘联线香数寸,晚间将香头一一燃着,虽不甚明亮,然明星万点,亦极可观。又有龙灯者,用纸粘香头联成两串,首尾用纸糊成龙头龙尾之形,以数人举之,远观则蜿蜒活动颇似龙形。又有西瓜灯者,冬瓜灯者,茄子灯者,系将西瓜等类外部破皮,用小刀剜成花形,及鱼兽鱼龙等形,将内部之瓤子取出,只于花纹内部留极薄之嫩瓤一层,可以透明,再于上部拴一可以提系之小铁丝,内燃以蜡,极为玲珑可观。尚有一种精致莲灯,亦系用纸制之,莲花瓣攒凑成,而形式绝佳,此种灯系专为贵族子弟而设,以三十年前之生活程度,竟有一枝新灯售银二三十两者。内城以阜城门内宫门口,东四牌楼,及后门外鼓楼三处,为最驰名。专售予各王公府第,及内务府之儿童。此辈素惯挥霍,以数十两之银票,买一新鲜之玩物,并不为奇。此项营业,成本甚微,获利极丰。然有时令之限,倘一逾十五日之夕,即半文钱亦不值矣,或连遇阴雨,赔累亦属非浅,亦投机事业也。

——《北平岁时志·七月》

中元法船,计有真船纸船之分。真船系借用各河中载人运货小木船,船上高搭法台,请和尚在台上念经放焰口。纸船系用纸糊扎而成者,船上亦扎列和尚念经之形式,船头罗列种种鬼形。至夜请真和尚放焰口,然后将此纸法船焚化。真法船则放于河中,如朝阳门外及二闸河中,照例用大木船一只,或平列两小船,上扎彩台一。夜间,诸法师高登法座,放乎中流,漫游河内,放其焰口,并有施食放灯之举。施食者,放焰口之际,将生米及馒首,抛于河内。放河灯者,用油纸叠成方斗一个,中有油纸之拈燃点后,放于水面,如遇风清月白之夜,水波不兴,则明星万点,浮于水面,盖取佛法无边,莲灯万盏之意,且用以超渡溺鬼,因运河二闸,每年必有溺死者故也。

——《北平岁时志·七月》

中元节,又名鬼节,民国以来,北海天王殿,有追悼阵亡将士之会,请喇嘛僧念经,上灯后有施食焰口,并糊冥器,且有唐克车及轮船汽车,此则昔年之所无,今始有之。北京自佛教会成立,每年京城八大刹,均有济孤焰口,焚烧法船,东岳庙白云观二闸,亦有法船,并于水次放河灯。什刹海之北岸佑圣寺僧人法林者,亦在河干放焰口施食送法船,水中有河灯。近年人家点青蒿灯者尚有之,或以瓜皮镌刻为灯,茄子插香,点成火球。又有市上所卖纸糊莲花灯,以纸做成荷瓣,复以竹条作架,糊成花篮,绣球,飞艇,小船,小车,但纸价人工,比早年则昂,灯之工精技巧者,其价约须二三圆,最次之莲花灯,每只亦须四五枚也。

——《北平岁时志·七月》

中元节,家家上坟祭祖。近年散兵流亡为匪,四郊青苗满地,匪则易于藏身,上坟车马,时有被匪劫夺之事;故中元上坟者,多裹足不前,大半皆在家上供,焚纸包袱。上书先会祖考妣某公某夫人收用,下款则书会孙某奉祀奠,先妣考祖某公某夫人,下款书孙某某奉祀奠,先考先妣某公某夫人收用,下款则书男某某奉祀奠,包袱内贮以金银锞白纸钱冥钞票,供毕,在街焚之。

——《北平岁时志·七月》

七月里秋爽天,盂兰会上正好游玩,玩童最喜黄昏后,点上蒿子灯,闹了一院子烟。夜深沉,看法船,金桥银桥,信女善男,僧道念罢经一卷,超度亡魂早升天。(《北平俗曲十二景》)

清宗室文昭京师竹枝词:"坊巷游人入夜喧,左连哈达右前门,绕城秋水河灯满,今夜中元似上元。"(《紫幢轩集》)

京都竹枝词:"御河桥畔看河灯,法鼓金铙施食能。烧过法船无剩鬼,月明人静水澄澄。"(《游览门》)

西华门外又见众小儿以莲茎荷叶承烛于上,微风吹动,绿光冉冉,为南中所未有。(《金台游学草注》)

中元不为节,惟祭扫坟茔。初间街头便有以彩纸作莲花及各种花篮、鹤鹭之形卖者,自十五日黄昏后,各巷儿童皆以纸莲荷叶,燃灯其中,群行喊之:"荷叶灯,荷叶灯,今日点了明日扔。"众口一词。又以巨蒿粘香,遍垂而燃之,如万点萤。又有好事者,糊棺材,屎桶各灯,假锣鼓行敲之,有哭舅舅者。(《春明采风志》)

七月下旬,则枣实垂红,葡萄缀紫,担负者往往同卖。(《燕京岁时记》)

——《北平风俗类征》

京师八日秋社,各以社糕社酒相馈送,贵戚宫院,多切肉和蔬果,铺于饭上,谓之社饭,人家妇女,皆归外家,姨舅辄以新葫芦贻之,云宜外甥。(《自得语》)

——《北平风俗类征》

七月半,蚊虫像石钻。八月半,蚊虫去一半。九月半,蚊嘴开花死了散。

——《北京市志稿·礼俗志》

七月半:指农历七月十五日中元节,旧俗于此日设祭超度亡故亲人,称盂兰盆。北齐颜之推《颜氏家训·终制》:"若报罔极之德,霜露之悲,有时斋供,及七月半盂兰盆,望于汝也。"

——《汉语大词典·1》

中元:指农历七月十五日。旧时道观于此日作斋醮,僧寺作盂兰盆会,民俗亦有祭祀亡故亲人等活动。唐韩鄂《岁华纪丽·中元》:"道门宝盖,献在中元。释氏兰盆,盛于此日。"唐令狐楚《中元日赠张尊师》诗:"偶来人世值中元,不献玄都永日间。"清孔尚任《桃花扇·闲话》:"昨夜乃中元赦罪之期,想是赴盂兰会的。"冯至《北游》诗:"清冷的月色使我忽然想起,啊,今天是我忘掉了的中元。"亦称中元节。前蜀花蕊夫人《宫词》之一三一:"法云寺里中元节,又是官家诞降辰。"沈从文《从文自传·一个老战兵》:"这天正是七月十五中元节,我记得分明,到河边还为的是拿了些纸钱同水酒白肉奠祭河鬼。"

——《汉语大词典·1》

佛腊日:佛教以农历七月十五日为佛腊日。腊是岁末之意。宋赞宁《僧史略·赐夏腊》:"所言腊者,经律中以七月十六日是比丘五分法身生来之岁首,则七月十五日是腊除也。比丘出俗,不以俗年为计,乃数夏腊耳,经律又谓十五日为佛腊日也。"

——《汉语大词典·1》

佛欢喜日:佛教节日。农历七月十五日。又名僧自恣日。《盂兰盆经》:"善男子,若有比丘、比丘尼、国王、太子、王子、大臣、宰相、三公、百官、万民、庶人行孝慈者,皆应为所生现在父母、过去七世父母,于七月十五日佛欢喜日、僧自恣日,以百味饮食安盂兰盆中,施十方自恣僧。"

——《汉语大词典·1》

放河灯:旧俗于农历七月十五日中元节夜,燃莲花灯于水上以烛幽冥,谓之"放河灯"。明刘侗、于奕正《帝京景物略·春场》:"七月十五日,诸寺建盂兰盆会,夜于水次放灯,曰放河灯。"清富察敦崇《燕京岁时记·放河灯》:"运河二闸,自端阳以后游人甚多,至中元日例有盂兰会……晚间沿河燃灯,谓之放河灯。"清潘荣陛《帝京岁时纪胜·中元》:"每岁中元建盂兰道场,自十三日至十五日放河灯,使小内监持荷叶燃烛其中,罗列两岸,以数千计。又用琉璃作荷花灯数千盏,随波上下。"

——《汉语大词典·5》

水灯:指旧俗七月十五日中元节施放的河灯。清于敏中《日下旧闻考·风俗》:"晦日谓是地藏佛诞,供香烛于地,积水潭、泡子湖各有水灯。"

——《汉语大词典·5》

盂兰盆:①旧传目连从佛言,于农历七月十五日置百味五果,供养三宝,以解救其亡母于饿鬼道中所受倒悬之苦。见《盂兰盆经》。南朝梁以降,成为民间超度先人的节日。是日延僧尼结盂兰盆会,诵经施食。后亦演为仅具祭祀仪式而不延僧尼者。北齐颜之推《颜氏家训·终制》:"若报罔极之德,霜露之悲,有时斋供,及七月半盂兰盆,望于汝也。"唐玄应《一切经音义》卷十三:"盂兰盆正言乌蓝婆拏,此译云倒悬。案西国法,至于众僧自恣之日,盛设佛具,奉施佛僧,以救先亡倒悬之苦……旧云盂兰盆是贮食之器,此言讹也。"②指农历七月十五日用于超度亡人的供器。《旧唐书·王缙传》:"代宗七月望日于内道场造盂兰盆,饰以金翠,所费百万。"宋孟元老《东京梦华录·中元节》:"又以竹竿斫成三脚,高三五尺,上织灯窝之状,谓之盂兰盆,挂搭衣服冥钱,在上焚之。"亦省称"盂兰"。唐杨炯《盂兰盆赋》:"陈法供,饰盂兰,壮神功之妙物,何造化之多端!"③旧俗用作占测气候的竹器。宋陆游《老学庵笔记》卷七:"故都残暑,不过七月中旬。俗以望日具素馔享先,织竹作盆盎状,贮纸钱,承以一竹焚之。视盆倒所向,以占气候,谓向北则冬寒,向南则冬温,向东西则寒温得中,谓之盂兰盆,盖俚俗老媪辈之言也。又每云:'盂兰盆倒则寒来矣。'"

——《汉语大词典·7》

盂兰节:旧俗于农历七月十五日举行盂兰盆会,超度亡灵,是日称"盂兰节"。郭沫若《南冠草》第四幕:"今天已经七月十五,盂兰节,没有你的份!"晓立《节序、风俗和艺术》:"七月十五盂兰节,孩子们踏着月光,擎举着灯笼,最引人入胜的是荷花中、荷叶上点燃起蜡烛的莲灯。"

——《汉语大词典·7》

盂兰会:佛教指在盂兰节所举行的法会。唐孙思邈《千金月令》:"七月十五日营盆供寺为盂兰会。"明王叔承《宫词》之四五:"女僧闻作盂兰会,乞假中元施宝簪。"清富察敦崇《燕京岁时记·盂兰会》:"中元日各寺院设盂兰会,燃灯唪经,以度幽冥之沈沦者。"

——《汉语大词典·7》

【四季货声】

卖梨:农历七月十五后,各种梨上市,商贩推车或挑担串街叫卖。根据其所卖的梨种夸赞吆喝,如:

"藕芽儿嫩的——鸭儿梨呀哎!"

"嫩白梨耶!"

"烂酸梨!"

"赛过豆腐的沙果儿梨哟!"

"赛过木瓜的鸭儿广梨来!"

"赛过木瓜的鸭儿广梨来,蜜节梨来,有了炸儿还又换来,大果子来!"

"蜜节梨来,有了缺儿还又换来!买杜梨儿!"

"藕芽儿嫩的,鸭梨儿呀哎!大叶儿白的蜜桃呀!"

"虎拉槟的闻香果,嫩白梨呀!赛过豆腐的,沙果儿梨呀!"

卖莲花儿灯:清代和民国年间,北京人过农历七月十五中元节,很盛行放河灯、烧法船等活动。中元节晚上,孩子们则玩儿荷叶灯、蒿子灯、西瓜灯、莲花儿灯,欢聚在庭院里。街门外,灯光闪闪,喜笑颜开。其中,以莲花儿灯最漂亮好看,"以各色彩纸制成莲花、莲叶、花篮、鹤鹭之形,谓之莲花灯。"(《燕京岁时记》)多是摆摊儿出售。串街卖莲花儿灯的小商贩一般是手举式的独朵莲花儿灯和手提式小型花篮形莲花儿灯,吆喝:

"卖莲花儿灯!"

——《吆喝与招幌》

【图片资料】

放莲花灯

中元节荷叶灯

中元节

卖莲花灯

放莲花灯

天地三界

地狱

送葬仪式

城隍庙

目连母刘氏

凿纸钱

请城隍神郊祀

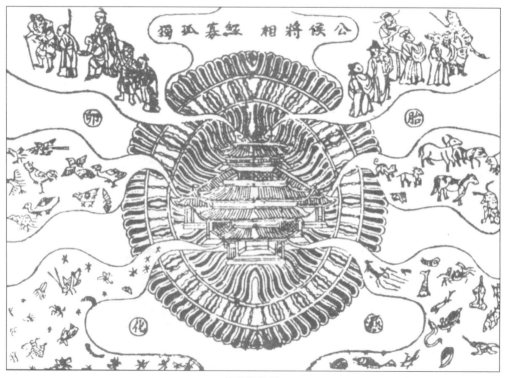
转世投胎灵

蒿子灯、荷叶灯

城隍

送纸锭

蕉圆盂兰会

祭祖

燃地藏香烛

扶乩

中元节放河灯

煞神钱

香蒿灯、荷叶灯（首选）

七月十六

【文献资料】

（七月）十六日昧爽，复往西方，随行诸军部落大噪三，谓之"送节"。

——《辽史·卷五三》

【图片资料】

湖中采菱

七月三十

【文献资料】

七月三十日传为地藏菩萨诞辰。都门寺庙,礼忏诵经,亦扎糊法船,中设地藏王佛及十地阎君绘像,更尽时施放焰口焚化。街巷遍燃香火莲灯于路傍,光明如昼。

——《帝京岁时纪胜·七月》

(七月)三十日相传为地藏王诞辰,插香于地而燃之,并有放花灯于河心,任其浮游者。

——《北平岁时志·七月》

八月

【甲骨文】【小篆】【八月】

【文献资料】

是月(八月),都城当诸角头市中,设瓜果、香水梨、银丝枣、大小枣、栗、御黄子、频婆、柰子、红果子、松子、榛子诸般时果发卖,宣徽院起解西瓜等果时蔬北上,迎接大驾还宫。

——《日下旧闻考·卷一四八·风俗》

京师八月秋社各以社糕社酒相馈送,贵戚宫院多切肉和蔬果铺于饭上,谓之社饭。人家妇女皆归外家,姨舅辄以新葫芦贻之,云宜外甥。

——《日下旧闻考·卷一四八·风俗》

苇:大葭也。《夏小正》曰:未秀则不为萑苇。秀然后为萑苇。《毛传》曰。八月薍为萑,葭为苇。许云大葭,犹言葭之已秀者。

——《说文解字注》

饮食以羊为主,豕佐之,鱼又次焉。八、九月间,正阳楼之烤羊肉,都人恒重视之。炽炭于盆,以铁丝罩覆之,切肉至薄,蘸醢酱而炙于火,其馨四溢。食肉亦有姿式,一足立地,一足踞小木几,持箸燎肉,傍列酒尊,且炙且啖且饮。常见一人食肉至三十余桦,桦各肉四两,饮白酒至二十余瓶,瓶亦四两,其量可惊也。水鲜惟大头鱼、黄鱼,上市时一食之,蟹亦然。如食某鱼时则举家以此为食,巨家或至论担,但食此一种,不须他馔,亦不须面或饼。

——《旧京琐记·卷一》

八月果品最全,瓜类则有枕头瓜,小子黄皮瓜,青皮红瓤瓜。葡萄类,有玫瑰香水,公孙、兔儿、粪紫、玛瑙、白葡萄、长葡萄、圆葡萄。梨类、鸭子梨、白梨、金星白梨、鸭广梨,水白梨,棠梨,小金坠子。石榴类,有红白紫粉四色,独以安石榴为最佳,白色多酸,则不贵矣。苹果类则红苹果,青苹果,黄苹果,沙果,闻香果,香槟,酸槟,李子,红果,来禽,白海棠。柿子类有盖柿,杵头柿,佛手柿。枣类有长枣,白枣,小枣,缨络枣,大白枣,嘎嘎枣,酸枣。藕有白花藕,红花藕,菜藕,秋莲房,鸡头(即芡实米),秋水红,菱茨,南荸荠。栗子有魁栗,板栗,颖栗。及大落花生,小落花生。

——《北平岁时志·八月》

仲秋:秋季的第二个月,即农历八月。因处秋季之中,故称。《书·尧典》:"宵中星虚,以殷仲秋。"

——《汉语大词典·1》

桂月:①指月亮。传说月中有桂树,故称。《乐府诗集·杂曲歌辞八·东飞伯劳歌》:"南窗北牖挂月光,罗帏绮帐脂粉香。"北周庾信《终南山义谷铭》:"桂月危悬,风泉虚韵。"唐黄滔《狎鸥赋》:"至若海镜秋碧,天蓝霁青,磨开桂月于浩渺,画出蓬山于杳冥。"②指农历八月。其月桂花盛开,故称。清厉荃《事物异名录·岁时·八月》:"《提要录》:'八月为桂月。'"

——《汉语大词典·4》

月酉:建酉之月。指旧历八月。《三国志·蜀志·谯周传》:"咸熙二年夏,巴郡文立从洛阳还蜀,过见周。周语次,因书版示立曰:'典午忽兮,月酉没兮。'典午者谓司马也,月酉者为八月也,至八月而文王果崩。"

——《汉语大词典·6》

酉仲:指八月。《诗·小雅·采薇》:"岁亦阳止。"孔颖达疏引《诗纬》:"阳生酉仲,阴生戌仲。"《广雅·释天》:"太初,气之始也,生于酉仲,清浊未分也。"曹宪注:"八月酉仲,号为太初,属雄。"

——《汉语大词典·9》

【四季货声】

卖桂花饼：旧时农历八月间，北京街上有卖桂花糖饼的，是这样吆喝的："桂花哎，酥脆的哎，哎酥脆的桂花饼哎！"

——《吆喝与招幌》

咸核桃来，咸栗子！树熟儿的海棠来哎，沙果子的味来！南瓜大的来，柿子来，涩来还又换来！大酸枣儿来！

高庄儿的柿子来哎，六个大钱一簇来！

唉哎羊头肉来，风干来ヶヶ羊腱子！

高八宝儿来，高甜酱瓜来萝卜！酱莴笋来，酱糖蒜哪！酱豆腐，臭豆腐！哎ヶ腌辣茄子，腌茄包儿来，腌韭菜呀，腌芥菜呀！

粘缸锔缸！

——《一岁货声》

八月初一

【文献资料】

八月,宫中赏秋海棠、玉簪花。自初一日起,即有卖月饼者。加以西瓜、藕,互相馈送。西苑翻藕。至十五日,家家供月饼、瓜果,候月上焚香后即大肆饮啖,多竟夜始散席者。如有剩月饼,仍整收于干燥风凉之处,至岁暮合家分用之,曰团圆饼也。始造新酒。蟹始肥。凡宫眷、内臣吃蟹,活洗净蒸熟,五六成群,攒坐共食,嬉嬉笑笑。自揭脐盖,细将指甲挑剔,蘸醋蒜以佐酒,或剔蟹胸骨八路完整如蝴蝶式者,以示巧焉。食毕,饮苏叶汤,用苏叶等件洗手,为盛会也。凡内臣多好花木,于院宇之中,摆设多盆,并养金鱼于缸,罗列小盆细草,以示侈富。有红白软子大石榴,是时各剪离枝,甘甜大玛瑙葡萄,亦于此月剪下,缸内着少许水,将葡萄枝悬封之,可留至正月尚鲜也。

——《酌中志·卷二十》

灶君庙在崇文门外。每至八月,初一日起开庙三日。盖即灶君诞日也。

——《燕京岁时记》

八月初一日,崇文门灶君庙开庙三日。

——《北平岁时志·八月》

南方栗大而质粗寡味,北方产者形小而甘,此果列加边,又宜蔬食腥膻。(《食味杂咏注》)

及来京师,见市肆门外置柴斛(俗作锅),一人向火,一人坐高兀子,操长柄铁勺频搅之,令匀遍,其栗稍大,而炒制之法,和以濡糖,藉以粗沙,亦如舍幼时所见,而甜美过之。都市衔鬻,相染成风,盘飣间称美味矣。(《晒书堂笔录》)

栗至八月后,每将晚,则出巨锅临街以糖炒之。(《都门琐记》)

——《北平风俗类征》

八月初三

【文献资料】

八月初三日为灶君生辰。厨行建灶君会,人家、铺肆酬神亦广。

——《京都风俗志》

八月初三日,崇文门外祀灶君庙。十五日晚,祀月儿。童祀泥兔王爷,沿街市者极多。果子市卖诸鲜果。

——《天咫偶闻·卷十》

北京八月初三日为灶君圣诞,丰台之西有庙会。北京中之厨茶行,均往烧香,京中游人,前往者亦甚多。

——《北平岁时志·八月》

八月十三

【文献资料】

八月十三至十五日为中秋节,街市繁盛,果摊、泥兔摊(泥兔俗呼兔儿爷,范泥为之,人身兔首,衣冠施彩色,或坐或立,或担或杵,惟皆贯角于头顶,小儿买之以为玩物)所在皆有。

——《北平岁时志·八月》

果子市在前门东,每八月十三四两夜,列灯火如昼。出诸果陈列,充溢一市。(《都门锁记》)

——《北平风俗类征》

八月十五

【文献资料】

八月,滦京太史涓日吉,于中秋前后洒马奶子。此节宫庭胜赏,有国制。是时紫菊金莲盛开,则内家行在,俱有思归之意。

——《析津志辑佚·风俗》

八月馈月饼。士庶家俱以是月造面饼相遗,大小不等,呼为月饼。市肆至以果为馅,巧名异状,有一饼值数百钱者。

——《宛署杂记·民风一》

八月十五日祭月,其祭果饼必圆;分瓜必牙错瓣刻之,如莲华。纸肆市月光纸,绘满月像,趺坐莲华者,月光遍照菩萨也。华下月轮桂殿,有兔杵而人立,捣药臼中。纸小者三寸,大者丈,致工者金碧缤纷。家设月光位,于月所出方,向月供而拜,则焚月光纸,撤所供,散家之人必遍。月饼月果,戚属馈相报,饼有径二尺者。女归宁,是日必返其夫家,曰团圆节也。

——《帝京景物略·卷二》

至(八月)十五日,家家供月饼、瓜果,候月上焚香后,即大肆饮啖,多竟夜始散席者。如有剩月饼,仍整收于干燥风凉之处,至岁暮合家分用之,曰团圆饼也。

——《酌中志·卷二十》

八月:十五日,祭月。其祭用果饼,剖瓜瓣如莲花,设月光纸,同月而拜,焚纸撤供,散家人必遍。

——《大兴县志·卷一·风俗考》

(八月)十五日祭月,香灯品供之外,则团圆月饼也。雕西瓜为莲瓣,摘萝卜叶作婆罗。香果苹婆,花红脆枣,中山御李,豫省岗榴,紫葡萄,绿毛豆,黄梨丹柿,白藕青莲。云仪纸马,则道院送疏,题曰月府素曜太阴皇君。至于先丁后社,享祭报功,众祀秋成,西郊夕月,乃国家明禋之大典也。

——《帝京岁时纪胜·八月》

中秋桂饼之外,则卤馅芽韭稍麦,南炉鸭,烧小猪,挂炉肉,配食糟发面团,桂花东酒。鲜果品类甚繁,而最美者莫过葡萄。圆大而紫色者为玛瑙,长而白者为马乳,大小相兼者为公领孙。又有朱砂红、棣棠黄、乌玉珠等类,味俱甘美。其小而甜者为琐琐葡萄,性极热,能生发花痘。至于街市小儿叫卖小而黑者为酸葡萄,品斯下矣。盖柿出西山,大如碗,甘如蜜,冬月食之,可解炕煤毒气。白露节蓟州生栗初来,用饧沙拌炒,乃都门美品。正阳门王皮胡同杨店者更佳。其余清新果品,如苹婆、槟子、葡萄之类,用巨瓷瓮藏贮冰窖,经冬取出,鲜美依然。

——《帝京岁时纪胜·八月》

京师以黄沙土作白玉兔,饰以五彩妆颜,千奇百状,集聚天街月下,市而易之。灯火荧辉,游人络绎,焦包炉炙,浑酒樽筛,烤羊肉,热烧刀,此又为游人之酌具也。

——《帝京岁时纪胜·八月》

中秋夜,人家各置月宫符像,符上兔如人立,陈瓜果于庭,饼面绘月中蟾兔,男女肃拜烧香,旦而焚之。

——《日下旧闻考·卷一四八·风俗》

燕都士庶,中秋馈遗月饼西瓜之属,名看月会。

——《日下旧闻考·卷一四八·风俗》

朢:月满也。此与望各字。望从朢省声。今则望专行而朢废矣。与日相望。以叠韵为训。原象曰。日兆月,而月乃有光。人自地视之。惟干朢得见其光之盈。朔则日之兆月,其光向日下。民不可得见。余以侧见而阙。

——《说文解字注》

中秋,俗呼"八月半"。是夕,人家各有宴会以酬佳节,人又以此夜之晴雨,占次年元宵阴晴,谚云:"八月十五云遮月,来岁元宵雨打灯。"又云:"雨打上元灯,云罩中秋月。"蔡云《吴歈》云:"闷闷中秋云罩月,晓晓元夜雨淋灯。谁知篱豆花开日,养稻正需水满塍。"

案：《常昭合志》："邑人以中秋夜晴雨，占次年元宵晴雨，良验。"然此语已见《周恭肃公集》："但愿中秋不见月，博得元宵雨打灯。"

——《清嘉录》

（八月）十五日，谓之中秋节。人家以月饼相遗，取团圆之意。前三五日，通衢大市搭盖芦棚，内设高案盒筐，满置鲜果瓜瓠，如桃、榴、梨、枣、葡萄、苹果之类。晚间灯下一望，红绿相间，香气袭人。卖果者高声叫鬻，一路不断。而日间市中以土塑兔儿像，有顶盔束甲如将军者，有短衫担物如小贩者，有坐立起舞如饮酒燕乐者。大至数尺，小不及寸。名目形相，指不胜数。与彩画土质人马之类，罗列高架而卖之，以娱小儿，号为兔儿爷。至望日，于月下设鲜果、月饼、鸡冠花、黄豆枝等物，人家妇女拈香先拜，男子后拜。以妇女为属阴，故祭月以先之，此乃取义之正也。礼毕，家中长幼咸集，盛设瓜果、酒肴，于庭中聚饮，谓之团圆酒。

——《京都风俗志》

京师之曰八月节者，即中秋也。每届中秋，府第朱门皆以月饼果品相馈赠。至十五月圆时，陈瓜果于庭以供月，并祀以毛豆、鸡冠花。是时也，皓魄当空，彩云初散，传杯洗盏，儿女喧哗，真所谓佳节也。惟供月时男子多不叩拜。故京师谚曰："男不拜月，女不祭灶。"

——《燕京岁时记》

凡中秋供月，西瓜必参差切之，如莲花瓣形。

——《燕京岁时记》

中秋月饼以前门致美斋者为京都第一，他处不足食也。至供月月饼到处皆有。大者尺余，上绘月宫蟾兔之形。有祭毕而食者，有留至除夕而食者，谓之团圆饼。

——《燕京岁时纪》

每届中秋，市人之巧者用黄土团成蟾兔之像以出售，谓之兔儿爷。有衣冠而张盖者，有甲胄而带纛旗者，有骑虎者，有默坐者。大者三尺，小者尺余。其余匠艺工人无美不备，盖亦谑而虐矣。

——《燕京岁时记》

京师谓神像为神马儿，不敢斥言神也。月光马者，以纸为之，上绘太阴星君，如菩萨像，下绘月宫及捣药之玉兔，人立而执杵。藻彩精致，金碧辉煌，市肆间多卖之者。长者七八尺,短者二三尺,顶有二旗,作红绿色,或黄色,向月而供之。焚香行礼,祭毕与千张、元宝等一并焚之。

按《宛署杂记》:千张凿纸为条,与冥钱同。

——《燕京岁时记》

(八月)十五日晚,祀月儿。童祀泥兔王爷,沿街市者极多。果子市卖诸鲜果。

——《天咫偶闻·卷十》

中秋,人家贺月宫,图中绘兔人立,男女陈瓜果拜兔爷。

——《燕京杂记》

中秋夜,京师人家各置月宫符像,符绘一兔如人立,俗呼为兔儿爷者是也。薄暮,陈瓜果于庭,男女肃拜。及旦,焚之。又有团泥为兔,形如金甲神将而惟长其耳者,儿童争买之,亦号之曰兔儿爷。

兔儿爷供中秋节,调粉涂泥昭象设。翻毛月饼大如盘,明月庭心斗香爇。今年遇闰两中秋,软红准备前后游。逃入月中不敢出,广寒三窟真良谋,天狗坠地空搜求。

——《王凤笺题》

八月中秋夜,踏月买兔儿王。

——《北平岁时志·八月》

十五日至月圆时,设月光马(上绘太阴星君如菩萨像,下绘月宫及执杵作人立形之捣药玉兔,大者三四尺,小者尺余,工致者,金碧缤纷),俟月出,供以瓜果、月饼、毛豆枝、鸡冠花、萝卜、藕、西瓜。妇女向之盈盈下拜,曰拜月,男则否,故京谚云:"男不拜月,女不祭灶。"拜毕,焚纸马,撤供品,设果酒肴馔于庭,家人团坐,饮酒赏月,谓之团圆节。或将祀月之月饼,按人数切块分食,谓之团圆饼,亦有留至除夕而食者。商家亦于是夜设宴,并招邻店之人同饮。

——《北平岁时志·八月》

中秋日为团圆节,此日家人父子,共相庆祝,照例必食苹果,谓之团圆果,故苹果之价,此时最贵。此外如鸭梨、白梨、酸梨、莎果、青柿、石榴、葡萄、枣、虎拉苹、苹子,均自西北两山运来,一届八月,街市即列摊售卖,内城如东西四牌楼,东西单牌楼,后门外东西安门外之各热闹衢市,外城如前门大街直达天桥,东自崇文门外花市,西自宣武门外菜市口,均列果摊,接连不断,最大者,临时搭棚支帐,灯烛辉煌,陈列果品,由十一日起,即渐繁闹,至十四五两日而最盛,购买者,都倾筐盈荚而去,亦有来观热闹者,俗称逛果摊。

——《北平岁时志·八月》

八月中秋夕,月上东方时,宫中亦供月宫,名圆月,王公士庶家之妇女,亦皆有此礼节,但贫富不同,供品因之亦有等差,大内供品,由内膳房备办,王公府第,则由家务处备办,士大夫则令家人开单购买。供品则为大月饼一个,或一套,一套者,乃五个或七个九个,如宝塔状。鲜果则为西瓜、枣、栗、花生、苹果、沙果、石榴、柿子、藕、鸡冠花、大萝卜、毛豆、烧酒、清茶。正中设月光神马,上绘五彩月宫,丹桂下立玉兔。宫中所用者彩画特工,人家所用者,多为印板添色者,且有大小之分。

——《北平岁时志·八月》

街上及东西庙会,东安市场,皆有卖泥兔者,曰兔儿爷,堆金立粉,大小不同,然极为精工,比之昔年,则优美矣。但以经济困难,业此者不能利市三倍。月饼近年分有南北两式,广东店,苏州店所卖者为南式,满洲饽饽铺中所卖者为北式,其馅则糖多甜甚,且香油多,不尝此味者,则不欲食也。

——《北平岁时志·八月》

月光码儿者,乃用秫秸插成一长方之牌形架子,最大者宽约二尺,长四五尺,最小者,宽约四五寸,长一尺余,中糊一板印设色之纸画。大者分成三部,小者亦两部,上为大诸总圣,系玉皇大帝,与风云雷雨诸神,亦有为一佛二菩萨者,亦有为观音者,亦有为达摩渡江者,亦有为财神者,中为关壮缪像,或财神土地神像,下部则广寒宫殿阁之形,娑林树下立一兔作捣药形。纸地多系黄红两色,绘画涂色,以金纸贴脸,架之两端,各插以红黄纸裁成之斜旗。此月光码在京纸店或油盐店,均有售卖。至十五日之夕,将此神码供于棹(桌)上,再陈各种果品,旁置磁瓶,左右各二,其一插鸡冠花,其一插带叶毛豆一枝,又藕一盘,盖用以祀兔者。

——《北平岁时志·八月》

兔儿爷乃泥制,以极细润之黄泥,用砖模刻塑,亦有由手工捏塑者。普通为武将形,头戴盔,带狐尾,或半披战袍,惟兔嘴交叉,两耳竖立,背后高插纸旗或纸伞,或坐假山,或坐麒麟吼虎豹,身量有大小,图画有精粗。更有制成兔首人身之商贩,如剃头者,缝鞋者,卖馄饨者,卖茶汤者。制造人多居沙锅门外,在四五月间,即着手制造,至七月中旬,即在前门外大蒋家胡同之耍货市发售。

——《北平岁时志·八月》

中秋临节,街市遍设果摊,雅尔梨、沙果梨、白梨、水梨、苹果、林檎、沙果、槟子、秋果、海棠、欧李、青柿、鲜枣、葡萄、晚桃、桃奴。又有带枝毛豆、果藕、红黄鸡冠花、西瓜。(《春明采风志》)

京师中秋节,多以泥团兔形,衣冠踞坐如人状,儿女祀而拜之。(《花王阁剩藁》)

中秋街市卖兔儿爷,家家供月纸,画兔像,名月光纸。(《燕都杂咏注》)

都下例于中秋,家家祀月中之兔,尊之为"兔儿爷"。逐利者肖其像如人状,有泥塑者,布扎者,纸绘者,堆积市上,几于小山,家人携小儿女购归,陈瓜果拜之。(《侧帽余谭》)

刮打嘴兔儿爷,其制空膛,活安上唇,中系以线,下扯其线,则唇乱捣,故以此名。(《春明采风志》)

中秋日,京师以泥塑兔神,兔面人身,面贴金泥,身施彩绘,巨者高三四尺,值近万钱。贵家巨室,多购归,以香花饼果供养之,禁中亦然。(《清稗类钞》)

八月十三日至十五日为中秋节,俗呼为八月节,街市繁盛,果摊、泥兔(俗呼兔儿爷,范泥为之,人身兔首,其衣冠施彩色,或坐或立,或担担,或捣杵,或骑各兽,皆贯角于头顶,大者背插旗伞,小儿买之以为玩物)摊,所在皆是。十五月圆时,设月光马(上绘太阴星君,如菩萨像,下绘月宫及执杵作人立形之捣药玉兔,大者三四尺,小者尺余,工致者金碧辉煌)于庭,供以瓜、果、月饼、毛豆枝、鸡冠花、萝卜藕、西瓜等品,惟供月时男子多不叩拜,谚云:"男不拜月,女不祭灶。"供月毕,家人团坐,饮酒赏月,谓之"团圆节"。又将祀月之月饼,按人数切块分食,谓之"团圆饼",亦有留至除夕而食者。商家亦于是夜设宴,并招邻店之人,延之同饮。(《民社北平指南》)

中秋,大家互送礼节,送馆师节敬,放学三日,赏奴仆钱,铺肆送账帖,每节如此。(《春明采风志》)

——《北平风俗类征》

中秋:指农历八月十五日。亦称"中秋节"。唐白居易《效陶潜体》诗之七:"中秋三五夜,明月在前轩。"宋吴自牧《梦粱录·中秋》:"八月十五日,中秋节,此日三秋恰半,故谓之中秋。"元关汉卿《望江亭》第四折:"俺两口儿今年做一个中秋八月圆。"老舍《四世同堂》三九:"在他的端阳节那组卡片中,五毒饼正和中秋的月饼与年节的年糕一样,是用红字写着的。"

——《汉语大词典·1》

八月节:中秋节。清富察敦崇《燕京岁时纪·中秋》:"京师之曰八月节者,即中秋也。"曹禺《北京人》第一幕:"我看借给他们点吧,大八月节的。"

——《汉语大词典·2》

玄兔：指月亮。《文选·谢庄〈月赋〉》："引玄兔于帝台，集素娥于后庭。"李周翰注："玄兔，月也。月中有兔象，故以名焉。"唐白行简《新月误惊鱼赋》："桂影西南，尽迷玄兔；与波上下，难晦紫鳞。"宁调元《八月十五夜漫书一律》："玉宇琼楼最高处，一天霾雾拨难开。只怜玄兔千年冷，不见灵槎八月来。"

——《汉语大词典·2》

品供：各种供品。清潘荣陛《帝京岁时纪胜·中秋》："十五日祭月，香灯品供之外，则团圆月饼也。"

——《汉语大词典·3》

团圆节：旧俗称农历八月十五日为团圆节。明刘侗、于奕正《帝京景物略·春场》："八月十五日祭月……女归宁，是日必返其夫家，曰团圆节也。"《红楼梦》第一回："今夜中秋，俗谓团圆之节。"

——《汉语大词典·3》

团圆饼：北京地方称中秋祭月毕而食或留至除夕而食的月饼为团圆饼。明刘若愚《酌中志·饮食好尚纪略》："如有剩月饼，仍整收于乾燥风凉之处，至岁暮合家分用之，曰团圆饼也。"清富察敦崇《燕京岁时记·月饼》："至供月月饼到处皆有……有祭毕而食者，有留至除夕而食者，谓之团圆饼。"

——《汉语大词典·3》

月歌：中秋节夕，妇女拜月时所唱的歌。清李调元《南越笔记·粤俗好歌》："长乐妇女，中秋夕拜月曰椓月姑，其歌曰月歌。"

——《汉语大词典·6》

【对　联】

天上月圆，人间月半，月月月圆逢月半；
今宵年尾，明日年头，年年年尾接年头。

——《奇联妙对故事》

月月月明,八月月明明分外;
山山山秀,巫山山秀秀非常。

——《奇联妙对故事》

【诗词歌赋】

中 秋 月

唐·李峤

圆魄上寒空,皆言四海同。
安知千里外,不有雨兼风?

褒城驿池塘玩月诗

唐·羊士谔

夜长秋始半,圆景丽银河。
北渚清光溢,西山爽气多。
鹤飞闻坠露,鱼戏见增波。
千里家林望,凉飔换绿萝。

八月十五日夜赠张功曹

唐·韩愈

纤云四卷天无河,清风吹空月舒波。
沙平水息声影绝,一杯相属君当歌。
君歌声酸辞且苦,不能听终泪如雨。
洞庭连天九疑高,蛟龙出没猩鼯号。
十生九死到官所,幽居默默如藏逃。
下床畏蛇食畏药,海气湿蛰熏腥臊。
昨者州前捶大鼓,嗣皇继圣登夔皋。
赦书一日行万里,罪从大辟皆除死。
迁者追回流者还,涤瑕荡垢清朝班。
州家申名使家抑,坎坷只得移荆蛮。

判司卑官不堪说,未免捶楚尘埃间。
同时流辈多上道,天路幽险难追攀。
君歌且休听我歌,我歌今与君殊科。
一年明月今宵多,人生由命非由他。
有酒不饮奈明何!

八 月

唐·章孝标

徙倚仙居绕翠楼,分明宫漏静兼秋。
长安夜夜家家月,几处笙歌几处愁。

十五夜望月寄杜郎中

唐·王建

中庭地白树栖鸦,冷露无声湿桂花。
今夜月明人尽望,不知秋思落谁家?

中 秋 月

唐·白居易

万里清光不可思,添愁益恨绕天涯。
谁人陇外久征戍,何处庭前新别离?
失宠故姬归院夜,没蕃老将上楼时。
照他几许人肠断,玉兔银蟾远不知。

鹤林寺中秋夜玩月

唐·许浑

待月东林月正圆,广庭无树草无烟。
中秋云尽出沧海,半夜露寒当碧天。
轮彩渐移金殿外,镜光犹挂玉楼前。
莫辞达曙殷勤望,一堕西岩又隔年。

中秋月

唐·张祜

碧落桂含姿,清秋是素期。
一年逢好夜,万里见明时。
绝域行应久,高城下更迟,
人间系情事,何处不相思。

中秋夜吴江亭上对月

怀前宰张子野及寄君谟蔡大

宋·苏舜钦

独生对月心悠悠,故人不见使我愁。
古今共传惜今夕,况在松江亭上头。
可怜节物会人意,十日阴雨此夜收。
不惟人间重此月,天亦有意于中秋。
长空无瑕露表里,拂拂渐上寒光流。
江平万顷正碧色,上下清澈双璧浮。
自视直欲见筋脉,无所逃避鱼龙忧。
不疑身世在地上,只恐槎去触斗牛。
景清境胜反不足,叹息此际无交游。
心魂冷烈晓不寝,勉为笔此传中州。

八月望夜无月有感

宋·宋祁

素波凉晕淡曾城,怊怅三年此夜情。
独卷疏帷成默坐,暗虫相应作秋声。

水调歌头

丙辰中秋,欢饮达旦,大醉。作此篇,兼怀子由

宋·苏轼

明月几时有?把酒问青天。不知天上宫阙,今夕是何年?我欲乘风归去,惟恐琼楼玉宇,高处不胜寒。起舞弄清影,何似在人间! 转朱阁,低绮户,照无眠。不应有恨,何事长向别时圆?人有悲欢离合,月有阴晴圆缺,此事古难全。但愿人长久,千里共婵娟!

十五夜月

宋·陈师道

向老逢清节,归怀托素晖。
飞萤元失照,重露已沾衣。
稍稍孤光动,沉沉乃籁微。
不应明白发,似欲劝人归。

水调歌头　中秋

宋·米芾

砧声送风急,蟋蟀思高秋。我来对景,不学宋玉解悲愁。收拾凄凉兴况,分付尊中醽醁,倍觉不胜幽。自有多情处,明月挂南楼。　怅襟怀,横玉笛,韵悠悠。清时良夜,借我此地倒金瓯。可爱一天风物,遍倚栏干十二,宇宙若萍浮。醉困不知醒,欹枕卧江流。

洞仙歌　泗州中秋作

宋·晁补之

青烟幂处,碧海飞金镜。永夜闲阶卧桂影。露凉时,零乱多少寒螀。神京远,惟有蓝桥路近。　水晶帘不下,云母屏开,冷侵佳人淡脂粉。待都将许多明,付与金尊,投晓共流霞倾尽。更携取胡床上南楼,看玉做人间,素秋千顷。

中秋不见月

宋·陈与义

去年中秋端正月,照我露襟万条血。
姮娥留笑待今年,净洗金觥对银阙。
高唐妩妇心不闲,招得对姨同作难。
岂惟恨满月宫里,肠断西山吴采鸾。
却疑周生怀月去,待到三更黑如故。

人间今乏赵知微,无复清游继天柱。
南枝乌鹊不敢哗,倚杖三叹风枝斜。
明年强健更相约,会见林间金背蟆。

中秋觅酒

金·宇文虚中

今夜家家月,临筵照绮楼。
那知孤馆客,独抱故乡愁。
感激时难遇,讴吟意未休。
应分千斛酒,来洗百年忧。

木兰花慢

宋·辛弃疾

中秋饮酒将旦,客谓前人诗词有赋待月无送月者,因用《天问》体赋。

可怜今夕月,向何处,去悠悠?是别有人间,那边才见,光影东头?是天外。空汗漫,但长风浩浩送中秋?飞镜无根谁系?姮娥不嫁谁留?　谓经海底问无由,恍惚使人愁。怕万里长鲸,纵横触破,玉殿琼楼。虾蟆故堪浴水,问云何玉兔解沉浮?若道都齐无恙,云何渐渐如钩?

满江红　中秋夜潮

宋·史达祖

万水归阴,故潮信,盈虚因月。偏只到,凉秋半破,斗成双绝。有物揩磨金镜净,何人拿攫银河决?想子胥,今夜见嫦娥,沉冤雪。　光直下,蚊龙穴。声直上,蟾蜍窟。对望中天地,洞然如刷。激气已能驱粉黛,举杯便可吞吴越。待明朝,说似与儿曹,心应折。

双调　水仙子　居庸关中秋对月

元·宋方壶

一天蟾影映婆娑,万古谁将此镜磨?年年到今宵不缺些儿个。广寒宫好快活,碧天遥难问姮娥。我独对清光坐,闲将白雪歌,月儿你团圆我却如何!

双调 折桂令 中秋

元·张养浩

一轮飞镜谁磨?照彻乾坤,印透山河。玉露冷冷,洗秋空银汉无波。比常夜清光更多,尽无碍桂影婆娑。老子高歌,为问嫦娥:良夜恹恹,不醉如何?

云中中秋感怀

明·郭登

南极烽烟又远征,衣冠今夕会边城。
千家落叶伤秋色,万里归心对月明。
午镜彩鸾云渺渺,隔帘霜兔杵丁丁。
九霄风露凉如许,欲挽天河洗甲兵。

中 秋

明·文徵明

横笛何人夜倚楼?小庭月色正中秋。
凉风吹堕双桐影,满地碧阴如水流。

中秋宴集

明·谢榛

满空华月好登楼,坐倚高寒揽翠裘。
江汉光翻千里雪,桂花香动万山秋。
黄龙塞上征夫泪,丹凤城中少妇愁。
词客共耽今夜酒,漫弹瑶瑟唱伊州。

天竺中秋

明·汤显祖

江楼无烛露凄清,风动琅玕笑语明。
一夜桂花何处落?月中空有轴帘声。

中秋夜洞庭湖对月歌

清·查慎行

长风霾云莽千里,云气蓬蓬天冒水。
风收云散波乍平,倒转青天作湖底。
初看落日沉波红,素月欲升天敛容。
舟人回首尽东望,吞吐故在冯夷宫。
须臾忽自波心上,镜面横开十余丈。
月光浸水水浸天,一派空明互回荡。
此时骊龙潜最深,目眩不得衔珠吟。
巨鱼无知作腾踔,鳞甲一动千黄金。
人间此境知难必,快意翻从偶然得。
遥闻渔父唱歌来,始觉中秋是今夕。

八月十五夜太平洋舟中望月作歌

清·黄遵宪

茫茫东海波连天,天边大月光团圆。
送人夜夜照船尾,今夕倍放清光妍。
一舟而外无寸地,上者青天下黑水。
登程见月四回明,归舟已历三千里。
大千世界共此月,世人不共中秋节,
泰西纪历二千年,只作寻常数圆缺。
舟师捧盘登舵楼,船与天汉同西流。
虬髯高歌碧眼醉,异方乐只增人愁。
此外同舟下床客,梦中暂免供人役。
沉沉千蚁趋黑甜,交臂横肱睡狼藉。
鱼龙悄悄夜三更,波平如镜风无声。
一轮悬空一轮转,徘徊独作巡檐行。
我随船去月随身,月不离我情倍亲。
汪洋东海不知几万里,今夕之夕惟我与尔对影成三人。
举头西指云深处,下有人家亿万户。

几家儿女怨别离？几处楼台作歌舞？
悲欢离合虽不同，四亿万众同秋中。
岂知赤县神州地，美洲以西日本东，独有一客敧孤篷。
此客出门今十载，月光渐照鬓毛改。
观日曾到三神山，乘风竞渡大瀛海。
举头只见故乡月，月不同时地各别，
即令吾家隔海遥相望，彼乍东升此西没。
嗟我身世犹转蓬，纵游所至如凿空，
禹迹不到夏时变，我游所历殊未穷。
九州脚底大球背，天胡置我于此中？
异时汗漫安所抵？搔头我欲问苍穹。
倚栏不寐心憧憧，月影渐变朝霞红，朦胧晓日生于东。

满 江 红

清·秋瑾

　　小住京华，早又是，中秋佳节。为篱下，黄花开遍，秋容如拭。四面歌残终破楚，八年风味徒思浙。苦将侬、强派作蛾眉，殊未屑！　身不得，男儿列，心却比，男儿烈。算平生肝胆，因人常热。俗夫胸襟谁识我？英雄末路当磨折。莽红尘，何处觅知音？青衫湿。

八月十五夜月

清·王国维

　　一点灵药便长生，眼见山河几变更。
　　留得当年好颜色，嫦娥底事太无情？

中秋夜无月

清·樊增祥

　　亘古清光彻九州，只今烟雾锁琼楼。
　　莫愁遮断山河影，照出山河影更愁。

【四季货声】

果子摊儿：清末，北京街头果子摊儿卖各种水果，农历八月十五中秋节前秋果上市供人过节选购。吆喝：

"今日到几儿了，十三四儿了，趁早儿买果子吧，十二个大钱了，沙果儿、槟子、蜜桃、闻香果来十二个钱就卖了，苹果、白梨、团圆果儿来呀，也是二百四来！"

——《吆喝与招幌》

【图片资料】

月饼

中秋节拜月

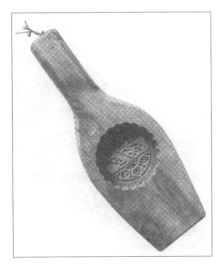

制月饼的饼模

中秋团圆

卖月亮码儿

兔儿爷

果仙敬月图

兔儿爷摊

兔儿爷

中秋拜月图

嫦娥

太阴星君

斗蟋蟀

拜月同祀

祭月兔

【秋】

玉兔捣药

北京民俗文化考（上）

唐王游月宫

嫦娥奔月

祀兔成风

愿月常圆

顽童祭兔爷

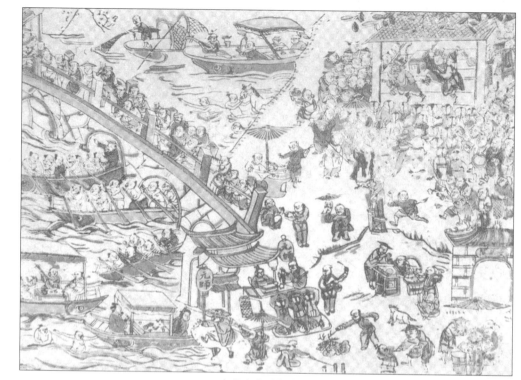
中秋庙会歌舞杂技

中秋拜月

丁卯神将名司马

秋 分

【文献资料】

祭月：古代重要祭礼之一。天子于每年秋分设坛祭祀月神。《管子·轻重己》："秋至而禾熟，天子祀于大惢，西出其国百三十八里而坛，服白而絻白，搢玉总，带锡监，吹埙箎之风，凿动金石之音，朝诸侯卿大夫列士，循于百姓，号曰祭月。"《礼记·祭法》："王宫，祭日也；夜明，祭月也。"郑玄注："夜明，月坛也。"孔颖达疏："夜明者，祭月坛名也。"《史记·封禅书》："祭日以牛，祭月以羊彘特。"

——《汉语大词典·7》

秋分：二十四节气之一，每年在阳历9月23日或24日。这天南北半球昼夜等长。汉董仲舒《春秋繁露·阴阳出入上下》："至于中秋之月，阳在正西，阴在正东，谓之秋分。秋分者，阴阳相半也，故昼夜均而寒暑平。"亦指秋天。《旧唐书·于志宁传》："以罪较量，明非恶逆，若欲依律，合待秋分。"

——《汉语大词典·8》

八月廿七

【文献资料】

八月廿七日为至圣先师诞辰,禁止屠宰,祭文庙。各书室设供,师生瞻拜。

——《帝京岁时纪胜·八月》

九 月

【九月】

【文献资料】

九月蒸花糕。用面为糕,大如盆,铺枣二三层,有女者迎归,共食之。

——《宛署杂记·民风一》

九月御前进安菊花。自初一日起,吃花糕。宫眷内臣自初四日换穿罗,重阳景菊花补子蟒衣。九日重阳节,驾幸万岁山或兔儿山、旋磨山登高,吃迎霜麻辣兔,饮菊花酒。是月(九月)也,糟瓜茄,糊房窗,制诸菜蔬,抖晒皮衣,制衣御寒。

——《酌中志·卷二十》

秋日家家胜栽黄菊,采自丰台,品类极多。惟黄金带、白玉团、旧朝衣、老僧衲为最雅。酒垆茶设,亦多栽黄菊,于街巷贴市招曰:某馆肆新堆菊花山可观。

——《帝京岁时纪胜·九月》

九月不迁徙,不糊窗棂。以菊花叶贴户牖,解除凶秽以招吉祥。不浣缁被褥,恐犯九女星,则育女多,不宜男矣。

——《帝京岁时纪胜·九月》

膏粱子弟好斗鹌鹑,千金角胜。夏日则贮以雕笼,冬日则盛以锦橐,饲以玉栗,捧以纤手,夜以继日,毫不知倦。

——《帝京岁时纪胜·九月》

北京种菊,昔年只有马家厂杨宅,东交民巷徐宅,花最出名。彼时专以矮秧大花多叶为上。花时,请客宴赏,能绘者为花写照,能诗者为花题词,装成册页,收藏之。民国以后,种菊者与前不同,时尚高柯,花以繁多为盛,且多新奇之种,但非中国之产,闻皆来自东洋。近年改建温室,玻璃为屋,菊花置于其中,亦能结子,花时经蜜蜂采蕊,媒孽其间,花子结成,便改新种。菊花最喜苦水,故北京之菊,叶色深碧,苦水之故也。

——《北平岁时志·九月》

时品近年九月增出者,有黄花鱼、海带鱼、蛎子、瓦樽子。菜类则琉球白菜,张家口之苤蓝洋菜花。果类则为山东之莱阳梨,南方之橘、柚、橙、香蕉、青果、甘蔗、北山之海棠果、山查果、白梨、酸梨、杜梨、节梨。

——《北平岁时志·九月》

游西山看红叶枫林之外,尚有梨杏,故霜叶之红,与夕阳相映,天然景物,有如东海樱花。

——《北平岁时志·九月》

九月登高,花儿市访菊,城墙下观八旗操演,妇女簪挂金灯,九月归宁。

——《北平岁时志·九月》

卖皮货客,每于九月晦夕聚饮,候至宵分交子之时,占验西北风急,则冬令必严寒,皮货希,得善价,交相酬酢,欢呼达旦。(《水曹清暇录》)

——《北平风俗类征》

今京师花肆争先献早,秋天开梅花,冬天开牡丹,春天开栀子。郁气熏蒸,早荣先悴,利其速售,不顾根伤,名为花之催妆,实乃花之受厄也。

——《北京市志稿·礼俗志》

九女星:俗谓主育女之神。清潘荣陛《帝京岁时纪胜·九月·禁忌》:"九月不迁徙……不浣缉被褥,恐犯九女星,则育女多,不宜男矣。"

——《汉语大词典·1》

九花:菊花的别名。因在农历九月开花,故名。清富察敦崇《燕京岁时记·九花山子》:"九花者,菊花也。每届重阳,富贵之家以九花数百盆,架庋广厦中,前轩后轾,望之若山,曰九花山子。四面堆积者曰九花塔。"清兰陵忧患生《京华百二竹枝词》之一一七:"名类纷繁色色嘉,秋来芳菊最堪夸。如何偏改幽人号?高唤街头卖九花。"

——《汉语大词典·1》

玄月：夏历九月的别称。《国语·越语下》："至于玄月，王召范蠡而问焉。"韦昭注："《尔雅》曰：'九月为玄。'"晋郭璞《江赋》："阳鸟爰翔，于以玄月。"《初学记》卷三引南朝梁元帝《纂要》曰："九月季秋……亦曰玄月。"唐韦应物《冬至夜寄京师诸弟兼怀崔都水》诗："玄月生一气，阳景极南端。"

——《汉语大词典·2》

季秋：秋季的最后一个月，农历九月。《书·胤征》："乃季秋月朔，辰弗集于房。"《礼记·月令》："季秋之月，日在房，昏虚中，旦柳中。"唐吕岩《鄂渚悟道歌》："纵横天际为闲客，时遇季秋重阳节。"郭沫若《洪波曲》第十三章六："时节是季秋，正是天高气爽的时候，而又连日快晴。"

——《汉语大词典·4》

末秋：秋末。指农历九月。《初学记》卷三引南朝梁元帝《纂要》："九月季秋，亦曰暮秋、末秋。"

——《汉语大词典·4》

杪秋：晚秋。《楚辞·九辩》："靓杪秋之遥夜兮，心缭悷而有哀。"唐魏徵《暮秋言怀》诗："首夏别京辅，杪秋滞三河。"明刘基《九日舟行至桐庐》诗："杪秋天气佳，九日更可喜。"

——《汉语大词典·4》

暮秋：秋末，农历九月。三国魏曹植《迷迭香赋》："芳暮秋之幽兰兮，丽昆仑之芝英。"《初学记》卷三引南朝梁元帝《纂要》："九月季秋，亦曰暮秋。"《说唐》第三回："这时正值暮秋天气，西风飒飒。"冯至《伍子胥》七："时节正是暮秋，但原野里的花草，仍不减春日的妩媚。"

——《汉语大词典·5》

暮商：即暮秋。商音属秋。《初学记》卷三引南朝梁元帝《纂要》："九月季秋，亦曰暮秋、末秋、暮商、杪秋。"

——《汉语大词典·5》

穷秋：晚秋；深秋。指农历九月。南朝宋鲍照《代白纻曲》之一："穷秋九月荷叶黄，北风驱雁天雨霜。"唐韩愈《鸣雁》诗："嗷嗷鸣雁鸣且飞，穷秋南去春北归。"宋秦观《浣溪沙》词："漠漠轻寒上小楼，晓阴无赖似穷秋。"清蒋士铨《桂林霜·移帐》："穷秋纔换小阳春,盻不见梅花信。"

——《汉语大词典·8》

菊月:农历九月是菊花开放的时期,因称九月为"菊月"。清厉荃《事物异名录·岁时·九月》:"九月为菊月。"清周亮工《又与高康生》书:"菊月三日,缆解水逆,重九日甫行三百余里。"鲁迅《彷徨·高老夫子》:"今敦请尔础高老夫子为本校历史教员……夏历菊月吉旦立。"

——《汉语大词典·9》

【四季货声】

卖玫瑰糖:农历九月间街上有卖玫瑰糖心儿糖的,一圈一圈儿绕制出来的,吆喝:"玫瑰糖哎,多给一圈儿!"

——《吆喝与招幌》

牛头咧,辣菜噎哎ケケケ!酸菜来,和菜的皮儿来!

酸黄菜咧辣菜呀,抓小菠菜来!

大小不灰木炉子!

栽九花来!

玉米花来,凉炒豆儿来!

冰糖儿葫芦!(扁杖上束草环插之)

五香ケケケケ酱肉!(推车卖)

——《一岁货声》

九月初九

【文献资料】

九月重九日，天子率群臣部族射虎，少者为负，罚重九宴。射毕，择高地卓帐，赐番、汉臣僚饮菊花酒。兔肝为臡，鹿舌为酱，又研茱萸酒，洒门户以禬禳。

——《辽史·卷五三》

金因辽旧俗，以重五、中元、重九日行拜天之礼。重五于鞠场，中元于内殿，重九于都城外。其制，刳木为盘，如舟状，赤为质，画云鹤文。为架高五六尺，置盘其上，荐食物其中，聚宗族拜之。若至尊则于常武殿筑台为拜天所。

——《金史·卷三五》

是月(九月)九日，都中以面为糕馈遗，作重阳节，亦于阛阓中笊篱芦席棚叫卖。如七夕，午节。市人又多以小扛车上街沿叫卖。士庶官员亦以追节为重，往还燕礼如常故事。

——《析津志辑佚·岁纪》

击球者，今之故典。而我朝演武亦自不废。常于五月五日、九月九日、太子、诸王于西华门内宽广地位，上召集各卫万户、千户，但怯薛能击球者，咸用上等骏马，系以雉尾、缨络，紫缀镜铃、狼尾、安答海，装饰如画。玄其障泥，以两肚带拴束其鞍。先以一马前驰，掷大皮缝软球子于地，群马争骤，各以长藤柄球杖争接之。而球子忽绰在球棒上，随马走如电，而球子终不坠地。力捷而熟娴者，以球子挑剔跳掷于虚空中，而终不离于球杖。马走如飞，然后打入球门中者为胜。当其击球之时，盘屈旋转，倏如流电之过目，观者动心骇志，英锐之气奋然。虽耀武者，捷疾无过于是，盖有赏罚不侔耳。如镇南王之在扬州也，于是日王宫前列方盖，太子、妃子左右分坐，与诸王同列。执艺者上马如前仪，胜者受上赏；罚不胜者，若纱罗画扇之属。此王者之击球也。其国制如此。

——《析津志辑佚·风俗》

九月九日，载酒具、茶垆、食榼，曰登高。香山诸山，高山也；法藏寺，高塔也；显灵宫、报国寺，高阁也，释不登。赁园亭，闯坊曲，为娱耳。面饼种枣栗其面，星星然，曰花糕。糕肆标纸彩旗，曰花糕旗。父母家必迎女来食花糕，或不得迎，母则诟，女则怨诧，小妹则泣，望其姊姨，亦曰女儿节。

——《帝京景物略·卷二》

(九月)九日重阳节，驾幸万岁山或兔儿山、旋磨山登高，吃迎霜麻辣兔，饮菊花酒。是月也，糟瓜茄，糊房窗，制诸菜蔬，抖晒皮衣，制衣御寒。

——《酌中志·卷二十》

九月：九日，载酒具茶炉食榼，寻园榭丘阜为娱，曰登高。面饼嵌枣栗为花糕，父母家必迎女归，亦曰女儿节。

——《大兴县志·卷一·风俗考》

九月各道院立坛礼斗，名曰九皇会。自八月晦日斋戒，至重阳，为斗母诞辰，献供演戏，燃灯祭拜者甚胜。供品以鹿醢东酒、松茶枣汤，炉焚茅草云蕊真香。

——《帝京岁时纪胜·九月》

京师重阳节花糕极胜。有油糖果炉作者，有发面累果蒸成者，有江米黄米捣成者，皆剪五色彩旗以为标帜。市人争买，供家堂，馈亲友。小儿辈又以酸枣捣糕，火炙脆枣，糖拌果干，线穿山楂，绕街卖之。有女之家，馈遗酒礼，归宁父母，又为女儿节云。染铺赈济饥贫，哄然如市。

——《帝京岁时纪胜·九月》

重阳日，北城居人多于阜成门外真觉寺五塔金刚宝座台上登高，南城居人多于左安门内法藏寺弥陀塔登高。考真觉寺建于明成祖，因番僧版的达人贡金佛五躯，金刚宝座规式，封以国师，赐居此寺。宪宗九年，准式建宝座，累石台高五丈，藏级于壁，蜗旋而上。台列石塔五，各二丈，塔刻梵宇梵宝梵花，塔前有成化御制碑记。法藏寺旧名弥陀寺，金大定中立，明景泰二年重建，更名法藏寺。有祭酒胡濙、沙门道孚二碑。道孚戒坛第一代戒师，世人称鹅头祖师者也。北地多风，故塔不能空，无可登者。法藏寺弥陀塔独空，其中可登，塔高十丈，窗八面，窗置一佛，凡五十八佛，佛舍一灯。岁上元夜，寺僧燃灯绕塔奏乐，金光明空，乐作天上矣。

——《帝京岁时纪胜·九月》

乡民于重阳日、十三日望雨,则不致冬旱。谚云:"重阳无雨看十三,十三无雨一冬干。"

——《帝京岁时纪胜·九月》

都人结伴呼从,于西山一带看红叶,或于汤泉坐汤,谓菊花水可以却疾。又有治肴携酌,于各门郊外痛饮终日,谓之辞青。

——《帝京岁时纪胜·九月》

重阳前后设宴相邀,谓之迎霜宴。席间食兔谓之迎霜兔。好事者列菊花数十层于屋下,前者轾,后者轩,望之若山坡,五色灿烂,环围无隙,名曰花城。

——《日下旧闻考·卷一四八·风俗》

九月,车驾还都,初无定制,或在重九节前,或在节后,或在八月。宫中菊节,自有常制,驾至大内下马,大茶饭者浃旬。

——《日下旧闻考·卷一四八·风俗》

重九日,敕赐百官花糕宴。

——《日下旧闻考·卷一四八·风俗》

(九月)九日集无定所,而阜成门外真觉寺金刚宝座游人为多。市上卖糕人头带吉祥字。霜降后斗鹌鹑,笼于袖中若捧珍宝。

——《日下旧闻考·卷一四八·风俗》

萸:煎茱萸。内则。三牲用萸。郑云。萸,煎茱萸也。汉律会稽献焉。《尔雅》谓之榝。玉裁谓。许君云榝似茱萸,出淮南。则与郑说异。皇侃义疏曰。煎茱萸,今蜀郡作之。九月九日取茱萸。折其枝。连其实。广长四五寸。一升实可和十升膏。名之萸也。《本草图经》曰。食茱萸。蜀人呼其子为艾子。按艾即萸字。

——《说文解字注》

重九日,人家以花糕为献。其糕以麦面作双饼,中夹果品,上有双羊像,谓之重阳花糕。亦有携榼于城外高阜处御酒食肉者,谓之登高,亦古人之遗俗也。

——《京都风俗志》

重阳时以良乡酒配糟蟹等而尝之,最为甘美。良乡酒者,本产于良乡,近京师亦能造之。其味清醇，饮之舒畅，但畏热不能过夏耳。鸭儿广，梨属，形如木瓜，色如鸭黄，广者黄之转音也。柿子、山里红，其用尤多，皆京师应序之物也。

按《寄园寄所寄》：明太祖微时过剩柴村，已经二日不食矣，行渐伶仃。至一所，乃人家故园。垣缺树雕，是兵火所戕者。帝悲叹之，缓步周视，东北隅有一树霜柿正熟，帝取食之，食十枚便饱，又惆怅久之而去。乙未夏，帝拔采石，取太平，道经于此，树犹在。帝指树，以前事语左右，因下马加之赤袍，曰："封尔为凌霜侯。"是柿曾有功于人主矣，则记之岂琐琐哉？他物之记，亦邀柿之幸也

——《燕京岁时记》

京师谓重阳为九月九。每届九月九日，则都人士提壶携榼，出郭登高。南则在天宁寺、陶然亭、龙爪槐等处，北则蓟门烟树、清净化城等处，远则西山八刹等处。赋诗饮酒，烤肉分糕，洵一时之快事也。

——《燕京岁时记》

钓鱼台在阜成门外三里许，有行宫一所，南向。每届重阳，长安少年多于此处赛马，俗称曰望海楼。

谨按《日下旧闻考》：钓鱼台在三里河西北里许，乃金主游幸处。台前有泉从地涌出，冬夏不竭。凡西山麓之支流悉灌注于此。元时谓之玉渊潭，为丁氏园池。国朝乾隆二十八年，浚治成湖，以受香山新开引河之水。复于下口建设闸座，俾资蓄泄。湖水合引河水，由三里河达阜成门之护城河。三十九年，始命修建台座，御书钓鱼台三字悬之台西面。故凡祗谒西陵，及由园致祭天坛时，必于此用早膳焉。台左有养源斋、潇碧亭诸胜。

——《燕京岁时记》

花糕有二种：其一以糖面为之，中夹细果，两层三层不同，乃花糕之美者；其一蒸饼之上星星然缀以枣栗，乃糕之次者也。每届重阳，市肆间预为制造以供用。

按《析津志》：九月九日，都人以面为糕，馈遗作重阳节，亦于阛阓中笊笩席叫卖，与今同。又《帝京景物略》：面饼面种枣栗星星然曰花糕。糕肆标绿旗。父母迎其女来食，曰女儿节。今糕肆无标旗者，亦无迎女来食者。盖风尚之不同也。

——《燕京岁时记》

九花者，菊花也。每届重阳，富贵之家以九花数百盆，架庋广厦中，前轩后轾，望之若山，曰九花山子。四面堆积者曰九花塔。

谨按《日下旧闻考》：陈理诗注曰：花城即今之花山也。盖京师之菊种极繁，有陈秧、

新秧、粗秧、细秧之别。如蜜连环、银红针、桃花扇、方金印、老君眉、西施晓妆、潇湘妃子、鹅翎管、米金管、灯草管、紫虎须、灰鹤翅、平沙落雁、杏林春燕、朝阳素、软金素、青山盖雪、朱砂盖雪、白鹤卧雪、青莲子、青河莲、朱瓣湘莲、玉池桃红、玉笋长、玉楼春晓、宝刹浮图、落红万点、泥金万点、藕色霓裳、伽蓝袈裟等，皆陈秧中之细种也。如大红宝珠、金连环、金霞环、大金葵、渗金葵、金盘献露、金毛狮子、金凤翎、紫凤舒翎、紫凤双叠、紫龙开爪、紫蟹爪、真紫钩、徐家紫、黄鹤毛、鹭鹤毛、苍龙须、苍龙训子、云龙焕彩、二色莲、三季秋荷、映日荷花、旱地金莲、芙蓉秋艳、玉扇银针、紫松针、水红针、玉匙调羹、粉屏、白牡丹、紫牡丹、粉牡丹、星光在水、枫林落照、夕阳斜照、鸦背夕阳、晓天霞、蓝翎九等，皆陈秧中之粗种也。如银虎须、墨虎须、朱墨双辉、金卷朱砂、金凤含珠、凤梧添线、汉宫春晓、浣花溪水、天半朱霞、秋水明霞、秋水芙蓉、汉皋解佩、二乔争艳、天女散花、桃花人面、鸟爪仙人、黄鹤仙人、羔裘大夫、仙人掌、醉太白、南极仙翁、文经武纬、凤管鸾笙、洋蝴蝶、羚羊挂角、香白梨、金如意、水晶如意、沉香贯珠、一斛珠、碧玉搔头、黄绣球、珊瑚钩、金带风飘、慈云点玉、慈云万点、柳线垂金、重阳居住等，皆新秧中之细种也。如金佛座、金钩挂玉、金边大红、玉堂金马、紫绶金章、紫袍金带、紫电青霜、绿柳黄鹂、杨妃醉舞、西施粉、六郎面、墨麒麟、鹦哥抱子、蜜蜂窝、合家欢乐等，皆新秧中之粗种也。共一百三十三种，皆予所记忆者。其余新陈粗细之类，尚有二百余种，他日得暇，当为黄花订谱也。

——《燕京岁时记》

都人重九，喜食蒸蟹。

——《天咫偶闻·卷六》

九月初九日，游法藏寺，登浮图。齐化门外土城登高。

——《天咫偶闻·卷十》

九月初九日，为重阳节，居人率多提壶携榼，出郭登高，如钓鱼台，陶然亭，龙爪槐，天宁寺，蓟门烟树，清净化城，以及西山八大刹等处，皆游观之所也。居民多食羊肉火锅，又食花糕。盖以麦粉为糕，置枣栗糖果于上者也。父母必迎其出嫁之女同食之，故亦曰女儿节。

——《北平岁时志·九月》

三十年前，北京居民，每届重九日，有登高之举。富贵家庭及素以风雅自命之人，届期即预备酒席，携赴天宁寺，或赴碧云寺登高远眺，爽豁胸襟，兴会之余，或清唱高歌，或吟咏倡和。至贫民，虽无多钱，倘遇天气晴明，亦不虚度，所谓穷人自有穷人乐也。于是相约赴郊外之土城(北京东北两郊,距城约三里余,均系极长之土邱,传闻系辽时城垣遗基),择其高处登之并有携带燔炙肉类之炊具,及烧饼烧酒等项,临时充餐者,近年则少见也。

——《北平岁时志·九月》

九月九日登高,此风行之最久。前清帝王皇后妃嫔登高系在御花园之东堆秀山,山上有一亭名御景亭,登高于此,北望可见景山,及神武门楼,西望可见西山,东南望为皇宫。王公百官,则在家中园亭假山之上,或到西山,或至积水滩之汇通祠,祠在小山之上,山之北有五音坠星石一,玲珑剔透。法藏寺塔,年久失修,近年往登者少。光绪间登高者,多至城上,庚子后,禁人上城,不能至此登高矣。民国以来,多上景山及午门楼上,又可上正阳门楼,钟楼,鼓楼。自北海开放,多改白塔矣。

——《北平岁时志·九月》

京中皮货店,岁必占重阳晴雨,是日晴,则皮货贵,是日雨,则皮货贱。晴则铺长请伙纪(计),雨则伙纪(计)请铺长,此皮货店之规例也。

——《北平岁时志·九月》

重阳前后,内官设宴相邀,谓之"迎霜宴"。席间食兔,谓之"迎霜兔",好事者绕室列菊花数十层,后者轩,前者轾,望之若山坡然,五色绚烂,环围无隙,名曰"花城"。(秦征兰《天启宫词注》)

辽俗,九月九日打围,赌射虎,少者为负,输重九一筵席。射罢,于地高处卓帐,饮菊花酒,出兔肝生切,以鹿舌酱拌食之。(《燕北杂记》)

《文昌杂录》记唐人岁时食物甚详,今惟端午粽,重阳糕尚存,余者竟无一在。(《天咫偶闻》)

九月九日,面饼缀枣,曰花糕。聚类携尊,登高适兴,其有女者必迎归。《舆地记》

黑窑厂与陶然亭接壤,都人登高,多往游焉。(《水曹清暇录》)

九月初九日为重阳节。居民率多提壶携榼,出郭登高,如钓鱼台(俗呼望河楼)、陶然亭、龙爪槐、天宁寺、蓟门烟树、清净化城以及西山八大刹等处,皆游观之所也。近年多至北海公园之白塔山上,天朗气清,登高远眺,洵一时之快事也。是日,居民多食羊肉火锅,又食花糕,盖以麦粉为糕,置枣栗糖果于上者也。父母必迎其出嫁之女同食之,故亦曰"女儿节"。是月也,菊花盛开,巨室每陈花作山形,或缀成吉祥字,招邀戚友,把酒赏菊;中等之家,则栽花于盆,阶下案头,以时观赏。近则中山、北海各公园及西郊之万牲园,类皆举行赛菊大会,亦盛事也。(《民社北平指南》)

——《北平风俗类征》

上九：农历九月九日为重阳，古称上九。《太平御览》卷九九一引晋周处《风土记》："俗尚九月九日，谓为上九。"

——《汉语大词典·1》

九九：指九月九日重阳节。又称："重九。"宋计有功《唐诗纪事·中宗》："中宗九月九日幸临渭亭登高……薛稷得历字韵云：'愿陪九九辰，长奉千千历。'"

——《汉语大词典·1》

九月九：重阳节。清富察敦崇《燕京岁时记·九月九》："京师谓重阳为九月九。"

——《汉语大词典·1》

吹帽：《晋书·孟嘉传》："九月九日，温（桓温）燕龙山，僚佐毕集，时佐吏并著戎服，有风至，吹嘉帽堕落，嘉不之觉。"后以"吹帽"为重九登高雅集的典故。唐杜甫《九日蓝田崔氏庄》诗："羞将短发还吹帽，笑倩旁人为正冠。"唐韩愈《荐士》诗："霜风破佳菊，嘉节迫吹帽。"宋柳永《玉蝴蝶·重阳》词："良俦，西风吹帽，东篱携酒，共结欢游。"明何景明《九日》诗："吹帽他时兴，登台此日情。"

——《汉语大词典·3》

秋节：指农历九月九日重阳节。唐韦安石《奉和九日幸临渭亭登高》："重九开秋节，得一动宸仪。"

——《汉语大词典·8》

米锦：重阳节吃的米糕。唐郑望之《膳夫录·汴中节食》："重九米锦，腊日萱草面。"

——《汉语大词典·9》

花糕：旧俗重阳节所食的一种糕饼。也称重阳糕。明刘侗、于奕正《帝京景物略·春场》："九月九日……面饼种枣栗，其面星星然，曰花糕。糕肆标纸彩旗，曰花糕旗。父母家必迎女来食花糕。"清富察敦崇《燕京岁时记·花糕》："花糕有二种：其一以糖面为之，中夹细果，两层三层不同，乃花糕之美者；其一蒸饼之上星星然缀以枣栗，乃糕之次者也。每届重阳，市肆间预为制造以供用。"《儿女英雄传》第二四回："转眼之间，看看重阳节近，就要吃花糕了。"

——《汉语大词典·9》

茱萸：古俗农历九月九日重阳节，佩茱萸能祛邪辟恶。三国魏曹植《浮萍篇》："茱萸自有芳，不若桂与兰。"《西京杂记》卷三："九月九日，佩茱萸，食蓬饵，饮菊华酒，令人长寿。"唐王维《九月九日忆山东兄弟》诗："遥知兄弟登高处,遍插茱萸少一人。"清吴伟业《丁亥之秋王烟客招予西田赏菊》诗："粳稻将登农父喜,茱萸遍插故人怜。"

——《汉语大词典·9》

茱萸节:指重阳节。唐张说《湘州九日城北亭子》诗："西楚茱萸节,南淮戏马台。"明徐渭《九月朔与诸友醉得花字》诗："不教酩酊归何事,望到茱萸节尚赊。"

——《汉语大词典·9》

茱萸会:古俗重阳节佩茱萸,相约登山宴饮,称茱萸会。晋周处《风土记》："以重阳相会,登山饮菊花酒,谓之登高会,又云茱萸会。"郁达夫《海上候曼兄不至步原韵奉答》："重阳好作茱萸会,花萼江边一夜游。"

——《汉语大词典·9》

茱萸囊:装有茱萸的佩囊。古俗重阳节取茱萸缝袋盛之,佩系身上,谓能辟邪。南朝梁吴均《续齐谐记》："长房谓(桓景)曰:'九月九日,汝家中当有灾,宜急去,令家人各作绛囊,盛茱萸以系臂,登高饮菊花酒,此祸可除。'……今世人九日登高饮酒,妇人带茱萸囊,盖始于此。"唐郭元振《子夜四时歌·秋歌二》："辟恶茱萸囊,延年菊花酒。"亦省作"茱囊"。明郝明龙《九日》诗："寂寞园林天宝后,道傍谁复问茱囊。"

——《汉语大词典·9》

菊花杯:犹言菊花酒。亦指重阳日酒会。唐张说《湘州九日城北亭子》诗："宁知沉水上,复有菊花杯。"唐孟浩然《和贾主簿弁九日登岘山》："共乘休沐暇,同醉菊花杯。"明何白《淮上归兴》诗："归路渐香菰米饭,佳期已负菊花杯。"

——《汉语大词典·9》

菊花酒:亦作"菊华酒"。酒名。一种用菊花杂黍米酿制的酒。《西京杂记》卷三："九月九日佩茱萸,食蓬饵,饮菊华酒,令人长寿。菊华舒时,并采茎叶,杂黍米酿之,至来年九月九日,始熟,就饮焉,故谓之菊华酒。"南朝梁宗懔《荆楚岁时记》："九月九日宴会,未知起于何代……今北人亦重此节,佩茱萸,食饵,饮菊花酒,云令人长寿。"

——《汉语大词典·9》

菊花节:即重阳节。唐王维《奉和圣制重阳节宰臣及群官上寿应制》："无穷菊花节,长奉《柏梁篇》。"

——《汉语大词典·9》

重九：指农历九月初九日。又称重阳。晋陶潜《九日闲居》诗序："余闲居，爱重九之名。秋菊盈园，而持醪靡由。"唐文丙《牡丹》诗："不同寒菊舒重九，只拟清香泛酒卮。"明徐弘祖《徐霞客游记·滇游日记三》："初九日……是日为重九，高风鼓寒，以登高之候。"

——《汉语大词典·10》

重九登高：旧俗于农历九月九日重阳节，以绛囊盛茱萸，登高山，饮菊酒，谓可以避邪免灾。南朝梁吴均《续齐谐记·重阳登高》："汝南桓景随费长房游学累年。长房谓曰：'九月九日汝家当有灾，宜急去，令家人各作绛囊，盛茱萸以系臂，登高饮菊花酒，此祸可除。'景如言，齐家登山。夕还，见鸡犬牛羊一时暴死。长房闻之，曰：'此可以代矣。'今世人每至九月九日登高饮酒，妇人带茱萸囊，因此也。"

——《汉语大词典·10》

重阳：古以九为阳数之极。九月九日故称"重九"或"重阳"。魏晋后，习俗于此日登高游宴。南朝梁庾肩吾《九日侍宴乐游苑应令诗》："献寿重阳节，回銮上苑中。"唐杜甫《九日》诗之一："重阳独酌杯中酒，抱病起登江上台。"宋张孝祥《柳梢青·饯别蒋德施粟子求诸公》词："重阳时节。满城风雨，更催行色。"清陈维崧《醉花阴·重阳和漱玉韵》词："今夜是重阳，不卷珍珠，阵阵西风透。"

——《汉语大词典·10》

重阳酒：旧俗重阳节登高，饮菊花酒。唐郑谷《漂泊》诗："黄花催促重阳酒，何处登高望二京。"明何景明《樊秀才园内菊》诗："明日重阳酒，殷勤为尔携。"

——《汉语大词典·10》

迎霜兔：重阳宴会上所食之兔。明刘若愚《酌中志·饮食好尚纪略》："九日重阳节，驾幸万岁山，或兔儿山，旋磨山登高，吃迎霜麻辣兔，饮菊花酒。"《日下旧闻考·风俗三》："重阳前后设宴相邀，谓之迎霜宴。席间食兔，谓之迎霜兔。"

——《汉语大词典·10》

迎霜宴：古时重阳节前后邀客相饮所设的宴席。《日下旧闻考·风俗三》："重阳前后设宴相邀，谓之迎霜宴。"

——《汉语大词典·10》

长久日：三国魏曹丕《与钟繇九日送菊书》："岁往月来，忽逢九月九日。九为阳数，而日月并应，俗嘉其名，以为宜于长久，故以享宴高会。"后用"长久日"称重阳。宋姚述尧《临江仙·呈湘川使君丁仲京》词:"佳节喜逢长久日,翩翩凫舄朋来。霜清天宇绝尘埃……更拚明日醉,未放菊花开。"

——《汉语大词典·11》

黄菊节:指重阳节。唐贾岛《答王参》诗:"相期黄菊节,别约红桃径。"清姚鼐《癸丑重九无樽酒之会往问袁香亭同年亦独居寂然乃邀登雨花台临眺至暮香亭有诗和之》之一:"故垒萧疏黄菊节,旅怀摇落白头年。"

——《汉语大词典·12》

【诗词歌赋】

九月九日闲居(并序)

晋·陶渊明

余闲居,爱重九之名。秋菊盈园,而持醪无由,空服九华,寄怀于言。

世短意常多,斯人乐久生。
日月依辰至,举俗爱其名。
露凄暄风息,气澈天象明。
往燕无遗影,来雁有余声。
酒能祛百虑,菊解制颓龄。
如何蓬庐士,空视时运倾!
尘爵耻虚罍,寒华徒自荣。
敛襟独闲谣,缅焉起深情。
栖迟固多娱,淹留岂无成。

蜀中九日

唐·王勃

九月九日望乡台,他席他乡送客杯。
人今已厌南中苦,鸿雁那从北地来?

九月九日旅眺

唐·卢照邻

九月九日眺山川，归心归望积风烟。
他乡共酌金花酒，万里同悲鸿雁天。

九月九日忆山东兄弟

唐·王维

独在异乡为异客，每逢佳节倍思亲。
遥知兄弟登高处，遍插茱萸少一人。

登 高

唐·杜甫

风急天高猿啸哀，渚清沙白鸟飞回。
无边落木萧萧下，不尽长江滚滚来。
万里悲秋常作客，百年多病独登台。
艰难苦恨繁霜鬓，潦倒新停浊酒杯。

行军九日思长安故园

唐·岑参

强欲登高去，无人送酒来。
遥怜故园菊，应傍战场开。

九日齐山登高

唐·杜牧

江涵秋影雁初飞，与客携壶上翠微。
尘世难逢开口笑，菊花须插满头归。

但将酩酊酬佳节，不用登临恨落晖。
古往今来只如此，牛山何必独沾衣。

九 日

唐·李商隐

曾共山翁把酒时，霜天白菊绕阶墀。
十年泉下无人问，九日樽前有所思。
不学汉臣栽苜蓿，空教楚客咏江蓠。
郎君官贵施行马，东阁无因得再窥。

菊 花

唐·黄巢

待到秋来九月八，我花开后百花杀。
冲天香阵透长安，满城尽带黄金甲。

九 日

唐·崔国辅

江边枫落菊花黄，少长登高一望乡。
九日陶家虽载酒，三年楚客已沾裳。

九日和韩魏公

宋·苏洵

晚岁登门最不才，萧萧华发映金罍。
不堪丞相延东阁，闲伴诸儒老曲台。
佳节久从愁里过，壮心偶傍醉中来。
暮归冲雨寒无睡，自把新诗百遍开。

九日水阁

宋·韩琦

沉馆隳摧古槲荒，此延嘉客会重阳。
虽惭老圃秋容淡，且看黄花晚节香。
酒味已醇新过热，蟹螯先实不须霜。
年来饮兴衰难强，漫有高吟力尚狂。

九日寄秦觏

宋·陈师道

疾风回雨水明霞，沙步丛祠欲暮鸦。
九日清尊欺白发，十年为客负黄花。
登高怀远心如在，向老逢辰意有加。
淮海少年天下士，可能无地落乌纱？

南 歌 子

宋·吕本中

驿路侵斜月，溪桥度晓霜。短篱残菊一枝黄，正是乱山深处，过重阳。
旅枕元无梦，寒更每自长。只言江左好风光，不道中原归思，转凄凉。

暮山溪　寄宝学

宋·刘子翚

浮烟冷雨，今日还重九。秋去又秋来，但黄花、年年如旧。平台戏马，无处问英雄；茅舍低，竹篱东，伫立时搔首。　　客来何有？草草三杯酒。一醉万缘空，莫贪伊、金印如斗。病翁老矣，谁共赋归来？芟垅麦，网溪鱼，未落他人后。

醉花阴　九日

宋·李清照

薄雾浓云愁永昼，瑞脑消金兽。佳节又重阳，玉枕纱厨，半夜凉初透。东篱把酒黄昏后，有暗香盈袖。莫道不消魂，帘卷西风，人比黄花瘦。

满江红　九日冶城楼

宋·方岳

且问黄花，陶令后，几番重九？应解笑，秋崖人老，不堪诗酒。宇宙一舟吾倦矣，山河两戒天知否？倚西风，无奈剑花寒，虬龙吼。　江欲醋，谈天口。秋何负，持螯手？尽石麟芜没，断烟衰柳。故国山围青玉案，何人印佩黄金斗？倘只消，江左管夷吾，终须有！

贺新郎　九日

宋·刘克庄

湛湛长空黑，更那堪、斜风细雨，乱愁如织。老眼平生空四海，赖有高楼百尺。看浩荡、千崖秋色。白发书生神州泪，尽凄凉，不向牛山滴。追往事，去无迹。　少年自负凌云笔。到而今，春花落尽，满怀萧瑟。常恨世人新意少，爱说南朝狂客。把破帽，年年拈出。若对黄花孤负酒，怕黄花、也笑人岑寂。鸿北去，日西匿。

双调　折桂令　九日

元·张可久

对青山强整乌纱。归雁横秋，倦客思家。翠袖殷勤，金杯错落，玉手琵琶。人老去西风白发，蝶愁来明日黄花。回首天涯，一抹斜阳，数点寒鸦。

济上作

明·徐祯卿

两年为客逢秋节,千里孤舟济水旁。
忽见黄花倍惆怅,故园明日又重阳。

九日渡江

明·李东阳

秋风江口听鸣榔,远客归心正渺茫。
万里乾坤此江水,百年风日几重阳。
烟中树色浮瓜步,城上山形绕建康。
直过真州更东下,夜深灯火宿维扬。

九日风阻郑家口

明·王世贞

野戍秋高鼓角哀,萧萧木叶走黄埃。
横驱浊浪蛟龙斗,复掩深林虎豹来。
短发霜风欺落帽,异乡天地畏登台。
只应诸季茱萸酒,妒杀黄花傍汝开。

黄莺儿 塞上重阳

明·薛论道

荏苒又重阳,拥旌旄倚太行,登临疑是青霄上。天长地长,云茫水茫,胡尘静扫山河壮。望遐荒,王庭何处,万里尽秋霜。

九日登一览楼

明·陈子龙

危楼樽酒赋蒹葭,南望潇湘水一涯。
云麓半函青海雾,岸枫遥映赤城霞。
双飞日月驱神骏,半缺河山待女娲。
学就屠龙空束手,剑锋腾踏绕霜花。

丁亥重阳悼阵亡将士

明·张家玉

回首天涯忆故乡,忽闻节候又重阳。
断肠何处啼猿月?警梦当阶唳鹤霜。
击楫几时清海浦?枕戈犹未扫欃枪。
可怜多少英雄骨,空照黄花吐烈香。

酬王处士九日见怀之作

明·顾炎武

是日惊秋老,相望各一涯。
离怀销浊酒,愁眼见黄花。
天地存肝胆,江山阅鬓华。
多蒙千里讯,逐客已无家。

九日登镇海楼

明·陈恭尹

清尊须醉曲栏前,飞阁临秋一浩然。
五岭北来峰在地,九州南尽水浮天。
将开菊蕊黄如酒,欲到松风响似泉。
白首重阳惟有笑,未堪怀古问山川。

九日粤秀山登高

清·张维屏

同集者顾剑峰、胡香海、周伯恬、李绍仔、江石生、王香谷、周南卿,主人方伯曾公。

夜闻花塔风铃语,明日天当不风雨。晓来万里无纤云,倒挽澄江洗天宇。峨峨南城公,有似古欧阳,山水之间得真乐,春秋佳日可以对客倾壶觞。我时幅抑伏闾里,公来挈我翠微里。坐我越冈之侧,楚庭之巅,吹我以五仙观上之灵风,涤我以鲍姑井中之甘泉,酹我以鹅黄鸭绿之美酒,示我以瑶绳金检之奇篇,使我沉忧得释、烦疴得蠲。左把稚川袖,右拍安期肩,飞舄脱帽,银海眩斗,觉南滇云气浮樽前。五羊城中十万户,下视漠漠苍苍然。有人山下一矫首,望见酒龙诗虎皆神仙。不知今日海内名山百千亿,几人高会罗群贤?朝台安在哉?歌舞亦消歇。王宏颇解事,长房莫饶舌。茱萸之囊系臂求长生,何似菊花之酒长不竭。百壶欲尽醉兀兀,风马云车去飘忽,山头客散山不孤,一片飞来汉时月。

九日登龙华塔同诸贞壮、邓秋枚

清·黄节

九月龙华车似水,客中聊复作清游。
一江入海浑成瘴,百里无山只见秋。
强欲登临过此日,未须流涕对高丘。
茱萸各有乡关感,难遣天涯共倚楼。

九日游留园

清·王国维

朝朝吴市踏红尘,日日萧斋兀欠伸。
到眼名园初属我,出城山色便迎人。
奇峰颇欲作人立,乔木居然阅世新。
忍放良辰等闲过,不辞归路雨沾巾。

【图片资料】

重阳登高

菊花

蹴鞠

费长房

对菊持螯

重阳糕

八仙庆寿图

重阳习射

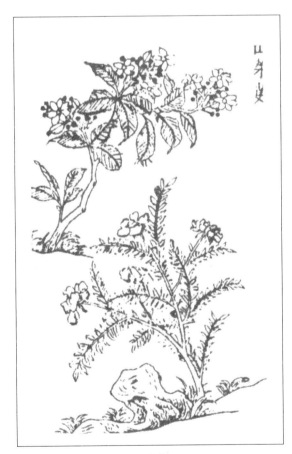

山茱萸

观赏菊花

茱萸

九月赏菊过重阳

菊花会

售菊花

九月初十

【文献资料】

小重阳:夏历九月十日,即重阳后一日。《岁时广记》卷三五引宋吕原明《岁时杂记》:"都城士庶,多于重九后一日,再集宴赏,号小重阳。"

——《汉语大词典·2》

九月十五

【文献资料】

　　财神庙在彰仪门外,每至九月,自十五日起,开庙三日。祈祷相属,而梨园子弟与青楼校书等为尤多。士大夫之好事者,亦或命驾往观焉。彰仪门即广安门也。

——《燕京岁时记》

　　九月半,家家腌菜,其法每白菜百斤,用盐六斤,花椒四两,若是蔓荆,或芥子头,每百斤用盐七斤,花椒三四两,因作雷震疙瘩,须将芥子晾干,其中再加入炒熟之花椒盐末,复入瓷罐封固,俟至明年三月中,闻雷声开罐取食,其味甘而不咸,脆而不疲,虽存至二三年,如不去泥封,愈久愈佳,芥心之中,能变为琥珀色者,食之滋味更佳,比街上各酱园所卖者大不相同,然非人家自制者不可也。腌菜有禁忌,如人家有丧事,例不腌菜,妇女月经期,不许腌菜。室女不令为之,以盐水粗手便不能织绒线活计,此则大户人家规矩,若小户自须作菜作饭者,便不能如此矣,但是绒线活计,小户人家,亦无学作者。

——《北平岁时志·九月》

九月十七

【文献资料】

广宁门外财神庙,报赛最盛。正月二日、九月十七日,倾城往祀,商贾及勾栏尤夥。庙貌巍焕,甲于京师。庙祝更神其说,借神前纸锭怀归,俟得财则十倍酬神。故信从者益多,而庙祝之利甚溥。

——《天咫偶闻·卷九》

霜　降

【文献资料】

　　帝京园馆居楼,演戏最胜。酬人宴客,冠盖如云,车马盈门,欢呼竟日。霜降节后则设夜座。昼间城内游人散后,掌灯则皆城南贸易归人,入园饮酌,俗谓听夜八出。酒阑更尽乃归。散时主人各赠一灯,哄然百队,什伍成群,灿若列星,亦太平景象也。

——《帝京岁时纪胜·九月》

　　霜降后腌菜,除瓜茄、芹芥、萝卜、擘蓝、箭干白、春不老之外,有白菘菜者,名黄芽菜,乃都门之极品,鲜美不减富阳冬笋。又出安肃者,每棵重至数十斤,为安肃黄芽菜,更佳。

——《帝京岁时纪胜·九月》

　　霜:丧也。以叠韵为训。成物者。《豳风》。九月肃霜。传曰。肃,缩也。霜降而收缩万物。《秦风》。白露为霜。传曰。白露凝戾为霜。然后岁事成。按雷,雨,露皆所以生物。雪亦所以生物而非杀物者。故其用在霜杀物之后。《诗》言雨雪氛氛。益之以霡霂。生我百谷。其证也。惟霜为虀敛万物之用。许列字首雷。为动万物者莫疾乎此也。次之以雪。乃次之以零霰。谓冬雪而后春雨也。次之。以露。露春夏秋皆有之。秋深乃凝霜也。次之以霜。而岁功成矣。岁功以雪始,以霜终。

——《说文解字注》

　　霚:寒也。或曰早霜也。读若春秋传垫阨。

——《说文解字注》

　　霜降后,斗鹌鹑,笼于袖中,若捧珍宝。

——《光绪顺天府志·京师志·风俗》

霜降日，或云是日必见冰，盖此日去初伏一百日也。或于菜蔬上稍见冰凌，即为证验。

——《京都风俗志》

霜降：二十四节气之一，在公历 10 月 23 日或 24 日。这时中国黄河流域一般出现初霜，大部分地区多忙于播种三麦等作物。《逸周书·周月》："秋三月中气：处暑、秋分、霜降。"《国语·周语中》："火见而清风戒寒。"三国吴韦昭注："谓霜降之后，清风先至，所以戒人为寒备也。"魏巍《东方》第一部第十五章："论节气，还不到霜降，这里已经下了好几场霜。"

——《汉语大词典·11》

【文献资料】

九冬：指冬季。冬季共九十日，故名。《初学记》卷三引《梁元帝纂要》："冬曰玄英，亦曰安宁，亦曰玄冬、三冬、九冬。"南朝梁沈约《夕行闻夜鹤》诗："九冬霜雪苦，六翮飞不任。"唐尚颜《除夜》诗："九冬三十夜，寒与暖分开。"

——《汉语大词典·1》

大冬：隆冬。《汉书·董仲舒传》："是故阳常居大夏，而以生育养长为事；阴常居大冬，而积于空虚不用之处。"宋欧阳修《归田录》卷一："时方大冬，墙壁瓦石之间，有虫所蛰，不可伤其生。"宋范成大《光相寺》诗："峰顶四时如大冬，芳花芳草春自融。"

——《汉语大词典·2》

冬日：①冬季。《诗·小雅·四月》："冬日烈烈，飘风发发。"《孟子·告子上》："公都子曰：'冬日则饮汤，夏日则饮水，然则饮食亦在外也？'"《吕氏春秋·恃君》："柱厉叔事莒敖公，自以为不知而去，居于海上，夏日则食菱芡，冬日则食橡栗。"汉王粲《赠蔡子笃》

诗:"烈烈冬日,肃肃凄风。"②冬天的太阳。南朝齐王俭《褚渊碑文》:"君垂冬日之温,臣尽秋霜之戒。"清钱谦益《李秀东六十寿序》:"(怀顺)待士大夫有恩礼,官岭表者,以怀藩为冬日,君有助焉。"③指冬至日。清昭梿《啸亭杂录·内务府定制》:"凡朔望、万寿圣节、元正、冬日及国有大庆,均恭奉列圣神牌前殿祭飨,礼成还御后殿寝室。"

——《汉语大词典·3》

冬月:指冬天。《史记·酷吏列传》:"温舒顿足叹曰:'嗟乎,令冬月益展一月,足吾事矣。'"《南史·刘孝绰传》:"初,孝绰居母忧,冬月饮冷水,因得冷癖,以大同五年卒官,年五十九。"《宋史·刑法志三》:"吴充建请:'流人冬寒被创,上道多冻死。请自今非情理巨蠹,遇冬月听留役本处,至春月遣之。'诏可。"《二十年目睹之怪现状》第七六回:"我从去年冬月里就答应他引见你大哥的,所以他一直等在京里,不然他早就要赶回湖北去的了。"

——《汉语大词典·3》

十月

【文献资料】

十月,皇城东华门外,朝廷命武官开射圃,常年国典。车驾于某日起,省院台官大聚会于健德门城上。分东西两班,至丽正门聚会,设大茶饭。谓之巡城会。自此后,则刻日计程迎驾。

——《析津志辑佚·风俗》

是月(十月),羊始市,儿取羊后胫之膝之轮骨,曰贝石,置一而一掷之。置者不动,掷之不过,置者乃掷,置者若动,掷之而过,胜负以生。其骨轮四面两端,凹曰真,凸曰诡,勾曰骚,轮曰背,立曰顶骨律。其顶,岐亦曰真,平亦曰诡。盖真胜诡负而骚背间,顶平再胜,顶岐三胜也。其胜负也以贝石。

——《帝京景物略·卷二》

是月(十月)也,始调鹰畋猎,斗鸡。内臣贪婪成俗,是以性好赌博,既赖鸡求胜,则必费重价购好健斗之鸡,雇善养者,昼则调驯,夜则加食,名曰贴鸡。须燃灯观看,以计所啄之数,有三四百口者,更妙也。是时夜已渐长,内臣始烧地炕,饱食逸居,无所事事,多寝寐不甘。又须三五成朋,饮酒掷骰,看纸牌、耍骨牌,下棋、打双陆,至二三更始散,方睡得着也。又有独自吃酒肉不下者,亦如前约聚,轮流办东,帮凑饮啖,所谈笑概俚鄙不堪。多有醉后忿争,小则骂打僮仆以迁怒,大则变脸挥拳,将祖宗父母互相唤骂,为求胜之资。然易得和解,磕过几个头,流下几眼泪,即欢畅如初也。凡攒坐饮食之际,其固获扬饭流歠,共食求饱,咤食啮骨,或膝上以哺弄儿,或弃肉以饲猫犬,真可笑也。如有吃素之人,修善念佛,亦必罗列果品,饮茶久坐,或至求精争胜,多不以箪食瓢饮为美,亦可笑也。间有一二好看书习字者,乐圣贤之道,或杜门篝灯,草衣粗食,不苟取,不滥予,差足愉快,奈寥寥不多见耳。

——《酌中志·卷二十》

京军每年以十月朔颁给袢袄,袢袄取诸东南外廨,费官帑银不知几十万。

——《旧京遗事》

明天启间,建碧霞元君庙,其北,土近泉宜花,居人以种花为业。冬则蕴火暄之,十月中牡丹已进御矣。桥去丰台十里,中多亭馆。元廉右丞之万柳堂,赵参谋之鲍瓜亭,栗院使之玩芳亭,要在弥望间,然莫详其处矣。

——《帝京岁时纪胜·四月》

少年子弟好畜秋虫,曰蛬蛬,乃蟋蛬之别种。寄生于稻田禾黍之间,又名曰叫蚂蚱。亦非蝗蝻之流,蚕食苗稼。亦非庄子《逍遥游》所说,蟪蛄不知春秋。此虫夏则鸣于郊原,秋日携来,笼悬窗牖,以佐蝉琴蛙鼓,能度三冬。以雕作葫芦,银镶牙嵌,贮而怀之,食以嫩黄豆芽、鲜红萝卜,偶于稠人广座之中,清韵自胸前突出,非同四壁蛩声助人叹息,而悠然自得之甚。

——《帝京岁时纪胜·十月》

雪:冰雨说物者也。冰各本作凝。今正。凝者,冰之俗也。《释名》曰:雪,绥也。水下遇寒气而凝,绥绥然下也。故许谓之冰雨。说今之悦字。物无不喜雪者。

——《说文解字注》

秋深,笼养蝈蝈,俗呼为"叫哥哥",听鸣声为玩。藏怀中,或饲以丹砂,则过冬不僵。笼刳干葫芦为之,金镶玉盖,雕刻精致。虫自北来,薰风乍拂,已千筐百笞,集于吴城矣。郭麐《咏蝈蝈琐窗寒》词云:"络纬啼残,凉秋已到,豆棚瓜架,声声慢诉,似诉夜来寒乍。挂筠笼晚风一丝,水天儿女同闲话。算未应输与,金盆蟋蟀,枕函清夜。窗罅。见低亚。簇几叶瓜华,露亭水榭。胡卢(葫芦)样小,若个探怀堪讶。笑虫虫自解呼名,物微不用添尔雅。便蛇医分与丹砂,总露蝉同哑。"

案:《瓶花斋集》云:"有一种似蚱蜢而身肥者,京师人呼为'蝈蝈儿',南人谓之'叫哥哥',喜捕养之。食丝瓜花及瓜练。音声与促织相似,而清越过之,露下凄声彻夜,酸楚异常,俗耳为之一清。"韩保筌《咏叫哥哥》诗云:"少小怜为客,关山万里过。樊笼甘我素,口舌让人多。北望空回首,南音孰倚歌。世途行不得,何苦叫哥哥。"

——《清嘉录》

每至十月,市肆之间则有赤包儿、斗姑娘等物。赤包儿蔓生,形如甜瓜而小,至初冬乃红,柔软可玩。斗姑娘形如小茄,赤如珊瑚,圆润光滑,小儿女多爱之,故曰斗姑娘。海棠木瓜大者二寸,青而不黄,较之南来木瓜,其香尤烈。沤朴形如橘柚而坚实,性如木瓜而有毛,以之薰衣,香可经月不散,亦应时之物产也。

——《燕京岁时记》

十月间,冬笋、银鱼之初到京者,由崇文门监督照例呈进,与三月黄花鱼同。

——《燕京岁时记》

儿童玩好亦有关于时令。京师十月以后,则有风筝、毽儿等物。风筝即纸鸢,缚竹为骨,以纸糊之,制成仙鹤、孔雀、沙雁、飞虎之类,绘画极工。儿童放之空中,最能清目。有带风琴锣鼓者,更抑扬可听,故谓之风筝也。毽儿者,垫以皮钱,衬以铜钱,束以雕翎,缚以皮带,儿童踢弄之,足以活血御寒。琉璃喇叭者,口如酒盏,柄长二三尺。咘咘噔者,形如壶卢(葫芦)而长柄,大小不一,皆琉璃厂所制。儿童呼吸之,足以导引清气。太平鼓者,系铁圈之上蒙以驴皮,形如团扇,柄下缀以铁环,儿童三五成群,以藤杖击之,鼓声咚咚然,环声铮铮然,上下相应,即所谓迎年之鼓也。空钟者,形如车轮,中有短轴,儿童以双杖系棉线播弄之,俨如天外晨钟。

——《燕京岁时记》

走马灯者,剪纸为轮,以烛嘘之,则车驰马骤,团团不休。烛灭则顿止矣。其物虽微,颇能具成败兴衰之理,上下千古,二十四史中无非一走马灯也。是物之外,又有车灯、羊灯、狮子灯、绣球灯之类。每届十月,则前门、后门、东四牌楼、西单牌楼等处在在有之。携幼而往,欢喜购买而还,亦闲中之乐事也。

按走马灯之制,亦系以火御轮,以轮运机,即今轮船、铁轨之一班。使推而广之,精益求精,数百年来,安知不成利器耶?惜中土以机巧为戒,即有自出心裁精于制造者,莫不以儿戏视之。今日之际,人步亦步,人趋亦趋,诧为奇神,安于愚鲁,则天地生材之道岂独厚于彼而薄于我耶?是亦不自愤耳!

——《燕京岁时记》

十月以后,寒贱之子,琢石为球,以足蹴之,前后交击为胜。盖京师多寒,足指痠冻,儿童踢弄之,足以活血御寒,亦蹴鞠之类也。

谨按《日下旧闻考》:踢球一事,自金元以来即有之,不自今日始矣。

——《燕京岁时记》

禽鸟之来,最关时令。京师十月以后,则有梧桐鸟等。梧桐者,长六七寸,灰身黑翅,黄嘴短尾,市儿买而调之,能于空中接弹丸,谓之打弹儿。交嘴者,长四五寸,嘴左右交,以别雌雄,有红黄二色,驯而扰者能开锁衔旗。祝顶红者,小于家雀而红其顶,技如交嘴,而灵巧过之。老西儿者,形如梧桐而黑嘴,技同而价贱,饕餮之辈亦有食之者。燕巧儿者,形如燕子,亦能于空中接弹丸,而飞腾尤速。此皆京师之时禽。至于秋天鸿雁,社日乌衣,则有月令在。

——《燕京岁时记》

十月颁历以后,大小书肆出售宪书,衢巷之间亦有负箱唱卖者。

——《燕京岁时记》

京师食品亦有关于时令。十月以后,则有栗子、白薯等物。栗子来时用黑砂炒熟,甘美异常。青灯诵读之余,剥而食之,颇有味外之味。白薯贫富皆嗜,不假扶持,用火煨熟,自然甘美,较之山药、芋头尤足济世,可方为朴实有用之材。中果、南糖到处有之。萨齐玛乃满洲饽饽,以冰糖、奶油合白面为之,形如糯米,用不灰木烘炉烤熟,遂成方块,甜腻可食。芙蓉糕与萨齐玛同,但面有红糖,艳如芙蓉耳。冰糖壶卢(葫芦)乃用竹签,贯以葡萄、山药豆、海棠果、山里红等物,蘸以冰糖,甜脆而凉。冬夜食之,颇能去煤炭之气。温朴形如樱桃而坚实,以蜜渍之,既酸且甜,颇能下酒。皆京师应时之食品也。

按《宸垣识略》:前明冬至赐百官甜食一盒,凡七种,一松子海哩嗢。郑以伟曰:嗢字诸字书不载,今亦不识海哩嗢为何物。盖缘元人语也。正可与萨齐玛为对。又《戒庵漫笔》载:前明四月八日赐百官午门外食不落夹。不落夹者,亦元人语也。或云粽子。以鄙意揣之,或即今之凉糕欤!是不可得而考矣。因记萨齐玛,故连类及之。

——《燕京岁时记》

空钟一曰空中,亦曰空竹,京师小儿之玩具也。十月以后即有之,刳木中空,荡以沥青,或以竹为之,卓地如仰钟。而以绳绕其柄,别一竹尺,有孔度,其绳而抵格,空钟绳勒右却,竹勒左却,轰而疾转,声清越以长,制径寸至八九寸。每遇庙集,辄有善此技者以绳抖响,抛起数丈之高,仍以绳承接,演习各种身段。

截竹双筒贯一柱,以线拉空手飞舞。出声若钟摇空中,徒供儿童游戏聚。围城期定几点钟,时刻算准不落空。铜角铜鼓奏西乐,吹声呜呜敲逢逢,金钟罩亦逃无踪。

——《王凤笺题》

初冬时品汤羊,昔年共三铺出卖,购之可入火锅,别有风味,肉则极嫩,庚子以后,止有崇文门外一家,冬日仍卖汤羊,从前门框胡同南口羊肉铺卖汤羊,今已不卖,只有酱牛肉一种。正阳门内之月盛斋五香酱羊肉,与东城干面胡同之同盛斋,又安定门大街谢家胡同口外之羊肉床,烧羊肉酱羊肉均出名,其味则与众不同。十月以后,稻香村等铺,则作封鸡封鱼,九十月间,皆有糟蟹,与北方之醉蟹甜咸有别。烧鸭之外,尚有烧鸡,街前叫卖之羊头肉,风干羊鞭子,皆为外省之所无,南方人亦喜食之。

——《北平岁时志·十月》

油葫芦市,并卖蛐蛐蝈蝈,十月盛行,以竹筒贮之,纳入怀中,听以鼠须探之即鸣。蝈蝈兴使抹之,以铜渣和松香为膏,点镜上,振羽即带铜音,出卖者以针插帽为标记。(《道光都门纪略》)

——《北平风俗类征》

十月颁历,在官皆领,以后书肆出售,街巷亦有负箱唱卖者。又有卖春牛图者,牛儿芒儿,一文钱两张,谓之小黄历。又逢奇怪事,有卖图儿者,行喊其事。(《春明采风志》)

——《北平风俗类征》

初冬:孟冬,冬季的第一个月。丁玲《韦护》第三章二:"早已是初冬时分了,但她却只感受到一种喜气。"王亚平《神圣的使命》:"这是初冬的一个傍晚,王公伯走在一条泥血斑驳的街道上。"

——《汉语大词典·2》

小春:指夏历十月。宋陈元靓《岁时广记》卷三七引《初学记》:"冬月之阳,万物归之。以其温暖如春,故谓之小春,亦云小阳春。"宋欧阳修《渔家傲》词:"十月小春梅蕊绽,红炉画合新装遍。"元王实甫《西厢记》第五本第一折:"指归期约定九月九,不觉的过了小春时候。"明唐寅《顾君满考张西溪索诗饯之》:"三年幕下劳王事,十月江南应小春。"郁达夫《浙东景物纪略·烂柯纪梦》:"十月阳和,本来就是小春的天气,可是我们到烂柯山的那天,觉得比平时的十月,还更加和暖了几分。"亦指夏历八月。宋赞宁《笋谱》:"大抵竹八月俗谓之小春。热欲去,寒欲来,气至而凉,故曰小春。"

——《汉语大词典·2》

小阳春:指夏历十月。明谢肇淛《五杂俎·天部二》:"十月有阳月之称,即天地之气四月多寒而十月多暖,有桃李生华者,俗谓之小阳春。"《红楼梦》第九四回:"如今虽是十一月,因气节迟,还算十月,应着小阳春的天气。"《红色歌谣·工人革命歌》:"十月寒来小阳春,大家团结要齐心。"

——《汉语大词典·2》

孟冬:冬季的第一个月,农历十月。《礼记·月令》:"孟冬之月,日在尾。"《古诗十九首·孟冬寒气至》:"孟冬寒气至,北风何惨栗。"唐元稹《书异》诗:"孟冬初寒月,渚泽蒲尚青。"清潘荣陛《帝京岁时纪胜·送寒衣》:"十月朔,孟冬时享宗庙,颁宪书,乃国之大典。"

——《汉语大词典·4》

蒸祭:冬祭。《后汉书·明帝纪》:"冬十月,蒸祭光武庙。"《东周列国志》第十二回:"乘昭公冬行蒸祭,伏死士于半路,突起弑之,托言为盗所杀。"

——《汉语大词典·9》

阳止:指农历十月。止,助词。《诗·小雅·杕杜》:"日月阳止,女心伤止。"郑玄笺:"十月为阳。"南朝梁沈约《梁明堂登歌·青帝》:"岁云阳止,饬农分地。"

——《汉语大词典·11》

【四季货声】

卖金橘儿:农历十月里,街上还有卖金橘儿、青果的,都是嘴里含食的小水果儿。金橘儿甜酸或清甜;青果学名叫"橄榄",清口。吆喝:

"金橘儿哎,青果哎,开口胃哎!"

卖海棠:农历十月开始街上卖红、白海棠,多兼卖黑枣儿等,吆喝:

"秋的来红海棠来,没有虫儿来!黑的来糖枣儿来,没有核儿来!"

"海棠果儿、黑枣儿来,大把抓的姑姑丢儿来!"

"谁还闹光板儿的来,树上熟儿的大海棠来,甜沙果儿的个味儿来!"

——《吆喝与招幌》

挂拉枣儿,酥又脆,大把抓的呱呱丢儿!(即枣去心晒干以线穿之。)

柿饼儿,糖饽饽!

白糖馅喽,灌馅的糖嗳哎ゲゲ哟!(挑担,前设方盘,有鸣小锣者自冬卖到二月初间。红白人参糖、鹿筋糖、姜丝糖、玫瑰糖、酸糕ゲ、鸡骨糖、白麻花、灌馅糖。近岁有担两筐,上设玫瑰匣者,糖杂梨膏多非旧品。)

栗子味的白薯来,是栗子的味的白薯来ヶヶヶ!烫手来蒸化了,锅底儿,赛过蜜糖了,喝了蜜了!蒸透啦白薯啊,真热活呀!

卖果子皮来,一个大捧!白糖梨膏,桂花酥糖!

约黄米面来约!

约干劈柴来!

秋的来红海棠来,没有虫儿来!黑的来,糖枣儿来,没有核儿来!

象牙白来辣来换,不辣的来脆哎萝卜来哎ヶヶヶ!

约零炭来!

狗窝来卖狗窝来,饭囤儿咧蒲帘子来!

买烘笼儿使去!

支锅瓦啊抓松花!

赶毡子赶清水的毡子!

鞋垫毡垫,耳朵帽儿,发行价!

胡萝卜大胡萝卜来,约黄豆芽子!

——《一岁货声》

十月初一

【文献资料】

是月(十月)，都城自一日之后，时令谓之送寒衣节。祭先上坟，为之扫黄叶。此一月行追远之礼甚厚。虽贫富咸称家丰杀而诚敬。时思风俗，人伦之重者也。

——《析津志辑佚·岁纪》

十月送寒衣(坊民刻板为男女衣状，饰文五色，印以出售，农民竞以是月初一日，鬻去，焚之祖考，名曰送寒衣)，祀靴(卖靴人以是日为靴生日，预集钱供具，祭之，以其阴晴卜一冬寒暖，多验者)，辞年作(宛人呼雇工人为年作，至十月初一日。则各辞去。谚云：十月一，家家去了年作的，关了门儿自家吃)。

——《宛署杂记·民风一》

十月一日，纸肆裁纸五色，作男女衣，长尺有咫，曰寒衣。有疏印缄，识其姓字辈行，如寄书然，家家修具夜奠，呼而焚之其门，曰送寒衣。新丧，白纸为之，曰新鬼不敢衣彩也。送白衣者哭，女声十九，男声十一。

——《帝京景物略·卷二》

京朝官过十月朔传旨赐貂，东貂紫，西貂青，然以金貂为贵。金貂黄，非上不御也。宪庙有金貂裘一，色浓毛厚，久废御库中，烈皇俭德，裁为帽套二具，非大朝会不御，平居御门，仍是紫貂耳。

——《旧京遗事》

十月：一日，裁五色纸作男女衣，曰寒衣。修具祀其先，持楮锭焚之，曰送寒衣。或有祀于墓者。天始寒，里中父老多捐资劝募，就寺庙施粥，施汤水，施棉衣。

——《大兴县志·卷一·风俗考》

十月朔，孟冬时享宗庙，颁宪书，乃国之大典。士民家祭祖扫墓，如中元仪。晚夕缄书冥楮,加以五色彩帛作成冠带衣履,于门外奠而焚之,曰送寒衣。

——《帝京岁时纪胜·十月》

十月朔,上冢如中元,祭用豆泥骨朵。

——《日下旧闻考·卷一四八·风俗》

十月朔日,人家奠先人于坟墓,或剪彩纸如人衣状,及楮钱等物焚之,谓之送寒衣。谚云"十月一,送寒衣",即斯时也。严寒将来,送衣于祖考,不忘本也。

——《京都风俗志》

十月初一日,乃都人祭扫之候,俗谓之送寒衣。

按《北京岁华记》:十月朔上冢,如中元祭,用豆泥骨朵。豆泥骨朵乃元人语,今不知为何物矣。又《帝京景物略》:十月朔,纸坊剪纸五色作男女衣,长尺有咫,曰寒衣。有疏印识其姓字行辈,如寄家书然,家家修具,夜奠而焚之其门,曰送寒衣。今则以包袱代之,有寒衣之名,无寒衣之实矣。包袱者,以冥镪封于纸函中,题其姓名行辈,如前所云。

——《燕京岁时记》

京师居人例于十月初一日添设煤火,二月初一日撤火。火炉系不灰木为之,白于矾石,轻暖坚固。

按《析津志》:西山化石根名之曰不灰木,以之为粗布及器皿,不畏火,今西山有之。此条所记未尽得实。以之为器皿则可,以之为粗布则从未之见。或即火浣布之讹。况此木实产易州,非西山也。

——《燕京岁时记》

江南城隍庙在正阳门外南横街之东,先农坛西北。本朝康熙年建,内有城隍行宫。每岁中元及清明、十月一日有庙市,都人迎赛祀孤。

——《燕京岁时记》

十月初一日,城隍庙厉坛。人家上冢。

——《天咫偶闻·卷十》

岁十月朔日,京师纸坊辄剪五色纸,作男女衣,长尺有咫,曰寒衣,以售于人。有疏印缄识其姓氏辈行,如寄书然。家家修具夜奠,呼而焚之于门,佐之以纸钱,曰送寒衣,以祀先也。

亲故将期抱余痛,纸衣成袭未寒送。寒到君身衣到无,告我除非托魂梦。死者已矣生者存,八月飞雪被短裈。南方不知北寒早,一袭衣折一两银,何日欢腾挟纩温。

——《王凤笺题》

十月上坟烧纸,弄叫由子。

十月初一日为孟冬,朔日上冢,且寄寒衣;寒衣者,以五色纸剪之为衣裤,长不满尺,外有纸袱盛之,上书祖先爵秩名号,及年月日,下注后裔某某谨奉,入夜呼而焚之,亦有焚于冢上者,此所以有十月一送寒衣之谚也。是日南下洼城隍庙开庙一日,游人云集。

——《北平岁时志·十月》

十月初一日,京俗为鬼节,谚云:"十月一,鬼穿衣。"盖言天气渐冷,已死之人,亦须穿衣也。故居民每届九月下旬,纷纷筹划送寒衣,于是纸店均利市三倍。至所焚之物,大别有三,一为包袱,系用白色毛头纸糊成约尺余见方之袋,惟上口不封,袋面用黑色印成佛经咒文,中间留有长方空白,以备填写收者之名号,下方则收者自填姓名,并书明冥衣若干,金银锭若干;至所谓寒衣者,系用五色彩纸折叠粘糊而成,金银锭则系金银纸箔粘折而成,如金银锭形;将此两物同装包袱内,再粘封其口,陈于棹(桌)上,供以菜蔬,并煮饽饽,凡子侄辈,均须叩首致敬。下午即将包袱捧至门外,摆列地上,再奠酒三杯,先焚白纸钱数张,谓之打发外祟;所谓外祟者,为孤魂怨鬼,盖先焚此少许纸钱,诱此孤鬼抢夺而去,然后正式焚化包袱,则家鬼可收得矣。是日南下洼之江南城隍庙开庙一日,任人烧香还愿。而庙南妓女茔地上,无数妓女,携带包袱祭品,至其生前姊妹坟上焚化。近年该处丛冢迁移,改建乐善里,此风渐灭矣。

——《北平岁时志·十月》

《燕都杂咏》:"鬼也寒衣送,霜风十月交。纸灰飞不远,门外见烧包。"注云:"十月朔日,人家祭祖,送寒衣,烧包袱,多在家庭,不皆墓祭。"(《都城琐记》)

十月初一日为市民祭扫坟茔之期,俗谓之"送寒衣"。寒衣者,以五色纸剪之为衣裤,长不满尺,外有纸袱盛之,上书祖先爵秩名号及年月日,下注后裔某某谨奉,焚之于冢上,亦有于家中焚之者。又平市居民,例于是日添设煤火,至翌年二月一日撤火,今日各公署学校及一切公共处所,类皆沿之,类以是时为平市气候最寒之时也。(《民社北平指南》)

《京都竹枝词》:"十月城隍又出巡(清明、十月一日,两次出巡),旌旗蔽日少风尘。

可怜多少如花女,忧做披枷带锁人。"(《游览门》)

京师地气苦寒,向于每岁十月朔生火至二月朔,然遇极冷之日,虽火不温。(《风月余谈录》)

京师居人例于十月初一日添设煤火,二月初二日撤之。炉多用不灰木者,以其四围皆暖也。炉中用其小者,矮而肥,谓之小胖小子。寒家以花盆乘(盛)之,小者茸之,省而耐久;近岁有薄铁做成者,轻而便。(《春明采风志》)

——《北平风俗类征》

送寒衣:旧俗于农历十月初一日,祭祖扫墓,焚烧纸衣,叫"送寒衣"。明刘侗、于奕正《帝京景物略·春场》:"十月一日,纸肆裁纸五色,作男女衣,长尺有咫,曰寒衣。有疏印缄,识其姓字辈行,如寄书然,家家修具夜奠,呼而焚之其门,曰送寒衣。"清富察敦崇《燕京岁时记·十月一》:"十月初一日,乃都人祭扫之候,俗谓之送寒衣……今则以包袱代之,有寒衣之名,无寒衣之实矣。"

——《汉语大词典·10》

【图片资料】

烧包袱

寒衣节

十月初四

【文献资料】

十月初一日,颁历。初四日,宫眷内臣换穿纻丝。吃羊肉、炮炒羊肚、麻辣兔、虎眼等各样细糖。凡平时所摆玩石榴等花树,俱连盆入窖。吃牛乳、乳饼、奶皮、奶窝、酥糕、鲍螺,直至春二月方止。

——《酌中志·卷二十》

十月十五

【文献资料】

（十月）十五日下元之期,庵观寺院课经安期起,至翌年正月廿五日,百日期满。夜悬天灯,黄幅大书:冬季唪经祝国裕民百日期场。嗜佛之家,送香烛献斋供者络绎。

——《帝京岁时纪胜·十月》

（十月）十五日为下元节,俗传水官解厄之辰。或有持斋诵经者。

——《京都风俗志》

仰山洼在安定门外正北十里,有将台一座。每至十月十五日,八旗合操,演九进十连环,前锋护军统领跑交冲马,已成俗例。大寒之岁,兵丁有冻毙者,故非豪侠少年不能往观也。

——《燕京岁时记》

下元:节日名。旧时以阴历十月十五为下元节。宋洪迈《容斋三笔·上元张灯》:"太平兴国五年十月下元,京城始张灯如上元之夕。"清潘荣陛《帝京岁时纪胜·十月·安期》:"十五日下元之期,庵观寺院课经安期起,至次年正月廿五日,百日期满。"

——《汉语大词典·1》

【图片资料】

炉火之神

水府龙王

娶亲

做衣裳

送嫁妆

洞房

三官大帝

万代长春

十月廿五

【文献资料】

　　太液池之阳,有白塔,为永安寺。岁之十月廿五日,自山下燃灯至塔顶,灯光罗列,恍如星斗。诸内侍黄衣喇嘛执经梵呗,吹大法螺,余者左持有柄圆鼓,右执弯槌齐击之,缓急疎(疏)密,各有节奏,更余乃休,以祈福也。考白塔基址旧为万岁山,又为琼华岛。山顶有广寒、仁智等殿,玉虹、瀛洲等亭,塔西传为辽萧后梳妆楼,倾圮已久。顺治八年辛卯秋,建塔立寺,康熙己未重修。辛酉冬,运是山之石于瀛台,塔下仅存黄壤,悉听民居。雍正庚戌复为修葺。乾隆癸亥,塔前建龙光之坊,东为慧日亭,西为悦心殿,宫室焕然一新,仍为禁苑矣。

——《帝京岁时纪胜·十月》

　　(十月)二十五日,阜城门内白塔寺,延番僧绕塔诵经。

——《北京岁时志·十月》

十一月

【文献资料】

金国酷喜田猎。昔都会宁,四时皆猎。海陵迁燕,以都城外皆民田,三时无地可猎,候冬月则出,一出必逾月,后妃、亲王、近臣皆随焉。每猎则以随驾军密布四围,名曰"围场"。待狐、兔、猪、鹿散走于围中,国主必先射之,或以鹰隼击之。次及亲王、近臣。出围者许余人捕之。饮食随处而进,或与亲王、近臣共食。遇夜,或宿于州县,或宿于郊野,无定。

——《大金国志》

冬水坚冻,一人挽木小兜,驱如衢,曰冰床。雪后,集十余床,垆分尊合,月在雪,雪在冰。西湖春,秦淮夏,洞庭秋,东南人自谢未曾有也。

——《帝京景物略·卷一》

此月(十一月)糟腌猪蹄尾,鹅脆掌,羊肉包、扁食馄饨,以为阳生之义。冬笋到,则不惜重价买之。是月也,天已寒,每日清晨吃辣汤、吃生炒肉、浑酒,以御寒。

——《酌中志·卷二十》

时维长至,贡物咸来:北置则獾狸狍鹿、野豕黄羊,风干冰冻;南来则橙柑橘柚,香橼佛手、蜜饯糖栖。荐新时品,摘青韭以煮黄芽;祠祭鲜羹,移梅花而烹白雪。欣一阳之来复,遂万有以萌生。

——《帝京岁时纪胜·十一月》

太液池之五龙亭前,中海之水云榭前,寒冬冰冻,以木作床,下镶钢条,一人在前引绳,可坐三四人,行冰如飞,名曰拖床。积雪残云,景更如画。冰上滑擦者,所著之履皆有铁齿,流行冰上,如星驰电掣,争先夺标取胜,名曰溜冰。都人于各城外护城河下,群聚滑擦，往还亦以拖床代渡。更将拖床结连一处，治酌陈肴于上，欢饮高歌，两三人牵引，便捷如飞，较之坐骥乘车，远胜多矣。

——《帝京岁时纪胜·十一月》

金海冰上做蹙（蹴）鞠之戏，每队数十人，各有统领，分位而立，以革为球，掷于空中，俟其将坠，群起而争之，以得者为胜。或此队之人将得，则彼队之人蹴之令远。欢腾驰逐，以便捷勇敢为能。将士用以习武。昔黄帝作蹙（蹴）鞠之戏以练武，盖取遗意焉。

——《帝京岁时纪胜·十一月》

《江邻几杂志》：雄霸沿边塘泊，冬月载蒲苇，悉用凌床。沈存中《笔谈》：信安沧景之间，挽车者衣韦袴，冬月作小坐床，冰上拽之，谓之凌床。今京师在处有之，一人挽行，滑如帆驶。闻明时积水潭尝有好事者联十余床，携都篮酒具，铺氍毹其上，轰饮冰凌中，亦足乐也。

——《日下旧闻考·卷一四八·风俗》

十一月，人家墐户，藏花木于窖，食兔羹。女子嫁者多归宁，为母浣濯，曰报娘恩。琢石如弹丸置于地，童子以足送之，前后交击为胜。始击羯鼓，鼓用铁为围，单皮覆之，每十人五人聚击，女子亦然。

——《日下旧闻考·卷一四八·风俗》

荔：草也。似蒲而小。根可作刷。月令。十一月，荔挺出。郑云。荔挺，马薤也。郑以荔挺为草名。蔡邕章句云。荔似挺。高注吕览云。荔草挺出。则以挺下属。歙程氏瑶田曰。荔，今北方束其根以刮锅。

——《说文解字注》

煨：盆中火。玉篇作盆中火爋。广韵曰。爋者，埋物灰中令熟也。通俗文曰。热灰谓之煻煨。许无煻字。今俗谓以火温出冬闲花曰唐花。即煻字也。

——《说文解字注》

冻：仌也。初凝曰仌。仌壮曰冻。又于水曰冰。于他物曰冻。故月令曰。水始冰。地始冻。

——《说文解字注》

冷：寒也。

——《说文解字注》

冬至以后，水泽腹坚，则十刹海、护城河、二闸等处皆有冰床。一人拖之，其行甚速。长约五尺，宽约三尺，以木为之，脚有铁条，可坐三四人。雪晴日暖之际，如行玉壶中，亦快事也。至立春以后，则不可乘，乘则甚危，有陷入冰窟者，而拖者逃矣。近日王公大臣之有恩命者，亦准于西苑门内乘坐拖床，床甚华美，上有盖如车篷，可避风雪。按《倚晴阁杂抄》：明时积水滩（潭），常有好事者联十余床，携都蓝（篮）酒具，铺氍毹其上，轰饮冰凌中以为乐。诚豪侠之快事也。

——《燕京岁时记》

冰鞋以铁为之，中有单条缚于鞋上，身起则行，不能暂止。技之巧者，如蜻蜓点水，紫燕穿波，殊可观也。

谨按《日下旧闻考》：太液池冬月陈冰嬉，习劳行赏，以简武事而修国俗云。

——《燕京岁时记》

东西二濠，冬月冰结，设木榻渡人，谓之冰床。床上可坐数人，一人挽之，疾于车马。有好事者连属数床，置酒其上，东西往来，如泛银湖，又如晶宫，亦一韵事也。

——《燕京杂记》

冰床盛行于北方，即冰车也，一名凌床，又名托床，俗呼为冰排子，亦曰拖床。其形方而长如床，可容三四人，高仅半尺余，上铺草帘，底嵌铁条，取其滑而利行也。以绳曳之，人坐其上，一人撑篙以行，捷于飞骑。京师亦有之，随地可雇，价甚廉。撑者例备皮袄一袭，无客时即自衣以御寒，有客则使客席之而坐。

凿冰冲冲之日，并坐匡床人促膝。玉河如玉冰上行，行人晏息往来疾。炮车轰陷西北隅，执冰释甲皆公徒。愿励抱冰勾践志，卧薪尝胆师良谟，还我南海冰嬉图。

——《王风笺题》

昔年颐和园南北海之冰上托床，太后皇帝皇后诸妃嫔乘坐，令太监拉之，两宫若在此召见办事王公大臣，非特旨赏坐托床，不得擅坐也。其赏坐托床，与赏坐人二肩舆，及紫禁城骑马，皆荣幸殊恩，虽王公贝勒贝子中堂尚书侍郎等，必有特旨始得用之。

——《北平岁时志·十一月》

冰上蹙（蹴）鞠即今之足球，皇帝亦观之，盖尚武也。如什刹海护城河冰上蹙（蹴）鞠，则皆人民练习者。武备院各侍卫护军营人员，皆须习此，文人无习此者。

——《北平岁时志·十一月》

市中食物有锦鸡,石鸡,莎鸡,家鸭,麻鸭,阑东鱼,野猪,野兔,鹿尾;熊掌出自关东,独骆峰出自张家口,豹胎出自杀虎口,此四种均极名贵,庖丁之手艺逊者,不能作也;北京贵族之家,用有专门庖丁。

——《北平岁时志·十一月》

禁中冬月打滑挞,先汲水浇成冰山,高三四丈,莹滑无比,使勇健者着带毛猪皮履,其滑更甚,从顶上一直挺立而下,以到地不仆者为胜。(《郎潜纪闻》)

——《北平风俗类征》

冰鞋,木屐下施以铁条,以皮条束足下,拱身摔足,冰上行之如飞,瞬息十数里。旗人多习此伎,以供上阅。

——《北京市志稿·礼俗志》

仲冬:冬季的第二个月,即农历十一月。处冬季之中,故称。《书·尧典》:"日短星昴,以正仲冬。"

——《汉语大词典·1》

冰冻:①冰。《礼记·月令》:"(季冬之月)冰冻消释。"汉王逸《九思·悯上》:"霜雪兮灌澨,冰冻兮洛泽。"《云笈七签》卷九五:"譬如冰寒之堂,淳以冰冻而为,梁柱、床席、屏帏,莫非冰结。"吴组缃《山洪》四:"还要谈些往年敲凿冰冻和找寻鱼路的旧经验。"②结冰;使之冷冻。唐韩愈《赴江陵途中寄赠三学士》诗:"商山季冬月,冰冻绝行輈。"清潘荣陛《帝景岁时纪胜·十一月·时品》:"时维长至,贡物咸来:北置则獾狸狍鹿,野豕黄羊,风干冰冻。"殷夫《孤泪》诗:"不是苦难能作践我的灵魂,也不是黑暴能冰冻我的沸心。"杜鹏程《保卫延安》第四章:"他猛扯马缰绳,双腿猛磕马肚子,马像疯了一样,顺沟飞去了。狂奔的马蹄磕碰冰冻的土地,就象磕碰着战士们的心。"③寒冷。王闿运《今列女传·辨通》:"天寒,上久不出。诸女立阶下,冰冻缩蹙,莫能自主。"又如:冰冻的空气,像浓厚的烟雾似地冲进门来,在他的脚底下盘旋着。

——《汉语大词典·2》

凌车:一种可在冰雪上滑行的交通工具。清王士禛《居易录谈》卷上:"信安、沧景之间,冬月作小坐床,冰上拽之,谓之凌冰床。今京师尚有此制,名凌车。"

——《汉语大词典·2》

凌床：冰床。宋沈括《梦溪笔谈·讥谑》："信安、沧、景之间，多蚊虻……郊行不敢乘马。马为蚊虻所毒，则狂逸不可制。行人以独轮小车，马鞍蒙之以乘，谓之木马。挽车者皆衣韦裤。冬月作小坐床，冰上拽之，谓之凌床。"宋江休复《江邻几杂志》："冬月载蒲苇，悉用凌床，官员亦乘之。"

——《汉语大词典·2》

大雪：二十四节气之一，在阳历十二月六日、七日或八日。《汉书·律历志上》："星纪，初斗十二度，大雪。"南朝梁崔灵恩《三礼义宗》："十一月，大雪为节者，形于小雪为大雪。时雪转甚，故以大雪名节。"清曹寅《赴淮舟行杂诗》之十二："客程过大雪，家信只空函。"

——《汉语大词典·2》

子月：农历十一月。《尔雅·释天》："十一月为辜。"清郝懿行义疏："辜者，故也。十一月阳生，欲革故取新也。十月建亥，亥者根荄也。至建子之月，而孳孳然生矣。"北周庾信《寒园即目》诗："子月泉心动，阳爻地气舒。"唐杜审言《和李大夫嗣真存抚河东》："子月开阶统，房星受命年。"唐崔琮《长至日上公献寿》诗："应律三阳首，朝天万国同。斗边看子月，台上候祥风。"

——《汉语大词典·4》

殷冬：指旧历十一月。唐张说《安乐郡主花烛行》："星昴殷冬献吉日，夭桃秾李遥相匹。"明张居正《贺冬至表》二："兹者，序属殷冬，时逢周正。"

——《汉语大词典·6》

【四季货声】

黏糕豆楂糕！（黏米加枣楂加枣泥。）

咿啊茶汤！

好热ケケ面茶呀！

大块的冻豆腐！

好大锅馇，黄粉托子！

刮骨肉！（羊骨剔下肉髓。）

好吃的梨儿晒成了干,槟子干果子干来,桃杏干,沙果干,海棠干来葡萄干！

约干葱来！

存大白菜来,青口白菜！

白菜回窖菜哎！

腌雪里蕻嘞,腌荠菜哎！

喝了蜜的大柿子啊！

——《吆喝与招幌》

十一月初一

【文献资料】

每年十一月初一日,宫中始烧暖炕,设围炉,旧谓之"开炉节。"(《人海记》)

——《北平风俗类征》

立 冬

【🚶】【🏠寒】【立冬】

【文献资料】

　　西山煤为京师之至宝，取之不竭，最为利便。时当冬月，炕火初燃，直令寒谷生春，犹胜红炉暖阁，人力极易，所费无多。江南柴灶，闽楚竹炉，所需不啻什百也。

——《帝京岁时纪胜·十月》

　　皮客于九月晦，聚众商治酌陈肴，候至三更交子，则为冬朔。望西北风急烈，则卜冬令严寒，皮革得价，交相酬酢，尽欢达旦。

——《帝京岁时纪胜·十月》

　　京师冬月，既以纸糊窗格，间用琉璃片画作花草人物嵌之。由室中视外，无微不瞩。从外而观，则无所见。此欧阳楚公十二月渔家傲词所云花户油窗也。盖元时习俗已尚之。

——《日下旧闻考·卷一四八·风俗》

　　冬：四时尽也。冬之为言终也。《考工记》曰。水有时而凝。有时而释。故冬从仌。

——《说文解字注》

　　十一月立冬日，或有食乔面等物，谓能益人。

——《京都风俗志》

　　每至冬月，凡乾清门侍卫及大门侍卫等，均由本管支领貂褂银子，人各数十金。

——《燕京岁时记》

　　南人入京，多卧木榻，每至寒冬时，背卧处必湿，虽复裯叠褥而熏蒸上透，如至重渊积水间也。余初不省,既而背骨隐痛,扑衾始知,药之数月乃愈。盖夏、秋积雨,湿气潜伏,冬日开炉,水得火而蒸其气也,拟之造酒,其说自明。若北人专卧土炕,故无此患。

——《燕京杂记》

燕地风沙无微不入,人家窗牖多糊纸以障之。冬日,又防寒气内侵,或易以高丽纸。至夏日,又于窗纸去其一二,裱以疏布,使其除暑纳凉也。布外仍系以纸,有风沙则舒之,无则卷之。

渡河以北,渐有风沙,京中尤甚。每当风起,尘氛埃影,冲天蔽日,觌面不相识,俗谓之刮黄沙。月必数次或十数次,或竟月皆然。

都人谓清明日风作,则一月内无日不风,亦无日不沙矣。戊寅清明日风作,余验之良然。

风沙之起,触处皆是,重帘叠幕,罩牖笼窗。然钻隙潜来,莫知其处,故几席间拂之旋积。古人谓京师软红尘土,不其然乎?

——《燕京杂记》

京师冬日,酒家沽饮,案辄有一小釜,沃汤其中,炽火于下,盘置鸡鱼羊豕之肉片,俾客自投之,俟熟而食。有杂以菊花瓣者,曰菊花火锅,宜于小酌。以各物皆生切而为丝为片,故曰生火锅。

——《清稗类钞·饮食类》

暖帽者,冬春之礼冠也,立冬前数日戴之。顶为缎,上缀红色缨,丝所织也。檐以皮、绒、呢为之。初寒用呢,次寒用绒,极寒用皮。京城则初寒用绒,次寒用呢,至于皮,则贵人用貂,普通为骚鼠、海骡之属。

有三年之丧者,帽檐及顶皆以布为之,上缀黑缨,不用顶带。

——《清稗类钞·服饰类》

风帽,冬日御寒之具也,亦曰风兜。中实棉,或袭以皮,以大红之绸缎或呢为之。僧及老妪所用则黑色。范成大诗:"雨中风帽笑归迟。"盖宋时已有之矣。

——《清稗类钞·服饰类》

燕、赵苦寒,朔风凛冽,徒行者两耳如割,非耳衣不可耐。肆中有制成者出售,谓之耳套,盖以棉或缘以皮为之也。

——《清稗类钞·服饰类》

火房,燃火取暖之室也。京师冬日气候严寒,乞丐辄就火房以居,日纳当十钱。一文其不纳者,则慈善事业之所舍者也。

朔风凛冽冻欲死,群聚火房乞人子。好行其善乐趋炎,帝泽如春王政始。一火烧尽大栅栏,谁人恤灾心力殚。土窟僵卧半生死,巷无居人求乞难,转瞬秋风生早寒。

——《王凤笺题》

京师各寺例于冬十月悬牌门外,曰:冬季讽经祝国佑民。

禅门日日经可讽,岂是三冬方足用。打鬼大法瑜珈仪,存亡两利受斋供。可怜天壤有王郎,剪发浮海逃东洋。楞严牵线诵不得,偏袒右臂成哑羊,窜归寄迹嘉禾乡。

——《王凤笺题》

入液:旧时谓立冬后第十天为入液。液,指雨水。明李时珍《本草纲目·水部·雨水》:"立冬后十日为入液,至小雪为出液。得雨谓之液雨,亦曰药雨。"

——《汉语大词典·1》

立冬:二十四节气之一。在阳历十一月七或八日,农历十月初。习惯以为冬之始。《逸周书·时训》:"立冬之日,水始冰;又五日,地始冻;又五日,雉入大水为蜃。"《礼记·月令》:"(孟冬之月)立冬之日,天子亲帅三公、九卿、诸侯、大夫,以迎冬于北郊。"《官场现形记》第十三回:"大船上统领吩咐过,明天要交立冬节,今天是个四离四绝的日子。这趟出门,是出兵打仗,是要取个吉利的,所以吩咐今日停船,明天饭后,等到未正二刻,交过了节气,然后动身。"

——《汉语大词典·8》

十一月十五

【文献资料】

冬月十五日月当头,如遇望时,则塔影无尖,人影亦极短。小儿女之好事者,必无睡以俟当头,临阶取影以验之。

——《燕京岁时记》

十一月十五日,看月当头。

——《天咫偶闻·卷十》

冬 至

【文献资料】

冬至日，国人杀白羊、白马、白雁，各取其生血和酒，国主北望拜黑山，奠祭山神。言契丹死，魂为黑山神所管。又彼人传云：凡死人，悉属此山神所管，富民亦然。

——《契丹国志·卷二七·岁时杂记》

冬月京中号朔吹，南郊驾幸迎长至，绣线早添鸾凤翅。争相试，辟寒犀进宫娥意。龙里中官多宠贵，银貂青鼠裘新制，白马宝鞍衔玉辔。藏阁戏，鸳衾十酒人贪睡。是月冬至日，太史院进历，回回太史进历，又进画历。后市中即有卖新历者。宰相于至日，亲率百辟恭贺，上位根前递手帕、随贡方物。士庶人家并行贺礼，馈遗填道，遇节物时令，自然欢怿。

——《析津志辑佚·岁纪》

十一月，回回历。太史院以冬至日进历。上位、储皇、三宫、省院、台、百司、六部、府寺监并进。历有四等，国子历、畏吾儿字历、回回历并上进。上位自有光白厚纸，用采色画成诸相属。拜郊祀，除宰辅军政之历，非授时之历也。内庭之历，非士庶可详，姑识其闻见耳。

——《析津志辑佚·岁纪》

故事，自冬至后至春日，殿前将军甲士赐酒肉，名曰头脑酒。

——《典故纪闻·卷十二》

十一月冬至日，百官贺冬毕，吉服三日，具红笺互拜，朱衣交于衢，一如元旦。民间不尔，惟妇制履舄，上其舅姑。日冬至，画素梅一枝，为瓣八十有一，日染一瓣，瓣尽而九九出，则春深矣，曰九九消寒图。有直作圈九丛，丛九圈者，刻而市之，附以九九之歌,述其寒燠之候。歌曰:"一九二九,相唤不出手。三九二十七,篱头吹觱篥。四九三十六,夜眠如露宿。五九四十五,家家堆盐虎。六九五十四,口中呬暖气。七九六十三,行人把衣单。八九七十二,猫狗寻阴地。九九八十一,穷汉受罪毕,才要伸脚睡,蚊虫獦蚤出。"

——《帝京景物略·卷二》

十一月是月也,百官传带暖耳。冬至节,宫眷内臣皆穿阳生补子蟒衣,室中多画绵羊太子画贴。司礼监刷印九九消寒诗图,每九诗四句,自一九初寒才是冬起,至日月星辰不住忙止,皆訾词俚语之类,非词臣应制所作,又非御制,不知如何相传,年久遵而不敢改,可疑亦可叹也。近年多易以新式诗句之图二三种,传尚未广。

——《酌中志·卷二十》

十一月:冬至日,百官朝贺毕,退祀其先。具刺互拜,如元旦仪。俗画梅一枝,为瓣八十有一,日染一瓣,瓣尽而九尽,则春深矣。

——《大兴县志·卷一·风俗考》

长至南郊大祀,次旦百官进表朝贺,为国大典。绅耆庶士,奔走往来,家置一簿,题名满幅。传自正统己巳之变,此礼顿废。然在京仕宦流寓极多,尚皆拜贺。预日为冬夜,祀祖羹饭之外,以细肉馅包角儿奉献。谚所谓"冬至馄饨夏至面"之遗意也。

——《帝京岁时纪胜·十一月》

至日数九,画素梅一枝,为瓣八十有一,日染一瓣,瓣尽而九九毕,则春深矣,曰九九消寒之图。傍一联曰:"试看图中梅黑黑,自然门外草青青。"谚云:"一九二九,相逢不出手。三九四九,冰上走。五九四十五,穷汉街前舞。七九六十三,路上行人着衣单。"都门天时极正:三伏暑热,三九严寒,冷暖之宜,毫发不爽。盖为帝京得天地之正气也。

——《帝京岁时纪胜·十一月》

冬至日,太史院进历,回回太史进历。又进画历后,市即有卖新历者。宰相于至日亲率百辟恭贺,递手帕,随贡方物。士庶人家并行贺礼。

——《日下旧闻考·卷一四八·风俗》

京师最重冬节,不问贵贱,贺者奔走往来,家置一簿,题名满幅。自正统己巳之变,此礼顿废。

——《日下旧闻考·卷一四八·风俗》

冬至日，人家画素梅一枝，为瓣八十有一，日染一瓣，瓣尽而九九出，则春深矣，曰九九消寒图。

——《日下旧闻考·卷一四八·风俗》

麋：鹿属。麋冬至解角。月令。仲冬。日短至。麋角解。夏小正。十有一月陨麋角。

——《说文解字注》

冬至日，俗谓之属九。或画纸为八十一圈，每日分阴晴，涂一圈记阴晴多寡，谓之《九九消寒图》，以占来年丰歉。

——《京都风俗志》

冬至郊天令节，百官呈递贺表。民间不为节，惟食馄饨而已。与夏至之食面同。故京师谚曰："冬至馄饨夏至面。"

按《汉书》：冬至阳气起，君道长，故贺。夏至阴气起，故不贺。又演繁露：世言馄饨是塞外浑氏屯氏为之。言殊穿凿。夫馄饨之形有如鸡卵，颇似天地浑沌之象，故于冬至日食之。若如演繁露二氏为之之言，则何者为馄何者为饨耶？是亦胶柱鼓瑟矣。

——《燕京岁时记》

消寒图乃九格八十一圈。自冬至起，日涂一圈，上阴下晴，左风右雨，雪当中。

按《帝京景物略》：冬至日人家画素梅一枝，为瓣八十有一，日染一瓣，瓣尽而九九出，则春深矣，曰九九消寒图。此事予儿时曾为之，不谓与古暗合也。

——《燕京岁时记》

冬至月初一日，臣工之得著貂裘者，均于是日一体穿用，谓之翻褂子。

——《燕京岁时记》

冬至三九则冰坚，于夜内凿之，声如錾石，曰打冰。三九以后，冰虽坚不能用矣。

按《事物原会》：周成王命凌人掌冰，岁十二月，敕令斩冰纳于凌阴。凌阴者，今之冰窖也。周十二月，今之十月也。藏冰之制始此。

——《燕京岁时记》

冬至满人必祭堂子，植竿于庭而燎祭焉。稍有力者必用全猪羊。祭毕，招亲友会食于庭，曰吃克食，必尽为度。汉人则否。

——《旧京琐记·卷一》

十一月通称冬月，冬至日食馄饨，犹夏至之必食面也。故京谚云："冬至馄饨夏至面。"士大夫又率于是日作消寒图，图以一纸绘九格，格绘九圈，凡八十一圈，自冬至日起，日涂一圈，其法上阴下晴，左风右雨，雪在中，圈涂尽则九九毕。又或绘素梅一枝，为瓣八十有一，日染一瓣，亦分别阴晴风雪者，则较前法为雅矣。

——《北平岁时志·十一月》

京谚云："冬至大如年。"言冬至之关系，大似年关也。是日家家悬挂先人遗影，献素菜馒首茶酒致祭。人家及商店，均食水角(饺)或馄饨。

——《北平岁时志·十一月》

三十年前，普通刑事犯，如谋杀斗杀强奸盗墓等，均积存至冬至以前执行一次，人犯极多，由数十人以至百余人，其名曰出大差。向例于冬至日以前之数日执行，故冬至日颇有关系，所以必在冬至前执行者，则以皇帝例须冬至日郊天故也。盖为帝王者，每于冬至祭天时，应将一年所办国政大端，焚表报告，祭天则在天坛，由皇帝躬亲举行。

——《北平岁时志·十一月》

九九消寒图，尚有写九字皆九画者，如"庭前垂柳珍重待春风"，又有"幸保幽姿珍重春风面"。北京风俗，文人则有九九消寒会，逢九之日则请客，会中共约九人，每人每次作主人一次。又有九九消寒诗文社，逢九集社，社友不拘人数，届日午刻到社，社中出有诗文题目，分题拈韵，即日交卷，至日夕则偕至饭馆，尽醉而归。

——《北平岁时志·十一月》

每年长至节，司礼监刷印九九销寒图，宫眷黏之壁间，每九系以一时，皆浅鄙者。(秦征·兰《天启宫词注》)

十一月通称冬月，谚谓"冬至馄饨夏至面"者，盖是月遇冬至日，居民多食馄饨，犹夏至之必食面条也。有于是日作消寒图者，图以一纸绘九格，格绘九圈，凡八十一圈，自冬至日起，日涂一圈。其法上阴下晴，左风右雨雪当中。圈图尽，则九九毕。风雅之士，则绘素梅一枝，梅瓣八十一，亦分别阴晴风雪而日染一瓣，则较前法为雅矣。(《民社北平指南》)

——《北平风俗类征》

三九冰坚，各处修窖存冰，以铁锥打冰，广尺许，长二尺许，谓之一方。诗所谓"纳于凌阴"者，即收冰入窖也。按旧俗传闻，临冻，各窖贿嘱昆明湖提闸放水，须一元宝，冰始

能厚。(《春明采风志》)

——《北平风俗类征》

冬至日,具牲祀祖考,治酒称贺,子孙拜如年礼。

——《北京市志稿·礼俗志》

刺绣亭,冬至则候日于此。亭边有一线竿,竿下为缉襄堂。至日,命宫人把刺,以验一线之功。

——《北京市志稿·礼俗志》

一阳节:即冬至节。三国魏曹植《冬至献袜颂表》:"千载昌期,一阳嘉节。四方交泰,万物昭苏。"宋苏轼《内中御侍已下贺皇帝冬至词语制》:"妾等待罪掖庭,备员妇职,共庆一阳之节,敢陈万岁之觞。"亦称"一阳日"。明钱德洪《王文成公全书续编序》:"隆庆壬申一阳日,德洪百拜识。"

——《汉语大词典·1》

三九天:从冬至起,每九天为一九,至九九为止。冬至后第十九天至第二十七天为三九天,是一年中最冷的时候。老舍《四世同堂》二九:"她的南屋是全院中最潮湿的,最冷的;到三九天,夜里能把有水的瓶子冻炸。"杨朔《乱人坑》:"三九天身上也难得些棉絮,只是披着石灰袋子,破麻包。"

——《汉语大词典·1》

亚岁:冬至。三国魏曹植《冬至献袜颂表》:"亚岁迎祥,履长纳庆。"唐皎然《冬至日陪斐端公使君清水堂集》诗:"亚岁崇佳宴,华轩照渌波。"清钱谦益《冬至日感述示孙爱》诗:"乡人重亚岁,羔黍荐履长。"

——《汉语大词典·1》

九九消寒图:旧俗冬至后八十一日之计日图。简称"九九图"。元杨允孚《滦京杂咏》卷下:"试数窗间九九图,余寒消尽暖回初。梅花点遍无余白,看到今朝是杏株。"原注:"冬至后,贴梅花一枝于窗间,佳人晓妆,日以胭脂图一圈,八十一圈既足,变作杏花,即回暖矣。"明刘侗、于奕正《帝京景物略·春场》:"日冬至,画素梅一枝,为瓣八十有一,日染一瓣,瓣尽而九九出,则春深矣,曰九九消寒图。"徐珂《清稗类钞·时令类》:"宣宗御制词,有'亭前垂柳,珍重待春风'二句,句各九言,言各九画,其后双钩之,装潢成幅,曰九九消寒图,题'管城春色'四字于其端。南书房翰林日以'阴晴风雪'注之,自冬至始,日填一画,凡八十一日而毕事。"按,旧俗以冬至为入九,九九足,则春风送暖,寒意全消,故有"九九消寒之谚"。

——《汉语大词典·1》

初阳:古谓冬至一阳始生,因以冬至至立春以前的一段时间为初阳。《玉台新咏·古诗〈为焦仲卿妻作〉》:"往昔初阳岁,谢家来贵门。"亦指初春。唐太宗《正日临朝》诗:"条风开献节,灰律动初阳。"

——《汉语大词典·2》

圜丘:古代帝王冬至祭天的地方。后亦用以祭天地。《周礼·春官·大司乐》:"冬日至,于地上之圜丘奏之。"贾公彦疏:"土之高者曰丘,取自然之丘。圜者,象天圜也。"《续资治通鉴·宋理宗绍定元年》:"辛巳,日南至,祀天地于圜丘。"

——《汉语大词典·3》

冬灰:占冬至节的葭灰。葭即芦苇。古人将芦苇膜烧成灰放入不同的律管中以占节候,某律管中葭灰飞出,即知某节候到。冬至节到,则相应之黄钟律管内的葭灰飞动。《初学记》卷二八引南朝梁简文帝《梅花赋》:"层城之宫,灵苑之中,奇木万品,庶草千丛,光分影杂,条繁干通,寒圭变节,冬灰徙筒,并皆枯悴,色落摧风。"

——《汉语大词典·3》

冬至:二十四节气之一,在十二月二十二日前后。这一天太阳经过冬至点,北半球白天最短,夜间最长。《逸周书·时训》:"冬至之日蚯蚓结,又五日麋角解,又五日水泉动。"《吕氏春秋·有始》:"冬至日行远道,周行四极,命曰玄明。"宋孟元老《东京梦华录·冬至》:"十一月冬至,京师最重此节,虽至贫者,一年之间,积累假借,至此日更易新衣,备办饮食,享祀先祖。官放关扑,庆贺往来,一如年节。"明王鏊《震泽长语·象纬》:"冬至之日,一阳自地而升。"

——《汉语大词典·3》

冬年节:指冬至。明叶盛《水东日记·京都贺节礼》:"初,京都最重冬年节贺礼。不问贵贱,奔走往来者数日。家置一册,题名满幅。己巳之变,此礼顿废。景泰二年冬至节,礼部请朝贺上皇于东上门,诏免贺。"

——《汉语大词典·3》

正冬:《书·尧典》:"日短,星昴,以正仲冬。"孔传:"日短,冬至之日。昴,白虎之中星,亦以七星并见,以正冬之三节。"后以"正冬"指仲冬。亦指冬至。汉刘向《说苑·敬慎》:"正冬采榆叶。"《北史·隋房陵王勇传》:"皇太子虽居上嗣,义兼臣子,而诸方岳牧正冬朝贺,任土作贡,别上东宫。"

——《汉语大词典·5》

数九:进入从冬至开始的"九"。每九日为一个"九",共有九个"九"。《金瓶梅词话》第七一回:"已是数九严寒之际,点水滴冻之时。"杜鹏程《在和平的日子里》第三章:"仿佛数九寒天,谁给梁建身上浇了一桶凉水,他打了个冷颤。"

——《汉语大词典·5》

景旦:指冬至日。明张居正《贺冬至表一》:"肃五夜而叩露坛,祗荷重玄之鉴,逾十辰而逢景旦,预开首度之祥。"

——《汉语大词典·5》

消寒图:旧俗冬至后八十一日之计日图。其形制不一。明刘侗、于奕正《帝京景物略·春场》:"日冬至,画素梅一枝,为瓣八十有一,日染一瓣,瓣尽而九九出,则春深矣,曰九九消寒图。有直作圈九丛,丛九圈者,刻而市之,附以九九之歌,述其寒燠之候。"清富察敦崇《燕京岁时记·九九消寒图》:"消寒图乃九格八十一圈。自冬至起,日涂一圈,上阴下晴,左风右雨,雪当中。"

——《汉语大词典·5》

至节:冬至或夏至。《隋书·房陵王勇传》:"其后经冬至,百官朝勇,勇张乐受贺。高祖知之,问朝臣曰:'近闻至节,内外百官相率朝东宫,是何礼也?'"此指冬至。

——《汉语大词典·8》

养夜:指冬至。此夜最长,故称。养,通"恙"。《大戴礼记·夏小正》:"十月……时有养夜。"卢辩注:"养者,长也,若日之长也。"孔广森补注:"此时夜之长,如夏时日之长也。"清马瑞辰《毛诗传笺通释·周南·汉广》:"江之永矣。"《夏小正》:"'时有养日'、'时有养夜',养亦羕也。"

——《汉语大词典·12》

馄饨:一种面食。用薄面片包馅做成。清富察敦崇《燕京岁时记·冬至》:"夫馄饨之形有如鸡卵,颇似天地浑沌之象,故于冬至日食之。"

——《汉语大词典·12》

【诗词歌赋】

冬至日小会

晋·张华

日月不留，四气回周。
节庆代序，万国同休。
庶尹群后，奉寿升朝。
我有嘉礼，式宴百僚。
繁肴绮错，旨酒泉淳。
笙镛和奏，磬管流声。
上隆其爱，下尽其心。
宣其壅滞，咏之德音。
乃宣乃训，配享交泰。
永载仁风，长抚无外。

冬 至

南朝宋·鲍照

舟迁庄甚笑，水流孔急叹。
景移风度改，日至晷回换。
眇眇负霜鹤，皎皎带云雁。
长河结瓓玕，层冰如玉岸。
哀哀古老容，惨颜愁岁晏。
催促时节过，逼迫聚离散。
美人还未央，鸣筝谁与弹？

小 至

唐·杜甫

天时人事日相催,冬至阳生春又来。
刺绣五纹添弱线,吹葭六管动浮灰。
岸容待腊将舒柳,山意冲寒欲放梅。
云物不殊乡国异,教儿且覆掌中杯。

冬至夜寄京师诸弟兼怀崔都水

唐·韦应物

理郡无异政,所忧在素餐。
徒令去京国,羁旅当岁寒。
子月生一气,阳景极南端。
已怀时节感,更抱别离酸。
私燕席云罢,还斋夜方阑。
邃幕沉空宇,孤烛照床单。
应同兹夕念,宁忘故岁欢。
川途恍悠邈,涕下一阑干。

酬陈翃郎中冬至携柳廊窦郎归河中旧居见寄

唐·卢纶

三旬一休沐,清景满林庐。
南郭群儒从,东床两客居。
烧烟浮雪野,麦陇润冰渠。
班白皆持酒,蓬茅尽有书。
终期买寒渚,同此利蒲鱼。

至日登乐游园

唐·裴度

阴律随寒改,阳和应节生。
祥云观魏厥,瑞气映秦城。
验炭论时政,书云受岁盈。
晷移长日至,雾敛远容清。
景暖仙梅动,风柔御柳倾。
那堪封得意,空对物华情。

邯郸冬至夜思家

唐·白居易

邯郸驿里逢冬至,抱膝灯前影伴身。
想得家中夜深坐,还应说着远行人。

冬至日遇京使发寄舍弟

唐·杜牧

远信初凭双鲤去,他乡正遇一阳生。
尊前岂解愁家国,辇下惟能忆弟兄。
旅馆夜忧姜被冷,暮江寒觉晏裘轻。
竹门风过还惆怅,疑是松窗雪打声。

南至日

唐·司空图

年年山压压来频,莫强孤危竞要津。
吉卦偶成开病眼,瞻檐还茸寄羸身。
求仙自躁非无药,报国当材别有人。
鬓发堪伤白已遍,镜中更待白眉新。

冬 至

唐·韩偓

中宵忽见动葭灰,料得南枝有早梅。
四野便应枯草绿,九重先觉冻云开。
阴冰莫向河源塞,阳气今从地底回。
不道惨舒无定分,却忧蚊响又成雷。

丙子冬至夜酒醒

宋·李觏

尽道一阳初复时,不期风雨更凄凄。
凌晨出去逢人饮,沉醉归来满马泥。
多恨恐成干斗气,欲言那得上天梯。
灯青火冷睡半醒,残叶打窗乌夜啼。

冬 至

宋·梅尧臣

衔泣想慈颜,感物哀不平。
自古九泉死,靡随新阳生。
禀命异草木,彼将羡勾萌。
人实嗣其世,一衰复一荣。

冬 至

宋·王安石

都城开博路,佳节一阳生。
喜见儿童色,欢传市井声。
幽闲亦聚集,珍丽各携擎。
却忆他年事,关商闭不行。

冬至日独游吉祥寺

宋·苏轼

井底微阳回未回,萧萧寒雨湿枯荄。
何人更似苏夫子,不是花时肯独来?

冬至后

宋·张耒

水国过冬至,风光春已生。
梅如相见喜,雁有欲归声。
老去书全懒,闲中酒愈倾。
穷通付吾道,不复问君平。

冬 至

宋·朱淑贞

黄钟应律好风吹,阴伏阳升淑气回。
葵影便移长至日,梅花先趁小寒开。
八神表日占和岁,六琯飞葭动细灰。
已有岸旁迎腊柳,参差又欲领春来。

冬至日铜壶阁落成

宋·范成大

走偏人间行路难,异乡风物杂悲欢。
三年北户梅边暖,万里西楼雪外寒。
已办鬓霜供岁籥,仍拼髀肉了征鞍。
故园云物知何似?试上东楼直北看。

冬至夜旅怀

宋·杨万里

乱霜如叶扑窗寒,愁到心如欲断弦。
凤管阳才一声起,蟾轮月已九分圆。
拥炉酌冻酒相对,欹枕背残灯未眠。
乞得晓钟西拜望,露中香为祝亲燃。

辛酉冬至

宋·陆游

今日日南至,吾门方寂然。
家贫轻过节,身老怯增年。
毕祭皆扶拜,分盘独早眠。
惟应探春梦,已绕镜湖边。

冬 至

宋·戴复古

时光流转寻常事,世故惊心感慨多。
一岁休祥在云气,今朝云气果如何?

山坡羊·冬日写怀

元·乔吉

离家一月,闲居客舍,孟尝君不费黄齑社。世情别,故交绝,床头金尽谁行借?今日又逢冬至节。酒,何处赊?梅,何处折?

十一月廿七日冬至

元·朱德润

卷地颠风响怒雷,一宵天上报阳回。
日光绣户初添线,雪意屏山欲放梅。
双阙倚天瞻象魏,五云书彩望灵台。
江南水暖不成冻,溪叟穿鱼换酒来。

丙子冬至

明·李梦阳

奉天门外玉阑桥,此日催班早侍朝。
占史奏云欢万国,大官传宴散层霄。
苑梅迎律春先动,宫柳临风色欲摇。
一出忽惊今十载,百年勋业有渔樵。

长安冬至

明·董其昌

子月风光雪后看,新阳一缕动长安。
禁钟乍应云门面,宝树先驱黍谷寒。

云中至日

清·朱彝尊

去岁山川缙云岭,近年风雪白登台。
可怜日至长为客,何意天涯数举杯。
城晚角声通雁塞,关寒马色上龙堆。
故园望断江村里,愁说梅花细细开。

【图片资料】

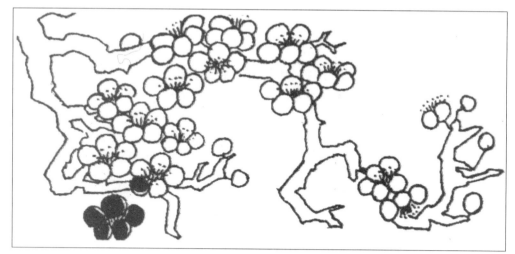

梅花消寒图

消寒图

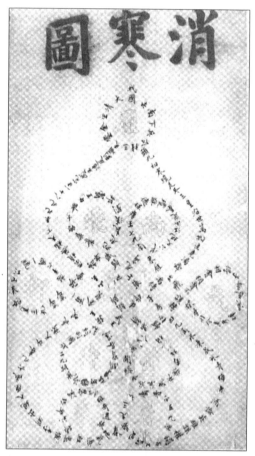

葫芦消寒图

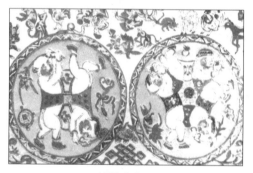

娃娃消寒图

九九消寒图

古代天神

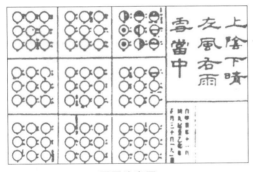

圆圈消寒图

祭天

皇帝祭天仪式

冬猎

管城春满消寒图

打滑挞

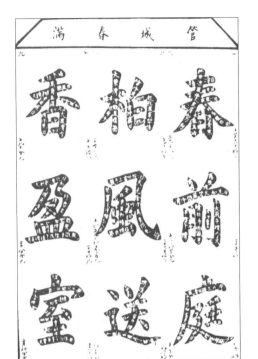
管城春满消寒图

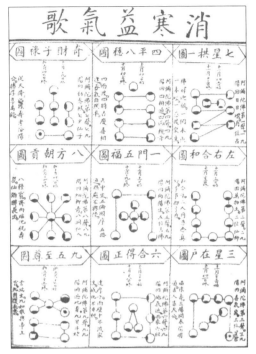
消寒益气歌消寒图

射猎

十二月

【𠀁月】【十二月】【十二月】

【文献资料】

念夜佛。民间男一有疾病，则许念佛。自腊月初一日起，每夜人定时，手执一香，沿街念佛，尽香而归，至除夕乃罢。

——《宛署杂记·民风一》

十二月一日至岁除夜，小民为疾苦者，奉香一尺，宵行衢中，诵元君号，自述香愿，其声乌乌恻恻，曰号佛。行过井、过寺庙，则跪且拜而诵，香尽尺乃归。八日，先期凿冰方尺，至日纳冰窖中，鉴深二丈，冰以入，则固之，封如阜。内冰启冰，中涓为政。凡苹婆果入春而市者，附藏焉。附乎冰者，启之，如初摘于树，离乎冰，则化如泥。其窖在安定门及崇文门外。是日，家效庵寺，豆果杂米为粥，供而朝食，曰腊八粥。廿四日，以糖剂饼、黍糕、枣栗、胡桃、炒豆祀灶君，以糟草秣灶君马，谓灶君翌日朝天去，白家间一岁事。祝曰：好多说，不好少说。记称灶，老妇之祭，今男子祭，禁不令妇女见之。祀余糖果，禁幼女不令得啖，曰啖灶余，则食肥腻时，口圈黑也。廿五日，五更焚香楮，接玉皇，曰玉皇下查人间也。竟此日，无妇妪詈声。三十日，五更又焚香楮送迎，送玉皇上界矣，迎新灶君下界矣。插芝麻秸于门檐窗台，曰藏鬼秸中，不令出也。门窗贴红纸葫芦，曰收瘟鬼。夜以松柏枝杂柴燎院中，曰烧松盆，熰岁也。悬先亡影像，祀以狮仙斗糖、麻花徹枝，染五色苇架竹罩陈之；家长幼毕拜，已各自拜，曰辞岁。已聚坐食饮，曰守岁。是月，小儿及贱闲人，以二石毯置前，先一人踢一令远，一人随踢其一，再踢而及之，而中之，为胜。一踢即着焉，即过焉，与再踢不及者，同为负也。再踢而过焉，则让先一人随踢之。其法初为趾踵苦寒设，今遂用赌，如博然，有司申禁之，不止也。

——《帝京景物略·卷二》

十二月初一日起，便家家买猪、腌肉、吃灌肠、吃油渣卤煮猪头、烩羊头、爆炒羊肚、炸铁脚小雀加鸡子、清蒸牛白、酒糟蚶、糟蟹、炸银鱼等，醋溜鲜鲫鱼、鲤鱼。钦赏腊八杂果粥米。

是月也,进暖洞薰开牡丹等花。

——《酌中志·卷二十》

京师果茹诸物,其品多于南方,而枣、梨、杏、桃、苹婆诸果,尤以甘香脆美取胜于他品,所少于江南者,惟杨梅、柑橘。而北方又自有榛、栗、松榧之属,韵味清远,不相下而相敌也。菜以黄芽为绝品,北地严寒,初冬之时,覆之以土,阳生气聚,得暖而甲坼,则状如环、色如肪矣。北地土性坟处为物命苞,是以葱才出如角,蒲之生根如丝,三月而菌秀,则豆芽成筐。五月而瓜生,则茄蔬荐俎。其未见者独箨笋耳。果属以杏子为多。刘侗云:香山,杏花香也。杏花香十里,一红白,士女群游,言西塞诸山之饶于杏矣。苹婆树,城南韦公寺者各高五六丈,花时实时,焰光映日,亦刘侗书所称也。葡萄、石榴,皆人家篱落间物,但不能遍植山谷。其逊于江南者,有樱桃而酸涩也。

——《旧京遗事》

腊月朔,街前卖粥果者成市。更有卖核桃、柿饼、枣、栗、干菱角米者,肩挑筐贮,叫而卖之。其次则肥野鸡、关东鱼、野猫、野鹜、腌腊肉、铁雀儿、徽架果罩、大佛花、斗光千张、楼子庄元宝。初十外则卖卫画、门神、挂钱、金银箔、锞子黄钱、销金倒西、马子烧纸、玻璃镜、窗户眼。请十八佛天地百分。钱店银号兑换压岁金银小梅花海棠元宝。廿日外则卖糖瓜、糖饼、江米竹节糕、关东糖、糟草炒豆,乃廿三日送灶饷神马之具也。又有卖窑器者,铜银换瓷碗,京烧之香炉烛台,闷葫芦,小儿藉以存钱;支焾瓦,灶口用为助爨。至廿五日外则脂麻秸、松柏枝、南苍术熰岁矣。腊月诸物价昂,盖年景丰裕,人工忙促,故有腊月水土贵三分之谚。高年人于岁逼时,训饬后辈谨慎出入,又有"二十七八,平取平抓"之谚。

——《帝京岁时纪胜·十二月》

京师腊月河冰结时,水面多设冰床,往来络绎,以供行客,其捷如飞,较之坐骑乘车,远胜多矣。

——《日下旧闻考·卷一四八·风俗》

腊月束梅于盎,匿地下五尺许,更深三尺,用马通然火,使地微瘟,梅渐放白,用纸笼之,鬻于市,小桃、郁李、迎春皆然。张萱疑耀:京师风俗,入冬以地窖养花,其法自汉已有之。汉世大官园,冬种葱、韭菜,茹覆以屋庑,昼夜爇煴火,得温气,诸菜皆生,召信臣为少府,谓此皆不时之物,有伤于人,不宜以奉供养,奏罢之。但此法以养菜蔬,未尝养花木也。今内家十月即进牡丹,亦是此法。然在汉止言覆以屋庑而已,今法皆掘坑堑以窖之，盖入冬，土中气暖，其所养花木，借土气火气相半也。馈遗尚鲜果，羯鼓声益喧，曰迎年鼓。先除夕一日，曰小除夕，家置酒宴，往来交谒曰别岁，焚香于户外，曰天香，凡三日止。贴宜春字，小儿女写好字。

——《光绪顺天府志·京师志·风俗》

封印之后，梨园戏馆择日封台，八班合演，至来岁元旦则赐福开戏矣。亦所以歌咏升平也。

按京师戏剧，风尚不同。咸丰以前，最重昆腔、高腔。高腔者，有金鼓而无丝竹，慷慨悲歌，乃燕土之旧俗也。咸丰以后，专重二簧，近则并重秦腔。秦腔者，即俗所谓梆子腔也。内城无戏园，外城乃有。盖恐八旗兵丁习于逸乐也。戏剧之外，又有托偶、影戏、八角鼓、什不闲、子弟书、杂耍把式、像声、大鼓、评书之类。托偶即傀儡子，又名大台宫戏。影戏借灯取影，哀怨异常，老妪听之多能下泪。八角鼓乃青衣数辈，或弄弦索，或歌唱打诨，最足解颐。什不闲有旦有丑而无生，所唱歌词别有腔调，低徊婉转，冶荡不堪；咸同以前颇重之，近亦如广陵散矣。子弟书音调沉穆，词亦高雅。杂耍把式即变戏法儿武技之类。像声即口技，能学百鸟音，并能作南腔北调，嬉笑怒骂，以一人而兼之，听之历历也。大鼓、评书最能坏人心术。盖大鼓多采兰赠芍之事，闺阁演唱，以为不宜；评书抵掌而谈，别无帮衬，而豪侠亡命，跃跃如生，市儿听之，适易启其作乱为非之念。有心世道者，其思有以禁之也！

——《燕京岁时记》

每至腊月，繁盛之区，支搭席棚，售卖画片。妇女儿童争购之。亦所以点缀年华也。

——《燕京岁时记》

凡卖花者，谓薰治之花为唐花。每至新年，互相馈赠。牡丹呈艳，金橘垂黄，满座芬芳，温香扑鼻，三春艳冶，尽在一堂，故又谓之堂花也。

谨按《日下旧闻考》：京师腊月即卖牡丹、梅花、绯桃、探春诸花，皆贮暖室，以火烘之。所谓唐花，又名堂花也。其法自汉即有之。汉世大官园冬葱韭菜茹覆以屋庑，昼夜爇煴火得温气，诸菜皆生。召信臣为少府，谓此皆不时之物，有伤于人，不宜供奉，奏罢之。唐人诗曰："内园分得温汤水，二月中旬已进瓜。"亦是此法。

——《燕京岁时记》

年饭用金银米为之，上插松柏枝，缀以金钱、枣、栗、龙眼、香枝，破五之后方始去之。

——《燕京岁时记》

春联者,即桃符也。自入腊以后,即有文人墨客,在市肆檐下,书写春联,以图润笔。祭灶之后,则渐次粘挂,千门万户,焕然一新。或用朱笺,或用红纸,惟内廷及宗室王公等例用白纸,缘以红边蓝边,非宗室者不得擅用。

——《燕京岁时记》

京师蔬菜甚贱,惟来自南方者贵耳。生姜、荸荠、冬笋之属,非燕地所产,故价逾珍错。至如菠菜、白菜,数钱即可满筐。煮白菜者仅取其心而弃甲于外,每逢冬季,狼藉道上,乞丐犹不拾。

榛以黄花镇为最,栗以固安为最。

以盐洒白菜上压之,谓之腌白菜,逾数日可食,色如象牙,爽若哀梨。

荠菜遍生野外,穷民采之,清晨载以小筐鬻于市上,味甚甘脆。诗云:其甘如荠。信然。

冬月,时有韭黄,地窖火炕所成也,其色黄,故名,其价亦不贱。

龙须菜细似韭花,茎甚脆美,《析津日记》谓产于天坛,然在处皆有之也。

——《燕京杂记》

岁杪,儿童始放纸鸢,至来春清明乃止。

——《燕京杂记》

十二月击羯鼓,或谓之腊鼓,又谓之迎年鼓。初八日,累米果至百煮粥。二十四日,刻灶马祀灶,以板印灶神于纸,谓之灶马,祀后焚之。

——《燕京杂记》

京师饮食丰美,南边海错无物不有,亦无时不具。冬月则山珍如山,兔、麂、麋、鹿、山狸、野雉之属,在处皆然,惜无活者。

冬月之鱼亦鲜活者,鲈、鳜、鲟、鳇,市如积薪。又有关东鱼,种类不一,以其至自关东故名,经数月其味犹鲜。

京师最重活鱼,鲩鱼一斤值钱三、四百,至小鲫及乌鱼、黄鳝之类,虽活亦贱,其价有下于南方者。

鳝以白者为尚,黄者之值不敌白之十一。宴客用白者夸为盛馔,用黄者訾为不敬。

——《燕京杂记》

以铁为圈,以木为柄,柄系铁环圈,冒以皮,击之咚咚然,名太平鼓,即年鼓也。与南方普通所称年锣鼓之年鼓异。京师腊月有之,儿童之所乐也。海宁朱声元贡生锽尝有诗咏之曰:六街咚咚鼓声彻,蠢者以动句者苗。其声刚劲气激扬,缀以铮铮几环铁。瓦腔革面古制移,炼铁糊纸凭胶漆。非鼖非鼛号曰鼓,金声革声齐奏之。纸作皮肤铁为骨,下拟斗柄上满月。群星在掌光摇摇,耳畔蛰雷争奋越。曾听腊鼓知春生,况复土鼓迎时鸣。羯鼓催花石鼓猎,那及社鼓兴耕氓。太平鼓击击且走,握之以左击以右。一哄鞭过短箠声,几番高下小儿手。初疑方响梨园敲,旋兼中节铜丸抛。繁音飒飒耉然止,倏尔涛籁喧堂坳。朅来舞手复蹈足,日作呕哑太平曲。何如击壤康衢中,助汝含哺同鼓腹。

铮铮双环咚咚鼓,腊月街头击且舞。时节嘉平景太平,白雨青山有新谱。壮哉聂帅真知兵,手毂拳匪殊分明。天津一战鼓声死,西人谈论犹心惊,神威天上成雷霆。

——《王风笺题》

居民有于五更即起而祀神者,焚香,放鞭爆,供饺子,事毕阖家食团圆饭,饮柏酒(饭即面角,并备干鲜果品肴馔以佐酒,而杂拌一项,尤不可少,盖杂合各干果及糖蜜食品,盛于一盘,年终,即有售者)。是晨,食黍糕,佛前亦供之,曰年年糕,信佛者至东岳庙拈香,归而祀祖;供品多用饺子,祀毕焚纸锞,阖家互拜新年,乃出而贺人;见则一揖,亦有屈一膝为礼者(旗礼);更以新禧新禧,多多发财,顺顺当当,一顺百顺,吉祥如意等吉语相祝。于至戚至友,则登堂叩头,主人饷以百事大吉盒,中置柿饼荔枝桂圆核桃枣栗等品,每布(赠人食物,平谚曰布)一品,必佐以吉语,柿饼曰事事如意,核桃曰和和气气,更合枣栗花生桂圆,而曰早生贵子;卑幼拜尊长,则与之钱,曰压岁钱,是日禁刀剪裁割扫除倾水等事,肴馔大率为素。

——《北平岁时志·十二月》

卖年画者,卖花者,卖门神挂钱者,卖松柏芝麻秸者,卖陶瓷器者,叫呼络绎,不绝于门。街市则春联摊及年画棚,黍糕馒首,鸡鸭鱼肉,花木果品,一切年货,无不具备。商家民居各于门前,纷贴挂钱(次年正月十五日,或二月初二日,以竹竿挑去,谓之打挂钱),对联,凡几案铜锡各器,皆拭拂一新。而沽酒市肉以治肴馔,更有日不暇给之势。

——《北平岁时志·十二月》

贫苦文人,每届腊月之初,即预在各繁闹街市之铺门前,粘贴红黄纸帖,上书"书春","借纸学书","涂鸦"等字,并附注以"历年在此,有纸早送"等语,是即示此地盘已预定,他人不能再占之意。然大多须与铺店相熟,或有人为之介绍,该铺始能承认其门前设案也。书案多用八仙桌一张或二张,桌上铺红毯,旁置一小箱及罗圈火盆,与铁黑盆,大号笔筒(中置大小毛笔)。又须在街市当众书写,闲人四面围观,始有生意,或在家写好,用绳相绊于铺店栏杆之上。为此项生意,须过二十五日,始见忙碌,乡农亦来京购卖,销路甚畅,故早年设案者虽多,比至三十日下午,必可售罄云。

——《北平岁时志·十二月》

年画多产于天津与杨柳青一带,每至腊月,即有大批乡人,趸贩来京,分赴各街叫卖;用芦苇小帘布色包袱一个,裹而背之,货多粗劣,价则稍廉。又有一种,系俟腊月十五日以后,在各闹市,选一空闲地点,临时支搭席棚;或借歇业之铺店空房,将各画悬诸四壁,用一二人口唱歌词,以求畅卖,旧京谓之画棚子。此中之画,则较乡贩所售者为精,妇孺辈多成群而逛画棚子。近年画棚渐少,惟天桥左近,间一见之。

——《北平岁时志·十二月》

神纸摊,专售阎王爷、灶王爷、财神爷、门神爷、张仙爷,诸神像。又有佛花供花之摊,分列街市;早年售佛花之最精致者,为大栅栏各戏园门道内,因此时各园均已封台休息矣。

——《北平岁时志·十二月》

鲜花:梅花、腊梅、榆叶梅、郁李、碧桃、海棠、玉兰、牡丹、水仙、玉竺豆、佛手、香橼、金橘,皆以盆种之。

——《北平岁时志·十一月》

十二月通称腊月,初八日啜粥,曰"腊八粥"。盖杂各色米、豆及菱角、芡实、枣栗、莲子诸物,熟煮以为糜。外以染有红色之桃仁、杏仁、花生、瓜子、葡萄干、青红丝、黑白糖等点缀之。五更即煮之,先祀祖供佛,后馈戚友。送粥时佐以各种蒸食及小菜。家畜之猫犬鸡雏,亦皆饲以粥。墙壁树木,有以粥抹之者。又有于是日以蒜浸醋,封而藏之,至次年新正启食者,曰"腊八蒜",又曰"腊八醋"。过腊八则扫房,盖亦实行大扫除之一道也。二十三日祭灶,供以糖饼、糖瓜、黍糕、胡桃等。又备草料凉水,谓用以秣灶君之马。祭时必使炉火炽盛,以糖饼置炉口,亦有缘而涂之者。相传灶君朝天,将人家善恶白于玉帝,以行赏罚,故置糖炉口,意以性有黏质,口粘不复能语。然后焚神纸时,必祝曰:"好话多说,不好话少说"。迷信之深,洵可笑也。祭毕,以糖果与家人食之。自是以后,即预备过年矣。卖年画者,卖花者,卖门神、挂钱者,卖松柏枝、芝麻秸者,卖陶瓷器者,叫呼络绎,不绝于门。街市则春联摊,年糕、馒头、鸡鸭、鱼肉、花木、果品,一切年货,无不俱备。商家居民,各于门前,纷贴挂钱、对联,凡几案铜锡各器,必拂拭一新;而沽酒市肉,以治肴馔,大有日不暇给之势,先除夕一日,则曰"小除夕",家置酒宴,往来招邀,曰"别岁",又曰"辞岁",亦有于除夕行辞岁之礼者。除夕夜,多不寐,曰"守岁"。以芝麻秸散置庭中,往来践蹈之,谓之踩岁。妇女多戴红石榴花,上缀小金元宝,则取吉祥发财之意也。又特于一碗中满盛大米饭,上插松枝小元宝,系以红线,串以制钱,并置枣栗荔枝等品于饭上,供于神前,谓之"年饭",取年年有饭吃之意也。市中更有贫儿,于除夕夜,持财神纸马,分送商店住户,呼曰"送财神爷来啦"!主人必接受之,与以赏钱,大率四五枚,以取吉利也。如已接受而继续来送者,则曰"接啦"。未有直言"不要"者,以下均系民户习惯,自动为之。(《民社北平指南》)

——《北平风俗类征》

京师隆冬,有黄芽菜韭黄,盖富室地窖火炕中所成,贫民不能办也。(《五杂俎》)

腊月束梅于盎,匿地下五尺许,更深三尺,用马通然火,使地微温,梅渐放白,用纸笼之,鬻于市,小桃、郁李、迎春皆然。(《北京岁华记》)

京师花卉瓜果之属,皆穴地煴火,而种植其上,不时浇灌,无弗茂盛给实,故隆冬之际,一切蔬果皆有之。每正旦进牡丹、芍药,自历朝以来,沿为旧例。今上恶其不时,概从禁绝,惟冬月所藏苹婆、葡萄,尚如故也。(《玉堂荟记》)

京师冬月,养花者多鬻牡丹、芍药、红白梅、碧桃、探春诸花于庙市。其法置花树于暖室地炕,以火逼之,犹《癸辛杂识》所记马塍塘花之类。(《居易录谈》)

宋时武林马塍藏花之法,纸糊密室,凿地作坎,覆竹,置花其下,粪土以牛溲硫黄,然后置沸汤于坎中,候汤气薰蒸则扇之,经宿则花放,今京师园丁亦然。(《香祖笔记》)

京师马塍鬻花,往往发非时之品,早放者名唐花,盖以火烘之而生,然开不耐久。(《海南日抄》)

——《北平风俗类征》

画棚:画出杨柳青,属天津,印板设色,俗呼卫抹子,早年戏剧外,丛画中多有趣者,如雪园景、围景、渔家乐、桃花源、乡村景、庆乐丰年、他骑骏马我骑驴之类皆是也。光绪中钱慧安至彼,为出新裁,多拟故典及前人诗句,色改淡匀,高古俊逸,惜今皆不存,徒见俗鄙恶劣之一派也。

凡年终应用之物,入腊,渐次街市设摊结棚,谓之蹲年。如腊八日前,菱角、米、枣、栗摊。次则年糕、馒首、干果、叶烟、面筋、干粉、香干、菜干、干葱、瓣蒜、绿盆、糙碗、平铺、木枝、芝麻秸、门神、挂钱、字画、对联;又有棱绢、佛花、鞭炮、卫画、蜜供、元宵、鱼虾、野牲各类,皆棚也。琉璃、铁丝、油彩、转沙、碰丝、走马,皆灯名。风筝、毽毛、口琴、纸牌、拈圆棋、陛官图、江米人、太平鼓、响壶庐、琉璃喇叭,率皆童玩之物也。买办一切,谓之忙年。(《春明采风志》)

——《北平风俗类征》

北平歌谣:"老婆老婆你别馋,过了腊八儿就是年,腊八粥几天,沥沥拉拉二十三。二十三,糖瓜儿粘;二十四,扫房日;二十五,炸豆腐;二十六,炖羊肉;二十七,杀公鸡;二十八,把面儿发;二十九,蒸馒头;三十儿晚上熬一宵,大年初一去拜年。'您新禧','您多礼','一手白面不搀你,到家给你父母道新禧'。"(《北平歌谣集》)

——《北平风俗类征》

封台:早先昆、弋、秦、徽各戏班于都内外各戏园,皆四日一转出箱,至岁终,次第集于一园演唱,为八班合演,然后封台。(《春明采风志》)

——《北平风俗类征》

今京师花肆,争先献早,秋天开梅花,冬天开牡丹,春天开栀子,郁气熏蒸,早荣先悴,利其速售,不顾根伤,名为花之催妆,实乃花之受厄也。(《晒书堂笔录》)

花匠于暖窖中,正月灯节烘出瓜茄等菜,叶上各有草虫,巧夺天工矣。(《燕都杂咏注》)

——《北平风俗类征》

年底:年终,一年的最后几天。《二十年目睹之怪现状》第二回:"到了年底,方才扶着灵柩,趁了轮船回家乡去,即时择日安葬。"洪深《香稻米》第一幕:"腊月二十六、二十七,这倒是'月健天恩'日,可惜离年底又太近了。"

——《汉语大词典·1》

年货:指过阴历年时应用的物品。李家瑞《北平风俗类征》引《京都风俗志》:"(十二月)十五日以后,市中卖年货者,棋布星罗。"老舍《骆驼祥子》八:"祥子的眼增加了亮光,看见路旁的年货,他想到曹家必定该送礼了;送一份总有他几毛酒钱。"

——《汉语大词典·1》

年脚下:年尾,年底。洪深《香稻米》第二幕:"黄二官:今天已经是阴历的十二月初八;离开过年,是一天一天的近了。年脚下有多少事情要做,有多少债务要还。"

——《汉语大词典·1》

年集:阴历年底的集市。孙梨《画的梦》:"年集就是新年之前的集市。赶年集和赶庙会,是童年时代最令人兴奋的事。"

——《汉语大词典·1》

年盘：方言。犹年礼。叶圣陶《抗争》："到年底只差一个多月了，有的是这家那家的帐；母亲那里，姑太太那里，都得送一副年盘。"

——《汉语大词典·1》

年关：旧指阴历年底。旧时商业往来，年底必须结清欠账，欠债的人过年之难，犹如过关，故称。张江裁《北平岁时志·十二月》："近年北平商户，多已分节清款，若在外省，则尚有年关始清者。"周立波《暴风骤雨》第二部十二："旧历年关，眼瞅临近了。屯子里还是像烧开的水似地翻滚。"

——《汉语大词典·1》

冰床：①雪初下时地上所结之冰。因上面积雪，故称。北周庾信《寒园即目》诗："雪花深数尺，冰床厚尺余。"清钱谦益《题僧卷》诗："雪被冰床云水隈，死关生断不曾开。"②冰上交通工具，俗称冰排子，用人推、拉，或床上人以竿撑之，使滑行。明刘侗、于奕正《帝京景物略·水关》："冬水坚冻，一人挽木小兜，驱如衢，曰冰床。"清富察敦崇《燕京岁时记·拖床》："冬至以后，水泽腹坚，则十刹海、护城河、二闸等处皆有冰床。一人拖之，其行甚速。长约五尺，宽约三尺，以木为之，脚有铁条，可坐三四人。雪晴日暖之际，如行玉壶中，亦快事也。"《红楼梦》第五六回："当差之人，关门闭户，起早睡晚，大雨大雪，姑娘们出入，抬轿子、撑船、拉冰床，一应粗重活计，都是他们的差使。"孙犁《白洋淀纪事·嘱咐》："在河边，他们上了冰床。水生坐上去，抱着孩子，用大衣给她包好脚。女人站在床子后尾，撑起了竿。女人是撑冰床的好手。"

——《汉语大词典·2》

冰窖：藏冰的地窖。清富察敦崇《燕京岁时记·打冰》："按《事物原会》：周成王命凌人掌冰，岁十二月，敕令斩冰纳于凌阴。凌阴者，今之冰窖也。"赵光荣《里湖纪游》诗："冰窖夏亦寒，暗狱昼失亮。"曹禺《王昭君》第五幕："你要得不到单于的欢心，你这一辈子就象掉在冰窖里一样，没人会理睬你的！昭君，你一定得向单于辩白清楚。"

——《汉语大词典·2》

冰鞋：滑冰时穿的鞋。皮制，鞋底装有冰刀。清富察敦崇《燕京岁时记·溜冰鞋》："冰鞋以铁为之，中有单条缚于鞋上，身起则行，不能暂止。技之巧者，如蜻蜓点水，紫燕穿波，殊可观也。"

——《汉语大词典·2》

大寒：①二十四节气之一。阳历一月二十日或二十一日，一般是我国气候最冷的时候。《逸周书·周月》："冬三月中气：小雪、冬至、大寒。"汉董仲舒《春秋繁露·阴阳出入上下》："小雪而物咸成，大寒而物毕藏。"②酷寒，极冷。《吕氏春秋·尽数》："大寒、大热、大燥、大湿、大风、大霖、大雾，七者动精则生害矣。"《新五代史·晋臣传·吴峦》："峦善抚士卒，会天大寒，裂其帷幄以衣士卒，士卒皆爱之。"

——《汉语大词典·2》

大蜡：亦作"大䄍"。祭名。古代年终合祭农田诸神，以祈来年不降灾害。《礼记·明堂位》："是故夏礿、秋尝、冬烝、春社、秋省，而遂大蜡，天子之祭也。"郑玄注："大蜡，岁十二月索鬼神而祭之。"《广雅·释天》："腊，索也。夏曰清祀，殷曰嘉平，周曰大䄍，秦曰腊。"王念孙疏证："䄍，本作'蜡'。"唐杨谏《大蜡赋》："大蜡之祭兮，所以飨田神、赏农务。"

——《汉语大词典·2》

天灯：旧时新年前后，民间有在高处悬挂灯盏之俗，此灯彻夜通明，谓之"天灯"。明杨慎《甲午临安除岁》诗："邻墙儿女亦无睡，岁火天灯喧五更。"清潘荣陛《帝京岁时纪胜·十二月·祀灶》："廿三日更尽时，家家祀灶，院内立竿，悬挂天灯。"孙犁《白洋淀纪事·天灯》："今年正月……却看见东头立起一个天灯，真是高与天齐，闪亮的灯光同新月和星斗争辉。"

——《汉语大词典·2》

小寒：二十四节气之一，在阳历一月五、六或七日。《逸周书·时训》："小寒之日雁北向，又五日鹊始巢，又五日雉始鸲。"《汉书·律历志下》："玄枵，初婺女八度，小寒。"吴伯萧《早》："小寒前后，桂花早已开过，兰花却还要迟些日子才开。"

——《汉语大词典·2》

嘉平：腊祭的别称。《史记·秦始皇本纪》："三十一年十二月，更名腊曰'嘉平'。"宋曾巩《本朝政要策·䄍祭》："博士和岘言，䄍始伊耆，而三代有嘉平、清祀、䄍祭之名；䄍，腊之别名也。"亦为腊月的别称。元方回《留丹阳三日苦寒戏为短歌》："自从书云入嘉平，一月曾无三日晴。"清钱谦益《王兆吉六十序》："阅逢敦牂，嘉平之月，甲子一周，里之士友将往致祝，而请余为其词。"

——《汉语大词典·3》

寒冬：寒冷的冬天。旧题汉苏武《古诗》之四："寒冬十二月，晨起践严霜。"唐韩愈

《赠张籍》诗:"喜气排寒冬,逼耳鸣睍睆。"叶圣陶《登赐儿山》:"水洞里泉水下滴,积在洞底,据说有两公尺深,寒冬也不冻结。"

——《汉语大词典·3》

季冬:冬季的最后一个月,农历十二月。《礼记·月令》:"季冬之月,日在婺女,昏娄中,旦氐中。"汉司马迁《报任少卿书》:"今少卿抱不测之罪,涉旬月,迫季冬。"宋司马光《投圣俞》诗:"九衢季冬月,风沙正惨黩。"《辽史·礼志六》:"皇帝本命前一年季冬之月,择吉日。"清陈梦雷《抒哀赋》:"袭季冬之长夜兮,卒律飚飚而号。"

——《汉语大词典·4》

杪冬:暮冬。农历十二月的别称。《初学记》卷三引南朝梁元帝《纂要》:"十二月季冬,亦曰暮冬、杪冬、余月、暮节、暮岁。"唐崔曙《早发交崖山还太室作》诗:"杪冬正三五,日月遥相望。"

——《汉语大词典·4》

岁晏:一年将尽的时候。唐白居易《观刈麦》诗:"吏禄三百石,岁晏有余粮。"明刘基《秋日惨淡》:"岁晏玄冰兮,知将奈何?"清纳兰性德《采桑子》词:"点鬓霜微,岁晏知君归不归?"

——《汉语大词典·5》

岁终:年底。一年快完的时候。《周礼·天官·冢宰》:"岁终则考六乡之治,以诏废置。"孙诒让正义:"岁终者谓夏正建丑之月。"《后汉书·礼仪志中》:"季冬之月,星回岁终。"《宋书·百官志上》:"太史令,一人,丞一人。掌三辰时日祥瑞妖灾,岁终则奏新历。"《水浒传》第七一回:"一向无事,渐近岁终。"

——《汉语大词典·5》

岁暮:岁末,一年将终时。汉淮南小山《招隐士》:"岁暮兮不自聊,蟪蛄鸣兮啾啾。"南朝宋颜延之《秋胡诗》:"岁暮临空房,凉风起坐隅。"唐杜甫《自京赴奉先县咏怀五百字》:"岁暮百草零,疾风高冈裂。"《明史·彭韶传》:"岁暮者,天道之终。"杨朔《雪花飘在满洲》:"岁暮了。一天,他因为喝了过量的酒,伏在炕上哭起来。"

——《汉语大词典·5》

岁殚:岁暮。南朝宋谢灵运《彭城宫中直感岁暮》诗:"草草眷物徂,契契矜岁殚"。

——《汉语大词典·5》

岁阑：岁暮，一年将尽的时候。唐司空图《有感》诗："岁阑悲物我，同是冒霜萤。"唐白居易《赠元稹》诗："一为同心友，三及芳岁阑。"

——《汉语大词典·5》

岁腊：①年终祭祖。清孔尚任《桃花扇·拜坛》："是当年旧家，孤臣哭拜天涯，似村翁岁腊。"②年终。鲁迅《书信集·致邵文熔》："弟从去年出京，由闽而粤，由粤而沪，由沪更无处可往，尚拟暂住，岁腊必仍在此也。"

——《汉语大词典·5》

暮冬：冬末。农历十二月。《魏书·彭城王勰传》："岁月易远，便迫暮冬，每思闻道，奉承风教。"《初学记》卷三引南朝梁元帝《纂要》："十二月季冬，亦曰暮冬。"唐杜甫《晚晴》诗："高唐暮冬雪壮哉，旧瘴无复似尘埃。"

——《汉语大词典·5》

暮岁：一年将尽之时；农历十二月。《魏书·李谐传》："迫玄冬之暮岁，历关山之遐阻。"《初学记》卷三引南朝梁元帝《纂要》："十二月季冬，亦曰……暮节、暮岁。"唐乔琳《慈竹赋》："暮岁穷律，霜凝雪霏。"

——《汉语大词典·5》

腊月：农历十二月。《史记·陈涉世家》："腊月，陈王之汝阴，还至下城父。"唐骆宾王《陪润州薛司空丹徒桂明府游招隐寺》诗："绿竹寒天笋，红蕉腊月花。"《二十年目睹之怪现状》第六四回："腊月的日子格外易过，不觉又到了新年。"丁玲《母亲》三："曼贞赶回来的那天，已是腊月中旬了。"

——《汉语大词典·6》

腊尾：农历年末。宋宋祁《守岁》诗："夜寒穷腊尾，春色并年初。"清张问陶《梅花》诗："腊尾春头放几枝，风霜雨露总无私。"

——《汉语大词典·6》

腊肥：指冬至到大寒时给小麦等越冬作物施的肥。

——《汉语大词典·6》

腊祭：古时岁终祭祀。《礼记·月令》："（孟冬之月）腊先祖五祀。"唐孔颖达疏："以欲腊祭之时，暂出田猎以取禽。"《汉书·武帝纪》"比腊"唐颜师古注："腊者，冬至后腊祭百神也。"宋吴曾《能改斋漫录·辨误二》："腊祭之名,起于三代,废于始皇,而兴于汉也。"

——《汉语大词典·6》

祭蜡:古代每年十二月,天子或诸侯为颂扬神农、后稷等百神之劳功而举行的祭礼。《周礼·春官·龠章》："国祭蜡,则吹《豳》《颂》。击土鼓,以息老物。"郑玄注引《礼记·郊特牲》："天子大蜡八,伊耆氏始为蜡。岁十二月而合聚万物而索飨之也。蜡之祭也,主先啬而祭司啬也。"

——《汉语大词典·7》

旧腊:指农历去年十二月。腊,农历十二月的古称。宋梅尧臣《二十一日雪中赴宿》诗："正月东都雪,多于旧腊时。"

——《汉语大词典·8》

除月:农历十二月的别称。《初学记》卷三引南朝梁元帝《纂要》："十二月季冬,亦曰暮冬、杪冬、除月、暮节、暮岁、穷稔、穷纪。"

——《汉语大词典·11》

【四季货声】

卖冰糖葫芦儿:冰糖葫芦儿,是北京冬令有名的小食品。在清代已很盛行,是用一约半尺长的竹签儿将洗净的山里红之类串起来,蘸裹熬化的冰糖或白糖放石板上晾一下即成。有山里红、海棠果儿等品种。在清代末年已有"扁熟山里红,生山里红夹澄沙、核桃仁,白海棠生熟二种,葡萄,山药,山药豆,梨片,黑枣,红海棠,大红橘子,荸荠"诸种,其中山药是切段儿,与山药豆儿都是先煮熟再蘸糖的。吆喝:

"冰糖儿多来,葫芦儿来哟!"

挎筐或扛草桩子叫卖,南城为:

"葫芦儿冰糖的,蜜嘞糖葫芦!"

北城为:"蜜嘞哎嗨哎,冰糖葫芦嘞哎哎!"

民国年间,以东安市场北门所售夹馅儿的冰糖葫芦儿最为有名:把切口儿去籽儿的山里红塞入紫黑色的澄沙馅儿或白色的熟山药泥,上嵌以瓜子仁儿、核桃仁儿、山楂条儿、青红丝,蘸裹糖液,五颜六色,晶莹漂亮,好似一件件赏心悦目的精美工艺品,看着就让人喜欢,吃在嘴里味道甜美。

卖江米坨儿:春节,是中华民族的传统大节,人们根据自己的经济条件准备节日的吃食和用物,并多含有祈吉之意,吃粘糕就是取生活一年比一年高的意思,后来干脆就把粘糕直截了当地叫做"年糕"了。每到腊月接近春节之时,街上就有卖用江米面或黄米面做成的粘坨子,人们便买它或带枣儿的"年糕"准备节日食用。卖年糕坨儿的吆喝:

"买江米坨儿!"

卖春联儿:从农历腊月十五起到大年三十儿,北京的一些闹市街头有临时设摊儿卖春联儿的,可以买已写好摆在那里的,也可以请摊主现写。有街门对儿、屋门对儿、横批、春条、福字斗方等。"万年红"的纸上,浓墨书吉语。也有串街叫卖的,吆喝:

"街门对儿,屋门对儿,买横批,饶福字儿!"

卖松木枝儿、芝麻秸儿:农历除夕,北京人多买芝麻秸儿撒在屋外院中来回走路踩之,叫"踩祟";腊月二十三祭灶神,晚上用芝麻秸儿支三角儿架焚之,上放松柏枝,烧后放出香味儿。每到腊月下旬街上就有小贩挑担叫卖,吆喝:

"松柏枝儿来,芝麻秸儿啦!"

"松木枝儿,芝麻秸!"

——《吆喝与招幌》

赛糖钴子,里山砂锅!

画咧卖画!(卖杨柳青大小张画,俗呼"卫抹子",以苇箔夹之肩负。)

肥野猫喊!

红头绳儿来,两大钱一庹!

跑旱船。(一人携两小儿,戴女冠,荷木架船,行敲锣鼓,入人家唱山西曲。)

耍傀儡子。(一人挑担鸣锣,前囊后笼。耍时以扁杖支起前囊,上有木雕小台阁,下垂其蓝布围,人笼皆在其中;笼内取偶人,鸣锣衔哨连耍带唱,有八大出之名:《香山还愿》、《武大郎乍尸》、《卖豆腐》、《王小儿打老虎》、《李翠莲》。)

耍耗子。(一人肩负小箱,行鸣锣或吹唢呐。箱上设诸玩艺。耍时有蹬轮爬梯、钻塔、钻桃各式。)

耍猴儿。(一人携一羊一狗,背负小箱。箱上栓猴。行鸣锣。耍时,作居官归田、走马跑羊各式。)

鳌山灯。(三四人一担,黑漆长圆笼。鸣锣击鼓,叫入人家,练一切文武戏法,散详前卷。)

换绿瓷盆来!(以旧日靴帽无用物相换。)

买蒸篦儿使去,买插把的笤帚来!

灯草咧,焌灯草来!

——《一岁货声》

【图片资料】

五谷丰登

买年画

门神

窗花

贴窗花

岁朝村庆图

十二月初八

【文献资料】

(腊月)八日,先期凿冰方尺,至日纳冰窖中,鉴深二丈,冰以入,则固之,封如阜。内冰启冰,中涓为政。凡苹婆果入春而市者,附藏焉。附乎冰者,启之,如初摘于树,离乎冰,则化如泥。其窖在安定门及崇文门外。是日,家效庵寺,豆果杂米为粥,供而朝食,曰腊八粥。

——《帝京景物略·卷二》

(腊月)初八日,吃腊八粥,先期数日,将红枣捶破泡汤,至初八早,加粳米、白果、核桃仁、栗子、菱米煮粥,供佛圣前,户牖、园树、井灶之上各分布之。举家皆吃,或亦互相馈送,夸精美也。

——《酌中志·卷二十》

腊月八日为王侯腊,家家煮果粥。皆于预日拣簸米豆,以百果雕作人物像生花式。三更煮粥成,祀家堂门灶陇亩,合家聚食,馈送亲邻,为腊八粥。

——《帝京岁时纪胜·十二月》

腊八日御河起冰贮窖,通河运冰贮内窖,太液池起冰贮雪池冰窖,开谯门运之。各门护城河打冰,于河边修土窖贮之,夏日出易甚便。

——《帝京岁时纪胜·十二月》

十二月八日,赐百官粥。民间亦作腊八粥,以米果杂成之,品多者为胜。此盖循宋时故事,然宋时腊八乃十月八日。

——《日下旧闻考·卷一四八·风俗》

(腊月)八日为腊八,居民以菜果入米煮粥,谓之"腊八粥"。或有馈自僧尼者,名曰"佛粥"。

——《清嘉录》

十二月八日,人家煮杂米豆和胡桃、榛松、枣栗之类作粥,盛碗中,上铺干果、色糖,谓之腊八粥,以献神佛。富室竞侈,其果糖皆极美,饰盛以哥、汝瓷瓯,配以诸般糕点,馈送亲友,仅供一啜而已。黄衣僧寺亦多作粥。施粥之厂加枣栗,犹与平日不同。是日,以蒜瓣投入醋中,密封之。俟除夕启食,其蒜青翠可爱,醋味甚美,谓之腊八醋。

——《京都风俗志》

腊八粥者,用黄米、白米、江米、小米、菱角米、栗子、红江豆、去皮枣泥等,合水煮熟,外用染红桃仁、杏仁、瓜子、花生、榛穰、松子,及白糖、红糖、琐琐葡萄,以作点染。切不可用莲子、扁豆、薏米、桂元,用则伤味。每至腊七日,则剥果涤器,终夜经营,至天明时则粥熟矣。除祀先供佛外,分馈亲友,不得过午。并用红枣、桃仁等制成狮子、小儿等类,以见巧思。

按《燕都游览志》:十二月八日,赐百官粥。民间亦作腊八粥,以果米杂成之,品多者为胜。今虽无百官之赐,而朱门馈赠,竞巧争奇,较之古人有过之无不及矣。

大白菜者,乃盐腌白菜也。凡送粥之家,必以此为副。菜之美恶,可卜其家之盛衰。

按《广群芳谱》:白菜一名菘,北方多入窖内,不见风日。长出苗叶,皆嫩黄色,脆美无比,谓之黄芽,乃白菜别种。今之食者,惟分皮之与心,无所谓别种也。

——《燕京岁时记》

雍和宫喇嘛于(腊月)初八日夜内熬粥供佛,特派大臣监视,以昭诚敬。其粥锅之大,可容数石米。

——《燕京岁时记》

都门风土,例于腊八日,人家杂煮豆米为粥。其果实如榛、栗、菱、芡之类,矜奇斗胜,有多至数十种,皆渍染朱碧色,糖霜亦如之。钉饾盘内,闺中人或以枣泥堆作寿星、八仙之类,交相馈遗。明陈耀文《天中记》:宋时东京十二月初八日,都城诸大寺作浴佛会,并送七宝五味粥,谓之腊八粥。《譬喻经》谓诸米果煮粥,取逼邪祛寒却疾病。前人诗云:今朝佛粥更相馈。此风相沿已久。

——《天咫偶闻·卷十》

腊八粥始于宋,十二月初八日,东京诸大寺以七宝五味和糯米而熬成粥,相沿至今,人家亦仿行之。乾隆时,仁和顾寸田之麟尝作《腊八粥歌》云:"饱饫不思食肉糜,清净恒愿披缁衣。云寒雪冻了无悦,转用佛节相娱嬉。麋牙之稻粲如玉,法喜晓来炊作粥。取材七宝合初成,甘苦辛酸五味足。稽首献物仰佛慈,曰汝大众共啜之。人分一器各满腹,如优婆塞优婆夷。呜呼!此日曾名兴庆节,冬青树冷无人说。何如佛节永今朝,岁岁年年有腊八。"

——《清稗类钞·饮食类》

(腊月)初八日喝粥曰腊八粥,盖杂各色米豆,及菱角芡实枣栗莲子诸物,熟煮之以为糜,外以染有红色之桃仁、杏仁、花生、瓜子、葡萄干、青红丝、黑白糖,点缀之者也,五更即煮之,先祀祖供佛后,馈戚友。送粥时,必以腌菜菘菜为副。家畜之猫犬鸡雏亦皆饲以粥,墙壁树木,以粥抹之。富家煮粥可供旬日之用,其繁可知。又或于是日以蒜浸醋,封而藏之,至次年新正启食之,曰腊八蒜。既过腊八,择吉日大扫除,谓之扫房,其平日不轻扫除者,恐不祥也。

——《北平岁时志·十二月》

腊八粥之成分,计有粳米、江米、大米、白米、小米、薏仁米、白高粱米、稻米及绿豆、江豆、白扁豆、黑小豆、黄豆、青豆、白芸豆、红芸豆等合成。城中各杂粮店多有出售之者,谓之粥米。又各杂粮店,于初七日,将此杂米豆,分送与各老主顾。若粥中有搀杂之果类,则取红枣、栗子、菱角米、头鸡(鸡头)米、莲子、核桃仁、松仁、花生仁、榛仁、瓜子仁、白葡萄干、青梅、瓜条、红丝、白果仁、桂圆肉、蜜饯果脯丝、山楂糕等,合于一釜而煮之,以为供佛及馈贻亲友之品。

——《北平岁时志·十二月》

清制每年雍和宫举行大熬粥一次,是为皇帝家之熬粥。照例历年十二月初五六日,宫门抄必有一条,派某某赴雍和宫熬粥,所派者,皆满蒙王公贝勒,名虽熬粥,不过监视而已,实则熬粥者,为雍和宫中之喇嘛。盖以宫中有大号粥锅两个,每个均能收容粥米二三十石;且宫中有专门练习熬粥者十余人,于火候素有经验。又以腊八粥,既关佛法,每届下米下水之际,由得木奇喇嘛,率领徒侣多人,围锅念咒。至粥中材料,至为普通,尚无人家之精致。届时内务府大臣及堂郎中等官,均到场。此粥之报销甚巨,每年照例竟至十万两。初八日上午三四点钟,由监视大员,将粥进奉内廷,皇帝照例谕令供祀太庙寿皇殿,及内廷西苑各庙,然后分赏内廷各宫,再分赏外廷各王公大臣。系派太监一名押送,用黄食盒一架,以二人抬之,内装黄盒子一个,盒子中置粥一大碗。受赏之大臣,跪接跪送,四起八拜承谨,对于押送之太监,特别恭敬,赠以巨款,普通则二十四两,亦有四十八两、六十四两、八十两、至一百二十两者,各以其人之身分而异。惟阎敬铭当权,无论上赏何物,对于太监,仅赠以当十京钱两吊,各太监震于阎之清介,亦无可如何。以淡而无味之清粥一碗,在帝制时代,凡膺此赏者,莫不认为天恩祖德,无上荣庆。

——《北平岁时志·十二月》

京中各庙,如柏林寺、嵩祝寺、龙泉寺、白云观等,每届此期,亦煮粥分送诸施主,于粥碗正中置一极大枣栗,上插小黄纸旗,书明某某庙名;施主自无白受之理,于是赠以回敬,有二两者、有四两者、亦有八两者,最少亦须一两,如对无钱之家,即不肯轻送矣。

——《北平岁时志·十二月》

二十年前,(腊月)初八日清晨,若行于内城街巷,则见二人抬食盒者,肩担者,手提者,沿街皆是送粥之人,不绝于途。二十年来,满人既多凋零,土著汉人,亦日趋窘境,故不似前者之盛也。

——《北平岁时志·十二月》

腊八粥,相传因释迦牟尼,当年于是日得道;释迦当年是用钵向各家化米,故不能一律,所以有各种豆米。后人增添米糖豆果,青年妇女,又添果子作花,争奇角胜。先期选米选豆,剥果染红,至初八半夜熬粥,天明上供,祀宗祖,送亲朋,自食之外,则赏给家役,送与亲友粥时,附以大腌白菜,蒸包子,炒菜咸菜,两色四色不等,彼此互相分送之。

——《北平岁时志·十二月》

昔年雍和宫熬粥,曾派那王监视,是日并听经。

——《北平岁时志·十二月》

京城寺院内外八大刹,皆于是日熬粥供佛,但不若喇嘛经典礼盛耳。

——《北平岁时志·十二月》

腊八蒜亦名腊八醋。腊日多以小坛甑贮醋,剥蒜浸其中,封固,正月初间取食之,蒜皆绿,味稍酸,颇佳,醋则味辣矣。(《春明采风志》)

——《北平风俗类征》

腊月有谚云:"腊七腊八,冻死寒鸦。腊八腊九,冻死小狗。腊九腊十,冻死小人。"谓此数日极寒也。

——《北京市志稿·礼俗志》

七宝五味粥:旧俗农历十二月八日,佛教寺院取香谷及果实等煮成粥,用以供佛并送与门徒。宋孟元老《东京梦华录·十二月》:"诸大寺作浴佛会,并送七宝五味粥与门徒,谓之腊八粥。"亦省称"七宝粥"。清吴存楷《江乡节物诗·腊八粥诗》小序:"腊八粥亦名七宝粥,本僧家斋供,今则居室者亦为之矣。"

——《汉语大词典·1》

佛粥:即腊八粥。佛寺于十二月初八日(相传为释迦牟尼的成道日)取香谷及果实等煮的用以供佛的粥。宋陆游《十二月八日步至西村》诗:"今朝佛粥更相馈,更觉江村节物新。"

——《汉语大词典·1》

浴佛会:佛寺在农历十二月八日举行的宗教活动。宋孟元老《东京梦华录·十二月》:"初八日,街巷中有僧尼三五人作队念佛,以银铜沙罗或好盆器,坐一金铜或木佛像,浸以香水,杨枝洒浴,排门教化。诸大寺作浴佛会,并送七宝五味粥与门徒,谓之'腊八粥'。"

——《汉语大词典·5》

腊八:农历十二月初八日。相传为释迦牟尼成道日,寺院于是日诵经,举行法会,民间亦视为盛节。宋吴自牧《梦粱录·十二月》:"此月八日,寺院谓之腊八。"老舍《骆驼祥子》八:"年节越来越近了,一晃儿已是腊八。"姚雪垠《长夜》二八:"每到年节,全家人从腊八过了就开始忙起来。"

——《汉语大词典·6》

腊八米:腊八粥中配搭用的米,有大米、小米、江米、黄米、高粱米等。

——《汉语大词典·6》

腊八豆:腊八粥中配搭用的豆,有红小豆、豇豆、杂小豆、芸豆、绿豆等。

——《汉语大词典·6》

腊八粥:佛家称农历十二月初八日为腊八。是日,各大寺院用果子杂拌煮粥,分食僧众,因有此称。民间亦相沿成俗。宋孟元老《东京梦华录·十二月》:"初八日……诸大寺作浴佛会,并送七宝五味粥与门徒,谓之腊八粥。都人是日各家亦以果子杂料煮粥而食也。"《红楼梦》第十九回:"明儿是腊八儿了,世上的人都熬腊八粥。"沈从文《腊八粥》:"初学喊爸爸的小孩子,会出门叫洋车了的大孩子,嘴巴上长了许多白胡胡的老孩子,提到腊八粥,谁不口上就立时生一种甜甜的腻腻的感觉呢。"

——《汉语大词典·6》

腊八蒜:旧俗腊月初八,大蒜去皮后泡入醋中,数日后蒜的颜色变绿,略带酸味,称"腊八蒜"。

——《汉语大词典·6》

腊八会:佛家称农历十二月初八日举行的诵经法会。相传释迦牟尼于此日降伏六师外道,为佛陀的得道日。

——《汉语大词典·6》

腊八醋:旧俗,腊八日用醋泡蒜,封存多日,醋变辣,俗称"腊八醋"。马三立等《开粥厂》:"四两卤虾油,一罐腊八醋。"

——《汉语大词典·6》

腊日:古时腊祭之日。农历十二月初八。应劭《风俗通·祀典·灶神》引汉荀悦《汉纪》:"南阳阴子方积恩好施,喜祀灶,腊日晨炊而灶神见。"南朝梁宗懔《荆楚岁时记》:"十二月八日为腊日。"唐杜甫《腊日》诗:"腊日常年暖尚遥,今年腊日冻全消。"宋孟元老《东京梦华录·十二月》:"腊日,寺院送面油与门徒,却入疏教化上元灯油钱。"

——《汉语大词典·6》

【四季货声】

卖菱角米:农历腊月初八,北京人过"腊八儿"也和其他地方一样有熬腊八儿粥的习俗。熬腊八儿粥除用江米、高粱米、小米、芸豆、红枣儿、栗子等外,也有加菱角米的。腊八儿前街上有吆喝:

"卖菱角米呦!"

——《吆喝与招幌》

菱角米哟!(熬粥。)

——《一岁货声》

【图片资料】

做腊八粥

腊八粥传说

腊八节这天佛寺向善男信女馈赠腊八粥,腊八粥又称"佛粥"、"福德粥"

熬腊八粥

北京民俗文化考（上）

【冬】

大铜锅

喝粥

苦修

做腊八粥用的米及美味可口的腊八粥

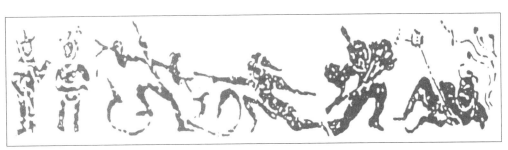

驱傩

削发出家

太平腊鼓

削发为僧

疵马瘟

方相氏

年前三白瑞徵　真玉積千村盈　尺勻滴粉寒林　映茅屋吹幽黍　谷迓新春

三羊告丰

大傩图

成佛

十二月初十

【文献资料】

（腊月）初十外则卖卫画、门神、挂钱、金银箔、锞子黄钱、销金倒酉、马子烧纸、玻璃镜、窗户眼。请十八佛天地百分。钱店银号兑换压岁金银小梅花海棠元宝。

——《帝京岁时纪胜·十二月》

十二月十五

【文献资料】

(腊月)十五日以后,市中卖年货者棋布星罗。如桌几笔墨,人丛作书,则卖春联者;五色新鲜,千张炫目,则卖画幅者。以及芦棚鳞次,摊架相依,则佛花、供品、杯盆、杵臼,凡祭神日用之物堆积满道,各处皆然。人家、铺肆择日掸扫房屋,谓之扫房。整顿内外一切什物,买麻秸、柏枝、米面、菜蔬、果品、酒肉鸡鱼,凡食用之物置办一新,以预过年。二十前后,官府封印,学子离塾。

——《京都风俗志》

关东糖约分为二,一为糖瓜,一为糖块,以产于关东者为佳,以黄米制造,色白而微黄。早年腊月十五日左右,由关东客人贩运来京,寄存齐化门外之关东店,京中各小商,纷赴该处趸买,设摊售之,今则伪造者多矣,惟只售至二十三晚为止,二十四日虽有存货,亦不再卖矣。

——《北平岁时志·十二月》

《京都竹枝词》:"西单、东四画棚全(腊月十五日搭画棚,至封印前后始开全),处处张罗写对联。手折灯笼齐讨账,大家收拾过新年。"(《游览门》)

——《北平风俗类征》

【图片资料】

写对联

十二月十六

【文献资料】

每岁,十二月十六日以后,选日,用白黑羊毛为线,帝后及太子,自顶至手足,皆用羊毛线缠系之,坐于寝殿。蒙古巫觋念咒语,奉银槽贮火,置米糖于其中,沃以酥油,以其烟熏帝之身,断所系毛线,纳诸槽内。又以红帛长数寸,帝手裂碎之,唾之者三,并投火中。即解所服衣帽付巫觋,谓之脱旧灾、迎新福云。

——《元史·卷七七》

十二月十九

【文献资料】

每至十二月,于十九、二十、二十一、二十二四日之内,由钦天监选择吉期,照例封印,颁示天下,一体遵行。封印之日,各部院掌印司员必应邀请同僚欢聚畅饮,以酬一岁之劳。故每当封印已毕,万骑齐发,前门一带,拥挤非常,园馆居楼,均无隙地矣。印封之后,乞丐无赖攫货于市肆之间,毫无顾忌,盖谓官不办事也。亦恶俗也。

——《燕京岁时记》

儿童之读书者,于封印之后塾师解馆,谓之放年学。

——《燕京岁时记》

每年腊月,如系大建,则于二十日封印,至明年正月二十日开印,如系腊月小建,则于十九封印,至明年正月十九日开印。封印时,本部满汉尚书二人,满汉侍郎各四人,即先后到部举行封印典礼。由司务厅特派声音洪亮之赞礼官一人,先高唱请列位大人就位,各尚书等依照位置,立于公案前,继唱请宝印入匣,掌印官预将堂印置于印匣以外,至此当众将印收入匣内,再用黄色包袱将印匣包裹,继再高唱拜印跪,叩首,再叩首,兴,三叩首,连唱三次,合之为三跪九拜,继唱封印大吉,各位大人禄位高升,礼成,退班。堂官先后退,各属人员亦纷纷而退。(若开印时之礼,亦与封印相同。惟唱至开印大吉后,照例司务厅拣择不甚重要之公事,先用印三颗。在未用时,赞礼官高唱用印一颗,加官进禄,用印二颗,禄位高升,用印三颗,诸位大人连升三级等吉利语。)于封印后,各部门门柱上,用极宽红纸黏之,上联书本部遵于某年月日时封印大吉,下联书本部遵于某年月日时开印大吉等字,京中所有大小文武机关,均如是办法也。

——《北平岁时志·十二月》

放年学:私塾封印放学,至明年开印上学;专馆则除夕、上元各放数日而已。(《春明采风志》)

——《北平风俗类征》

十二月二十

【文献资料】

(腊月)廿日外则卖糖瓜、糖饼、江米竹节糕、关东糖、糟草炒豆,乃廿三日送灶饷神马之具也。又有卖窑器者,铜银换瓷碗,京烧之香炉烛台,闷葫芦,小儿藉以存钱;支焗瓦,灶口用为助爨。

——《帝京岁时纪胜·十二月》

岁十二月下旬,于西镇国寺内墙下,洒扫平地,束秆草为人形一,为狗一,剪杂色彩段谓之肠胃,选达官世家之贵重者交射之,至糜烂,以羊酒祭焉。祭毕,帝后及太子嫔妃并射者,各解所服衣,俾蒙古巫觋祝赞。赞毕,遂以与之,名曰"脱灾",国俗谓之"射草狗"。(《元史·祭祀志》)

——《北平风俗类征》

【图片资料】

卖佛龛

写对联

卖绒花绢花

十二月廿三

【文献资料】

(腊月)廿三日更尽时,家家祀灶,院内立杆,悬挂天灯。祭品则羹汤灶饭、糖瓜糖饼,饲神马以香糟炒豆水盂。男子罗拜,祝以过恶扬善之词。妇女于内室,扫除炉灶,以净泥涂饰,谓曰挂袍,燃灯默拜。

——《帝京岁时纪胜·十二月》

(腊月)二十三日,人家、市肆祀灶,谓之祭灶。以胶牙糯米糖,谓之关东糖,胡麻糖片、胡麻条及糯米细糖、梨糕等糖,总谓之南糖,又糖瓜、糖饼等糖为献。方圆形相,殊多品目。是日晚间,于供桌设灶神纸像,或有二像者,谓之张灶、李灶,其一又曰烧灶。祭灶时,男子先拜,妇女次之。谚云"男不拜月,女不祭灶",盖灶神为一家之主,故以家长先拜,亦礼之宜也。祭毕,焚像于燎炉。或以所供之豆投于炉中,次晨觅豆食之,或云可祛牙痛。自此,街坊货物云屯,商贾辐辏,犹胜中旬。人家换桃符、门神、钟馗、福禄、天官、和合及新样子画诸图,春联、春贴、挂钱等物粘贴于门楣、庭壁间。无论天街僻巷,皆点染年华,光饰门户。僧道作交年疏异品素食以送施主,医家制益人药物以送常所往来者。富室亲友竞相厚馈。

——《京都风俗志》

(腊月)二十三日祭灶,古用黄羊,近闻内廷尚用之,民间不见用也。民间祭灶惟用南糖、关东糖、糖饼及清水草豆而已。糖者所以祀神也,清水草豆者所以祀神马也。祭毕之后,将神像揭下,与千张元宝等一并焚之。至除夕接神时,再行供奉。是日鞭炮极多,俗谓之小年下。

谨按《日下旧闻考》:京师祀灶仍沿旧俗,禁妇女主祭。其祀期用二十三日,惟南省客户用二十四日,如刘侗所称也。

——《燕京岁时记》

（腊月）二十三日，送灶供饧。是日贴对联、门神。

——《天咫偶闻·卷十》

（腊月）二十三日祭灶，供以糖饼、糖瓜、黍糕、胡桃等品，又备草料、凉水，谓用以秣灶君之马，祭时必使炉火炽盛，以糖饼置炉口，亦有缘而涂之者。相传灶君朝天，白人家善恶于玉帝，以行赏罚，置糖炉口，则口黏不复能语，故焚神纸时，必祝曰："好话多说，不好话少说。"祭毕，以糖果与家人食，自是以后，即预备过年矣。

——《北平岁时志·十二月》

每年腊月二十三日祭灶后，将旧神龛请至中庭焚化，家人放鞭炮，即为送神；直至腊月三十日之下半夜，再烧香而请新神位，即将新神位放置原厨。又京俗习惯，男不拜月，女不祭灶，凡祭祀灶王，均男子事。

——《北平岁时志·十二月》

（腊月）二十三日之祀灶，上自大内以及王府百官，士农工商，无不举行，悬挂天灯，小户人家无之。是夕都城炮声，可以达旦，卖糖者亦无不利市三倍，与卖鞭炮者同等获利也。

——《北平岁时志·十二月》

岁除祀灶，南北俗无不用糖，又加糯米团子，大小户皆然，云以之粘灶神口，则不于玉皇前言人罪恶。（《食味杂咏注》）

北平俗曲云："腊月二十三，呀呀哟，家家祭灶，送神上天，祭的是人间善恶言。一张方桌搁在灶前，阡张元宝挂在两边。滚茶凉水，草料俱全。糖果子糖饼子，正素两盘。当家人跪倒，手举着香烟，一不求富贵，二不求吃穿；好事儿替我多说，恶事儿替我隐瞒。"（《霓裳续谱》）

祭灶：二十三日夕，禁妇女，以糖瓜、南糖、关东糖供神，以草节、料豆、清水供马。初更后揭神像，焚钱粮，燃爆竹，送神上天也。癸卯，是日夜，归行见家家院中一亮，送圣也。因有句云："刍豆才陈爆竹飞，家家庭院弄辉辉；灶王一望攒眉去，又比昨秋糖更稀。"以慨风景萧条也。（《春明采风志》）

北平俗曲门神灶王诉功云："年年有个家家忙，二十三日祭灶王。当中摆上一桌供，两边配上两碟糖。黑豆干草一碗水，炉内焚上一股香。当家的过来忙祝赞，祝赞那灶王老爷降了吉祥。"（《故宫藏抄本大鼓书》）

旧都祀灶，每于岁腊二十三、二十四、二十五等日行之。其供品则惟一以糖为主，而"灶糖"则为专用之名词。其糖之形式，如瓜如藕，其质脆而不粘，为食物店临时之营业。

自旧历十二月望后,陈肆售卖。逾二十五,则无人问价矣。(《旧都文物略》)

——《北平风俗类征》

小年:指旧历十二月二十三或二十四日。宋文天祥《二十四日》诗:"春节(指立春)前三日,江乡正小年。"清曹寅《二十八日偕朴仙看梅清凉山同赋长句》:"似与繁英送小年,转怜炙背当晴昊。"老舍《正红旗下》一:"腊月二十三过小年。"

——《汉语大词典·2》

祀灶:祭祀灶神,古代五祀之一。上古祀灶多在夏月。《礼记·月令》:"(孟夏之月)其祀灶,祭先肺。"郑玄注:"灶在庙门外之东。祀灶之礼,先席于门之奥,东面设主于灶陉。"汉董仲舒《春秋繁露·求雨》:"夏求雨,令县邑以水日家人祀灶。"宋范成大《腊月村田乐府》诗序:"腊月二十四夜祀灶,其说谓灶神翌日朝天,白一岁事,故前期祷之。"

——《汉语大词典·7》

祀灶日:祭祀灶神之日。上古祀灶在夏日。后相传汉宣帝时有阴子方,于腊日晨炊,见灶神出现,遂以黄羊祭祀而获巨富,因以腊日为祀灶日。事见《后汉书·阴兴传》。后世民间旧俗多以旧历十二月二十三日或二十四日为祀灶日。宋范成大《祭灶词》中有"古传腊月二十四,灶君朝天欲言事"及"杓长杓短勿复云,乞取利市归来分"诗句即指此。清潘荣陛《帝京岁时纪胜·十二月·祀灶》:"廿三日更尽时,家家祀灶,院内立杆,悬挂天灯。祭品则羹汤灶饭、糖瓜糖饼,饲神马以香糟炒豆,水盂。男子罗拜,祝以遏恶扬善之词。"

——《汉语大词典·7》

灶神:旧俗供于灶上的神。传说灶神于农历腊月二十三日至除夕上天陈报人家善恶。《庄子·达生》:"灶有髻。"唐成玄英疏:"灶神,其状如美女,著赤衣,名髻也。"汉应劭《风俗通·祀典·灶神》:"《周礼》说:'颛顼氏有子曰黎,为祝融,祀以为灶神。'"唐段成式《酉阳杂俎·诺皋记上》:"灶神名隗,状如美女。又姓张名单,字子郭。夫人字卿忌……一曰名壤子也。"清潘荣陛《帝京岁时纪胜·乱岁》:"廿五至除夕传为乱岁日。因灶神已上天,除夕方旋驾,诸凶煞俱不用事,多于此五日内婚嫁,谓之百无禁忌。"

——《汉语大词典·8》

【四季货声】

卖关东糖:民间传说农历腊月二十三,是居民所供灶王爷上天向玉皇大帝汇报的日子,关东糖为祭品之一。关东糖是麦芽糖做的约二寸长的方棍儿或圆棍儿形,把做成小瓜形的"糖瓜儿"也归在其内。祭灶日前北京街头有串街小贩叫卖的,吆喝:

"关东糖来!"

"赛白玉的关东糖!"

"买点儿糖瓜儿吧,您可别忘了祭灶啊!"

——《吆喝与招幌》

赛白玉的关东糖!

——《一岁货声》

【图片资料】

皇宫中的冰戏仪式

北京民俗文化考（上）

卖糖瓜　　　　　　　　玉皇大帝

冬

牛　王

天地三界

灶　王

火神

滑冰游戏

灶君府

皂君府

灶君府　　　　　灶神

瑞雪丰年

黄羊祭灶

卖送灶轿子

玉帝下凡

宫廷冰戏

送灶神

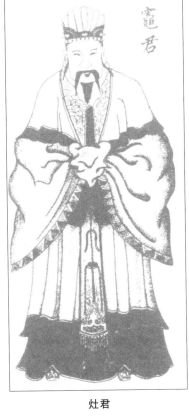
灶君

祭灶天

卖糖瓜

戏冰车

跳灶盛典

十二月廿四

【文献资料】

祀灶,坊民刻马形印之为灶马,每年十二月二十四日,农民鬻以焚之灶前,谓为送灶君上天。别具小糖饼,奉灶君。具黑豆寸草宛许为养马具,群一家少长罗拜,即嘱之曰:辛甘臭辣,灶君莫言。至次年初一日,则又具如前,谓为迎新灶。

——《宛署杂记·民风一》

(腊月)廿四日,以糖剂饼、黍糕、枣栗、胡桃、炒豆祀灶君,以糟草秣灶君马,谓灶君翌日朝天去,白家间一岁事。祝曰:好多说,不好少说。记称灶,老妇之祭,今男子祭,禁不令妇女见之。祀余糖果,禁幼女不令得啖,曰啖灶余,则食肥腻时,口圈黑也。

——《帝京景物略·卷二》

(腊月)廿四日祭灶蒸点心办年,竞买时兴绸缎制衣,以示侈美豪富。三十日,岁暮守岁。乾清宫丹墀内,自廿四日起,至次年正月十七日止,每日昼间放花炮,遇大风暂止半日、一日。其安鳌山灯,扎烟火,圣驾升座,伺候花炮;圣驾回宫亦放大花炮。前导皆内官监职掌,其前导摆对之滚灯,则御用监灯作所备者也。

——《酌中志·卷二十》

自年前腊月廿四日祭灶之后,宫眷内臣即穿葫芦景补子及蟒衣。各家皆蒸点心、储肉,将为一二十日之费。

——《酌中志·卷二十》

京师旧俗,岁终二十四日谓诸神上界,其夜家人设祭遣奠致词,且有遏恶扬善之属。

——《日下旧闻考·卷一四八·风俗》

燕俗,图灶神锓于木,以纸印之,曰灶马,士民竞鬻。以腊月二十四日焚之,为送灶上天。别具小糖饼奉灶君,具黑豆寸草为秣马具,合家少长罗拜祝曰:辛甘臭辣,灶君莫言。至次年元旦又具如前,为迎灶。

——《日下旧闻考·卷一四八·风俗》

十二月二十四日,乾清宫廷前设万寿灯,八仙望子四架。二十六日,各宫殿俱挂门神对联。二十八日,宫中及甬道东西两廊,设五色羊角灯,此岁例也。(《人海记》)

——《北平风俗类征》

灶马:木刻印刷在纸上的灶神像。宋孟元老《东京梦华录·十二月》:"二十四日交年,都人至夜请僧道看经,备酒果送神,烧合家替代钱纸,帖灶马于灶上。"《日下旧闻考·风俗》引《月令广义》:"燕俗,图灶神锓于木,以纸印之,曰灶马,士民竞鬻,以腊月二十四日焚之,为送灶上天。"

——《汉语大词典·8》

跳灶王:旧时祭祀灶神的一种习俗。清顾张思《土风录》卷一:"腊月丐户装钟馗、灶神到人家乞钱米,自朔日至廿四日止,名曰跳灶王……谓之跳灶王者,旧俗在二十四日,是日必祀灶,有若娱灶神者,犹满洲祀神,谓之跳神也。"

——《汉语大词典·10》

【四季货声】

揭门神,请灶王,挂钱儿闹几张!(神纸摊)

——《一岁货声》

【图片资料】

扫房子

灶君神码

武强县年画博物馆——灶王（清代）

三人灶（清代）

十二月廿五

【文献资料】

(腊月)廿五日,五更焚香楮,接玉皇,曰玉皇下查人间也。竟此日,无妇姁詈声。

——《帝京景物略·卷二》

(腊月)廿五日俗传为上帝下界之辰。因廿三日送灶上天,奏人间一年之善恶,故上帝于廿五日下界,稽查臧否,降之祸福。故世人于是日谨起居慎言语,戒饬小儿毋得詈骂恶言,恐招不祥。

——《帝京岁时纪胜·十二月》

(腊月)廿五日至除夕传为乱岁日。因灶神已上天,除夕方旋驾,诸凶煞俱不用事,多于此五日内婚嫁,谓之百无禁忌。

——《帝京岁时纪胜·十二月》

至(腊月)廿五日外则脂(芝)麻秸、松柏枝、南苍术煴岁矣。

——《帝京岁时纪胜·十二月》

安灶神马于灶陉之龛,祭以酒、果、糕、饵,谓之"接灶"。谓自念(廿)四夜上天,至是始下降也。或有迟至上元夜接者。

——《清嘉录》

十二月廿七

【文献资料】

岁暮斋沐,多于(腊月)廿七八日。谚云:"二十七,洗疚疾;二十八,洗邋遢。"

——《帝京岁时纪胜·十二月》

腊月诸物价昂,盖年景丰裕,人工忙促,故有腊月水土贵三分之谚。高年人于岁逼时,训饬后辈谨慎出入,又有"二十七八,平取平抓"之谚。

——《帝京岁时纪胜·十二月》

十二月廿九

【文献资料】

小桃、郁李、迎春皆然,馈遗尚鲜果。羯鼓声益喧,曰迎年鼓。先除夕一日,曰小除。人家置酒宴,往来交谒,曰别岁。焚香于户外,曰天香,凡三日止。帖宜春字,小儿女写好字。

——《日下旧闻考·卷一四八·风俗》

先除夕一日,则曰小除夕,家置酒宴,往来招邀,曰别岁,又曰辞岁,亦有除夕始行辞岁者。

——《北平岁时志·十二月》

小除夕:指除夕前一日。清顾禄《清嘉录·小年夜大年夜》:"或有用除夕前一夕者,谓之小年夜,又曰小除夕。"徐珂《北京指南·礼俗》:"先除夕一日,则谓小除夕;家置酒宴,往来招邀,曰别岁,又曰辞岁。"亦省称"小除"。清李声振《百戏竹枝词·爆竹》:"俗名'炮张'。小除通夕焚之,名'逐祟'。"

——《汉语大词典·2》

十二月三十

【文献资料】

　　每岁,十二月下旬,择日,于西镇国寺内墙下,洒扫平地,太府监供彩币,中尚监供细毡针线,武备寺供弓箭环刀,束杆草为人形一,为狗一,剪杂色彩缎为之肠胃,选达官世家之贵重者交射之。射至糜烂,以羊酒祭之。祭毕,帝后及太子嫔妃并射者,各解所服衣,俾蒙古巫觋祝赞之。祝赞毕,遂以与之,名曰脱灾。国俗谓之射草狗。

——《元史·卷七七》

　　守岁,宛俗除夕,聚坐达旦,有古惜阴之意。

——《宛署杂记·民风一》

　　(腊月)三十日,五更又焚香楮送迎,送玉皇上界矣,迎新灶君下界矣。插芝麻秸于门檐窗台,曰藏鬼秸中,不令出也。门窗贴红纸葫芦,曰收瘟鬼。夜以松柏枝杂柴燎院中,曰烧松盆,熰岁也。悬先亡影像,祀以狮仙斗糖、麻花馓枝,染五色苇架竹罩陈之;家长幼毕拜,已各自拜,曰辞岁。已聚坐食饮,曰守岁。

——《帝京景物略·卷二》

　　(腊月)三十日岁暮,即互相拜祝,名曰辞旧岁也。大饮大嚼,鼓乐喧阗为庆贺焉。门旁植桃符板,将军炭,贴门神。室内悬挂福神、鬼判、钟馗等画。床上悬挂金银八宝、西番经轮,或编结黄钱如龙。檐楹插芝麻秸,院中焚柏枝柴,名曰熰岁。

——《酌中志·卷二十》

　　自岁暮正旦,咸头戴闹蛾,乃乌金纸裁成,画颜色装就者,亦有用草虫蝴蝶者,或簪于首,以应节景。仍有真正小葫芦如豌豆大者,名曰草里金,二枚可值二三两不等,皆贵尚焉。

——《酌中志·卷二十》

禁中岁除,各宫门改易春联及安放绢画钟馗神像。像以三尺长素木小屏装之,缀铜环悬挂,最为精雅。先数日,各宫颁钟馗神于诸皇亲家,并品方荤素卓榼,皇亲家矜其天宠,又分饷京朝贵官。贵官之家招诸名士,尝宴赋诗,太平相乐,长安之春,满千万户矣。凡卓榼中果子仁及榛栗之类,皆以茜染之,色如秋桃,用羊脊筋,去膏如管,捣灌肉泥,层叠堆放,颇费庖人之手焉。

——《旧京遗事》

(腊月)三十日,悬先亡像,染五色苇架麻花徼枝,编竹罩诸果,以祀。长幼毕拜,诣诸尊长家拜之,曰辞岁。立桃符,贴春联、门神、卦钱,插芝麻秸,燃松枝于庭,熏苍术于室。撤祀先之余,阖家饮食之,曰守岁。爆竹声达旦。

——《康熙宛平县志·卷一》

(腊月)三十日,悬先像拜祀,长幼诣诸尊长家拜之,曰辞岁。立桃符,贴春联、门神、挂钱,插芝麻秸,燃松枝于庭。撤祀余,阖家饮食之,曰守岁。

——《大兴县志·卷一·风俗考》

岁暮官署封印,诸生散馆。送灶神后,扫除祠堂舍宇,糊裱窗槅,贴彩画玻璃窗眼,剪纸吉祥葫芦,还帐目,送节礼,谢先生,助亲友馈炭金,整齐祭器,擦抹什物,蒸糕点,炸衬供,调羹饭,治祭品,摆供献,雕茶果,神堂悬影,院内设松亭,奉天地供案,系天灯,挂琉璃。除夕为尊亲师长辞岁归而盥沐,祀祖祀神接灶,早贴春联挂钱,悬门神屏对,插芝麻秸,立将军炭,阖家团拜。更尽分岁,散黄钱金银锞锭,亲宾幼辈来辞岁者留饮啜,答以宫制荷包,盛以金银锞饰。出门听人言之吉凶,卜来年之休咎,名曰听谶语。炉内焚松枝、柏叶、南苍术、吉祥丹,名曰熰岁。阖家吃荤素细馅水饺儿,内包金银小锞。食着者,主来年顺利。高烧银烛,畅饮松醪,坐以待旦,名曰守岁,以兆延年。

——《帝京岁时纪胜·十二月》

岁暮,将一年食余药饵,抛弃门外,并将所集药方,拣而焚之,名丢百病。

——《帝京岁时纪胜·十二月》

都下寺院,每用岁除锻磨,是日作锻磨斋。

——《日下旧闻考·卷一四八·风俗》

国朝向例,除夕前数日,工部堂官委司员满汉二人进大内照料悬挂对联。其对皆系白绫白绢,多半楷书,挂用铜丝拴系于上。

——《水曹清暇录·卷八》

除夜,家庭举宴,长幼咸集,多作吉利语,名曰"年夜饭",俗呼"合家欢"。

——《清嘉录》

家人围炉团坐,小儿嬉戏,通夕不眠,谓之"守岁"。席振起《守岁》诗云:"相邀守岁阿咸家,蜡炬传红映碧纱。三十六旬都浪过,偏从此夜惜年华。"

案:周处《风土记》:"蜀之风俗,至除夕,达旦不眠,谓之'守岁'。"宋袁文《瓮牖闲评》谓:"守岁之事,虽近儿戏,然父子团圆把酒,笑歌相与,竟夕不眠,正人家所乐为也。且古人无不守岁者,如少陵《杜位宅守岁》诗云:'守岁阿戎家。'苏东坡诗:'欲唤阿咸来守岁,林乌栖马斗喧哗。'皆是也。"又周密《武林旧事》:"除夕,小儿女终夕博戏不寐,谓之'守岁'。"又吴自牧《梦粱录》:"除夕,围炉团坐,酌酒唱歌,终夕不眠,谓之'守岁'。"江、震志:"除夕,小儿女终夜不就寝,曰'守岁',能延年。"《昆新合志》:"除夕,家人围炉欢坐至子夜,曰'守岁'。"长、元志:"除夕,饮守岁酒。"范志并云:"郡俗,有守岁盘。"

——《清嘉录》

除夕,人家或有祀先,或焚冥钱。早晨,官府有谒上司之仪,谓之拜官年。都人不论贫富,俱多市食物。晚间,铺肆灯火烛天,烂如星布,游人接踵,欢声满道。人家盛新饭于盆锅中以储之,谓之年饭。上签柏枝、柿饼、龙眼、荔枝、枣栗,谓之年饭果,配金箔、元宝以饰之。家庭举燕(宴),少长欢嬉,儿女终夜博戏玩耍。妇女治酒食,其刀坫之声远近相闻。门户不闭,鸡犬相安。或有往亲友家拜贺者,谓之辞岁。夜静更深,则爆竹之声渐起,是即接神者。而升平之世,于斯可见其概也。

——《京都风俗志》

京师谓除夕为三十晚上。是日清晨,皇上升殿受贺;庶僚叩谒本管,谓之拜官年。世胄之家,致祭宗祠,悬挂影像。黄昏之后,合家团坐以度岁。酒浆罗列,灯烛辉煌,妇女儿童皆掷骰斗叶以为乐。及亥子之际,天光愈黑,鞭炮益繁,列案焚香,接神下界。和衣少卧,已至来朝,旭日当窗,爆竹在耳,家人叩贺,喜气盈庭。转瞬之间,又逢新岁矣。

——《燕京岁时记》

除夕自户庭以至大门,凡行走之处遍以芝麻秸撒之,谓之踩岁。

——《燕京岁时记》

年饭用金银米为之，上插松柏枝，缀以金钱、枣、栗、龙眼、香枝，破五之后方始去之。

——《燕京岁时记》

所谓藏香，乃西藏所制。其味浓厚，得沉檀芸降之全。每届岁除，府第朱门，焚之彻夜，檐牙屋角，触鼻芬芳，真香中之富贵者也。

——《燕京岁时记》

取松柏枝之大者，插于瓶中，缀以古钱、元宝、石榴花等谓之摇钱树。

——《燕京岁时记》

以彩绳穿钱，编作龙形，置于床脚，谓之压岁钱。尊长之赐小儿者，亦谓之压岁钱。

——《燕京岁时记》

钱肆取钱之帖谓之票子。每届岁除，凡富贵之家以银易钱者，皆用彩笺书写，谓之红票儿。亦取其华美吉祥之意。

——《燕京岁时记》

每届除夕，列长案于中庭，供以百分。百分者，乃诸天神圣之全图也。百分之前，陈设蜜供一层，苹果、干果、馒头、素菜、年糕各一层，谓之全供。供上签以通草八仙及石榴、元宝等，谓之供佛花。及接神时，将百分焚化，接递烧香，至灯节而止，谓之天地桌。

——《燕京岁时记》

凡除夕，蟒袍补褂走谒亲友者，谓之辞岁。家人叩谒尊长，亦曰辞岁。新婚者必至岳家辞岁，否则为不恭。

——《燕京岁时记》

除夕接神以后，即为新年。于初次出房时，必迎喜神而拜之。

——《燕京岁时记》

除夕以红纸书吉语揭于门，谓之春联。实原本于孟蜀之桃符板，其后不用板而代以纸，谓之春联。盖始于明也，各省皆有之，京师尤盛，商店人家之门楣有耀，皆赖此耳。每届岁阑，辄有文人墨客，设席道左对客挥毫者，其所揭橥之商标曰，香墨春联。

春生一管书麟笔，迎喜门前映旭日。万家正朔一番新，帝德皇恩协元吉。西人尚白不尚红,长至十日一岁终。门门单扇禁招贴,联络藤萝花木丛,春声时报德律风。

——《王凤笺题》

除夕夜多不寝,曰守岁。以芝麻秸散置中庭,往来践踏之,谓之踏岁。妇女多戴红石榴花,上缀小金元宝,则取吉祥发财之意也。市中更有贫儿,手持财神纸马,分送商店民居而呼曰送财爷来者,皆以钱与之,取吉利也。

——《北平岁时志·十二月》

早年商店向主顾讨帐,往往延至此日,尚至未偿还欠债之家催迫,有由一次至数次,来索或坐索者,但一至其本柜放鞭接神时,即绝口不谈债事,虽再遇诸路途,亦和颜悦色,互道新禧。

——《北平岁时志·十二月》

夕阳西下之际,市井穷苦儿童,有二三人一起者,有一人单独者,先在纸店购买印板纸财神像数十张,分赴各大街之商店,及胡同各住户,映门而喊曰:"送财神爷来了。"各迷信者流,因其系属童男,仿佛能将财神爷真可送来者,与以铜元四五枚,换来纸像一张,伊辈即欢跃而去。最讨人厌者,则为此去彼来,为数太多耳。若予以铜钱一二文,而不接受其纸像,告之曰:"财神爷已经接了。"亦可满意而去;若并一二文钱亦不予之,此辈野童,原无教育,愤怒之余,即连喊两声:"送阎王爷来了,送瘟神爷来了。"门内之人亦必震怒出门而逐之,遂急驰如鸟兽散,再绕赴旁家喊送矣。

——《北平岁时志·十二月》

除夕之夜,北京商店,均终夜开门营业,即当铺亦然,自庚子年经过大抢,始有戒心,改为五点或六点上门。住户终夜不睡,尤以妇孺为最高兴,谓之守岁。接神以后,阖家包煮饽饽,更有暗置黄铜小钱一个于煮饽饽中,将此参(掺)置于众饽饽中,考验此带铜钱之饽饽为何人所食,即认其人本年福气命运均好矣。

——《北平岁时志·十二月》

凡有儿童之家,其父母尊长以及附近之亲族邻友,均赠予儿童压岁钱。如系铜钱,则以红绳串之,如系银锭,则以红绸或红纸包之,取吉利也。妇女戴红石榴花一枝,上嵌金纸元宝,亦取发财之意也。

——《北平岁时志·十二月》

自除夕起,如房屋地面不洁,须自门外向里而扫,所有垃埃(圾)尘土,均不许撮诸门外,仍堆积门内,一切用过之水,亦不许向门外泼弃,因认水土两项,均属为财之故。

——《北平岁时志·十二月》

宫中除夕,以门橝跌地,名"跌千金",百合柿饼钉盘,名"百事大吉盘",燃火照耗,又焚柏枝,名"熰岁"。(《燕都杂咏注》)

——《北平风俗类征》

京官家每岁易桃符,多书"天恩春浩荡,文治日光华"十字,内城满洲宅子,尤比户皆然。(《郎潜纪闻》)

摆对摊:塾师学长,多卖对联者,预先贴报,"书春墨庄"、"借纸学书"、"点染年华"等语,于铺肆前,高桌红毡,炭盆墨盏,纵笔大书,门联横披,抱柱斗方,春条佛对一切。大冻十天,未必剩钱。秀远峰、文兴斋之稍有名者,则纸多早送,入腊忙起。联纸旧用顺红、梅红、朱笺、擦油土笺、木红、万年红纸,内廷白宣镶边,庙宇黄纸。(《春明采风志》)

压岁钱:以红绳穿钱作龙形,置于床脚。又凡尊长赐小儿者,亦谓之压岁钱。各钱铺年终特开红纸零票,以备此用也。(《春明采风志》)

除夕,以瓢置釜中,视柄所向,往听人言,以卜吉凶,名"瓢儿卜"。又有"走过三桥,百病全消"之谚。摸城门钉为宜男。(《燕都杂咏注》)

《都门杂咏》除夕云:"爆竹千声岁又终,持灯讨账各西东。五更漏尽衣裳换,贺喜拈香倩侍童。"(《节令门》)

踩岁:除夕自户庭至街门,行处遍撒芝麻秸,踏之有声,谓之踩岁。(《春明采风志》)

除夕,上升殿受贺,庶僚叩诸本管,为拜官年。世家祭宗祠。悬影,家家佛前神主上供,守夜接香,儿童呼卢斗叶,分岁叙礼,饮酒,子时接神。门前货声,粥、酪、馒首、硬面饽饽、馄饨、慈菇、荸荠、萝卜、糖壶庐(葫芦)车、干果子挑至。交拜年,铺户索账,行人灯笼一夜不断。(《春明采风志》)

除夕元旦风景,凡繁盛处所,大略相同。除夕之日,街市商店,交易辄至天明。游者,采办年货者,至是更拥挤。及夜,寺庙之礼神者,车马往来,几不能过,而乞丐之集于道旁者尤夥。至买卖之盛者,为香烛店,年画铺,风筝纸鸢店,玩物摊。其他如茶食店,广货铺,杂货铺,茶叶店,首饰店,典质铺,人亦拥挤。惟戏园则先数日而已辍演。时至中夜,多爆竹声,盖比户已迎灶君下届矣。(《清稗类钞》)

天地桌:除夕,中庭列案供百分诸天神圣全图也。前设蜜供、平(苹)果、干果、馒首、素菜、年糕各一层,谓之"全供"。上签以通草八仙及石榴元宝等,谓之供佛花。接神时,焚化百分,接递烧香至灯节止,谓之"天地桌"。(《春明采风志》)

辞岁:凡除夕,蟒袍补褂走谒亲友者,为辞岁。家人叩谒尊长亦然,新婚者必至岳

家,否为不恭也。(《春明采风志》)

挂千一作挂钱,吉语镌红纸尺余,门前贴之;上有八仙人物者,佛前用也;其黄纸三寸,红纸寸余者为小挂千;黄纸倒印酉字者为倒酉儿,皆市肆用也。(《春明采风志》)

年饭:用金银米置黑磁盆中,上插松枝挂钱,下着年果、枣、栗、龙眼、荔枝、柿饼之类,供于堂上,破五始撤。(《春明采风志》)

——《北平风俗类征》

除夕祀祖先礼毕,全家老少男女齐至上房,请家长坐于中堂,受全家男女之辞岁叩首礼。晚间自街门以内无处不燃灯,纱灯则由廊房头条灯铺买之。长辈受晚辈之叩首礼后,则给晚辈压岁钱。家中长幼辞岁之后,有到各本家中之祠堂及向各长辈辞岁者。凡年在十六岁以内者,长辈仍给压岁钱、荷包等物。到子刻出外辞岁者一律回家,张罗接神。是夕灯火辉煌,庭中设供,桌上供天道、地道、上下神祇,有用纸印成者,名曰百分。供时将百分供于正中,案上摆设蜜供五碗,馒首五碗,年糕、元宝、苹果、橘子各五碟,花生、栗子、龙眼、荔枝、柿饼五碟,茶三碗,酒三杯,于灯下挂黄钱、元宝、千张,地下放芝麻秸、松枝。从子至卯四个时辰内,家家焚香上供,并有三牲及煮饽饽。择定何时,即在何时由家长具衣冠沐手焚香,率子孙敬谨叩首迎神。焚百分钱粮时,并放鞭炮。又昔年除夕子刻后,百官入朝贺岁。民国则于元旦辰巳之间始贺总统,但又有用阳历、阴历之不同,车水马龙,尚有气象。迁都之后,名虽废止阴历,而阳历年关毫无年意,旧历年则改名春节,百物仍然云集,四乡人民之来购年货者,仍如昔之纷纭。

——《北京市志稿·礼俗志》

先除夕一日曰小除,人家置酒宴,往来交谒,曰别岁,焚香于户外,曰天香,凡三日止。贴宜春字,小儿女写好字。

——《北京市志稿·礼俗志》

蜜供,用面切细方条,长寸许,以蜜煎之。每岁暮祀神敬祖,用充供果,亦有相馈送者。

——《北京市志稿·礼俗志》

每年除夕,早间设香炉烛台,供酒五盏,酒壶一对,羊后腿一支,龛帘撩开,免冠行三跪九叩礼,各撩酒一巡。晚间烧香一束,燃烛一对,照前撩酒行礼,香息,接散香三炷。至次早照前行礼,撩酒,将帘放下,供均撤去。

每遇祭祀,先期选择吉日,日干须避主祭人之年命,斋戒沐浴,务宜诚敬。前一日,请牲,自首至尾将中毛分开,用红绳拴在洁净之所。安灶,灶门宜避本年太岁三煞方向,应用各物均须预备整齐，不可草率。

届时穿吉服，免冠行三跪九叩礼。礼毕，将神请下，掸净尘土，蒙子向后撩开，神床向东安设，床套、坐褥、油布、靠背设齐，敬谨供奉。前供烛台香炉，中供拉拉一盘，油拈点之，后供奶油五盏，酒壶一对，下设马鞯一块，即令庖人领牲。

领牲时，先将牲周身扫净，以簸箕接之，解去拴绳，用哈达系项，牵进，西向站于鞯上。庖人领羊跪于左，主祭者立于羊右，陪祭者跪于羊后，烧香一束，自首至尾顺绕三次，贮于炉，免冠行三跪九叩礼。主祭者立，喂羊以草，饮羊以水，即用是水自首至尾在分毛处往来缓缓浇之，神享即应曰"与"，免冠行一跪三叩礼，每位以勺撩酒一巡，将盘内拉拉用勺各密拉一次。

领牲尤宜诚敬，须将房门闭严，不可令外人窥看，孕妇、毛女远避，过时不论，神享即擒羊。

献熟时，西向安设肉槽，将各件及杂碎按活羊排好，用生网油蒙首，口含扯手肠一根，作十字式，心尖向上，头、心、尾各点油拈一盏，换净酒五盏，烧香一束，各照前撩酒密拉一次，免冠行三跪九叩礼。香尽，主祭者将心管咬下，每样各切少许，攒成小肉拌匀，盛一锡碗，仓米一锡碗，后腿一只，腰子、沙肝、麻肚、尾巴尖，均盛于盘内供之。各撩酒一巡，将肉饭各密拉一次，羊头留祭灶用，余均撤去，即将蒙子放好，请于龛内，撤去神床。设八仙桌一张，桌围一面，供净酒五盏，小肉拉拉均照前供。至未刻，免冠行三跪九叩礼，自下各撩酒一巡，将龛帘放下，所供之物均撤去，其小肉不与外人食。

除献生供熟时用整束香，余俱接散香三炷，至未时。

水槽内用净水合奶油三成，领牲时用，余者放于锅内。

早间佛前，均须供献烧香。

晚间祭灶，供羊头拉拉。点拈一支，烧香一束，行一跪三叩礼。将胸叉肉剔净，不可损骨，用五色线五根接连，往来自两边绕之，上蒙生网油一小块，下用短柴在屋内焚之，连祝曰："呼洌，呼洌，呼洌。"火息为止，不可令妇女见。

熬拉拉法：将黄米淘净，米四成，水六成，用净铁锅。俟水开时下米，以长柄铁勺不时搅之，不可使糊。熟时即盛一大盘，一五寸，中留一涡。大盘涡内贮黄油六两，安大拈一支；小盘贮黄油一两，安小拈一支。

做拈子法：用线花拈紧，双头一梗三爪，预用黄油浸透。大者二支，长二寸许；小者六支，长寸许。拉拉盘安大拈一支，献熟用小拈三支，祭灶用小拈一支，余备用。

擒羊时，将羊放翻仰面，自心旁入手，将心握住，令其气闭，以不见血为吉。先挑四肢，胸叉连毛取下，以深为要，羊便连泡掷于灶内，淘净膛血，心肝肺连下。剥毕，下羊头，四蹄不下，同皮卷好放于床下。

灌肠时，单灌长小肠一根，作扯手用，麻肚麻面向外，内灌血渣。胸叉、羊头、尾巴尖，烧糊后入锅。

祭灶之柴，即以新妇抱过者劈碎用，如无，买箭杆劈用。

本族遇有新妇，祭时用白布三尺，两边用红绳套二个，下边书某人之妻某氏，系何年月日过门。祭毕，挂于蒙子外边，如有病故者，即撤去其布，过日焚之。

宗室王公家每祀神，一月前，于神房敬造旨酒，用黍米糟曲如江南造酒式。前三日，每日朝暮献牲各二，名曰乌云。前一日，敬制糕饵，用黄黍米以椎击碎，然后蒸馈，曰打糕。每神前各置九盘，以为敬献。其大祀日，五鼓献糕于明堂如仪。俟其使归，主人吉服向西跪，设神幄向东，供糕酒素食，其中设如来、观音、关圣位。巫人吉服舞刀，祝词曰"敬献糕饵，以祈康年"诸词。主人跪击神版，诸护卫击神版及弹弦、筝、月琴以和之，其声呜呜可听。巫者歌毕念祝词，主人敬聆毕，叩首，兴。司香妇敬请如来、观音二神位出，户牖西设龛，南向以供奉之。司俎者呼"进牲"，牲入，主人跪，家人皆跪。巫者前致词毕，以酒浇牲耳，牲耳聏，司俎者高声曰："神已领牲。"主人叩谢。司俎者挥庖人进，刲牲菹，烹毕及熟荐，选牲内之最精者以为醢，供神位前。主人再拜谒，巫人致词。主人叩毕，巫以系马吉帛进，巫者祝如仪。主人跪领吉帛付司牧者，叩，兴，始聚宗人分食胙肉焉。禁令肉不许出户庭中，且讳言死丧事。宾至，主人迎送不出庭门，以志敬焉。暮时供七仙女、长白山神及远祖、始祖，位西南向。以神幕隐蔽窗牖，以志幽冥之意。其祝词、舞刀、进牲祝词如朝仪，唯伐铜鼓作渊渊声，祝词声调各异焉。次晨设位于庭院神竿前，位北向，主人吉服如仪。用男巫致词毕，以米洒扬，趋退，主人叩拜。其牲肉皆刲为菹醢，和稻米以进，名曰祭天还愿焉。再明日，于神位祈福，供以饼饵，以五色缕供神前。祝辞毕，以缕系主人胸前，以为受福。凡三日祭乃毕。

——《北京市志稿·礼俗志》

三十晚上：即农历除夕。清富察敦崇《燕京岁时记·除夕》："京师谓除夕为三十晚上。"

——《汉语大词典·1》

年三十：农历年最后的一天。张天翼《包氏父子》五："帮个忙，大家客客气气。年三十闹到警察那里去也没意思，对不对？"柳青《狠透铁》四："我记得你解放前连粗米淡饭也吃不饱，年三十也不见其有豆油吃。"

——《汉语大词典·1》

年夜：农历一年最后一天的夜晚。又称除夕为大年夜，其前一日为小年夜。唐无名氏《辇下岁时记·灶灯》："都人至年夜，请僧道看经，备酒果送神。"

——《汉语大词典·1》

年饭:①指除夕及新年所吃的饭。旧俗阴历正月初五才得以生米为炊,称为破五。除夕煮较多的饭,供破五之前食用谓之年饭。除夕全家团聚吃的饭称为年夜饭,也叫年饭。巴金《家》十二:"除夕的前一天是高家规定吃年饭的日子。"②专指新年供祭祖用的饭。清富察敦崇《燕京岁时记·年饭》:"年饭用金银米为之,上插松柏枝,缀以金钱、枣、栗、龙眼、香枝,破五之后方始去之。"

——《汉语大词典·1》

守岁:阴历除夕终夜不睡,以迎候新年的到来,谓之守岁。晋周处《风土记》:"蜀之风俗,晚岁相与馈问,谓之馈岁;酒食相邀为别岁;至除夕达旦不眠,谓之守岁。"唐孟浩然《岁除夜有怀》诗:"守岁家家应未卧,想思那得梦魂来。"宋朱淑真《除夜》诗:"穷冬欲去尚徘徊,独坐频斟守岁杯。"清纪昀《阅微草堂笔记·滦阳消夏录三》:"半途,失足堕枯井中。既在旷野僻径,又家家守岁,路无行人,呼号嗌干,无应者。"徐玉诺《一只破鞋》中:"守岁一般将一夜熬过去,我们又冷又饿,正要预备些热水喝,忽然县知事又来了,立逼着我们上城。"

——《汉语大词典·3》

岁夕:除夕。《晋书·良吏传·曹摅》:"狱有死囚,岁夕,摅行狱,悯之,曰:'卿等不幸致此非所,如何?新岁人情所重,岂不欲暂见家邪?'"《宋书·沈怀文传》:"尝以岁夕与谢庄、王景文、颜师伯被敕入省。"

——《汉语大词典·5》

岁夜:除夕。唐李颀《听安万善吹觱篥歌》:"岁夜高堂列明烛,美酒一杯声一曲。"唐白居易《三年除夜》诗:"嗤嗤童稚戏,迢迢岁夜长。"

——《汉语大词典·5》

岁除:年终。旧俗于腊岁(冬至后三戌之后)前一日击鼓驱疫,谓之逐除,故谓。唐孟浩然《岁暮归南山》诗:"白发催年老,青阳逼岁除。"后谓一年的最后一天。《新五代史·杂传九·皇甫遇》:"是时岁除,出帝与近臣饮酒过量,得疾。"刘国钧《辛壬之间杂诗》:"故园南望渺鸿鱼,京洛飘零感岁除。"

——《汉语大词典·5》

暖火盆:古代除夕风俗。在庭院中架起松柏树枝,点火焚烧,谓之"暖火盆"。《古今小说·蒋兴哥重会珍珠衫》:"光阴似箭,不觉残年将尽,家家户户,闹轰轰的暖火盆,放爆竹,吃合家欢耍子。"

——《汉语大词典·7》

将军炭:旧时北京风俗,用红箩炭末塑制成将军形,岁暮植于门之两旁。后亦名"彩妆"。明刘若愚《酌中志·内臣职掌纪略》:"三十日岁暮……门旁植桃符板,将军炭,贴门神。"清潘荣陛《帝京岁时纪胜·岁暮杂务》:"除夕为尊亲师长辞岁归而盥沐,祀祖祀神接灶,早贴春联挂钱,悬门神屏对,插芝麻秸,立将军炭,阖家团拜。"清高士奇《金鳌退食笔记》卷下:"凡宫中所用红箩炭,皆易州山中硬木烧成,运至红箩厂,按尺寸锯截,编小圆荆筐,用红土刷筐而成,故曰红箩炭。每根长尺许,圆径二三寸不一。又用炭末塑造将军或仙童、钟馗,各成对,高三尺,金装彩画如门神,黑面黑手,以存炭制,名曰'彩妆'。"

——《汉语大词典·7》

画虎:古代的一种风俗。绘虎于门以御凶息疠。汉应劭《风俗通·祀典·桃梗苇茭画虎》:"谨按《黄帝书》:'上古之时,有神荼与郁垒昆弟二人,性能执鬼。度朔山上有桃树,二人于树下简阅百鬼,无道理妄为人祸害,神荼与郁垒缚以苇索,执以食虎。'于是县官常以腊除夕饰桃人,垂苇茭、画虎于门,皆追效于前事,冀以御凶也。"亦泛指描绘虎的形象。

——《汉语大词典·7》

生盆:旧俗于除夕焚烧木柴竹叶以祭祀祖先、神灵,谓之生盆,又称糁盆。宋刘昌诗《芦浦笔记·糁盆》:"今人祠祭或燕设多以高架然薪照庭下,号为生盆,莫晓其义。予因执合宫,见御路两旁火盆,皆叠麻糁。始悟为糁盆,俗呼为生也。"明周祈《名义考·糁盆彩燕》:"北俗除夕采竹木叶焚之,谓之生盆。"

——《汉语大词典·7》

竹爆:爆竹。唐张说《岳州守岁》诗之三:"桃枝堪辟恶,竹爆好惊眠。"宋杨缵《一枝春·除夕》词:"竹爆惊春,竞喧填,夜起千门箫鼓。"

——《汉语大词典·8》

糁盆:旧时除夕日祭祖送神时焚烧松柴的火盆。《京本通俗小说·碾玉观音》:"千条蜡烛焰难当,万座糁盆敌不住。"

——《汉语大词典·9》

踩岁:一种辞旧岁、迎新年的风俗。清富察敦崇《燕京岁时记·踩岁》:"除夕自户庭以至大门,凡行走之处遍以芝麻秸撒之,谓之踩岁。"

——《汉语大词典·10》

除夕:一年最后一天的夜晚。旧岁至此夕而除,次日即新岁,故称。晋周处《风土记》:"至除夕,达旦不眠,谓之守岁。"《剪灯新话·三山福地志》:"更及一旬,当是除夕,君可于家专待。"清富察敦崇《燕京岁时记·除夕》:"京师谓除夕为三十晚上。"亦借指一年的最后一天。杨沫《青春之歌》第一部第十一章:"在这除夕的年夜里,她就约了几个同乡、同学和朋友到她的公寓来过年。"

——《汉语大词典·11》

除夜:即除夕。唐张说《岳州守岁》诗:"除夜清樽满,寒庭燎火多。"《明史·冯恩传》:"除夜无米且雨,室尽湿,恩读书床上自若。"冰心《往事(二)》八:"是除夜的酒后,在父亲的书室里,父亲看书,我也坐近书几。"

——《汉语大词典·11》

除岁:岁除,除夕。清方文《立春日郊行》诗:"客里才除岁,愁边又立春。"

——《汉语大词典·11》

【对　联】

春风春雨春色,
新年新岁新景。

莺啼北里,
燕语南邻。

福无双至今朝至,
祸不单行昨夜行。

恭喜恭喜,
拜年拜年。

神荼，
郁垒。

新年纳余庆，
佳节号长春。

除夕月无光,点数盏灯,替乾坤增色；
新春雷未动,擂三通鼓,代天地扬威！

年年难过年年过，
处处无家处处家。

一元复始，
万象更新。

旧岁更除,爆竹声声,喜传去岁谱佳讯；
新年伊始,红灯盏盏,欣望来年添锦花。

一元复始,瞩目欣看春来早；
万象更新,举首敢笑燕归迟。

开门闻喜讯，
举步见春光。

除旧布新,明知往者非来者；
掀天揭地,始信今人胜古人。

岁增岁,岁岁风光美；
年复年,年年景象新。

——《奇联妙对故事》

【四季货声】

卖荸荠：在晚清年间，农历腊月除夕晚上小贩走街串巷挑担叫卖。"仅卖数日，然后待夏才卖，谓之先熟果"；"夏令以三寸矮廓桶盛水，生熟两样分卖。京西吆喝'熟荸荠，约大荸荠！'约斤专卖生者。"（《一岁货声》）除夕卖荸荠，因为住户把过年的用物已经筹备完毕，"荸荠"与"必齐"谐音，住户人家听见吆喝声走出街门买些荸荠，是取个吉利的意思。一般吆喝：

"荸荠果儿来，好吃来又好剥来！"

——《吆喝与招幌》

松木枝，芝麻秸！（祭神、喊岁用之。）

门神咧挂钱来！

达子香盘！（满人用以祭宗祠。）

街门对，屋门对，买横批，饶福字！（木红纸万年红裁写现成俗对联，在各城门脸里外卖，四个大钱一付。）

买的买来捎的捎，都是好纸好颜料。东一张，西一张，贴在屋里亮堂堂。臭虫他一见心欢喜，今年盖下了过年的房！（画棚。）

供花来，拣样儿挑！（挎纸匣，专卖金彩石榴一切供花。）

卖绫绢花热！（旧用二尺许如折扇面样之纸匣，中贯扁杖肩扛，又有挑两摞绿纸方匣者、有背一摞方匣者。各种绫绢、灯草、纸蜡、细花带、铜铁针，又有蝴蝶绒球大小各式。光绪十年后，兴出随时折枝照真花做，色色逼真。）

素闷子来，豆儿酱来，豆豉豆腐来，油炸面筋来！（担笼，定做年下素菜素馅。）

——《一岁货声》

【图片资料】

祭祖先

贴春联

皂君府

祭宗祠

雍和宫打鬼

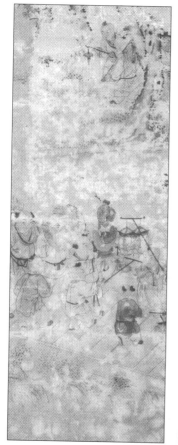
送财神

雍和宫打鬼

扫尘

卖历本

苇棚卖画

新年吉庆

买画贴窗

新年大吉

双陆

写春寒联

街市义卖

孟昶题桃符

写春联

除夕饮宴

爆竹生花过新年

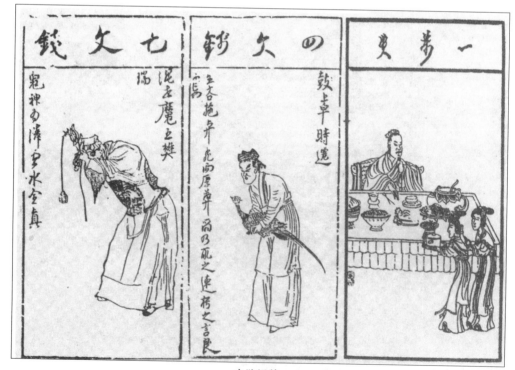

水浒纸牌

佩解迎年

打扫庭院，除陈布新

春贴佣书

玩牌

门神

玩具摊

北京市井售年货

卖年画

购年货

村社迎年

对六博

祭祖

秦琼、敬德门神

祭祖

卖玩具

贴吉语题联

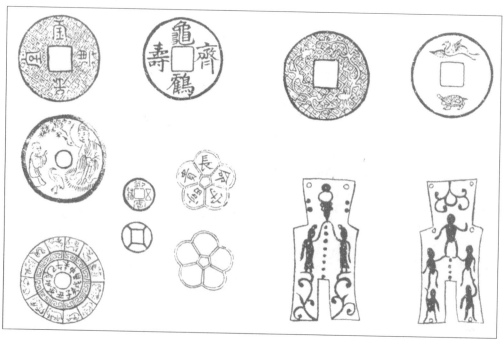

压岁钱